Edition ZfE

Band 2

Für die Herausgebergrup

I. Gogolin, Hamburg, Deutschland

Die Reihe ‚Edition ZfE' wird von den Herausgeber(inne)n der Zeitschrift für Erziehungswissenschaft verantwortet. Sie ergänzt die ZfE-Publikationspalette aus Zeitschrift (1/4jährlich) und Sonderheften (ca. zweimal jährlich). In der Reihe werden Originalbeiträge publiziert, die den strengen Qualitätsmaßstäben für die Publikation von Manuskripten in der Zeitschrift standhalten. Veröffentlicht werden von Expert(inn)en begutachtete erstklassige Beiträge zu aktuellen Befunden und Entwicklungen der Erziehungswissenschaft und Bildungsforschung. Die Zahl solcher Beiträge übersteigt die Möglichkeiten der Publikation in der Zeitschrift für Erziehungswissenschaft. Mit der ‚Edition ZfE' wird hier Spielraum eröffnet. Durch die Auswahl von Herausgeber(inne)n und die Themenwahl stehen die Beiträge zur Buchreihe ebenso wie die ZfE selbst für den interdisziplinären Charakter einer umfassenden Erziehungswissenschaft, deren Gegenstand der gesamte Lebenslauf des Menschen ist. Die gezielte Aufnahme internationaler Beiträge gewährleistet den Anschluss an erziehungswissenschaftliche Entwicklungen außerhalb Deutschlands. Die Leser(innen) der ‚ZfE-Edition' verfügen somit über eine zusätzliche Informationsquelle, die ihnen die für Erziehung und Bildung wichtigen internationalen und interdisziplinären Entwicklungen in weiten Bereichen der Erziehungswissenschaft zuverlässig, nüchtern und nachvollziehbar präsentiert.

Für die Herausgebergruppe:
Ingrid Gogolin
Fakultät 4
Universität Hamburg
Hamburg, Deutschland

Jochen Kramer • Marko Neumann
Ulrich Trautwein (Hrsg.)

Abitur und Matura im Wandel

Historische Entwicklungslinien, aktuelle Reformen und ihre Effekte

Springer VS

Herausgeber
Jochen Kramer
Eberhard Karls Universität Tübingen
Deutschland

Ulrich Trautwein
Eberhard Karls Universität Tübingen
Deutschland

Marko Neumann
Deutsches Institut für Internationale Pädagogik
Berlin, Deutschland

Edition ZfE
ISBN 978-3-658-11692-7 ISBN 978-3-658-11693-4 (eBook)
DOI 10.1007/978-3-658-11693-4

Die Deutsche Nationalbibliothek verzeichnet diese Publikation in der Deutschen Nationalbibliografie; detaillierte bibliografische Daten sind im Internet über http://dnb.d-nb.de abrufbar.

Springer VS

Lektorat: Stefanie Laux, Daniel Hawig.

Springer VS ist Teil von Springer Nature
Die eingetragene Gesellschaft ist Springer Fachmedien Wiesbaden GmbH

Vorwort

Jochen Kramer, Marko Neumann und Ulrich Trautwein

Das Abitur als höchster allgemeinbildender Schulabschluss ist seit jeher Gegenstand zum Teil intensiv geführter Diskussionen und Auseinandersetzungen (Tenorth, 1996). Die Frage, was, wie und zu welchem Zweck Schülerinnen und Schüler am Gymnasium bzw. der inzwischen auch an vielen anderen Schulformen vorhandenen gymnasialen Oberstufe lernen sollen, sind dabei die bestimmenden Momente in der Diskussion um die „richtige" organisatorische, curriculare und methodisch-didaktische Ausgestaltung des Weges zum Abitur (Herrlitz, 1982, 2001; Huber, 2004, 2009; KMK-Expertenkommission, 1995).

Entsprechend vielfältig sind auch die Veränderungen und Neuerungen, denen das Abitur in den letzten Jahren unterliegt. Eine der zentralsten Veränderungen ist dabei in der bereits seit Langem zu beobachtenden *Öffnung des Gymnasiums und alternativer Wege zum Abitur* (etwa über Gesamtschulen, berufliche Gymnasien oder andere neu eingeführte Schulformen) für immer breitere Schülerkreise zu sehen, in deren Folge sich die leistungsmäßige und soziale Zusammensetzung der zum Abitur strebenden Schülerschaft deutlich gewandelt hat. So erwarben im Jahr 2013 371.417 Schülerinnen und Schüler die allgemeine Hochschulreife, so viele wie noch nie zuvor. Dies entspricht einem Anteil an der gleichaltrigen Bevölkerung von 45,3 Prozent (Abiturientenquote; Statistisches Bundesamt, 2014). Ein Teil des insbesondere in den letzten Jahren zu beobachtenden Anstiegs der Abiturientenzahlen ist auf die Umstellung auf das achtjährige Gymnasium zurückzuführen, die zu doppelten Abiturjahrgängen führte. Aber auch bei Berücksichtigung dieser Einmaleffekte liegt der Anteil der Abiturientinnen und Abiturienten bei 39,8 Prozent. Bedenkt man, dass die Abiturientenquote zu Beginn der 1990er Jahre noch bei rund 23 Prozent lag, ist hier über die letzten 25 Jahre ein erheblicher Anstieg zu konstatieren und das Abitur ist längst zum Regelabschluss für breite Bevölkerungsschichten geworden.

Vor diesem Hintergrund mag es kaum verwundern, dass ein Großteil der in den vergangenen Jahren und auch aktuell zu beobachtenden Transformationsprozesse beim Abitur dem Ziel der Etablierung einheitlicher, übergreifender Leistungsanforderungen und der Stärkung und Angleichung obligatorischer curricularer Inhalte dient. Hierunter fallen die beschlossene Einführung nationaler Bildungsstandards für die Allgemeine Hochschulreife und die nahezu flächendeckende Einführung zentraler Abiturprüfungen ebenso wie die grundlegenden Veränderungen in der organisatorischen und curricularen Ausgestaltung des Kurssystems der gymnasialen Oberstufe (Stichwort: „Kernfachabitur") in vielen Bundesländern.

Die *nationalen Bildungsstandards für das Abitur* wurden im Jahr 2012 durch die KMK beschlossen und ersetzen die bisherigen Einheitlichen Prüfungsanforderungen für die Abiturprüfung (EPA). Bislang liegen die Standards für die Fächer Deutsch, Mathematik und fortgeführte Fremdsprache (Englisch und Französisch) vor. Es handelt sich um Regelstandards, die die jeweiligen Leistungsanforderungen für das grundlegende und das erhöhte Anforderungsniveau vorgeben. Die Bundesländer haben sich darauf geeinigt, dass die neuen Bildungsstandards beginnend mit dem Schuljahr 2013/14 Eingang in die gymnasiale Oberstufe finden und erstmalig die Grundlage für die Abiturprüfung im Schuljahr 2016/17 sein sollen (KMK, 2013). Bis dahin soll am Institut zur Qualitätsentwicklung im Bildungswesen (IQB) ein umfassender Aufgabenpool einschließlich zugehöriger Korrekturhinweise entwickelt werden, auf den die Bundesländer für ihre Abiturprüfungen zurückgreifen können. Die Länder sind jedoch nicht verpflichtet, Aufgaben aus dem nationalen Aufgabenpool zu nutzen.

Mit Blick auf die inzwischen mit Ausnahme von Rheinland-Pfalz in allen Bundesländern eingeführten *zentralen Abiturprüfungen* ist zu betonen, dass diese nach wie vor bundeslandspezifisch einheitliche Prüfungen vorsehen, wenngleich zum Teil erste Ansätze bundeslandübergreifender Kooperationen zu beobachten sind. So greifen die Bundesländer Bayern, Sachsen, Niedersachsen, Hamburg, Schleswig-Holstein und Mecklenburg-Vorpommern seit dem Schuljahr 2013/14 auf gemeinsame Aufgaben bzw. Aufgabenteile in den ländereigenen Abiturprüfungen in den Fächern Deutsch, Mathematik und Englisch zurück. Zwar gibt es regelmäßig Vorstöße für bundesweit einheitliche Abschlussprüfungen (vgl. z. B. Aktionsrat Bildung, 2011), ein bundesweites Zentralabitur scheint jedoch, nicht zuletzt aufgrund organisatorischer Restriktionen mit Blick auf die Vereinheitlichung von Prüfungs- und Ferienterminen, gegenwärtig nicht in Sicht. Bezüglich der Ausgestaltung der zentralen Abschlussprüfungen in den Bundesländern ist weiterhin herauszustellen, dass diese zum Teil ebenfalls sehr unterschiedlich ausfällt, etwa in Hinblick auf das einbezogene Fächerspektrum (nur einzelne Fächer vs. alle Fächer zentral), den Prozess der Aufgabenerstellung (z. B. *bottom up* vs. *top down*) und das konkrete

Korrekturverfahren (z. B. teilweise vs. vollständig anonym, für einen Überblick vgl. Aktionsrat Bildung, 2011 sowie Klein, Kühn, van Ackeren & Block, 2009, und Kühn, 2012). Von einheitlichen Abiturprüfungen über die Bundesländer hinweg kann somit nur sehr eingeschränkt gesprochen werden.

Eine der zentralsten Veränderungen in der Ausgestaltung des Weges zum Abitur ist sicherlich in der strukturellen und curricularen *Neugestaltung des Kurssystems*, wie es aus der großen Oberstufenreform von 1972 hervorgegangen ist, zu sehen. Kennzeichnend für die Stoßrichtung des in den vergangenen Jahren in vielen Bundesländern realisierten Umbaus der Oberstufe ist die Rücknahme von Wahl- und damit auch Profilierungsmöglichkeiten bei gleichzeitiger Ausweitung der obligatorischen Unterrichts- und Prüfungsfächer, insbesondere im Bereich der „Kernfächer" Deutsch, Mathematik und Fremdsprache (in der Regel Englisch als moderne *lingua franca*) sowie den Naturwissenschaften. Hinzu kommt in vielen Bundesländern die Abschaffung der Niveaudifferenzierung in Grund- und Leistungskurse, in erster Linie in den drei genannten Kernfächern. Gleichwohl lassen sich auch hier nach wie vor große Unterschiede in der konkreten Ausgestaltung der gymnasialen Oberstufe zwischen den Bundesländern konstatieren (vgl. im Überblick Neumann & Trautwein, 2014). Die sich vollziehende Ausweitung des verpflichtenden Fächerkanons bei gleichzeitig eingeschränkteren Wahlmöglichkeiten ist dabei kein deutsches Spezifikum, sondern lässt sich in ähnlicher Weise beispielsweise auch in der Schweiz beobachten (Eberle, 2013).

Zu den – auch in der Öffentlichkeit – besonders intensiv diskutierten Fragen rund um das Gymnasium und das Abitur zählt auch die „richtige" Dauer des gymnasialen Bildungsganges (*G8/G9*, vgl. für einen Überblick der G8/G9-Diskussion in Deutschland Kühn et al., 2013). Nachdem bis auf das Bundesland Rheinland-Pfalz nahezu flächendeckend auf das achtjährige Gymnasium umgestellt wurde, zeichnen sich aktuell insbesondere in den westdeutschen Bundesländern „aufweichende" bzw. rückläufige Tendenzen ab, die insgesamt betrachtet auf das parallele Vorhalten von acht- und neunjährigen gymnasialen Bildungsgängen hinauszulaufen scheinen. In Hessen können die Gymnasien bereits zwischen G8 und G9 wählen. In Niedersachsen erfolgte sogar eine Rückkehr zum G9 als Regelangebot bei gleichzeitiger G8-Alternativoption (vgl. Hannoversche Allgemeine vom 18.02.2014, „Niedersachsen schafft das Turbo-Abi ab"). Auch Bayern hat mit einem Flexibilisierungsjahr (freiwillige Wiederholung einer Klasse in der Mittelstufe bzw. Verteilung des Lernstoffs eines Schuljahres auf 2 Schuljahre) bereits Modifikationen vorgenommen. In den Ländern Baden-Württemberg, Nordrhein-Westfalen und Schleswig-Holstein bieten ebenfalls einige Gymnasien die G9-Variante (zum Teil in Schulversuchsform) an. An dieser Stelle ist darauf hinzuweisen, dass mit den alternativen Wegen zur Hochschulreife (z. B. Gesamtschulen, berufliche Gymnasien) bereits in nahezu allen Bundesländern institutionelle Angebote existieren, die den Weg zum Abitur zumeist in 13 statt 12 Schuljahren vorsehen.

Die vielfältigen Änderungen rund um das Abitur waren der Ausgangspunkt für den vorliegenden Herausgeberband, der sowohl eher theoretisch-konzeptionelle als auch empirische Beiträge zu aktuellen Fragen des Abiturs in sich vereint und dabei auch aktuelle Entwicklungen des Schweizerischen Maturitätssystems einbezieht. Der Band gliedert sich in drei thematische Blöcke. In den ersten drei Beiträgen werden die vielfältigen Änderungen im Gymnasialsystem thematisiert, deren Auswirkungen in ihrer Gänze kaum absehbar sind. Umso wichtiger ist es, mögliche Konsequenzen empirisch zu analysieren. Dazu werden in den Beiträgen 4 bis 7 eine Reihe von Studien vorgestellt, die Auswirkungen verschiedener Gymnasialreformen in einzelnen Bundesländern Deutschlands bzw. Schweizer Kantonen untersuchen. In den Beiträgen 8 bis 10 werden ebenfalls empirische Befunde aus verschiedenen Bundesländern bzw. Kantonen vorgestellt, die sich mit dem Übergang von Gymnasium in Studium oder Ausbildung beschäftigen.

Im ersten Beitrag zeigt *Andrä Wolter* die historischen Entwicklungslinien des Hochschulzugangs in Deutschland auf, beginnend mit den Vorläufern im 7./8. Jahrhundert. Im Zentrum des Beitrags stehen die institutionelle Entwicklung des Gymnasiums und das Verhältnis von Gymnasium und Universität. Dabei akzentuiert Wolter besonders die Umbrüche in der Entwicklung dieser Schulform im Zusammenhang mit gesellschaftlichen Wandlungsprozessen und geht auf die zunehmende gesellschaftliche Bedeutung des Gymnasiums ein.

Im Beitrag von *Petra Stanat, Michael Becker-Mrotzek, Werner Blum* und *Bernd Tesch* wird ein zentraler Aspekt des Abiturs aufgegriffen, der aktuell einem bedeutenden Veränderungsprozess unterliegt: die Anforderungen, die in den Abiturprüfungen gestellt werden (Beitrag 2). Mit dem Ziel, diese Anforderungen bundesländerübergreifend zu vereinheitlichen, hat die KMK 2012 Bildungsstandards verabschiedet. Stanat et al. beschreiben, welche Neuerungen die Einführung der Bildungsstandards in den Fächern Deutsch, Mathematik, Englisch und Französisch mit sich bringen, sowie die Implementation der Bildungsstandards und den Aufbau eines gemeinsamen Aufgabenpools, auf den die Bundesländer ab 2017 zurückgreifen können sollen.

Christel Brüggenbrock, Franz Eberle und *Jürgen Oelkers* stellen in ihrem Beitrag (Beitrag 3) die jüngere Entwicklung von Gymnasium und Matura in der Schweiz vor. Dabei wird deutlich, dass sich die Entwicklung und aktuelle Ausgestaltung des Gymnasiums in der Schweiz neben den oben erwähnten Parallelen in wesentlichen Aspekten von der Situation in Deutschland unterscheidet, etwa mit Blick auf die im Vergleich zu Deutschland deutlich niedrigere Maturitätsquote. Die Autorinnen und Autoren gehen auch auf zwei weitere Aspekte der Gymnasialbildung ein, die aktuell in der Schweiz in der Diskussion stehen: das Verhältnis von allgemeinen und beruflichen Bildungsinhalten sowie der Fremdsprachenunterricht (Landessprachen vs. Englisch).

Der erste empirische Beitrag thematisiert die Verkürzung der Gymnasialzeit auf acht Schuljahre (G8-Reform) in Hamburg (Beitrag 4). Um die Auswirkungen dieser Reform zu bestimmen, nutzen *Stanislav Ivanov, Roumiana Nikolova* und *Ulrich Vieluf* die Ergebnisse der Schulleistungsstudien LAU (G9-Abitur) und KESS (G8-Abitur). Sie untersuchen die Lernstände beider Schülerjahrgänge am Ende der gymnasialen Oberstufe in den Fachdomänen Englisch, Mathematik und Naturwissenschaften und berücksichtigen dabei soziodemografische, -kulturelle und leistungsbezogene Voraussetzungen, die bereits zu Beginn der Jahrgangsstufe 7 erhoben wurden.

Svenja Mareike Kühn beschäftigt sich in Beitrag 5 hingegen mit der (Wieder-) Einführung von G9-Zügen an allgemeinbildenden Gymnasien. Sie geht den Fragen nach, wie sich die Einführung von G9-Zügen auf die soziale und migrationsgeschichtliche Zusammensetzung der G9-Schülerschaft auswirkt, wie ähnlich diese Zusammensetzung über Schulen hinweg ist und welche Auswirkungen durch die Einführung von G9-Zügen auf die individuellen Förderungsmöglichkeiten und das unterrichtliche Handeln von Lehrkräften beobachtet werden können. Die empirischen Befunde dazu entstammen einer Eltern- und Lehrkräfte-Befragung, die in Baden-Württemberg, Nordrhein-Westfalen und Schleswig-Holstein durchgeführt wurde.

Empirische Befunde zur Einführung zentraler Abiturprüfungen in Bremen und Hessen werden in Beitrag 6 von *Katharina Maag Merki* vorgestellt. Die Ergebnisse stammen aus qualitativen und quantitativen Erhebungen, die in beiden Bundesländern über fünf Jahre hinweg gesammelt wurden. Befragt wurden Schülerinnen und Schüler sowie Lehrkräfte. Die Erfassung von Leistungstests in Mathematik, Englisch, allgemeinen kognitiven Fähigkeiten und von Halbjahres- und Abiturnoten in den Prüfungsfächern wird genutzt, um zu beschreiben, wie sich diese Variablen zwischen den Schülerkohorten mit und ohne Zentralabitur verändert haben.

Nele Kampa, Michael Leucht und *Olaf Köller* thematisieren in Beitrag 7, inwieweit nach Einführung der obligatorischen Belegung von Mathematik als Fach mit erhöhtem Anforderungsniveau bei gleichzeitiger Aufhebung der Niveaudifferenzierung in Grund- und Leistungskurse von hinreichenden Mathematikkompetenzen bei den Schülerinnen und Schülern allgemeinbildender Gymnasien ausgegangen werden kann. Berichtet werden die Befunde einer Studie, die in Schleswig-Holstein durchgeführt wurde.

Wie sich die Studierendenschaften an unterschiedlichen Hochschultypen Baden-Württembergs (Universitäten, Hochschulen für angewandte Wissenschaften und der Dualen Hochschule Baden-Württemberg) unterscheiden, beschäftigt *Jochen Kramer* und *Ulrich Trautwein* in Beitrag 8. Sie gehen mit Daten des TOSCA-Projektes der Frage nach, ob und inwieweit sich Abiturientinnen und Abiturienten, die verschiedene Hochschultypen wählen, in beruflich relevanten Persönlichkeitsmerkmalen (beruflichen Interessen, Motiven, basalen Persönlichkeitseigenschaften) und akademischen Leistungsindikatoren voneinander unterscheiden und ob sich die Persönlichkeitsmerkmale während des Studiums je nach Hochschultyp unterschiedlich entwickeln. Außerdem untersuchen sie, ob es den Hochschultypen unterschiedlich gut gelingt, ihre Studierenden auf das Berufsleben vorzubereiten.

Maren Oepke und *Franz Eberle* widmen sich in Beitrag 9 der Frage, welche Rolle Deutsch- und Mathematikkompetenzen für die Studierfähigkeit spielen. Sie nutzen Daten aus der Schweiz (EVAMAR-II-Studie und eine Nachfolgestudie zu EVAMAR-II), in der – ebenso wie in Deutschland – der Erwerb der allgemeinen Studierfähigkeit eines der Hauptziele des Gymnasiums ist. Neben den Effekten der Deutsch- und Mathematikkompetenzen auf Indikatoren des Studienerfolges berichten sie auch die subjektive Einschätzung der Studierenden zur Bedeutung dieser Kompetenzen in verschiedenen Studienrichtungen. Sie prüfen außerdem, ob sich diese subjektiven Einschätzungen der Studierenden empirisch bestätigen lassen.

Ebenfalls anhand einer Studie aus der Schweiz (Zürcher Längsschnittstudie *Von der Schulzeit bis ins mittlere Erwachsenenalter*) untersuchen *Claudia Schellenberg, Achim Hättich, Nicolas Schmaeh* und *Kurt Häfeli* in Beitrag 10, wie sich Maturandinnen und Maturanden von jungen Menschen unterscheiden, die eine berufliche Ausbildungsform wählten (*Berufslernende*). Sie beschäftigen sich außerdem mit der Frage, welcher Bedeutung der Ausbildungsform (allgemeinbildend/Matura oder beruflich) als Prädiktor für Berufserfolg zukommt.

Die Herausgeber des vorliegenden Bandes möchten sich an dieser Stelle bei einer Reihe von Personen bedanken, die zum Gelingen dieses Buches beigetragen haben. An erster Stelle sind dies die Autorinnen und Autoren der einzelnen Beiträge. Bei ihnen möchten wir uns für die qualitätsvolle Arbeit beim Verfassen der Artikel und der gründlichen Revisionsarbeit herzlich bedanken. Ebenfalls großer Dank gebührt den Gutachterinnen und Gutachtern der Beiträge für ihre konstruktiven und wertvollen Rückmeldungen zu den eingereichten Manuskripten. Für ihre Formatierungsarbeiten im Vorfeld der Drucklegung gilt ein besonderer Dank Nada Abou El Seoud und Eve Sarah Müller, studentische Mitarbeiterinnen des Hector-Instituts für Empirische Bildungsforschung der Universität Tübingen. Ferner danken wir Frau Stefanie Laux vom Springer VS Verlag für Sozialwissenschaften, die das Projekt von der Verlagsseite von Beginn an unterstützt und betreut hat. Unser abschließender Dank gilt den Herausgebern der Zeitschrift für

Erziehungswissenschaft für die Möglichkeit, dieses Publikationsprojekt im Rahmen der „*Edition ZfE*"-Reihe realisieren zu können.

Literatur

Aktionsrat Bildung (Vereinigung der Bayerischen Wirtschaft e.V., Hrsg.) (2011). *Gemeinsames Kernabitur: Zur Sicherung von nationalen Bildungsstandards und fairem Hochschulzugang*. Münster: Waxmann.

Eberle, F. (2013). Das Schweizer Gymnasium zwischen Heterogenität und Standardisierungsansprüchen. In D. Bosse, F. Eberle & B. Schneider-Taylor (Hrsg.), *Standardisierung in der gymnasialen Oberstufe* (S. 51-65). Wiesbaden: Springer VS.

Herrlitz, H.-G. (1982). Geschichte der gymnasialen Oberstufe. Theorie und Legitimation seit der Humboldt-Süvernschen Reform. In H. Blankertz, J. Derbolav, A. Kell & G. Kutscha (Hrsg.), *Enzyklopädie Erziehungswissenschaft: Bd. 9. Sekundarstufe II – Jugendbildung zwischen Schule und Beruf* (S. 89–107). Stuttgart: Klett-Cotta.

Herrlitz, H.-G.(2001). Die gymnasiale Oberstufe ist besser als ihr Ruf. Ein Rückblick auf fünfzigjährige Reformbemühungen. *Die Deutsche Schule, 93*, 279–290.

Huber, L. (2004). Stoff, Raum und Zeit für individuelle Bildung! Thesen zur Rettung und Weiterentwicklung der gymnasialen Oberstufe nach PISA. *Die Deutsche Schule, 96*, 23–31.

Huber, L. (2009). Von „basalen Fähigkeiten" bis vertiefte Allgemeinbildung: Was sollen Abiturientinnen und Abiturienten für das Studium mitbringen? In D. Bosse (Hrsg.), *Gymnasiale Bildung zwischen Kompetenzorientierung und Kulturarbeit* (S. 107–124). Wiesbaden: Verlag für Sozialwissenschaften.

Klein, E. D., Kühn, S. M., van Ackeren, I., & Block, R. (2009). Wie zentral sind zentrale Prüfungen? Abschlussprüfungen am Ende der Sekundarstufe II im nationalen und internationalen Vergleich. *Zeitschrift für Pädagogik, 55*, 596-621.

KMK – Expertenkommission (1995). *Weiterentwicklung der Prinzipien der gymnasialen Oberstufe und des Abiturs. Abschlußbericht der von der Kultusministerkonferenz eingesetzten Expertenkommission*. Bonn: Sekretariat der Ständigen Konferenz der Kultusminister der Länder in der Bundesrepublik Deutschland.

KMK – Ständige Konferenz der Kultusminister der Länder in der Bundesrepublik Deutschland (2013). *Konzeption zur Implementation der Bildungsstandards für die Allgemeine Hochschulreife. Beschluss der Kultusministerkonferenz vom 10.10.2013.*

Kühn, S.M. (2012). Die Einführung zentraler Abiturprüfungen im nationalen und internationalen Vergleich mit besonderer Perspektive auf Bremen und Hessen. In K. Maag Merki (Hrsg.), *Zentralabitur. Die längsschnittliche Analyse der Prozesse und Wirkungen der Einführung zentraler Abiturprüfungen in zwei Bundesländern* (S. 25-42). Wiesbaden: VS Verlag.

Kühn, S.M., Ackeren, I. van, Bellenberg, G., Reintjes, C., Brahm, G. im (2013). Wie viele Schuljahre bis zum Abitur? Eine multiperspektivische Standortbestimmung im Kontext der aktuellen Schulzeitdebatte. *Zeitschrift für Erziehungswissenschaft, 16*, S. 115-136.

Maag-Merki, K. (Hrsg.). (2012). *Zentralabitur. Die längsschnittliche Analyse der Wirkungen der Einführung zentraler Abiturprüfungen in Deutschland.* Wiesbaden. VS Verlag für Sozialwissenschaften.

Neumann, M., & Trautwein, U. (2014). Die (Rück?)Reform der gymnasialen Oberstufe: Hintergründe, Entwicklungen in den Bundesländern und empirische Befunde aus der TOSCA Repeat-Studie. In F. Tosch & C. Ritzi (Hrsg.), *Gymnasium im strukturellen Wandel: Befunde und Perspektiven von den preußischen Reformen bis zur Reform der gymnasialen Oberstufe* (S. 247-276). Bad Heilbrunn: Julius Klinkhardt.

Statistisches Bundesamt (2014). *Nichtmonetäre hochschulstatistische Kennzahlen (Fachserie 11, Reihe 4.3.1, 1980-2013).* Wiesbaden.

Tenorth, H.-E. (1996). Reform der gymnasialen Oberstufe – Praxis ihrer Arbeit. *Zeitschrift für Pädagogik, 42,* 491–494.

Trautwein, U., & Neumann, M. (2008). Das Gymnasium. In K. S. Cortina, J. Baumert, A. Leschinsky, K. U. Mayer & L. Trommer (Hrsg.), *Das Bildungswesen in der Bundesrepublik Deutschland: Strukturen und Entwicklungen im Überblick* (S. 467-501). Reinbek bei Hamburg: Rowohlt.

Trautwein, U., Neumann, M., Nagy, G., Lüdtke, O., & Maaz, K. (2010). Institutionelle Reform und individuelle Entwicklung: Hintergrund und Fragestellungen der Studie TOSCA-Repeat. In U. Trautwein, M. Neumann, G. Nagy, O. Lüdtke & K. Maaz (Hrsg.), *Schulleistungen von Abiturienten: Die neu geordnete gymnasiale Oberstufe auf dem Prüfstand* (S. 15-36). Wiesbaden: VS Verlag für Sozialwissenschaften.

Inhalt

Gymnasium und Abitur als „Königsweg" des Hochschulzugangs: Historische Entwicklungslinien und institutionelle Transformationen

Andrä Wolter

Zusammenfassung

Der vorliegende Artikel gibt einen diachronisch angelegten Überblick über die historische Entwicklung des Hochschulzugangs in Deutschland, insbesondere des Verhältnisses von Gymnasium und Universität. Er fokussiert sowohl institutionelle Entwicklungslinien – wie die Etablierung und Ausdifferenzierung der Reifeprüfung als ‚Nadelöhr' des Hochschulzugangs – als auch den nachhaltigen Wandel der gymnasialen Bildungsbeteiligung, der den irreversiblen Funktionswandel des Gymnasiums zur gesellschaftlich am stärksten nachgefragten Einrichtung unseres Bildungssystems hervorgerufen hat. Aufgrund der die Bildungsentscheidungen von Jugendlichen und ihren Eltern immer stärker bestimmenden Statusdistributionsfunktion von Bildung hat diese Entwicklung inzwischen eine sich selbst verstärkende Eigendynamik gewonnen, die der politischen Steuerung der Teilnahme an gymnasialer Bildung und des Hochschulzugangs deutliche Grenzen setzt.

1 Einleitung: Transformation des Gymnasiums?

Mit der in den 1960er Jahren einsetzenden und bis heute anhaltenden Bildungsexpansion und der in den 1970er Jahren durchgeführten Oberstufenreform (mit ihren Nachwirkungen und Re-reformen) haben sich Bedeutung und institutionelle Verfassung des Gymnasiums vermutlich stärker verändert als in allen vorangegangenen Phasen in der Entwicklung gymnasialer Bildung. Dies wird insbesondere dann greifbar, wenn man den gegenwärtigen Funktions- und Strukturwandel des Gymnasiums institutionsgeschichtlich kontextualisiert. Der vorliegende Beitrag soll daher einen Überblick über die wesentlichen historischen Entwicklungslinien des Gymnasiums (bzw. seiner Vorläufereinrichtungen) in Deutschland geben, insbesondere der Verknüpfung von Gymnasium und Universität. Er soll einen Rahmen schaffen für einige der in den nachfolgenden Beiträgen untersuchten Aspekte und Probleme der aktuellen Gymnasialentwicklung. Von daher handelt es sich hier explizit um eine Überblicksdarstellung mit einer diachronischen Perspektive, nicht um die Darstellung thematisch und zeitlich eingegrenzter eigener historisch-empirischer Forschungen und ihrer Ergebnisse.

Da der Beitrag um die Hypothese kreist, dass sich gegenwärtig (bzw. seit einigen Jahrzehnten) der historisch bislang „nachhaltigste" Funktionswandel des Gymnasiums vollzieht, soll der Akzent bei der historischen Rekonstruktion stärker auf Umbrüchen und grundlegenden Wandlungsprozessen als auf historisch ebenfalls beobachtbaren Entwicklungen liegen, die durch institutionelle Kontinuitäten oder Eigendynamiken gekennzeichnet sind. Die grundlegenden Ziele, Funktionen und Strukturen gymnasialer Bildung verändern sich historisch oft – aber keineswegs nur – im Zusammenhang mit tief greifenden gesellschaftlichen Wandlungsprozessen (z. B. in der Sozialstruktur oder der Organisation von Arbeit und dem Qualifikationsbedarf). Solche Veränderungen werden häufig mit dem Begriff der Transformation bezeichnet, um den engen Zusammenhang zwischen dem Umbau von Institutionen und weitreichenden gesellschaftlichen und politischen Wandlungsprozessen hervorzuheben, die mit neuen gesellschaftlichen Anforderungen an Bildung verbunden sind. Von Transformation kann man deshalb sprechen, weil sich nicht nur das institutionelle Gefüge des Gymnasiums (bzw. seiner Vorläuferinstitutionen) und seine Funktion innerhalb des Bildungssystems, sondern auch seine Stellung und Funktion in der Gesellschaft tiefgreifend verändert haben.

In der Entwicklung des Gymnasiums bzw. seiner Vorläufereinrichtungen lassen sich mehrere Zeiträume identifizieren, in denen es zu solchen Wandlungsphasen gekommen ist, die den Charakter institutioneller Transformationen haben. Dabei kommt es eher selten zu einem vollständigen Bruch oder Wandel, zumeist stehen Momente von curricularer oder institutioneller Kontinuität neben solchen der Diskontinuität und gehen komplexe Verbindungen ein. Aber nicht nur über solche Umbrüche hinweg, auch innerhalb der Zeiträume zwischen solchen Umbrüchen lassen sich Entwicklungsprozesse beobachten, die primär von institutionellen Eigendynamiken und weniger von gesellschaftlichen Veränderungen geprägt sind. Auch ist die Entwicklung der höheren Schulen keineswegs einheitlich zwischen den deutschen Staaten verlaufen. Zwar gibt es ein ähnliches Grundmuster, das aber von zahlreichen territorialen und zum Teil auch lokalen Unterschieden durchsetzt ist (beispielhaft Apel 1984; Tosch 2006). Die folgenden Ausführungen konzentrieren sich vor allem im dritten und vierten Abschnitt auf die preußische Entwicklung.

Historisch werden zunächst in der Reform der alten kirchlichen und städtischen Lateinschule mittelalterlichen Ursprungs und deren Umwandlung in die althumanistisch-protestantische höhere Schule im 16. Jahrhundert im Kontext der Reformation charakteristische Elemente einer solchen Transformation greifbar, auch wenn sich in der Schulrealität noch viele Momente von Kontinuität (z. B. in der Dominanz des Latinitätsprinzips) zeigen. Da der Umbau des höheren Schulwesens nicht nur Teil einer Neuordnung des Verhältnisses von Staat und Kirche, sondern eines weiterreichenden politischen, kulturellen und religionsgeschichtlichen Umbruchs war, kommt dieser Wandel dem Begriff der Transformation sehr nahe.

Eine zweite, oft zum Mythos überzeichnete Transformation stellt die zu Beginn des 19. Jahrhunderts vollzogene Umwandlung des noch frühneuzeitlich geprägten höheren Schulwesens in das neuhumanistische Gymnasium dar. Auch hier lassen sich wieder systemische Interdependenzen zwischen höherer Schulentwicklung auf der einen Seite und gesellschaftlich-politischen Strukturveränderungen, insbesondere im Verlauf der nicht nur in Preußen zu beobachtenden Modernisierungs- und Reformdynamik, und sozio-kulturellen Einflüssen (etwa im Kontext des deutschen Bildungsidealismus) auf der anderen Seite erkennen (Drewek 1997; Drewek und Tenorth 2001).

Die Differenzierung und Pluralisierung des höheren Schulwesens zwischen 1870 und 1920 durch das Aufkommen bzw. die formelle Anerkennung der realistischen Schultypen und der Mädchengymnasien bilden institutionsgeschichtlich gesehen eine weitere bedeutsame Entwicklungsstufe. Auch sie ist Teil eines übergreifenden sozialen und politischen Wandels, nämlich des Einbruchs der industriellen Gesellschaft in das höhere Schulwesen und des emanzipatorischen Kampfes um die Gleichberechtigung der Frau. Eine weitere Transformation[1] lässt sich in dem Wandel des Gymnasiums erkennen, der sich in den letzten Jahrzehnten durch das massive Wachstum der gymnasialen Bildungsbeteiligung, weitgehend parallel zu verschiedenen institutionellen Reformen des Gymnasiums, vollzogen hat. Sie ist zum einen Teil eines Funktionswandels von Bildung durch ein verändertes Bildungsaspirationsniveau, das sich stärker an der Logik meritokratischer Statusdistribution orientiert, zum anderen Teil des Übergangs von einer industriell geprägten Volkswirtschaft und Qualifikationsproduktion zu einem postindustriell, tendenziell wissensgesellschaftlich verfassten System von Arbeit und „skill formation". Alle drei Prozesse – Wandel des Bildungsverhaltens, verstärkte Allokationsfunktion

1 Außer Acht bleibt hier die Entwicklung höherer Schulen in der DDR bzw. in der Wendezeit. Auch sie ließe sich als Transformation fassen.

von Bildung und gesellschaftlicher Strukturwandel – sind verschiedene Seiten derselben Medaille.

2 Die „Tradition der freien Inscription": Die Anfänge institutionalisierter höherer Bildung

Nicht nur das deutsche Bildungswesen insgesamt, sondern auch die Institutionen höherer Bildung haben sich in verschiedenen historischen Schichten entwickelt. In diesen Schichten manifestieren sich nicht nur die unterschiedlichen gesellschaftlichen Funktionen, die höhere Bildung jeweils ausgeübt hat, sondern auch die von ihnen – den Institutionen – repräsentierten zeitgenössischen Wissensformen. Die ältesten Bildungseinrichtungen in Deutschland (in den damaligen territorialen Räumen) sind in die historische Entwicklungslinie höherer Schulen einzuordnen (vgl. dazu immer noch Paulsen 1919), u.a. wegen des in ihnen geltenden Latinitätsprinzips und des Charakters von Schulbesuch als gesellschaftliches Privileg. Sie trugen noch nicht den Namen Gymnasium, auch wenn dieser Begriff in der Antike schon präsent war. Von seinen historischen Ursprüngen her verdankt sich das moderne höhere Bildungswesen nicht nur in Deutschland, sondern auch in anderen Teilen Europas wesentlich dem Einfluss des Christentums auf die okzidentale Kultur und dem damit verbundenen Übergang zur Schriftkultur auf der Basis der lateinischen Sprache (Schulenberg 1970; Boehm 1982).

Die historischen Vorläufer der heutigen Gymnasien, die kirchlichen Lateinschulen, die in Deutschland etwa seit dem 7./8. Jahrhundert (zunächst die Klosterschulen, später die Domschulen) nachzuweisen sind, verdankten ihre Entstehung primär der Latinität der damaligen Wissensdistribution. Die im Zuge der Christianisierung Europas erfolgte Distribution religiösen Heils- und Erlösungswissens auf der Basis einer Buchreligion in lateinischer Sprache setzte elementare Kompetenzen des Lesens und Schreibens voraus, die nur in besonderen Einrichtungen, nicht mehr als Bestandteil alltäglicher Erziehung und Sozialisation, vermittelt werden konnten. Diese Schulen, die häufig noch keine selbständigen Einrichtungen, sondern Teil kirchlicher Organisationsformen waren, dienten der Ausbildung des geistlichen Nachwuchses in Latein, Glaubenslehre und Gesang. Der Lehrplan orientierte sich meist an den aus der Antike rezipierten septem artes liberales (Grammatik, Rhetorik, Dialektik, Arithmetik, Geometrie, Musik und Astronomie). Angesichts des faktischen Bildungsmonopols der Kirche waren Geistliche zugleich Träger des vorstaatlichen Amts- und Rechtsverkehrs (Kintzinger 2003; Nonn 2012).

In der zweiten Stufe in der Entwicklung höherer Bildung, den etwa seit dem 13. Jahrhundert vermehrt aufkommenden städtischen Lateinschulen (Rats-, Stadt- oder Trivialschulen), vollzog sich bereits eine wesentliche Funktionserweiterung. Sie dienten neben der religiösen Sozialisation vornehmlich dem weltlichen, pragmatischen Interesse des städtischen Bürgertums an schriftsprachlicher Grundbildung und hinreichenden Fähigkeiten im Rechnen für eine sich langsam entfaltende Stadtwirtschaft. Von den kirchlichen Lateinschulen unterschieden sich weniger inhaltlich-curricular, sie standen vielmehr ebenfalls stark in der Tradition der artes, als in der Trägerschaft unter dem städtischen Rat/Magistrat, wenn der Unterrichtsbetrieb auch meist von Theologen bestritten wurde. Nicht selten gab es jedoch zwischen Kirche und der Stadt (dem Magistrat) heftige Auseinandersetzung um die Stellung dieser Schulen (Moeller et al. 1983; Fried 1986; Kintzinger 2003, S. 125ff.).

Seit dem 14. Jahrhundert kamen in Deutschland die Universitäten hinzu, mehr als 200 Jahre nach den ersten französischen und italienischen Institutionen akademischer Bildung (Rüegg 1993; Boockmann 1999). Ihr Lehrbetrieb überschnitt sich zumindest in der Phase des artistischen Studiums durch die gemeinsame Orientierung an den artes noch mit dem lateinischen Schulbetrieb. Die mittelalterliche Bildungsverfassung kannte ja noch keine strenge sequentielle Trennung mit einem regulierten Übergang zwischen schulischer Studienpropädeutik und akademischem Studium, die der heutigen Arbeitsteilung zwischen Gymnasium und Hochschule entspricht. Trotz der starken inhaltlichen Affinität gab es aber eine strikte rechtliche Trennung zwischen den privilegierten Einrichtungen des „studium generale" (den Universitäten), die als genossenschaftliche Personenverbände über eine relativ selbständige Stellung als ständische Korporation verfügten, und den Einrichtungen eines „studium particulare" (den Schulen), die von lokalen Gewalten abhängig waren und keine körperschaftliche Stellung hatten. Die Eingangsfakultät der alten Universitäten, die Artistenfakultät, und die kirchlichen und städtischen Lateinschulen standen in der gemeinsamen bildungstheoretischen Tradition der artes, also der Idee eines verbindlichen Fächer- und Bildungskanons als Fundament von – modern gesprochen – „Allgemeinbildung" und „Studierfähigkeit" (Rüegg 1993, Kapitel 10; Seifert 1996, S. 204ff.; Nonn 2012, S. 27ff.).

Die Funktion der Artistenfakultät gleichsam als inkorporierte Vorbildungseinrichtung der Universität war auch darauf zurückzuführen, dass es in Deutschland bis zum Ausgang des 18. Jahrhunderts keine formellen, an die Vorbildung gebundenen Zugangsregelungen gab – wohl aber faktisch wirksame ständische Regulierungs- und Selektionsmechanismen (Schwinges 1986). „Die Frage der Zulassung spielte keine Rolle" (Eulenburg 1904, S. 24) – diese „alten Traditionen der freien Inscription" (v. Stein 1884, S. 432), hielt sich in Deutschland nach Errichtung der ersten Universitäten ungefähr 400 Jahre lang bis zum Ausgang des

18. Jahrhunderts. Ursprünglich diente die Immatrikulation an der Universität gar nicht der Prüfung der Bildungs- und Zulassungsvoraussetzungen, sondern war ein gleichsam symbolischer Akt der Aufnahme, der Mitgliedschaftsbekundung, in eine ständische Körperschaft. Erst an der Wende vom 18. zum 19. Jahrhundert wurde sie zu einem Instrument der staatlichen Kontrolle des Zugangs zum Studium und den akademischen Berufen (Wolter 1987).

Die mittelalterlichen Universitäten fanden eine ihrer Aufgaben in dem kontinuierlich wachsenden Bedarf weltlicher (und kirchlicher) Herrschaftsträger nach Leistungs- und Herrschaftswissen zum Zwecke der Rationalisierung und Legitimation politischer Herrschaft in einer Zeit fortschreitender Nationen- und Staatsbildung (Boehm 1970; Boockmann 1999). Damit setzte ein allmählicher, erst Jahrhunderte später abgeschlossener Prozess der Akademisierung und Professionalisierung beruflicher Positionen ein, der von der gesellschaftlichen Nachfrage nach gelehrtem Wissen getragen wurde. Die Anerkennung und Organisation intellektueller Arbeit als Beruf und die Ausbildung und Institutionalisierung entsprechender Berufsrollen sind ein höchst bedeutsamer historischer Vorgang gewesen, der in der sozialen Funktion gelehrten Wissens für gesellschaftliche Institutionen seine Voraussetzung fand.

Im Verlauf der weiteren Entwicklung zwischen dem 16. und dem 19. Jahrhundert nahm die Bedeutung religiöser Wissensformen immer mehr zugunsten der Vermittlung von säkularem Bildungs- und Herrschaftswissen ab. Der neue Typus des Bildungswissens fand erstmals in größerem Umfang in Gestalt antiken Bildungswissens mit dem Humanismus und der Reformation Eingang in das höhere Bildungswesen (Paulsen 1919, 2. Buch; Seifert 1996). Die Reformation führte dazu, dass in den protestantischen Territorialstaaten mit der Gelehrtenschule (auch als Landes- oder Fürstenschule, vereinzelt auch schon als Gymnasium bezeichnet) eine neue Institution höherer Bildung etabliert wurde, z. T. durch Umwandlung älterer katholischer Schulen. Als Teil des neuen landesherrlichen Kirchen- und Schulregiments wurde mit einer ganzen Reihe von Schulordnungen das (höhere) Schulwesen in den protestantischen Staaten neu geordnet, und der jeweilige Landesherr trat als Träger dieser neuen höheren Schulen auf. In dieser Verbindung von Landesherrschaft und Landeshoheit über Schulen können die Ursprünge des heutigen Kulturföderalismus gesehen werden. Althumanistische Sprachkompetenz und religiöse Rechtgläubigkeit waren die wichtigsten Bildungsziele und definierten gleichsam die frühneuzeitliche Vorstellung von Studierfähigkeit.

Lateinische Stadtschulen und Landes- und Gelehrtenschulen blieben bis zum 18. Jahrhundert die beiden wichtigsten (protestantischen) Typen höherer Bildung, die durch vereinzelte neuartige „Reformschulen" und eine ganze Reihe von Hybrideinrichtungen (wie z. B. den akademischen Gymnasien) ergänzt wurden.[2] Das sich mit der Reformation manifestierende wachsende Interesse der (protestantischen) Territorialstaaten am höheren Unterrichtswesen erfolgte nicht nur aus Sorge um die rechte religiöse Erziehung der Untertanen, sondern in dem Maße, wie praktisches und gelehrtes Wissen immer größere gesellschaftliche Bedeutung gewannen – insbesondere für die weitere politische, administrative und ökonomische Landesentwicklung. Mehr und mehr wurde das Interesse an funktionalem Leistungs- und Herrschaftswissen zum dynamischen Element der Bildungsentwicklung, das in der im Wesentlichen im 18. und 19. Jahrhundert vollzogenen Etablierung des Staatsprüfungswesens seinen Ausdruck fand (Bleek 1972; v. Westphalen 1979).

Eine Folge dieses Wandels bestand darin, dass zwischen dem 16. und dem ausgehenden 18. Jahrhundert aus der alten Einheit der artes langsam eine funktionale und curriculare Arbeitsteilung zwischen den höheren Schulen mit der Aufgabe der Studienpropädeutik und dem akademischen Studium an den Universitäten hervorging. Schulbesuch vor Aufnahme eines Universitätsstudiums setzte sich immer mehr durch, schon wegen des Absterbens der alten Artistenfakultäten, auch wenn es bis weit in das 18. Jahrhundert hinein keine direkte Regulierung des Hochschulzugangs gab. Trotz dieser formalen Offenheit war Schulbesuch weiterhin ein gesellschaftliches Privileg (Seifert 1996, S. 273ff.).

3 Die Institutionalisierung des Hochschulzugangs an der Wende vom 18. zum 19. Jahrhundert

Zwischen etwa 1780 und 1840 vollzog sich in den meisten deutschen Territorialstaaten die Umformung des alten Latein- und Gelehrtenschulwesens in das moderne Gymnasium, allen voran in Bayern und Preußen, die gleichsam für die beiden Prototypen des neuhumanistisch geprägten Gymnasiums stehen (Jeismann 1987, S. 152ff.). Diese Reform fügte sich in die spannungsreiche gesellschaftliche Modernisierung ein, die sich in dieser Zeit in Deutschland ebenso wie in anderen Teilen Europas vollzog. Das neue Gymnasium gewann seine Bedeutung mit der schrittweisen Auflösung der alten ständischen Sozialstruktur und deren allmähliche Überführung in die neue bürgerliche Gesellschaft mit ihren neuen, stärker

2 Gegen Ende des 16. Jahrhunderts schloss sich im Übrigen auch eine von der Societas Jesu initiierte Reform der katholischen höheren Bildungseinrichtungen an, in deren Zentrum die Implementation eines hochstrukturierten Curriculums, der „ratio atque institutio studiorum" stand.

leistungsorientierten Mechanismen der Allokation und Statusdistribution. Das Gymnasium ist dann vom frühen 19. Jahrhundert bis heute eingebunden in die Reproduktion und Legitimation der historisch neuen Strukturen sozialer Ungleichheit in Form sozialer Klassen- und Schichtenzuordnungen, verbunden auf der einen Seite mit einer hohen sozialen Selektion, auf der anderen Seite aber auch als ein Weg des sozialen Aufstiegs.

Teil dieser Reform des höheren Schulwesens war die mit der Etablierung der Reifeprüfung erfolgte formelle Regelung des Übergangs von der Schule zur Universität. Sie ging von Preußen aus, die anderen Staaten folgten bis zur Mitte des 19. Jahrhunderts. Das Gymnasium wurde Glied einer Berechtigungs- und Zuweisungskette, welche die Schule mit der Universität und den akademischen Berufen, zunächst vorrangig im höheren Staatsdienst, miteinander verknüpfte (Wolter 1987). Seit dem frühen 18. Jahrhundert häuften sich in Preußen Klagen über den unbefriedigenden Zustand des Schulwesens, in deren Zentrum der formal immer noch offene Zugang zu den Universitäten stand. Über das ganze 18. Jahrhundert verbreitet war die „Diagnose" eines Mangels an Studierfähigkeit unter den Studienanfängern, der primär auf die mangelnde Regulierung und Normierung des Hochschulzugangs zurückgeführt wurde und in der 2. Hälfte des Jahrhunderts eine lebhafte Debatte über diese Frage in den Medien des damaligen gelehrten Publikums auslöste (Herrlitz 1973). Zugleich lassen in diesem Zeitraum wiederholte Maßnahmen des preußischen Staates zur Limitierung des Hochschulzugangs beobachten, zum Beispiel durch Eingangsprüfungen, die jedoch ohne nachhaltigen Erfolg blieben.

Gegen Ende des 18. Jahrhunderts wurden dann erstmalig Maßnahmen getroffen, die den Beginn einer dauerhaften Institutionalisierung des Hochschulzugangs bildeten. Dies ging einher mit einer – verglichen mit heutigen Maßstäben allerdings sehr bescheidenen – zunehmenden bildungspolitischen Initiative des absolutistischen Staates, ablesbar etwa an den bildungspolitischen Regelungen des Allgemeinen Preußischen Landrechts (1794) oder der 1787 erfolgten Errichtung des Oberschulkollegiums (OSK) als einer Art Landesbehörde für höhere Schulen und Universitäten in Preußen, die allerdings nur über begrenzte Befugnisse, ehrenamtliches Personal und keinen Behördenunterbau verfügte. Im Blick auf die zu diesem Zeitpunkt überhaupt nur rudimentär ausgebildete Staatlichkeit im Sinne des modernen zentralistischen bürokratischen Regelungs- und Interventionsstaates lagen noch Welten zwischen den proklamierten Rechtsnormen und der Realität der Verhältnisse im Bildungsbereich (Heinemann 1974; Neugebauer 1985) – angesichts der Dominanz privater und lokaler Herrschaftsträger auch im Schulbereich.

Der Übergang von der Schule zur Universität wurde in Preußen im Zeitraum zwischen 1788 und 1834 mit drei Verordnungen zur Maturitätsprüfung schrittweise vom Nachweis eines Reifezeugnisses abhängig gemacht (vgl. hierzu umfassend

Jeismann 1996). Zwischen 1820 und 1840 folgten die anderen deutschen Territorialstaaten mit ähnlichen Regelungen, teilweise eigenständig, teilweise in Anlehnung an die preußischen Regelungen (Jeismann 1987, S.158ff.; Bölling 2010, S. 50ff.). Nachdem die in der ersten Hälfte des 18. Jahrhunderts unternommenen Versuche zur Regulierung des Hochschulzugangs wenig Wirkungen gezeigt hatten, führte Preußen, vorbereitet durch das OSK, als erster deutscher Territorialstaat 1788 die Reifeprüfung als Voraussetzung für den Hochschulzugang ein. Anlass war die Befürchtung einer Überfüllung der preußischen Universitäten mit ungeeigneten – modern gesprochen: nicht-studierfähigen – Studierenden, die sich der in Preußen geltenden Kantonpflicht (ein Vorläufer der späteren Wehrpflicht) entziehen wollten. Diese „Studirwuth" würde nur dazu führen, wie es in zeitgenössischen Quellen heißt (Nachweise bei Wolter 1987, S. 128ff.), dass „jetzt mehr studiren als nöthig" und eine „Menge überflüssiger Gelehrter", eine „Übervölkerung im Gelehrtenstand" drohe, während dem „Publico nützliche Feldarbeiter, Handwerker und Professionisten entzogen" würden. Bereits hier findet sich also ein Argumentationsmuster aus Überfüllung der Universitäten, prekären Arbeitsmarktbedingungen für Hochschulabsolventen und Arbeitskräftemangel in praktischen Berufen, das sich bis in die Gegenwart hinein in charakteristischen Wellen durch die deutsche Bildungsgeschichte und Bildungspolitik hindurchzieht (Titze 1990).

Die 1788 etablierte Regelung zum Hochschulzugang sah eine (schulische) Reifeprüfung bzw. ein Reifezeugnis jedoch noch keineswegs als obligatorisch für die Studienzulassung vor, sondern zunächst nur für diejenigen Bewerber, die auf eine – modern gesprochen – öffentliche Studienförderung angewiesen waren. Wer kein schulisches Reifezeugnis vorweisen konnte, weil er zum Beispiel Privatunterricht durch Hofmeister oder Hauslehrer erhalten hatte, sollte sich stattdessen einer relativ unverbindlichen Aufnahmeprüfung an der Universität unterziehen. Studieren konnte man aber auch, ohne eine der beiden alternativen Prüfungen bestanden zu haben. Wie aus den von Paul Schwartz (1910ff.) dokumentierten internen Verhandlungen im Oberschulkollegium hervorgeht, wurde jeder weitergehende Versuch einer generellen Bindung des Hochschulzugangs an eine mit dem Reifezeugnis nachzuweisende Befähigung als unzulässiger, „despotischer" Eingriff des Staates in die bürgerliche Freiheit der Väter verworfen, frei über den Bildungsweg ihrer Söhne entscheiden zu können. Das moderne rechtsstaatliche Prinzip der Generalität der Norm – gleiche Voraussetzungen für alle – brach sich noch an der ständischen Differenzierung der an die Herkunft gebundenen Bildungs- und Lebenschancen.

Erst mit zwei weiteren Verordnungen aus dem Jahre 1812, zum Höhepunkt der preußischen Reformzeit, und aus dem Jahr 1834, inmitten der Restaurationszeit, wurde das Netz der Studienzulassung enger geknüpft und der „Schlusspunkt der staatlichen Monopolisierung der Zugangschancen zu den Universitäten" (Gerth 1976,

S. 91) gesetzt. Der bisherige Dualismus aus schulischer Abgangs- und universitärer Aufnahmeprüfung wurde schrittweise beseitigt und die Geltung der Reifeprüfung auf (fast) alle Studienanfänger an preußischen Universitäten ausgedehnt, jedenfalls für alle, die eine Staatsprüfung ablegen oder einen Doktorgrad erwerben wollten.

Die zweite Verordnung (1812) war Teil eines umfassenderen Maßnahmenbündels der preußischen Bildungsreform, das sich auf das höhere Bildungswesen erstreckte (Baumgart 1990; Jeismann 1987), teilweise noch in der kurzen Zeit Wilhelm v. Humboldts als Leiter der Sektion für Kultus und öffentlichen Unterricht im preußischen Innenministerium vorbereitet. Ab 1812 hießen in Preußen alle Latein- und Gelehrtenschulen, die von der Bildungsadministration das Recht zur Abnahme der Reifeprüfung bekamen, einheitlich Gymnasien, welche in den folgenden Jahren, z.T. Jahrzehnten, auf einen stark neuhumanistisch geprägten Lehrplan mit den beiden alten Sprachen im Zentrum ausgerichtet wurden (Jeismann 1996, insbesondere Band 2). Das „Dimissionsrecht" war das administrative Instrument, aus der großen Zahl der lateinführenden Schulen eine kleinere Zahl – etwa ein Viertel des Bestandes – leistungsfähigerer Schulen herauszufiltern, die den Kern des neuen Gymnasialwesens bildeten. Aber auch noch in der Verordnung von 1812 scheut man sich davor, die neue Institution der Reifeprüfung als für alle Studieninteressenten obligatorische Anforderung zu verankern – das wäre ein „zu tiefer Eingriff des Staats in die Rechte der väterlichen Gewalt" (zitiert aus der Reifeprüfungsverordnung 1812, Wolter 1987, S. 249).

Dies ist, immer noch mit gewissen Einschränkungen, erst in der nachfolgenden dritten Verordnung der Fall. Nach 1834 waren nur noch Studienfächer ohne staatliche Abschlussprüfung sowie Studierende ohne Examensabsicht vom Abiturzwang ausgenommen, bis diese allmählich bis zum Ende des 19. Jahrhunderts in diesen Regelungskreis einbezogen wurden. Die Einzelheiten zur Administrierung und inhaltlich-curricularen Normierung der Reifeprüfung werden in Preußen wie in den anderen deutschen Staaten etwa bis 1860 weiter ausgearbeitet und in entsprechenden Verordnungen verankert (Jeismann 1996, Band 2).

Die vorläufig abschließende preußische Reifeprüfungsverordnung aus dem Jahre 1834 wurde im Übrigen begleitet von einer – wieder modern gesprochen – ersten Vereinbarung der deutschen Territorialstaaten zur Einführung und wechselseitigen Anerkennung der Reifeprüfung. Die auf der Wiener Konferenz 1834 von den Staaten des Deutschen Bundes vereinbarten 60 Artikel, von denen die auf die Überwachung der Universitäten zielenden Artikel 42 bis 56 später zu Bundesgesetzen erhoben wurden, regelten in den Artikeln 42ff auch die Zulassung zum Universitätsstudium. „Geist" und Inhalt dieser Regelungen sind ganz und gar von der polizeistaatlich-restaurativen Intention des gesamten Gesetzes geprägt und richten sich in besonderer Weise gegen die liberal-demokratischen Bestrebungen der deutschen Studentenschaft im Vormärz. Die Immatrikulation wird zu einer Art von polizeistaatlichem Überwachungsakt. So wird die Vorlage eines nach dem jeweiligen Landesrecht gültigen Zeugnisses der wissenschaftlichen Vorbereitung zur Voraussetzung der Studienzulassung, die auch eine Beurteilung des „sittlichen Betragens" enthalten muss. Alle Staaten verpflichten sich zur Einführung eines solchen Verfahrens.

Charakteristisch für die Etablierung dieser neuen Gelenkstelle zwischen Schule und Universität bleibt das Muster, dass die neue Institution der Reifeprüfung „von oben", von der Universität und der Zulassung zum Studium her konstruiert wurde. Der Prozess ihrer Institutionalisierung wurde weniger von einer Bildungsidee – allgemeine Menschenbildung, Persönlichkeitsentwicklung oder Studierfähigkeit – vorangetrieben, sondern einem sich in verschiedenen Varianten manifestierenden staatlichen Regulierungsinteresse am Hochschulzugang: von der Zahl und Herkunft der Studenten her, von der obrigkeitsstaatlichen Gesinnungskontrolle und dem Interesse, den Zugang zum Staatsdienst zu kontrollieren. Nicht die Bildungsziele oder -inhalte, sondern die Abschlüsse, Titel und Berechtigungen standen im Zentrum. Eine besondere Bedeutung hat dabei die enge Verknüpfung von Amt und Bildung: Der Zugang zu den Universitäten ist die erste Stufe der Kontrolle des Zugangs zu den staatlichen Ämtern, da zu dieser Zeit die ganz große Mehrzahl der Absolventen ein staatliches Amt anstrebt und ein Arbeitsmarkt außerhalb staatlicher Institutionen bislang nur sehr begrenzt existiert. Die Reifeprüfung gewann die Funktion einer „allgemeinen Vorprüfung für die späteren Amtsprüfungen" (Paulsen 1902, S. 427). Ludwig Wiese, von 1852 bis 1875 Gymnasialreferent im preußischen Kultusministerium sprach sogar direkt vom Abitur als einer „Staatsprüfung" (Wiese 1867, S. 350).

Die weitere Entwicklung des deutschen Gymnasiums im 19. Jahrhundert zu einer hochgradig durchorganisierten Leistungsschule mit einem von strikter Disziplin und Autorität bestimmten Schulklima entfernte sich immer weiter von der ursprünglichen Vorstellung humanistischen Bildungswissens und individueller Persönlichkeitsentfaltung durch Bildung. Gymnasium und Abitur haben aber ihre hohe gesellschaftliche Anerkennung nicht allein aus ihrer funktionalen Qualifizierungsleistung bezogen, sondern in erster Linie aus ihrer sozial-distinktiven Funktion. Das Reifezeugnis hob seinen Inhaber aus der grauen Masse des ungebildeten Volkes deutlich heraus und stellte der Geburtsaristokratie eine dem eigenen Anspruch nach gleichwertige Bildungselite, eine Art Geistesaristokratie an die Seite.

4 Diversifizierung, Öffnung und Wachstum: Entwicklungslinien des Gymnasiums seit der Mitte des 19. Jahrhunderts

Die historische „Signatur des preußischen Gymnasiums" (Jeismann 1996, Bd. 2, S. 639), schrittweise im Wesentlichen zwischen 1820 und 1860 ausgestaltet, bildet trotz zahlreicher regionaler und lokaler Varianten auch das Grundmuster der höheren Schulen in anderen deutschen Staaten. Sie lässt sich durch folgende Merkmale beschreiben: Bis zum Ende des 19. Jahrhunderts gab es nur einen zum Abitur führenden Gymnasialtyp, das humanistische Gymnasium mit dem Monopol des Zugangs zu den Universitäten. Gymnasium und Universität bildeten einen Regelkreis, der von anderen Schultypen strikt separiert war. Die verschiedenen vertikal nebeneinander stehenden Schulformen verfügten noch über keinen gemeinsamen Unterbau. Das Gymnasium war zu dieser Zeit konzipiert als neunjähriger Kursus mit einer dreijährigen (privaten) Vorschule – noch als „reine" Jungenschule. Die geringe institutionelle Durchlässigkeit des Gymnasiums spiegelte in sich in seiner hohen Selektivität: Es erfasste mit etwa 2 % bis 4 % der männlichen Bevölkerung nur eine verschwindende Minderheit der nachwachsenden Generation, vorrangig aus den sozial besser gestellten Schichten der städtischen Bevölkerung. Es erfüllte aber auch insofern eine Bildungsaufstiegsfunktion, als ein beträchtlicher Teil der Schüler nicht aus einem Elternhaus mit einer bereits vorhandenen höheren Bildungstradition kam (Lundgreen 1980, S. 77ff.; Lundgreen et al. 1988).

Das pädagogische Klima war geprägt als strenge Leistungsschule mit Fachunterricht, hohem Erfolgsdruck und strikter Sozialdisziplin. Insbesondere nach 1870 erfüllte das Gymnasium auch eine politische, nationalkonservative Sozialisationsfunktion. Das Gymnasium verfügte über einen einheitlichen, starren Lehrplan mit festen Stundentafeln mit den alten Sprachen im Zentrum, die gut die Hälfte des Lehrplanvolumens in Anspruch nahmen (Lundgreen 1980, S. 74 f.), in anderen Staaten sogar noch mehr. Seine wesentlichen Ausbildungsziele waren der Erwerb der Hochschulreife bzw. des Abiturs als Vorbereitung auf das Studium und den späteren Eintritt in den Staatdienst; Inhalte und Verfahren der Abschlussprüfung waren genau normiert. Gleichwohl war vorzeitiger Schulabgang noch die Regel – z. B. bei Erreichen eines bürgerlichen Grundbildungsminimums – und kein Stigma. Anders als die meisten anderen Schultypen des 19. Jahrhunderts genoss das Gymnasium eine administrative Sonderstellung durch staatliche Aufsicht und akademische Lehrerausbildung.

Vor diesem Hintergrund lässt sich der Wandel vom „klassischen" zum zeitgenössischen Gymnasium entlang verschiedener Dimensionen rekonstruieren, die in den folgenden Ausführungen näher dargestellt werden. Von der äußeren Schulverfassung her ist dies – erstens – die Entwicklung vom Monopol des humanistischen Gymnasiums zum Typengymnasium und weiter zur heutigen, stärker intrainstitutionell differenzierten Gymnasialverfassung. Eng verbunden ist damit – zweitens – eine curriculare Pluralisierung, indem die Dominanz der alten Sprachen einer größeren Fächervielfalt, zum Teil mit institutioneller Profilbildung verknüpft, wich. Drittens ist die für die gesellschaftliche Funktion des Gymnasiums wahrscheinlich wichtigste Dimension des Wandels die erst langsame, nach 1960 sprunghafte Expansion der gymnasialen Bildungsbeteiligung. Dazu hat – viertens – in erheblichem Umfang die geschlechtsspezifische Öffnung gymnasialer Bildung beigetragen. Fünftens ist die institutionelle Durchlässigkeit des Gymnasiums deutlich angewachsen, beginnend mit der Einführung der vierjährigen Grundschule als Fundament des Schulsystems über die Öffnung der Übergänge von der Grundschule in das Gymnasium, von der Realschule oder einer Gesamtschule in die gymnasiale Oberstufe und den Ausbau von Fach- bzw. Berufsgymnasien. Sechstens hat sich die Schulkultur in den Gymnasien erheblich verändert: Aus einer „Drillschule" mit hoher interner Selektion ist eine Schule mit einer deutlich liberalisierten pädagogischen Kultur, geringerer interner Selektion, breiterem curricularen Verständnis und größeren Wahlmöglichkeiten hervorgegangen.

Natürlich verlief diese Entwicklung nicht kontinuierlich, sondern in Wellen, mit zahlreichen Brüchen, auch mit Widerständen und Konflikten (für die Nachkriegszeit vgl. Gass-Bolm 2005). Bereits an der Wende vom 19. zum 20. Jahrhundert verlor der Typus des humanistischen Bildungswissens als ein spezifischer Ausschnitt gesellschaftlichen Wissens seine kulturelle Hegemonie, und das humanistische Gymnasium büßte sein Abiturmonopol ein. Hervorgerufen durch gesellschaftliche Modernisierung und dynamische Ausdifferenzierung der (Erfahrungs-)Wissenschaften setzte im ausgehenden 19. Jahrhundert eine Pluralisierung der durch das Gymnasium repräsentierten Wissensformen ein – mit der Folge einer größeren institutionellen Differenzierung. Aus dem nicht ganz 100 Jahre haltenden Hochschulreifemonopol des humanistischen Gymnasiums ging innerhalb von gut 30 Jahren ein stark diversifiziertes System aus ca. 20 verschiedenen Gymnasialtypen mit Abiturrecht und zahlreichen Kombinationstypen hervor (Kraul 1984; Lundgreen 1980, 1981).

Nachdem bereits im Laufe des 19. Jahrhunderts diejenigen höheren Schulen, die nach 1812 nicht das Abiturrecht und den Gymnasialstatus erhalten hatten, zu Bürger- und Realschulen umgeformt wurden, kristallisierten sich aus ihnen in den letzten Jahrzehnten des 19. Jahrhunderts mit dem Realgymnasium und der Oberrealschule zwei neue Typen einer höheren Schule heraus (Müller 1981; Albisetti und Lundgreen 1991). Diese wurden nach heftigen schulpolitischen Debatten im Jahre 1900 mit der Erteilung des Abiturrechts faktisch dem humanistischen Gymnasium gleichgestellt, nachdem sie zuvor schon einige Teilberechtigungen erkämpft hatten. Sie unterschieden sich hauptsächlich durch den größeren Anteil moderner Fremdsprachen (und im Fall der Oberrealschule schon vollständigen Verzicht auf die alten Sprachen) und des mathematisch-naturwissenschaftlichen Unterrichts. Der Grundstruktur nach entstand hier jene dreigliedrige Gymnasialorganisation (altsprachlich, neusprachlich, mathematisch-naturwissenschaftlich), die bis zur Oberstufenreform von 1972 (und teilweise darüber hinaus) erhalten blieb.

Diese institutionelle und curriculare Pluralisierung höherer Schulen vollzog den gesellschaftlichen Modernisierungsprozess in Deutschland mit der neuen industriegesellschaftlichen Entwicklungsdynamik und dem Aufschwung der Natur- und Ingenieurwissenschaften in der zweiten Hälfte des 19. Jahrhunderts nach. Das Gymnasium gewann mit seiner Diversifizierung (und dem demographischen Wandel der deutschen Gesellschaft) erheblich an Bedeutung, auch wenn dies regional sehr unterschiedlich verlief. Allein in Preußen stieg die Zahl der zum Abitur führenden Schulen von ca. 110 (1832) auf ca. 400 (1900), bis 1931 auf mehr als 900. Die Zahl der Schüler in allen verschiedenen Gymnasialtypen wuchs von ca. 24.000 (1832) auf 157.000 (1900) und bis 1931 auf beinahe 300.000 an (Müller und Zymek 1987, S. 52ff., 157ff.), wobei insbesondere die vielen Varianten und Kombinationstypen erheblich zu diesem Wachstum beitrugen (exemplarisch Tosch 2006).

War schon die Gleichstellung der drei höheren Schultypen für die männliche Jugend von einer Art Schulkrieg begleitet, so verlief die Verteidigung des von den Anfängen an im Bereich der höheren Schulen und Universitäten bestehenden männlichen Bildungsmonopols, die Abwehr des Studienrechts für Frauen noch ideologischer. Der Ausschluss der Mädchen bzw. Frauen von den höheren Bildungseinrichtungen war bislang nur in wenigen Fällen durchbrochen worden (z. B. in Frauenklöstern oder anderen kirchlichen Bildungseinrichtungen, individuelle Studienerlaubnisse für Frauen in der Regel mit Hörsaalverbot, Privatschulen, Schulbesuch und Studium im Ausland). Bis zum Ende des 19. Jahrhunderts gab es keine öffentlichen höheren Mädchenschulen, die zum Abitur führten, höchstens verschiedene Institute höherer Töchterbildung außerhalb des Berechtigungswesens. Vorangetrieben vor allem von der bürgerlichen Frauenbewegung und ihren Forderungen nach Gleichberechtigung – im Wahlrecht wie im Bildungswesen – erfolgte dann um 1900, in Preußen 1908, nicht nur die Öffnung der Universitäten für Frauen, sondern auch die Zuerkennung des Abiturrechts zu den höheren Mädchenschulen (in unterschiedlicher, z. T. kommunaler oder privater Trägerschaft). Ein Teil der deutschen Staaten ist Preußen schon vorangegangen, die anderen folgten (Albisetti 2007; Kleinau und Opitz Bd. II, 1996; Zymek 1988; Kraul 1991).

Da das Koedukationskonzept in dieser Zeit flächendeckend (mit einigen lokalen Ausnahmen) noch keine Realisierungschance hatte, erfolgte der Aufbau öffentlicher höherer Mädchenbildung durch ein eigenes Schulangebot. Anders als bei den Jungen gab es bei den Mädchen zwar mit dem Lyzeum (nach 1912) eine gemeinsame Grundstufe im Sekundarbereich I. Die z. T. 5-, z. T. 6jährige, mit der 8./9. Klasse einsetzende Oberstufe wurde aber weitgehend analog zu den Strukturen der höheren Jungenbildung konzipiert, wenngleich unter anderen Bezeichnungen. Sie bestand im Kern aus den drei Typen von Studienanstalten (gymnasial, realgymnasial, oberreal) und nach 1924 zusätzlich aus dem neusprachlichen Oberlyzeum. Als Resultat verdoppelte sich die Zahl der zum Abitur führenden höheren Schultypen. Quantitativ gesehen, gewinnen die neuen Möglichkeiten höherer Mädchenbildung schnell an Bedeutung. Um 1930 war in Deutschland bereits gut ein Viertel der Abiturienten weiblich.

Die Weimarer Republik setzte diesen Prozess institutioneller und curricularer Diversifizierung mit der Etablierung weiterer höherer Schultypen fort. Zunächst hat sich die Situation und Stellung der höheren Schulen durch die Einführung der vierjährigen Grundschule und die sich allerdings noch länger hinziehende Abschaffung der privaten Vorschulen grundlegend verändert. Erstmalig ist jetzt ein gemeinsamer Unterbau vorhanden und die Entscheidung für die Schulwahl fällt nicht mehr schon mit der Einschulung. Über die ganze Zeit der Weimarer Republik wurde eine bildungspolitische und bildungswissenschaftliche Debatte über den Sinn und Unsinn der Reifeprüfung geführt, die jedoch nicht zu ihrer Abschaffung führte. Stattdessen kamen mit der Deutschen Oberschule, der Aufbauschule und dem Abendgymnasium weitere Schulformen hinzu, die zum Abitur führten (Lundgreen 1981, S. 83ff.; Zymek 1989). Während die Deutsche Oberschule mit ihrem deutschkundlichen Schwerpunkt eine curriculare Erweiterung darstellen sollte, aber keine größere Bedeutung gewann, sollte die Aufbauschule, auf der Volksschule nach der 8. Klasse aufbauend, einer sozialen Öffnung der höheren Schule insbesondere für Land- und Arbeiterkinder dienen. Das Abendgymnasium sollte dagegen eine Art zweite Chance für Berufstätige bieten, die auf dem regulären Wege kein Abitur erwerben konnten (Schwabe-Ruck 2010).

Die zwischen 1900 und 1930 erfolgte Diversifikation des Typengymnasiums wurde durch die in der zweiten Hälfte der 1930er Jahre vollzogene nationalsozialistische Neuordnung der Strukturen des höheren Schulwesens unterbrochen, die bei den Jungen zu einer weitgehenden Reduktion der Schulvielfalt auf die drei Grundformen des Gymnasiums, bei den Mädchen sogar zu einer drastischen Begrenzung auf einen Schultyp führte (Schneider 2000). Diese Limitierungspolitik wurde durch einen scharfen, auf Ausschluss bestimmter Bevölkerungsteile (u. a. der Juden) zielenden Numerus clausus im Gymnasial- wie im Hochschulbereich verstärkt; u. a. wurden Abitur und Hochschulzugang teilweise voneinander entkoppelt. Die Schulzeit bis zum Abitur wurde um ein Jahr verkürzt. Im Zentrum der nationalsozialistischen

Schulpolitik stand aber weniger die Organisationsreform als vielmehr die inhaltliche Indienstnahme der Schule als Erziehungs- und Sozialisationseinrichtung.

Alles in allem trug die Erweiterung der gymnasialen Angebote kaum dazu bei, den engen Zusammenhang zwischen sozialer Herkunft und Schulbesuch aufzubrechen. Zwar stieg die Beteiligungsquote an höherer Bildung aufgrund des infrastrukturellen Ausbaus und der Erweiterung des Angebots weiter an. Insbesondere einige der neuen Schultypen wiesen einen starken Zuwachs auf, und sie waren teilweise, wenn auch nur in bescheidenem Umfang, sozial offener. Um 1910 besuchten in der Sexta etwas 9 % aller Jungen ein Gymnasium, um 1930 etwa 14 %, in der Oberstufe noch gut 3 % (1911) bzw. 7 % (1931) (Lundgreen 1981, S. 114, 119). Bei den Mädchen lag die Sextanerquote 1921 bei 7 % und 1931 bei 8 %; die Oberstufe wird aber nur noch von 1-2 % besucht. Die Abiturientenquote betrug aufgrund des häufigen vorzeitigen Abgangs nur einen Bruchteil; sie war von 0,8 % (1871) auf 3,3 % (1930) angestiegen (Ringer 1980, S. 11). Nach wie vor bildete aber die soziale Struktur des Schulbesuchs nicht annährend die soziale Zusammensetzung und Schichtung der deutschen Gesellschaft ab. Das Gymnasium blieb auch in seinen verschiedenen Varianten vorrangig eine Institution der städtischen Mittelschichten, des Bildungsbürgertums und der Dienstleistungsklassen (Kaelble 1975; Ringer 1980; Kraul 1984, S. 139ff.; Lundgreen 1981). Gegenüber diesen sozialen Gruppen erwies sich das Gymnasium am ehesten als sozial offen; exklusiv war es vor allem im Ausschluss von Arbeiter- und Landkindern.

5 Das Gymnasium im Aufwind: Dimensionen seiner Transformation nach 1945

Anders als in der DDR wurde das Gymnasium nach 1949 in Westdeutschland zwar mehrfach umgestaltet, aber nicht abgeschafft.[3] Zwar ist es unmöglich, die Gymnasialentwicklung vom Ende des Zweiten Weltkriegs bis heute auf einen Nenner zu bringen. Doch lassen sich in diesem Zeitraum drei zentrale Entwicklungslinien identifizieren (Furck 1998; Trautwein und Neumann 2008): erstens die Stellung des Gymnasiums innerhalb des Schulsystems, zweitens die Frage der institutionellen Differenzierung des höheren Schulwesens in engem Zusammenhang mit der Oberstufenreform; sowie drittens die bereits im 19. Jahrhundert einsetzende Expansion der gymnasialen Bildungsbeteiligung. Die mit diesen drei Grundfragen verbundenen

3 Auf die Entwicklung der Oberstufe in der DDR soll hier nicht weiter eingegangen werden (vgl. dazu Baske 1998).

Entwicklungen addieren sich zu der vermutlich nachhaltigsten Transformation, die das Gymnasium bisher durchlaufen hat, in deren Folge ein „Gymnasium neuen Typs" (Freisel 2007; Gass-Bolm 2005; Klomfass 2011) entstanden ist, das mit dem noch bis ca. 1970 dominierenden Gymnasium traditionellen Typs nur noch wenig gemein hat.[4] Trotz dieser Veränderungen ist das Gymnasium aber unverändert bis heute die kognitiv-fachlich anspruchsvollste Schulform geblieben, deren Schüler eine Art positive Selektion („creaming") bilden, auch wenn das Spektrum deutlich breiter geworden ist.

Die Stellung des Gymnasiums zeichnete sich lange durch eine ausgeprägte Segmentierung innerhalb des Schulsystems mit einer äußerst geringen institutionellen Durchlässigkeit aus. Die Einführung der Grundschule (1920) und die damit verbundene Abschaffung der Vorschulen schufen bereits ein gemeinsames Fundament für alle weiterführenden Schulformen. Durch verschiedene Maßnahmen wurde seit 1960 die institutionelle Durchlässigkeit des Gymnasiums weiter vergrößert. Die bis dahin weithin üblichen Auswahlverfahren wurden durch länderspezifische Regelungen abgelöst, die den Übergang in das Gymnasium entweder an eine schulische Laufbahnempfehlung binden oder die Schulwahl mehr oder weniger „freizügig" in die Hände der Eltern legen. Spätere Übergänge wurden ebenfalls ermöglicht, so von der Realschule oder einer Gesamtschule in die gymnasiale Oberstufe.

Darüber hinaus sind die verschiedenen institutionellen Wege zur Hochschulreife weiter diversifiziert worden. Neben der allgemeinbildenden gymnasialen Oberstufe haben sich – mit einigen Unterschieden zwischen den deutschen Ländern – weitere Oberstufentypen etabliert, die zum Abitur hinführen, u. a. die Berufs- bzw. Fachgymnasien, die Oberstufe von Gesamtschulen, die Berufsoberschulen oder andere Formen. Ein beträchtlicher Anteil der Abiturientinnen und Abiturienten kommt inzwischen nicht mehr aus der allgemeinbildenden gymnasialen Oberstufe mit gymnasialem Unterbau in der Sekundarstufe I. Schulform und Schulabschluss (hier die Studienberechtigung) sind bis zu einem gewissen Maße voneinander entkoppelt worden. Ein erheblicher Anteil der Schulabgängerinnen und Schulabgänger mit allgemeiner Hochschulreife (und erst recht derjenigen mit Fachhochschulreife) erwirbt die Studienberechtigung in einer Einrichtung des berufsbildenden Bereichs (Arbeitsgruppe Bildungsberichterstattung 2014, S. 91). Schließlich wird die relative Position des Gymnasiums innerhalb des Schulsystems nicht zuletzt von den

4 Daran sind auch noch andere Entwicklungen beteiligt, auf die hier nicht weiter eingegangen wird, z. B. den Berufseintritt jüngerer Lehrergenerationen mit einem veränderten pädagogischen Bewusstsein, was nicht unerheblich zur Liberalisierung des Schüler-Lehrer-Verhältnisses und zu einem veränderten Schulklima im Gymnasium beigetragen hat (vgl. dazu Gass-Bolm 2005; Hillebrand 2014).

alternativen Schultypen in der Sekundarstufe I bestimmt. Der in der Mehrzahl der Länder beobachtbare Trend zu einer zweigliedrigen Struktur der Sekundarstufe I (Neumann et al. 2013; Überblick in: Autorengruppe Bildungsberichterstattung 2014, S. 253) führt in der Konsequenz eher zu einer Stärkung des Gymnasiums.

Die zweite zentrale Entwicklungslinie, die Differenzierung des Gymnasiums und die Oberstufenreform, lässt sich in drei Phasen untergliedern (Fuchs 2004; Neumann und Trautwein 2014): Die Vorgeschichte der Oberstufenreform, die Implementation und die schrittweise Revision der Reform. Die Vorgeschichte beginnt bereits kurz nach der Einrichtung der Kultusministerkonferenz (KMK) und der Restitution des Gymnasiums nach dem Zweiten Weltkrieg. Im Zentrum stehen immer wieder die Fragen der curricularen und institutionellen Differenzierung des Gymnasiums, der Flexibilität des Lehrplans und der Unterrichtsorganisation sowie die der individuellen Wahlmöglichkeiten insbesondere in der Oberstufe. In Westdeutschland schrieb das Düsseldorfer Abkommen zwischen den Ländern (1955) zunächst die dreigliedrige Organisation des Gymnasiums (zusätzlich noch in Aufbauform möglich) fest.

Aber bereits seit Anfang der 1950er Jahre setzte eine neue schulpolitische und bildungswissenschaftliche Debatte über Stofffülle und Stoffreduktion, exemplarisches wissenschaftsorientiertes Lernen und das obligatorische Fundament („Minimum") an Grund- und Vorbildung für ein Studium ein. Diese Debatte erreichte einen ersten Höhepunkt in den gemeinsam von KMK und damaliger Westdeutscher Rektorenkonferenz veranstalteten Tutzinger Gesprächen, die 1959 in einen noch stark in der Tradition konservativer Kulturkritik stehenden sogenannten Tutzinger Maturitätskatalog als gemeinsamer Kern der Hochschulreife für die zur Hochschule hinführenden Wege einmündeten (Scheuerl 1962; Fuchs 2004, S. 305ff.). Mit der Saarbrücker Rahmenvereinbarung der KMK (1960) wurde daraufhin bereits eine „kleine" Oberstufenreform eingeleitet, die eine bescheidene Einschränkung des verbindlichen Fächerkanons zugunsten etwas größerer individueller Wahlmöglichkeiten brachte. Das Hamburger Abkommen der KMK (1964) ließ dann über die drei Grundtypen hinaus weitere Gymnasialtypen zu, die zu diesem Zeitpunkt ohnehin schon existierten (hierzu im einzelnen Fuchs 2004).

Die zweite Phase und die – zumindest vorübergehend – größte Zäsur in der Geschichte der gymnasialen Oberstufe, die Bonner Vereinbarung zur Neugestaltung der gymnasialen Oberstufe (KMK 1972), knüpften problemgeschichtlich an diese Diskurse und Maßnahmen an. Zwei bekannte Problemfelder standen im Vordergrund: die Unzufriedenheit der Universität mit der Studienvorbereitung durch die gymnasiale Oberstufe, insbesondere die zu geringe Ausrichtung auf die Anforderungen des akademischen Lehrbetriebs; und das Problem von einheitlicher Vorbildung und Hochschulreife angesichts erweiterter Bildungs- und Zugangswege zur Hochschule. Der kreative Neuansatz der Oberstufenreform bestand darin, das historisch überlieferte Muster aufzubrechen, auf veränderte gesellschaftliche Funktionserfordernisse und neue kognitive Anforderungen und Wissensformen mit der externen Differenzierung neuer Gymnasial- und Oberstufentypen zu reagieren. An seine Stelle trat nun die intrainstitutionelle Differenzierung mit alternativen Wahloptionen und einer intern flexiblen Organisation. Die damit verbundene Reform war aber bekanntlich nicht von Dauer. Die Kritik, insbesondere aus den Hochschulen, an den mangelnden studienpropädeutischen Leistungen der gymnasialen Oberstufe verstummte nicht, im Gegenteil: Sie wandte sich jetzt in einer Kehrtwendung gegen die Reform.

Die dritte Phase der Oberstufenreform seit Mitte der 1980er Jahre – mit den neuen Oberstufenvereinbarungen der KMK von 1988 und 1997 und den Husumer Beschlüssen von 1999 – bestand darin, wesentliche Elemente der Reform von 1972 wieder einzuschränken. Das zeigt sich insbesondere in den mit dem Kurssystem verbundenen Wahlmöglichkeiten und dem obligatorischen Kanon in der Oberstufe und der Abiturprüfung. Zugleich wurden den Ländern erweiterte Möglichkeiten für eigene Regelungen eingeräumt – mit der Folge, dass die Ausgestaltung der Oberstufe zwischen den Ländern heute wieder große Unterschiede aufweist (Neumann und Trautwein 2014). Die Ausrichtung der gymnasialen Oberstufe auf größere Verbindlichkeit ist durch das inzwischen in fast allen Ländern eingeführte Zentralabitur zusätzlich verstärkt worden. Schließlich hat eine der bis heute kontrovers diskutierten Reformen, die Verkürzung der gymnasialen Schulzeit bis zum Abitur um ein Jahr (G8), die in einigen Ländern bereits wieder zur Disposition steht, die schon die Oberstufenreform begleitende Spannung zwischen Umfang und Verbindlichkeit des Curriculums auf der einen Seite und individueller Lernzeit und Wahlfreiheit auf der anderen Seite noch intensiviert.

Die dritte zentrale Entwicklungslinie und wohl nachhaltigste, mehr oder weniger schleichende Veränderung des Gymnasiums besteht in der massiven Expansion der gymnasialen Bildungsbeteiligung. Sie steht paradigmatisch dafür, dass institutionelle Transformationen des Gymnasiums in hohem Maße auch auf nicht-intendierte Faktoren zurückzuführen sind, auf nur teilweise politisch geplante, über weite Strecken aber eher latent ablaufende Entwicklungen. Zwar gehört die Ausweitung der gymnasialen Bildungsbeteiligung zu den bereits seit den 1960er Jahren verfolgten bildungspolitischen Zielen, um den – tatsächlich oder vermeintlich – bestehenden Rückstand in den Studierquoten gegenüber anderen Staaten aufzuholen und dem gesellschaftlichen und volkswirtschaftlichen Strukturwandel zu wissensintensiven Formen von Arbeit, Beschäftigung und Wertschöpfung mit einem veränderten quantitativen und qualitativen Fachkräftebedarf Rechnung zu tragen. Und die Expansion ist durch entsprechende bildungspolitische Maßnahmen auch erheblich gefördert worden, insbesondere durch die (weiter oben schon erwähnten) Maßnahmen zur Erhöhung der institutionellen Durchlässigkeit des Gymnasiums und anderer Wege zur Hochschulreife. Dennoch lässt sich die These vertreten, dass die eigentliche Dynamik der Expansion erst durch nicht direkt politisch gesteuerte Faktoren erzeugt worden ist, nämlich den latenten Wandel des Bildungsaspirationsniveaus in der Bevölkerung.

Die Interaktion von intendierten und nicht-intendierten Bedingungen hat dazu geführt, dass das Gymnasium seit gut zwei Jahrzehnten zur stärksten Schulform in der Sekundarstufe I und damit unangefochten – nach einer Formulierung von Klaus Hurrelmann – zum „Marktführer" geworden ist. Statistisch schlägt sich dieses zunächst in den Übergangsquoten in das Gymnasium, weiterhin in den Abschlussquoten nieder, unter Einbeziehung aller zu einer Studienberechtigung führenden schulischen Bildungswege in der Studienberechtigtenquote.[5] So ist – in einer langen Zeitreihe – der relative Schulbesuch der 14jährigen im Gymnasium in Deutschland von ca. 10 % (1952) auf ca. 30 % (2004) angewachsen; seit Anfang der 1990er Jahre ist das Gymnasium damit zur stärksten Schulform in der Sekundarstufe I geworden (Baumert et al. 2008, S. 76). Im Schuljahr 2012/13 wird die 5. Klassenstufe des Gymnasiums bereits von beinahe 43 % aus der entsprechenden Altersgruppe besucht (Autorengruppe Bildungsberichterstattung 2014, S. 254). In Hochschulstandorten fällt die Quote oft noch höher aus. In diesen Quoten nicht enthalten sind die späteren Übergänge aus Real- und Gesamtschulen in die gymnasiale Oberstufe. So ist die Abiturientenquote von ca. 4 % (1950) auf 42 % (2012) angewachsen, die Studienberechtigtenquote insgesamt von 36 % (1995) auf 58,4 % (2012; ebenda, S. 295).

Verfolgt man insbesondere die langen Zeitreihen, so zeigen diese eine kontinuierlich ansteigende Entwicklung. Es gibt zwar Phasen eines geringeren und solche eines stärkeren Wachstums, aber keine eines Einbruchs oder einer Trendwende. In den letzten Jahren ist der Anstieg zusätzlich durch die doppelten Abiturientenjahrgänge verstärkt worden. Aber die um diesen Effekt korrigierte Abiturientenquote zeigt denselben Trend auf einem nur geringfügig niedrigeren Niveau. Der Erwerb der Hochschulreife (allgemeine und Fachhochschulreife zusammengenommen) ist inzwischen zum häufigsten Schulabschluss geworden ist. Offensichtlich hat sich das Gymnasium, quantitativ betrachtet, von einer Art „Eliteeinrichtung", die nur von einer kleinen Jahrgangsminorität besucht wurde, zu einer Institution entwickelt, die von der relativen Mehrzahl eines Jahrgangs absolviert wird, wodurch sich die soziale Distinktionsfunktion gymnasialer Bildung erheblich verändert hat. Hierin

5 Hier wird nur auf Quoten Bezug genommen, weil in den absoluten Größenordnungen der Übergänge und Abschlüsse auch eine demographische Komponente steckt.

dürfte der wichtigste historische Funktionswandel des Gymnasiums liegen, der die gesellschaftliche Bedeutung gymnasialer Bildung erheblich säkularisiert hat.

Das starke Wachstum des Gymnasiums bzw. der zur Hochschule hinführenden Bildungswege hat daher zu einer mehr oder weniger parallel laufenden Expansion des Hochschulzugangs bzw. des Hochschulbesuchs geführt (Wolter 2014a) – ein Trend, der inzwischen kontrovers unter dem Topos „Akademisierung(-swahn)“ diskutiert wird. Die Allokationsfunktion des Gymnasiums und Abiturs schlägt sich insofern in den Bildungsbiographien nieder, als der Bildungsweg über die einzelnen Etappen Gymnasium → Abitur → Universität für mehr als drei Viertel der Abiturientinnen und Abiturienten und mehr als 90 % aller Studienanfängerinnen und Studienanfänger an den Universitäten das dominierende biographische Verlaufsmuster darstellt. Lediglich im Fachhochschulbereich finden sich andere Bildungsverläufe; aber auch hier nimmt inzwischen mehr als die Hälfte der Anfängerinnen und Anfänger das Studium mit dem Abitur auf (Autorengruppe Bildungsberichterstattung 2014, F2-21web). Von daher lässt sich sagen, dass Gymnasium und Abitur immer noch ungebrochen der „Königsweg“ zur Universität bzw. Hochschule sind.

Die Dimensionen dieses Wachstums sind nur teilweise auf bildungspolitische Faktoren zurückzuführen und entziehen sich weitgehend einer politischen Steuerung, sie zeigen eher eine sich selbst verstärkende Eigendynamik. Dafür ist vorrangig ein langfristig deutlich angestiegenes Bildungsaspirationsniveau in der Bevölkerung verantwortlich, durch das sich die Akzeptanz von Schulabschlüssen fundamental verändert hat. Die Bedeutung von Bildung und Ausbildung als Mechanismen der gesellschaftlichen Platzierung und Statusverteilung hat im Bildungsbewusstsein der Bevölkerung deutlich zugenommen. Höhere Bildung gilt inzwischen für die Mehrzahl der Eltern und Jugendlichen gleichsam als kulturelle Grundausstattung unter den Bedingungen eines schärferen Bildungswettbewerbs. Bildungsentscheidungen folgen immer häufiger einer Optionslogik, alle Möglichkeiten der Ausbildungs- und Berufswahl offen zu halten, Chancen zu vergrößern und Nachteile bzw. Sackgassen zu vermeiden und einen möglichst hohen Abschluss als beste Startposition für den Ausbildungs- und Arbeitsmarkt zu erreichen.

Zugleich verstärkt die meritokratische Logik der Statusdistribution die Expansion auf der nächsten Stufe: Je mehr ein höherer Abschluss gleichsam zum Standard wird, desto mehr ist die nächste Generation gezwungen, diesen Standard zu erreichen. Der enge Zusammenhang zwischen Bildungserfolg und gesellschaftlicher Statusdistribution hat sich inzwischen im Bildungsbewusstsein wie in Bildungsentscheidungen deutlich niedergeschlagen.[6] Bislang ist diese Optionslogik von Bildungsentscheidun-

6 Die seit 1996 in zweijährigen Abstand durchgeführten sächsischen Studienberechtigtenbefragungen zeigen sehr deutlich, dass die Entscheidung zum Erwerb des Abiturs

gen für den Besuch des Gymnasiums bzw. den Erwerb des Abiturs von den späteren Beschäftigungschancen und -perspektiven eindeutig bestätigt worden. Keines der in der Vergangenheit laut gewordenen pessimistischen Arbeitsmarktszenarien ist bislang eingetreten (Wolter 2014b). Ein arbeitsmarktpolitischer Sättigungseffekt im Blick auf höhere und akademische Bildung ist bisher nicht feststellbar; eher hat der Arbeitsmarkt die Expansion bislang „belohnt".

Hinzu kommt, dass die früheren Wellen der Bildungsexpansion zu einem steigenden Anteil der Höherqualifizierten in der Bevölkerung geführt haben und dieser Mechanismus aufgrund der hohen Selbstreproduktion, der familiären „Vererbung" kulturellen Kapitals – eine höhere bzw. akademische Bildungstradition will erhalten werden – die Expansionsdynamik weiter vorangetrieben hat. Auch dies ist ein nicht-intendierter eigendynamischer Effekt. Von daher wirken in der Expansion des Gymnasiums mehrere Faktoren zusammen und verstärken sich wechselseitig: ein verändertes Bildungsverhalten, auf veränderten Erwartungen und Ansprüchen an Bildung basierend, demographische Veränderungen, „Belohnung" durch den Arbeitsmarkt, auch institutionelle Wachstumsinteressen des Gymnasiums selbst. Zugleich ist damit aber auch verbunden, dass der Zusammenhang zwischen „Bildungsherkunft" – dem Bildungsstatus und der sozialen Lage des Elternhauses – und den Chancen zum Besuch und erfolgreichen Abschluss des Gymnasiums immer noch sehr eng ist, und zwar zum Teil unabhängig vom individuellen Leistungspotenzial der Schülerinnen und Schüler.

Auch die in den letzten Jahrzehnten eingetretene massive Verschiebung in der Bildungsbeteiligung mit einem deutlichen Wachstum gymnasialer und akademischer Bildung, mindestens teilweise zu Lasten der beruflichen Bildung, ist Teil einer schleichenden gesellschaftlichen Transformation, die sich sowohl auf der Nachfrage- wie auf der Bedarfsseite zeigt. Auf der einen Seite manifestiert sich im Funktionswandel gymnasialer Bildung der seit den 1960er Jahren anhaltende langsame Wandel industrieller zu postindustriellen Formen von Arbeit und Beschäftigung – mit einer starken Ausweitung des Anteils des Dienstleistungssektors sowohl an der Wertschöpfung wie am Beschäftigungsvolumen und mit einer steigenden Humankapitalintensität sowohl des sekundären wie des tertiären Sektors. Auf der anderen Seite haben zum Wandel gymnasialer Bildung ebenso veränderte gesellschaftliche Allokationsmechanismen beigetragen, durch die Bildung und Qualifikation, Abschlüsse, Zertifikate und Titel für Prozesse der beruflichen und sozialen Platzierung an Bedeutung gewonnen haben, ohne herkömmliche Selektionsmechanismen ganz außer Kraft zu setzen, allenfalls zu relativieren. Meritokratisch legitimierte Formen der Statuszuweisung führen dazu, „vom einzelnen

primär von dieser Optionslogik bestimmt wird (zuletzt Lenz et al. 2014, S. 63f.).

Bürger, wenn er die sich ihm bietenden Chancen wahrnehmen soll, in einem weit größeren Umfang als je zuvor tauschrationales Nutzenkalkül als dominante Verhaltensorientierung" abzufordern (Lutz 1982, S. 28). Das Gymnasium hat von dieser Orientierung erheblich profitiert, mit deren Durchsetzung aber auch seine gesellschaftliche Bedeutung fundamental verändert.

6 Schlussfolgerungen

Vor dem Hintergrund der historischen Entwicklung des Gymnasiums lässt sich sagen, dass sich in den letzten Jahrzehnten ein sehr weitgehender Bruch mit der historisch überlieferten Gymnasialverfassung vollzogen hat. Aus einer Schule für eine schmale Bevölkerungsminorität ist die relativ am stärksten nachgefragte Schulform geworden. Langfristig, so ist zu vermuten, wird beinahe jede zweite Absolventin/jeder zweite Absolvent unseres Schulsystems über die allgemeine Hochschulreife verfügen. Auch wenn ein Anstieg der Studienberechtigten- und Studienanfängerzahlen in Deutschland ein erklärtes politisches Ziel ist, so verdankt sich ein erheblicher Teil dieser Entwicklung nicht einer pädagogischen oder schulpolitischen Zielsetzung, sondern vorrangig der Eigendynamik eines veränderten gesellschaftlichen Bildungsbewusstseins und Bildungsverhaltens, das immer stärker der Statusdistributionslogik von Bildung folgt. Auch das „alte" Gymnasium hat bereits eine soziale Statuserhaltungs- oder eine Bildungsaufstiegsfunktion wahrgenommen, aber sie realisiert sich heute unter den Bedingungen einer deutlich erweiterten Nachfrage und Beteiligung. Auch die innere pädagogische Kultur des Gymnasiums ist eine andere geworden, nicht nur durch eine andere Unterrichtsverfassung, sondern auch andere Förder- und Selektionskultur. Die Erfolgschancen im Gymnasium sind erheblich gestiegen, seine Haltekraft hat sich deutlich vergrößert – greifbar in einer sei den 1950er Jahren beobachtbaren Abnahme der drop-out-Quoten (Hillebrand 2014). Darüber hinaus sind die Wege zum Abitur institutionell (sozial nur eingeschränkt) erheblich durchlässiger geworden; dieses ist ohne Zweifel eine angestrebte Öffnung. Wie in der Vergangenheit oft Diskontinuität und Kontinuität miteinander einhergingen, so zeigen sich über diesen tiefgreifenden Funktionswandel hinweg aber auch beständige Muster und Strukturen: Dazu zählen die immer noch vorhandenen creaming-Effekte, wonach das Gymnasium die relativ besten Schülerinnen und Schüler an sich bindet, die immer noch enge Verbindung von Herkunft und Gymnasialbesuch bzw. -abschluss, das dominierende Selbstverständnis als fachorientierte Leistungsschule. Auch ist das Gymnasium unter allen Schulformen am wenigsten von Systemdebatten betroffen. Während (fast) alle anderen Schulformen Gegenstand ständiger Neuordnungen oder Neuordnungsdebatten in den Ländern sind, steht seine Existenz bislang nicht zur Disposition.

Literatur

Albisetti, J. C. (2007). *Mädchen- und Frauenbildung im 19. Jahrhundert.* Bad Heilbrunn: Klinghardt.

Albisetti, J. C. & Lundgreen, P. (1991). Höhere Knabenschulen. In C. Berg (Hrsg.), *Handbuch der deutschen Bildungsgeschichte. Band IV. 1870-1918.* (S. 228-278). München: C.H. Beck.

Apel, H.-J. (1984). *Das preußische Gymnasium in den Rheinlanden und Westfalen 1814-1848.* Köln: Böhlau.

Autorengruppe Bildungsberichterstattung (2014). *Bildung in Deutschland 2014.* Bielefeld: W. Bertelsmann.

Baske, S. (1998). Allgemeinbildende Schulen. In C. Führ & C.-L. Furck (Hrsg.), *Handbuch der deutschen Bildungsgeschichte. Band VI. 1945 bis zur Gegenwart. Zweiter Teilband. Deutsche Demokratische Republik und neue Bundesländer* (S. 159-201). München: C.H. Beck.

Baumert, J., Cortina, K. S. & Leschinsky, A. (2008). Grundlegende Entwicklungen und Strukturprobleme im allgemeinbildenden Schulwesen. In K. S. Cortina, J. Baumert et al. (Hrsg.), *Das Bildungswesen in der Bundesrepublik Deutschland* (S.53-130). Reinbek: Rowohlt.

Baumgart, F. (1990). *Zwischen Reform und Reaktion. Preußische Schulpolitik 1806-1859.* Darmstadt: Wissenschaftliche Buchgesellschaft.

Bleek, W. (1972). *Von der Kameralausbildung zum Juristenprivileg. Studium, Prüfung und Ausbildung der höheren Beamten in Deutschland im 18. und 19. Jahrhundert.* Berlin: Colloquium.

Boehm, L. (1970). Libertas Scholastica und Negotium Scholare: Entstehung und Sozialprestige des akademischen Standes im Mittelalter. In H. Rössler & G. Franz (Hrsg.), *Universität und Gelehrtenstand 1400-1800* (S. 15-61). Limburg: Starke.

Boehm, L. (1982): Das mittelalterliche Erziehungs- und Bildungswesen. In *Propyläen Geschichte der Literatur.* Zweiter Band: Die mittelalterliche Welt 600-1400 (S. 143-181). Berlin: Propyläen.

Bölling, R. (2010). *Kleine Geschichte des Abiturs.* Paderborn: Schöningh.

Boockmann, H. (1999). *Wissen und Widerstand. Geschichte der deutschen Universität.* Berlin: Siedler.

Drewek, P. (1997). Geschichte der Schule. In K. Harney & H.-H. Krüger (Hrsg.), *Einführung in die Geschichte von Erziehungswissenschaft und Erziehungswirklichkeit* (S. 183-207). Opladen: Budrich.

Drewek, P. & Tenorth, H.-E. (2001). Das deutsche Bildungswesen im 19. und 20. Jahrhundert. In H.J. Apel, H. Kemnitz & U. Sandfuchs (Hrsg.), *Das öffentliche Bildungswesen* (S. 49-83). Bad Heilbrunn: Klinghardt.

Eulenburg, F. (1904). *Die Frequenz der deutschen Universitäten von ihrer Gründung bis zur Gegenwart*. Leipzig: Akademie.

Freisel, L. (2007). Das Gymnasium im Wandel. In S. Jahnke-Klein, H. Kiper & L. Freisel (Hrsg.), *Gymnasium heute* (S. 51-68). Baltmannsweiler: Schneider Hohengehren.

Fried, J. (Hrsg.). (1986). *Schulen und Studium im sozialen Wandel des hohen und späten Mittelalters*. Sigmaringen: Thorbecke.

Fuchs, H.-W. (2004). *Gymnasialbildung im Widerstreit. Die Entwicklung des Gymnasiums seit 1945 und die Rolle der Kultusministerkonferenz*. Frankfurt: Lang.

Furck, C.-L. (1998). Das Schulsystem. In C. Führ & C.-L. Furck (Hrsg.), *Handbuch der deutschen Bildungsgeschichte. Band VI. 1945 bis zur Gegenwart. Erster Teilband. Bundesrepublik Deutschland* (S. 288-355). München: C.H. Beck.

Gass-Bolm, T. (2005). *Das Gymnasium 1945-1980. Bildungsreform und gesellschaftlicher Wandel in Westdeutschland*. Göttingen: Wallstein.

Gerth, H. (1976). *Bürgerliche Intelligenz um 1800. Zur Soziologie des deutschen Frühliberalismus*. Göttingen: Vandenhoeck & Ruprecht.

Heinemann, M. (1974). *Schule im Vorfeld der Verwaltung. Die Entwicklung der preußischen Unterrichtsverwaltung 1771-1800*. Göttingen: Vandenhoeck & Ruprecht.

Herrlitz, H.-G. (1973). *Studium als Standesprivileg. Die Entstehung des Maturitätsproblems im 18. Jahrhundert*. Frankfurt: Fischer Athenäum.

Hillebrand, A. (2014). *Selektion im Gymnasium*. Münster: Waxmann.

Jeismann, K.-E. (1987). Das höhere Knabenschulwesen. In Ders. & P. Lundgreen (Hrsg.), *Handbuch der deutschen Bildungsgeschichte*. Band III. 1800-1870 (S. 152-180). München: C.H. Beck.

Jeismann, K.-E. (1996). *Das preußische Gymnasium in Staat und Gesellschaft*. 2 Bände. Stuttgart: Klett-Cotta.

Kaelble, H. (1975). Chancenungleichheit und akademische Ausbildung in Deutschland 1910-1960. *Geschichte und Gesellschaft, 1*, 121-149.

Kintzinger, M. (2003). *Wissen ist Macht. Bildung im Mittelalter*. Darmstadt: Wissenschaftliche Buchgesellschaft.

Kleinau, E. & Opitz, C. (Hrsg.). (1996). *Geschichte der Mädchen- und Frauenbildung*. 2 Bände. Frankfurt: Campus.

Klomfass, S. (2011). *Hochschulzugang und Bologna-Prozess*. Wiesbaden: Springer VS.

KMK, Kultusministerkonferenz (1972). Vereinbarung zur Gestaltung der gymnasialen Oberstufe in der Sekundarstufe II. Bonn: KMK.

Kraul, M. (1984). *Das deutsche Gymnasium 1780-1980*. Frankfurt: Suhrkamp.

Kraul, M. (1991). Höhere Mädchenschulen. In C. Berg (Hrsg.), *Handbuch der deutschen Bildungsgeschichte. Band IV. 1870-1918* (S. 279-303). München: C.H. Beck.

Lenz, K., Wolter, A. & Rosenkranz, D. (2014). *Studierbereitschaft in Sachsen erreicht bislang höchsten Wert. Die Studien- und Berufswahl von Studienberechtigten des Abschlussjahrgangs 2014 in Sachsen*. Dresden: TU Dresden.

Lundgreen, P. (1980/1981). *Sozialgeschichte der deutschen Schule im Überblick*. 2 Bände. Göttingen: Vandenhoeck & Ruprecht.

Lundgreen, P., Kraul, M. & Ditt, K. (1988). *Bildungschancen und soziale Mobilität in der städtischen Gesellschaft des 19. Jahrhunderts*. Göttingen: Vandenhoeck & Ruprecht.

Lutz, B. (1982). Die gesellschaftliche Funktion des Gymnasiums. In Stifterverband für die deutsche Wissenschaft (Hrsg.), *Gymnasiale Bildung und Industriegesellschaft* (S. 25-36). Essen: Stifterverband für die deutsche Wissenschaft.

Moeller, B., Patze, H. & Stackmann, K. (Hrsg.). (1983). *Studien zum städtischen Bildungswesen des späten Mittelalters und der frühen Neuzeit*. Göttingen: Vandenhoeck & Ruprecht.
Müller, D. K. (1981). *Sozialstruktur und Schulsystem. Aspekte zum Strukturwandel des Schulwesens im 19. Jahrhundert*. Göttingen: Vandenhoeck & Ruprecht.
Müller, D. K. & Zymek, B. (1987). *Sozialgeschichte und Statistik des Schulsystems in den Staaten des Deutschen Reiches 1800-1945*. Göttingen: Vandenhoeck & Ruprecht.
Neugebauer, W. (1985). *Absolutistischer Staat und Schulwirklichkeit in Preußen*. Berlin, New York: de Gruyter.
Neumann, M., Maaz, K. & Becker, M. (2013). Die Abkehr von der traditionellen Dreigliedrigkeit im Sekundarschulsystem. Auf unterschiedlichen Wegen zum gleichen Ziel? *Recht der Jugend und des Bildungswesens, 61*, 274-292.
Neumann, M. & Trautwein, U. (2014). Die (Rück?)Reform der gymnasialen Oberstufe. In C. Ritzi & F. Tosch (Hrsg.), *Gymnasium im strukturellen Wandel. Befunde und Perspektiven von den preußischen Reformen bis zur Reform der gymnasialen Oberstufe* (S. 247-276). Bad Heilbrunn: Klinghardt.
Nonn, U. (2012). *Mönche, Schreiber und Gelehrte. Bildung und Wissenschaft im Mittelalter*. Darmstadt: Wissenschaftliche Buchgesellschaft.
Paulsen, F. (1902). *Die deutschen Universitäten und das Universitätsstudium*. Berlin.
Paulsen, F. (1919/1921). *Geschichte des gelehrten Unterrichts auf den deutschen Schulen und Universitäten vom Ausgang des Mittelalters bis zur Gegenwart* (3. Auflage). 2 Bände. Leipzig: A. Asher.
Ringer, F. (1980). Bildung, Wirtschaft und Gesellschaft in Deutschland 1800-1960. *Geschichte und Gesellschaft, 6*, 5-35.
Rüegg, W. (Hrsg.). (1993). *Geschichte der Universität in Europa*. Band I. Mittelalter. München: C.H. Beck.
Schneider, B. (2000). *Die Höhere Schule im Nationalsozialismus*. Köln: Böhlau.
Scheuerl, H. (1962). *Probleme der Hochschulreife*. Heidelberg: Quelle & Meyer.
Schulenberg, W. (1970). Schule als Institution der Gesellschaft. In J. Speck & G. Wehle (Hrsg.), *Handbuch pädagogischer Grundbegriffe* (S. 391-422). Band II. München: Kösel.
Schwabe-Ruck, E. (2010). *„Zweite Chance" des Hochschulzugangs? Eine bildungshistorische Untersuchung zur Entwicklung und Konzeption des Zweiten Bildungswegs*. Düsseldorf: Edition der Hans-Böckler-Stiftung.
Schwartz, P. (1910ff.). *Die Gelehrtenschulen Preußens unter dem Oberschulkollegium 1787-1806 und das Abiturientenexamen*. Berlin: Weidmann.
Schwinges, R.C. (1986). *Deutsche Universitätsbesucher im 14. und 15. Jahrhundert*. Stuttgart: Frijhoff.
Seifert, A. (1996). Das höhere Schulwesen. Universitäten und Gymnasien. In N. Hammerstein (Hrsg.), *Handbuch der deutschen Bildungsgeschichte*. Band I. 15. bis 17. Jahrhundert (S. 197-374). München: C.H. Beck.
Stein, L. v. (1884). *Die Verwaltungslehre. Teil 8: Die innere Verwaltung. Zweites Hauptgebiet: Das Bildungswesen*. Aalen: Scientia. (Neudruck 1975).
Titze, H. (1991). *Der Akademikerzyklus*. Göttingen: Vandenhoeck & Ruprecht.
Tosch, F. (2006). *Gymnasium und Systemdynamik. Regionaler Strukturwandel im höheren Schulwesen der preußischen Provinz Brandenburg 1890-1938*. Bad Heilbrunn: Klinghardt.
Trautwein, U. & Neumann, M. (2008). Das Gymnasium. In K. S. Cortina, J. Baumert et al. (Hrsg.), *Das Bildungswesen in der Bundesrepublik Deutschland* (S. 467-502). Reinbek: Rowohlt.

Westphalen, R. v. (1979). *Akademisches Privileg und demokratischer Staat. Ein Beitrag zur Geschichte und bildungspolitischen Problematik des Laufbahnwesens in Deutschland.* Stuttgart: Klett-Cotta.

Wiese, L. (1867). Preußen. Die Maturitätsprüfung. In K.A. Schmid (Hrsg.), *Encyklopädie des gesammten Erziehungs- und Unterrichtswesens.* 6. Band (S. 335-357). Gotha: R. Besser.

Wolter, A. (1987). *Das Abitur. Eine bildungssoziologische Untersuchung zur Entstehung und Funktion der Reifeprüfung.* Oldenburg: Holzberg.

Wolter, A. (2014a). Eigendynamik und Irreversibilität der Hochschulexpansion: Die Entwicklung der Beteiligung an Hochschulbildung in Deutschland. In U. Banscherus, M. Bülow-Schramm et al. (Hrsg.), *Übergänge im Spannungsfeld von Expansion und Exklusion* (S. 19-40). Bielefeld: W. Bertelsmann.

Wolter, A. (2014b). Studiennachfrage, Absolventenverbleib und Fachkräftediskurs – wohin steuert die Hochschulentwicklung in Deutschland? In U. Bauer, A. Bolder et al. (Hrsg.), *Expansive Bildungspolitik – expansive Bildung?* (S. 145-172). Wiesbaden: Springer VS.

Zymek, B. (1988). Der Strukturwandel des Mädchenschulwesens in Preußen 1908-1941. *Zeitschrift für Pädagogik, 2,* 191-203.

Zymek, B. (1989). Schulen. In D. Langewiesche & H.-E. Tenorth (Hrsg.), *Handbuch der deutschen Bildungsgeschichte. Band V. 1918-1945* (S. 155-208). München: C.H. Beck.

Vergleichbarkeit in der Vielfalt

Bildungsstandards der Kultusministerkonferenz für die Allgemeine Hochschulreife

Petra Stanat, Michael Becker-Mrotzek, Werner Blum und Bernd Tesch

Zusammenfassung

Im föderalen Bildungssystem der Bundesrepublik Deutschland unterscheiden sich die Rahmenvorgaben für die gymnasiale Oberstufe und die Abiturprüfung zwischen den Ländern erheblich und es gibt Hinweise darauf, dass auch die von Abiturientinnen und Abiturienten erreichten Leistungen deutlich variieren. Um die Vergleichbarkeit der Anforderungen zu erhöhen, hat die KMK 2012 Bildungsstandards für die Allgemeine Hochschulreife (AHR) verabschiedet, die beschreiben, welche Kompetenzen Schülerinnen und Schüler entwickelt haben sollen, wenn sie die Schule mit dem Abitur verlassen. In diesem Beitrag werden die Bildungsstandards für die AHR in den Fächern Deutsch und Mathematik sowie Englisch und Französisch als fortgeführte Fremdsprachen beschrieben, wobei insbesondere auf Aspekte eingegangen wird, die im Vergleich zu den Einheitlichen Prüfungsanforderungen (EPA) wesentliche Neuerungen darstellen. Ferner wird erörtert, welche Maßnahmen ergriffen werden, um die neuen Vorgaben zu implementieren. Ausführlicher wird dabei auf die Entwicklung von gemeinsamen Abituraufgabenpools der Länder eingegangen, die diesen ab dem Prüfungsjahr 2017 zur Verfügung stehen sollen.

1 Einleitung

Im föderalen System der Bundesrepublik Deutschland bewegt sich schulische Bildung in einem Spannungsfeld zwischen interner Ausdifferenzierung und externer Standardisierung. So unterscheiden sich die Rahmenvorgaben für Bildungsgänge, die zu demselben Abschluss führen, zwischen den Ländern teilweise erheblich (vgl.

z. B. Schneider et al. 2013). Dies wird vor allem dann als Problem wahrgenommen, wenn als Konsequenz auch das erreichte Kompetenzniveau, das mit dem jeweiligen Abschluss und den dafür vergebenen Noten verbunden ist, zwischen den Ländern variiert. In den Studien des Instituts zur Qualitätsentwicklung im Bildungswesen (IQB), das in Deutschland für das nationale Bildungsmonitoring zuständig ist, hat sich für den Mittleren Schulabschluss (MSA) gezeigt, dass dies in der Tat der Fall ist – sowohl die Vorgaben für den MSA als auch die Leistungen der Schülerinnen und Schüler, die diesen anstreben, unterscheiden sich in den sprachlichen und in den mathematisch-naturwissenschaftlichen Fächern zwischen den Ländern deutlich (vgl. z. B. Köller et al. 2010; Pant et al. 2013).

Auch für die Allgemeine Hochschulreife (AHR) gibt es Hinweise auf deutlich variierende Kompetenzniveaus, die Schülerinnen und Schüler in zentralen Fächern erreichen. In der Studie „Transformation des Sekundarschulsystems und akademische Karrieren" (TOSCA) etwa erzielten Abiturientinnen und Abiturienten aus Baden-Württemberg im TIMSS-Oberstufentest deutlich höhere Mathematikleistungen als Abiturientinnen und Abiturienten aus Hamburg. In Leistungskursen betrug der Unterschied etwa eine dreiviertel Standardabweichung, in Grundkursen lag er bei einer ganzen Standardabweichung. Zwischen den Mathematiknoten der Schülerinnen und Schüler waren jedoch keine bedeutsamen Differenzen zu verzeichnen (Neumann et al. 2009).

Darauf, dass ähnliche Unterschiede nicht nur zwischen Baden-Württemberg und Hamburg, sondern auch zwischen anderen Ländern bestehen, weisen die für Gymnasien separat ausgewiesenen Ergebnisse der IQB-Ländervergleichsstudien in der neunten Jahrgangsstufe hin. Den Kompetenztests, die in diesen Studien eingesetzt werden, liegen die Bildungsstandards für die Sekundarstufe I zugrunde, an die die Bildungsstandards für die AHR anknüpfen. Im IQB-Ländervergleich 2012 etwa betrug im Fach Mathematik der Unterschied zwischen dem niedrigsten und dem höchsten Kompetenzmittelwert an Gymnasien mehr als eine halbe Standardabweichung, was grob geschätzt dem durchschnittlichen Lernzuwachs entspricht, der in der Gesamtpopulation der Neuntklässlerinnen und Neuntklässler in zwei Schuljahren erreicht wird (Roppelt, Penk et al. 2013). Es ist kaum zu erwarten, dass diese Differenz bis zum Abitur ausgeglichen werden kann.

Derart große Diskrepanzen werden insbesondere für die Allgemeine Hochschulreife, der als Zugangsberechtigung für ein Universitätsstudium ein hoher Wert zukommt, allgemein als Gerechtigkeitsproblem bewertet. Entsprechend wird die mangelnde Vergleichbarkeit der AHR in der öffentlichen Diskussion immer wieder kritisiert, und es werden Stimmen laut, die ein nationales Zentralabitur fordern. Diese Plädoyers kommen sowohl aus den Reihen einschlägiger Verbände, wie etwa der Bundesvereinigung der Oberstudiendirektorinnen und Oberstudiendirektoren

(BDK) mit ihrer Düsseldorfer Erklärung vom 26.09.2014 (BDK 2014), als auch von Wissenschaftlerinnen und Wissenschaftlern, wie z. B. dem Expertengremium des Aktionsrats Bildung (Blossfeld et al. 2011).

Auf politischer Ebene wird die Einführung eines nationalen Zentralabiturs dagegen derzeit nicht ernsthaft diskutiert. Stattdessen wird angestrebt, die Vergleichbarkeit der Anforderungen, die an Abiturientinnen und Abiturienten gestellt werden, durch die Einführung von Bildungsstandards für die Allgemeine Hochschulreife und die Bereitstellung darauf basierender gemeinsamer Abiturprüfungspools zu erhöhen. Bildungsstandards für die AHR hat die Kultusministerkonferenz (KMK) 2012 zunächst für die Fächer Deutsch und Mathematik sowie Englisch und Französisch als fortgeführte Fremdsprachen verabschiedet; mit der Entwicklung von Bildungsstandards für die Fächer Biologie, Chemie und Physik soll 2017 begonnen werden. Die damit definierten Vorgaben knüpfen an die Einheitlichen Prüfungsanforderungen in der Abiturprüfung (EPA) an, die 1975 eingeführt worden sind und in der Folgezeit mehrfach überarbeitet wurden (vgl. KMK 1989/2002a-c; KMK 1989/2004; Köller 2007; Kühn 2010). Mit den 2012 verabschiedeten Bildungsstandards für die AHR wurden die zu diesem Zeitpunkt geltenden EPA in den vier Fächern abgelöst.

Im Folgenden wird zunächst das Vorgehen bei der Weiterentwicklung der EPA zu Bildungsstandards skizziert. Anschließend werden die inhaltlichen und formalen Vorgaben der Bildungsstandards jeweils für die Fächer Deutsch, Mathematik sowie die fortgeführten Fremdsprachen Englisch und Französisch dargestellt. Dabei wird fachspezifisch insbesondere auf Merkmale eingegangen, die im Vergleich zu den EPA veränderte Akzentuierungen darstellen, und auf Aspekte, die sich von den Bildungsstandards für den MSA abheben. In einer kritischen Würdigung der neuen Vorgaben wird für jedes Fach jeweils auch erörtert, inwieweit diese aus fachdidaktischer Sicht tragfähig sind bzw. in welcher Hinsicht für die Zukunft Weiterentwicklungsbedarf gesehen wird.

In einem weiteren Teil des Beitrags wird die Konzeption der KMK zur Implementation der Bildungsstandards für die AHR beschrieben. Ausführlicher wird dabei das bereits erwähnte Vorhaben dargestellt, gemeinsame Abituraufgabenpools einzurichten, die auf den Bildungsstandards basieren und den Ländern ab dem Prüfungsjahr 2017 als Angebot für den Einsatz in der Abiturprüfung zur Verfügung stehen sollen. Neben der Einführung der Bildungsstandards bilden diese Pools ein zentrales Element der Strategie, mit der die KMK die länderübergreifende Vergleichbarkeit der Leistungen von Abiturientinnen und Abiturienten erhöhen will. Der Beitrag schließt mit einer Diskussion der Frage, wie der Nachweis geführt werden könnte, dass dieses Ziel tatsächlich erreicht wird.

2 Entwicklung von Bildungsstandards für die Allgemeine Hochschulreife

In Deutschland hat die KMK nach Bekanntwerden der Ergebnisse aus PISA 2000 (OECD 2001; Baumert et al. 2001, 2002) beschlossen, Bildungsstandards zu erarbeiten, die ein zentrales Element der Gesamtstrategie der Länder zum Bildungsmonitoring bilden (KMK 2006, KMK im Druck). Die Bildungsstandards der KMK beschreiben fachbezogene Kompetenzen, die Schülerinnen und Schüler bis zu einem bestimmten Zeitpunkt in ihrer Bildungslaufbahn entwickelt haben sollen. Es handelt sich also um abschlussbezogene *Output*-Standards, die als Zielkriterien für alle 16 Länder verbindlich sind. Mit der Verabschiedung von Bildungsstandards verpflichten sich die Länder, diese durch geeignete Maßnahmen (z. B. Anpassung der Lehrpläne bzw. Kerncurricula sowie der Anforderungen in Abschlussprüfungen) zu implementieren. Die Bildungsstandards für den Primarbereich (Deutsch und Mathematik), für den Hauptschulabschluss (Deutsch und Mathematik sowie Englisch und Französisch als erste Fremdsprache) und für den Mittleren Schulabschluss (Mathematik, Deutsch, Englisch und Französisch als erste Fremdsprache sowie Biologie, Chemie und Physik) wurden in den Jahren 2003 und 2004 verabschiedet.

In ihrer 319. Sitzung am 17./18.10.2007 in Bonn fasste die KMK den Beschluss, auch für die Allgemeine Hochschulreife Bildungsstandards zu entwickeln, wobei dieser Prozess von den EPA in der Abiturprüfung ausgehen sollte. Im Wortlaut liest sich der Beschluss wie folgt:

> „Bei der Gestaltung des Abiturs ist für die Kultusministerkonferenz die Qualitätssicherung und -weiterentwicklung zentrale Leitlinie. Die Kultusministerkonferenz hat innerhalb des grundlegenden Reformprozesses seit PISA 2000 Beschlüsse zur Erarbeitung, Umsetzung und länderübergreifenden Überprüfung von Bildungsstandards gefasst; dabei hat sie sich vorerst auf die Primarstufe und die Sekundarstufe I (Hauptschulabschluss, Mittlerer Schulabschluss) konzentriert. Die Kultusministerkonferenz beschließt nun die Weiterentwicklung der Einheitlichen Prüfungsanforderungen in der Abiturprüfung zu Bildungsstandards für die Allgemeine Hochschulreife. Grundlegende Ziele sind, die Vergleichbarkeit der Schulabschlüsse und die Durchlässigkeit des Bildungswesens in der Bundesrepublik Deutschland zu sichern sowie einen Beitrag zur Unterrichtsentwicklung zu leisten. [...]
> Die Kultusministerkonferenz beschließt die Weiterentwicklung der Einheitlichen Prüfungsanforderungen für die Abiturprüfung (EPA) zu bundesweiten Bildungsstandards für die Abiturprüfung [sic!] zunächst in den Fächern Deutsch, Mathematik und erste [sic!] Fremdsprache (Englisch/Französisch), ferner für die naturwissenschaftlichen Fächer (Biologie, Chemie, Physik).
> 1. Die Kultusministerkonferenz beauftragt das Institut zur Qualitätsentwicklung im Bildungswesen (IQB), in Zusammenarbeit mit der Amtschefskommission ‚Qualitätssicherung in Schulen' die Erarbeitung der Bildungsstandards zu organi-

sieren[1], ein Kompetenzstufenmodell für die gymnasiale Oberstufe zu entwickeln und dabei folgende Eckpunkte zu berücksichtigen:

- Nutzung der bisherigen Leistungen der EPA, des Austauschs der Abituraufgaben und der gegenseitigen Hospitation bei mündlichen Prüfungen sowie Berücksichtigung der grundsätzlichen Konzeption der bisher von der Kultusministerkonferenz vorgelegten Bildungsstandards,
- Einführung der Bildungsstandards nach Möglichkeit bereits beginnend für die Schülerinnen und Schüler, die zum Schuljahr 2010/2011 in die Qualifikationsphase eintreten.

[…]" (KMK 2007).

Die konkrete Erarbeitung der Bildungsstandards für die AHR wurde im Dezember 2009 mit einer Auftaktveranstaltung im IQB begonnen und orientierte sich an einer Reihe von Maßgaben:

Erstens sollten die Vorgaben die von der KMK (1972/2013) festgelegten allgemeinen Ziele der gymnasialen Oberstufe (vertiefte Allgemeinbildung, allgemeine Studierfähigkeit, wissenschaftspropädeutische Bildung) in angemessener Weise widerspiegeln. Zweitens sollte die Kompetenzorientierung der Bildungsstandards, die für die anderen Schulstufen maßgeblich war, auch bei der Entwicklung entsprechender Zielvorgaben für die Allgemeine Hochschulreife leitend sein. Dabei wird unter einer Kompetenz „die Fähigkeit verstanden, Wissen und Können in den jeweiligen Fächern zur Lösung von Problemen anzuwenden" (KMK 2012a-c, S. 5), wobei der Begriff des Problems breit gefasst wird und z. B. auch das Ziehen von Schlussfolgerungen oder die Deutung von Sachverhalten umfasst.

Die dritte Maßgabe sah eine Anknüpfung sowohl an die EPA als auch an die Bildungsstandards für den Mittleren Schulabschluss (MSA) vor. Entsprechend wurde angestrebt, Elemente der EPA, die in weiten Teilen bereits kompetenzorientiert formuliert waren, aufzugreifen und weiterzuentwickeln. Bei der Anknüpfung an den MSA wurde weiterhin angestrebt, die Kompetenzstrukturmodelle so weit wie möglich zu übernehmen und zu definieren, welche über die für den Mittleren Schulabschluss definierten Kompetenzen hinausgehenden Anforderungen Schülerinnen und Schüler am Ende der Sekundarstufe II zu bewältigen in der Lage sein sollten. Dies war unter anderem aufgrund der recht anspruchsvollen Bildungsstandards für den MSA teilweise eine Herausforderung (vgl. z. B. Köster 2014, Steinmetz 2013).

Viertens sollten auch die Bildungsstandards für die Allgemeine Hochschulreife als Regelstandards entwickelt werden, also in Form von Zielen, die Abiturientinnen und Abiturienten „in der Regel" oder „im Durchschnitt" erreichen sollen. Hierbei war allerdings zwischen einem grundlegenden und einem erhöhten Anforderungs-

1 Protokollnotiz: Dabei steht auch die Kompetenz des Schulausschusses zur Verfügung.

niveau[2] zu unterscheiden. Das grundlegende Niveau sollte sich auf Kurse in der Sekundarstufe II beziehen, die mindestens dreistündig unterrichtet werden, das erhöhte Niveau hingegen auf mindestens vierstündige Kurse. Mit dieser Definition konnte die Vorgabe für die Bildungssysteme aller Länder handhabbar gemacht werden, obwohl sich diese darin unterscheiden, ob verschiedene Kursniveaus für die relevanten Fächer existieren und in welchem Umfang sie jeweils unterrichtet werden (vgl. z. B. Schneider et al. 2013).

Die Differenzierung nach einem grundlegenden und einem erhöhten Anforderungsniveau ließ sich weitgehend umsetzen; für einige Kompetenzbereiche, wie etwa die interkulturelle kommunikative Kompetenz in den fremdsprachlichen Fächern, war dies jedoch nicht sinnvoll möglich (s. u.). Allgemein kommen zwei Arten der Differenzierung vor: Zum einen enthalten die Bildungsstandards für das erhöhte Anforderungsniveau zusätzliche Kompetenzziele, die in den Bildungsstandards für das grundlegende Anforderungsniveau nicht vorkommen, und zum anderen werden einige der für das grundlegende Anforderungsniveau definierten Kompetenzziele beim erhöhten Anforderungsniveau auf komplexere Inhalte, Sachverhalte bzw. Anwendungszusammenhänge (z. B. anspruchsvolleres Textmaterial) bezogen, die zumeist auch mehr oder anderes Vorwissen voraussetzen. Allgemein ist es erforderlich, Bildungsstandards anhand von Aufgabenstellungen zu konkretisieren. Für die zweite Art der Differenzierung zwischen grundlegendem und erhöhten Anforderungsniveau ist dies besonders wichtig, um zu verdeutlichen, was mit solchen relativen Beschreibungen wie „und können dabei auf ihr größeres und komplexeres Kontextwissen zurückgreifen“ (KMK 2012a, S. 19) gemeint ist. Sämtliche Kompetenzziele wurden in den Bildungsstandards auf der Grundlage von rein fachlichen und fachdidaktischen Überlegungen festgelegt, was zur Folge hat, dass der Abstand zwischen dem grundlegenden und dem erhöhten Anforderungsniveau je nach Kompetenzbereich unterschiedlich groß sein kann. Die Differenzierung ist also nicht so zu interpretieren, dass z. B. ein Regelstandard für das grundlegende Anforderungsniveau den Mindeststandard für das erhöhte Anforderungsniveau bildet, wie es bei den integrierten Kompetenzstufenmodellen der Sekundarstufe I der Fall ist, die sich auf den Hauptschulabschluss (HSA) und auf den Mittleren Abschluss (MSA) beziehen (z. B. Blum et al. 2013).

---

2 Neben den Anforderungsniveaus werden in den Bildungsstandards für die AHR auch die sogenannten Anforderungsbereiche (AFB I, II, II) ausgewiesen (s. u.). Für die sprachlichen Fächer ist allerdings zu betonen, dass mit den Anforderungsbereichen keine Hierarchie im Sinne von „kognitiv schwieriger“ bzw. „kognitiv leichter“ verbunden ist. Die kognitiven Leistungen in den drei Bereichen lassen sich bestimmten Aufgabenstellungen zuordnen, wobei komplexe Aufgaben, wie sie in der Abiturprüfung üblich sind, immer Leistungen in mehreren Anforderungsbereichen verlangen.

Die fünfte Maßgabe schließlich bestand darin, bei der Entwicklung der Bildungsstandards für die AHR auch die Perspektive der beruflichen Gymnasien einzubeziehen. Ziel sollte sein, dass die Vorgaben auf alle Bildungsgänge angewendet werden können, die zur Allgemeinen Hochschulreife führen. Ausgeschlossen wurden lediglich zunächst die Berufsoberschulen, die über ein spezifisches Profil verfügen. Zu einem späteren Zeitpunkt soll jedoch „in der weiteren Entwicklung der Bildungsstandards [...] geklärt werden, welche der Zielvorgaben sich auch für die BOS eignen und welche modifizierten sowie zusätzlichen Anforderungen für diese Schulform zu spezifizieren sind“ (KMK 2012a-c, S. 6f).

Die Bildungsstandards für die AHR wie auch die illustrierenden Lern- und Prüfungsaufgaben, die in den Dokumenten enthalten sind, wurden fachbezogen von Arbeitsgruppen entwickelt, in denen Lehrkräfte, Fachexpertinnen und Fachexperten der Länder sowie Vertreterinnen und Vertreter der entsprechenden Fachdidaktiken vertreten waren. Der Prozess wurde von Mitarbeiterinnen und Mitarbeitern des IQB koordiniert und von einer Steuerungsgruppe begleitet, die sich aus Vertreterinnen und Vertretern der Bildungsministerien ausgewählter Länder zusammensetzte und von der damaligen Vorsitzenden des Schulausschusses der KMK, Cornelia von Ilsemann, geleitet wurde. Die Länder erhielten mehrfach Gelegenheit, die Entwürfe der Bildungsstandards für die AHR zu kommentieren, und mit einer Anhörung einschlägiger Fachverbände konnte zudem eine breite Fachöffentlichkeit in den Abstimmungsprozess einbezogen werden. Alle Rückmeldungen wurden von den Arbeitsgruppen geprüft und im Prozess der Weiterentwicklung der Dokumente so weit wie möglich berücksichtigt. Die Verabschiedung der Bildungsstandards für die AHR erfolgte in der 339. Sitzung der KMK am 18.10.2012 in Hamburg. Dabei wurde auch vereinbart, dass die Abiturprüfungen der Länder ab dem Prüfungsjahr 2017 auf den Bildungsstandards basieren sollen.

Neben einer Präambel, den Bildungsstandards und den illustrierenden Lern- sowie Abiturprüfungsaufgaben enthalten die verabschiedeten Dokumente auch Hinweise für die Gestaltung der Abiturprüfung. Sie legen unter anderem fest, welche Aufgabenformate in der Abiturprüfung zum Einsatz kommen können, wie umfangreich in den sprachlichen Fächern das Textmaterial sein darf, das Schülerinnen und Schülern zur Bearbeitung einer Aufgabe vorgelegt wird, und welche Richtlinien bei der Bewertung von Schülerleistungen beachtet werden müssen. Diese Vorgaben, die ausschließlich von Vertreterinnen und Vertretern der Länder ausgehandelt wurden, knüpfen ebenfalls an die EPA an und entwickeln diese weiter. Kontrovers diskutiert wurde dabei unter anderem im Fach Deutsch, ob auch „gestaltendes Schreiben“ im Sinne von kreativem Schreiben als Aufgabenformat in der Abiturprüfung zugelassen werden soll, im Fach Mathematik, ob alle drei Sachgebiete (Analysis, Lineare Algebra/Analytische Geometrie und Stochastik) in jeder Prüfung verbindlich einbezogen werden müssen, und in der fortgeführten Fremdsprache, wie viele Kompetenzbereiche zusätzlich zum verpflichtenden Prüfungsteil Schreiben geprüft werden sollen. Auch darauf wird in den folgenden Teilkapiteln zu den einzelnen Fächern genauer eingegangen, wobei zunächst jeweils dargestellt wird, welche Neuerungen die Bildungsstandards selbst beinhalten. Die Struktur der Darstellungen orientiert sich dabei an den Spezifika des jeweiligen Faches, die besonders relevant sind.

3 Fachspezifische Vorgaben der Bildungsstandards für die AHR

3.1 Deutsch

Die Bildungsstandards Deutsch für die AHR tragen der spezifischen Funktion des Deutschunterrichts Rechnung und sind in diesem Sinne gleichzeitig durch Kontinuität und Weiterentwicklung gekennzeichnet. So heißt es gleich zu Beginn der Fachpräambel:

> „Das Fach Deutsch leistet einen grundlegenden Beitrag zu den Bildungszielen der gymnasialen Oberstufe und zur Kompetenzentwicklung der Schülerinnen und Schüler bis zur Allgemeinen Hochschulreife. Für die unterrichtliche Arbeit in der Sekundarstufe II sind eine vertiefte Beschäftigung und gründliche Auseinandersetzung mit Literatur, Sprache und Kommunikation charakteristisch. Dabei erwerben die Schülerinnen und Schüler sowohl ausgeprägte produktive und rezeptive Text- und Gesprächskompetenz als auch literarhistorisches und ästhetisches Bewusstsein. Besonderes Gewicht erhält die Entwicklung der Argumentations- und Reflexionsfähigkeit in Bezug auf die Bereiche des Faches und in fächerübergreifenden Kontexten." (KMK 2012a, S. 13)

Das Zitat macht deutlich, dass dem Fach Deutsch ein doppelter Bildungsauftrag zukommt: Es vermittelt – wie alle anderen Fächer auch – fachspezifisches Wissen und Können. Diese beziehen sich im Fach Deutsch auf die beiden großen Teildomänen Sprache und Literatur. Darüber hinaus geht es im Deutschunterricht aber immer auch um fächerübergreifende Kompetenzen, nämlich um die auf Texte und Gespräche bezogenen Fähigkeiten, die für das Lehren und Lernen in allen Fächern sowie die gesellschaftliche Teilhabe bedeutsam sind. Stehen in der Grundschule und in der Sekundarstufe I noch die basalen Fertigkeiten des Lesens und Schreibens sowie des Sprechens und Zuhörens im Fokus, so sind es in der gymnasialen Oberstufe vornehmlich die Argumentations- und Reflexionsfähigkeit.

Kontinuität wahren die Bildungsstandards für die AHR sowohl in Bezug auf die Bildungsstandards der vorangehenden Schulstufen (Primarstufe und Mittlerer Schulabschluss) als auch in Bezug auf die Einheitlichen Prüfungsanforderungen in der Abiturprüfung (EPA). Die Bildungsstandards für die AHR greifen die grundlegende fachliche Struktur auf, nämlich die Unterscheidung produktiver und rezeptiver sprachlicher Fähigkeiten jeweils bezogen auf die gesprochene und die geschriebene Sprache. Hieraus ergeben sich die basalen und tradierten Kompetenzbereiche „Sprechen und Zuhören", „Schreiben" sowie „Lesen", bei denen es sich im Kern um prozedurale Fähigkeiten handelt, auch wenn sie stets auf Inhalte bezogen sind. Neu gegenüber den Bildungsstandards für die vorausgehenden Etappen ist die zusätzliche Ausweisung der zwei domänenspezifischen inhaltlichen Kompetenzbereiche „Sich mit Texten und Medien auseinandersetzen" sowie „Sprache und Sprachgebrauch reflektieren", in denen die prozeduralen Kompetenzen im Wesentlichen erworben werden sollen. Damit wird zugleich der in den Bildungsstandards für den MSA sehr weite Kompetenzbereich des Lesens ausdifferenziert in eine prozessspezifische und eine domänenspezifische inhaltliche Komponente. Unverändert liegt dabei auch den Bildungsstandards AHR ein weiter Textbegriff zugrunde, der neben schriftlichen Texten (einschl. Diagramme, Bilder, Tabellen u. ä.) auch die übrigen medialen Darbietungsformen einschließt, also Theaterinszenierungen, Filme und Hörspiele.

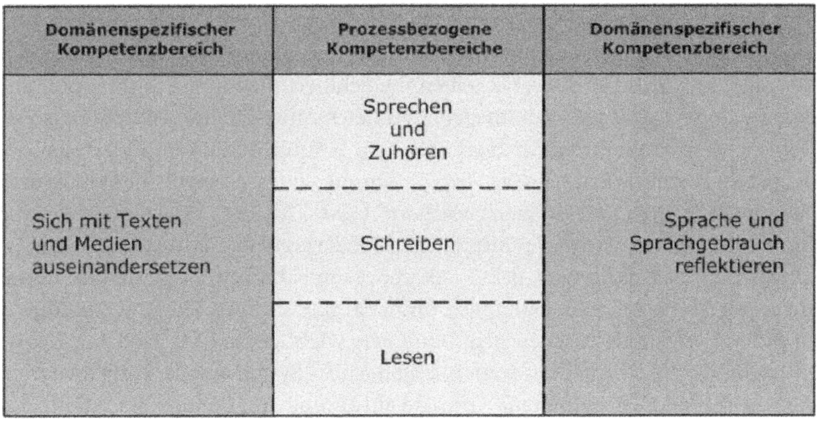

Abb. 1 Kompetenzstrukturmodell der Bildungsstandards für die AHR im Fach Deutsch (KMK 2012a, S. 14)

Abbildung 1 stellt das Strukturmodell dar, das den Bildungsstandards für die AHR im Fach Deutsch zugrunde liegt. Dieses macht deutlich, dass die zu erwerbenden Kompetenzen systematisch auf die zentralen Gegenstände des Faches bezogen sind, so dass die sprachlichen Fähigkeiten (Sprechen und Zuhören, Lesen, Schreiben) immer in Verbindung mit den beiden fachlichen Domänen „Sich mit Texten und Medien auseinandersetzen" bzw. „Sprache und Sprachgebrauch reflektieren" verbunden werden, die dadurch im Vergleich zu den vorangehenden Bildungsetappen an Bedeutung gewinnen. Dies hat zwei Vorteile: Zum einen lassen sich überwiegend prozedural beschriebene Standards ab einem gewissen Grad nicht mehr sinnvoll steigern; so kann beispielsweise die Fähigkeit, eigene Texte verständlich und adressatenorientiert zu verfassen, nur durch Bezug auf die zu verarbeitenden Inhalte anspruchsvoller gemacht werden, nicht aber dadurch, dass Texte *noch* verständlicher und *noch* adressatenorientierter werden sollen. Das schwierigkeitsbestimmende Merkmal liegt in der Komplexität des Materials, dessen Bearbeitung ein erweitertes inhaltliches und methodisches Vorwissen erfordert. Zum anderen liegt in dieser engen Verknüpfung von Wissen und Können der propädeutische Charakter der Bildungsstandards für die AHR: Sie beschreiben, an welchen Inhalten die auf das Studium und die Berufsausbildung bezogenen Fähigkeiten erworben werden sollen. Durch diese Fokussierung gewinnen die fachspezifischen Inhalte für die unterrichtliche Arbeit an Bedeutung, ohne damit andere Inhalte auszuschließen.

Neu im Vergleich zu den EPA ist die Aufnahme eines eigenen Kompetenzbereichs „Sprechen und Zuhören", womit eine Stärkung der Mündlichkeit und der Gesprächskompetenz verbunden ist. Diese Bereiche waren in den EPA aufgrund ihrer starken Orientierung auf die Abiturprüfung unterrepräsentiert. Nach den Bildungsstandards für die AHR sollen die Schülerinnen und Schüler unter anderem „den Verlauf fachlich anspruchsvoller monologischer und dialogischer Gesprächsformen konzentriert verfolgen, um Argumentation und Intention der Gesprächspartner wiederzugeben bzw. zusammenzufassen sowie ihr Verständnis durch Mitschriften und Notizen zu sichern" (KMK 2012a, S. 15). Damit zielen die Standards auch im Bereich des Mündlichen auf die vertiefte Entwicklung bildungssprachlicher Fähigkeiten ab, d. h. konkret auf die Fähigkeit, sich gemeinsam mit anderen argumentativ über komplexe und abstrakte Sachverhalte zu verständigen.

Eine aus fachdidaktischer Sicht besonders wichtige und für die Unterrichtsentwicklung bedeutsame Innovation stellt die neue Systematik der Aufgabenarten dar, die in den EPA enthaltene Formate aufnimmt und um schreibdidaktische Neuerungen ergänzt. Diese stellt Abbildung 2 im Überblick dar.

	Textbezogenes Schreiben				Materialgestütztes Schreiben	
Aufgabenart	Interpretation literarischer Texte	Analyse pragmatischer Texte	Erörterung literarischer Texte	Erörterung pragmatischer Texte	Materialgestütztes Verfassen informierender Texte	Materialgestütztes Verfassen argumentierender Texte

Abb. 2 Aufgabenarten für die Abiturprüfung im Fach Deutsch (KMK 2012a, S. 31)

Mit dem „Textbezogenen Schreiben“, konkret dem Interpretieren, Analysieren und Erörtern literarischer Texte und pragmatischer Texte (= faktuale Texte bzw. Sachtexte), werden tradierte Formen der EPA aufgegriffen. Im Kern geht es bei diesen Aufgabenformaten darum, in Auseinandersetzung mit den vorgegebenen Texten bzw. den dort verhandelten Erfahrungen, Positionen und Kontroversen ein eigenständiges Textverständnis zu entwickeln und dieses, auch unter Rückgriff auf fachliches Wissen, schriftlich darzulegen. Die resultierenden Schülertexte dokumentieren im Wesentlichen die Ergebnisse der Auseinandersetzung mit den literarischen und pragmatischen Texten, ohne selbst in einen eigenen kommunikativen oder argumentativen Kontext eingebunden zu sein, sieht man einmal von sehr allgemeinen fachlichen Diskursen ab. Ludwig (1996) hat diese Aufgabenformate bereits vor fast 20 Jahren deutlich kritisiert, weil sie im eigentlichen Sinne nicht das Verfassen eines eigenständigen Textes verlangen, sondern lediglich listenartige Dokumente einer vorgängigen Textauseinandersetzung erfordern.

Vor diesem Hintergrund ist die Aufnahme des „Materialgestützten Schreibens“ aus schreibdidaktischer Perspektive sehr zu begrüßen, weil es die Textproduktion in einem Handlungskontext situiert. Eine solche Situierung, d. h. die Angabe möglicher Adressaten, Schreibziele und Kontexte, ist für den Schreibprozess unerlässlich, weil erst auf dieser Grundlage sinnvoll über die Angemessenheit von Inhalten, Strukturen und Formulierungen entschieden werden kann – Schreibaufgaben benötigen ein für die Schülerinnen und Schüler erkennbares Profil (vgl. Bachmann und Becker-Mrotzek 2010). In den Bildungsstandards für die AHR wird dieses Aufgabenformat wie folgt definiert:

> „Das materialgestützte Verfassen argumentierender Texte besteht im Kern darin, zu strittigen oder erklärungsbedürftigen Fragen, Sachverhalten und Texten differenzierte Argumentationen zu entwickeln und diese strukturiert zu entfalten. [...] Dabei nutzen die Schülerinnen und Schüler die vorgegebenen Materialien und die Ergebnisse eigener

Analysen, Vergleiche und Untersuchungen ebenso wie eigene Wissensbestände und geeignete Argumentationsstrategien. Der dabei entstehende Text soll die Kontroverse sowie die Argumentation und die vom Prüfling eingenommene Position für den Adressaten des Textes nachvollziehbar machen. Argumentierende Texte enthalten immer auch erklärende und informierende Anteile" (KMK 2012a, S. 26).

Die Schülerinnen und Schüler sind bei diesem Aufgabenformat gehalten, sich etwa in einer Kontroverse zu positionieren und die eigene Position für eine bestimmte Leserschaft argumentativ darzulegen. Neu ist dabei, dass das beigefügte Material deutlich umfangreicher und vielfältiger ausfällt, weil es weder vorab umfassend analysiert noch vollständig genutzt werden muss, sondern in Abhängigkeit von der eigenen Position ggf. nur in Ausschnitten. Damit rückt die domänenspezifische Schreib- und Lesekompetenz in den Fokus der Aufgaben und das Schreiben wird als eigenständige (schrift-)sprachliche Handlung ernstgenommen. Die Beispielaufgabe „Analphabetismus", die im Dokument der Bildungsstandards für die AHR im Fach Deutsch enthalten ist, illustriert das materialgestützte Schreiben am Beispiel eines erklärenden Informationstextes, der auf der Basis relativ umfangreicher Materialien sowie domänenspezifischen Vorwissens verfasst werden soll (KMK 2012a, S. 106 ff).

In den Bildungsstandards nicht mehr vertreten ist der Aufgabentyp „Gestaltendes Erschließen" der EPA, der von den Schülerinnen und Schülern verlangt, die zentralen Gestaltungselemente eines vorgelegten Textes in einem eigenen kreativen Text aufzugreifen. So sollen sie etwa literarische Muster oder poetische Repertoires für die Gestaltung ihres eigenen Textes nutzen, indem sie beispielsweise überraschende Einfälle entwickeln, Situationen zuspitzen oder Pointen setzen. Angesichts der bekannten Schwierigkeit, solche Texte objektiv und fair zu bewerten, ist es sinnvoll, auf diesen Aufgabentyp für Prüfungszwecke zu verzichten, ihn aber weiterhin als Lernaufgabe im Rahmen des Unterrichts zu nutzen.

Insgesamt enthalten die Bildungsstandards für die AHR im Fach Deutsch wichtige Neuerungen, die aktuelle Entwicklungen der Fachdidaktik Deutsch in sinnvoller Weise aufgreifen. Dazu zählt das Kompetenzstrukturmodell, das konsequent prozedurale und inhaltliche Aspekte aufeinander bezieht und auf diese Weise eine qualitative Weiterentwicklung der Bildungsstandards für den Mittleren Schulabschluss beinhaltet. Inhaltlich stärken die Bildungsstandards AHR den Bereich der Mündlichkeit und rücken insgesamt die Fähigkeit zum Argumentieren und Erklären als eine zentrale Entwicklungsaufgabe der gymnasialen Oberstufe in den Fokus. Mit der Neukonzeption des materialgestützten Schreibens wird darüber hinaus eine langjährige Forderung der Schreibdidaktik aufgegriffen. Für die künftige Weiterentwicklung der Bildungsstandards im Fach Deutsch ist es von besonderer Bedeutung, die normativen Setzungen mit empirisch ermittelten Kompetenzständen abzugleichen und so zugleich die Sukzession über die Schulstufen hinweg besser aufeinander abzustimmen. Hierfür ist eine frühzeitige und konstruktive Diskussion mit der Fachdidaktik wünschenswert, um die fachliche Fundierung und Akzeptanz der Vorgaben weiter zu stärken.

3.2 Mathematik

Die Bildungsstandards im Fach Mathematik für die AHR knüpfen direkt an die Bildungsstandards im Fach Mathematik für die Sekundarstufe I an (MSA und HSA) und verwenden i. W. dasselbe Kompetenzstrukturmodell (für eine detailliertere Erläuterung des MSA/HSA-Modells siehe Blum et al. 2012, Roppelt, Blum et al. 2013). Auch das AHR-Modell unterscheidet drei Dimensionen (vgl. Abbildung 3):

- „*Prozess*“: Dies umfasst die *allgemeinen mathematischen Kompetenzen*, deren Erwerb im Mathematikunterricht erfolgen soll. Es werden genau wie in der Sekundarstufe I sechs Kompetenzen unterschieden: Argumentieren, Probleme Lösen, Modellieren, Darstellungen Verwenden, technisch Arbeiten, Kommunizieren (siehe KMK 2012b, S. 14-20).
- „*Inhalt*“: Dies ist strukturiert nach *mathematikbezogenen Leitideen*, anhand derer die allgemeinen mathematischen Kompetenzen erworben werden sollen und innerhalb derer gewisse mathematische Inhalte durch Formulierung von sog. inhaltbezogenen Kompetenzen verbindlich vorgegeben sind. Wie in der Sekundarstufe I werden fünf Leitideen unterschieden (wobei die erste in der Sekundarstufe I nur „Zahl“ heißt): Algorithmus und Zahl, Messen, Raum und Form, funktionaler Zusammenhang, Daten und Zufall. Die durch diese Leitideen konstituierten mathematischen Themenbereiche der Sekundarstufe II sind die Analysis, die Analytische Geometrie und Lineare Algebra sowie die Stochastik (siehe KMK 2012b, S. 21-26).
- „*Anspruch*“: Dies beinhaltet die sogenannten *Anforderungsbereiche*, die den kognitiven Anspruch kompetenzbezogener mathematischer Tätigkeiten (vor allem beim Bearbeiten von Aufgaben) auf theoretischer Ebene beschreiben sollen. Bei jeder der sechs allgemeinen mathematischen Kompetenzen werden drei solche Bereiche I, II und III unterschieden, wobei der Bereich III theoretisch nach oben offen ist.

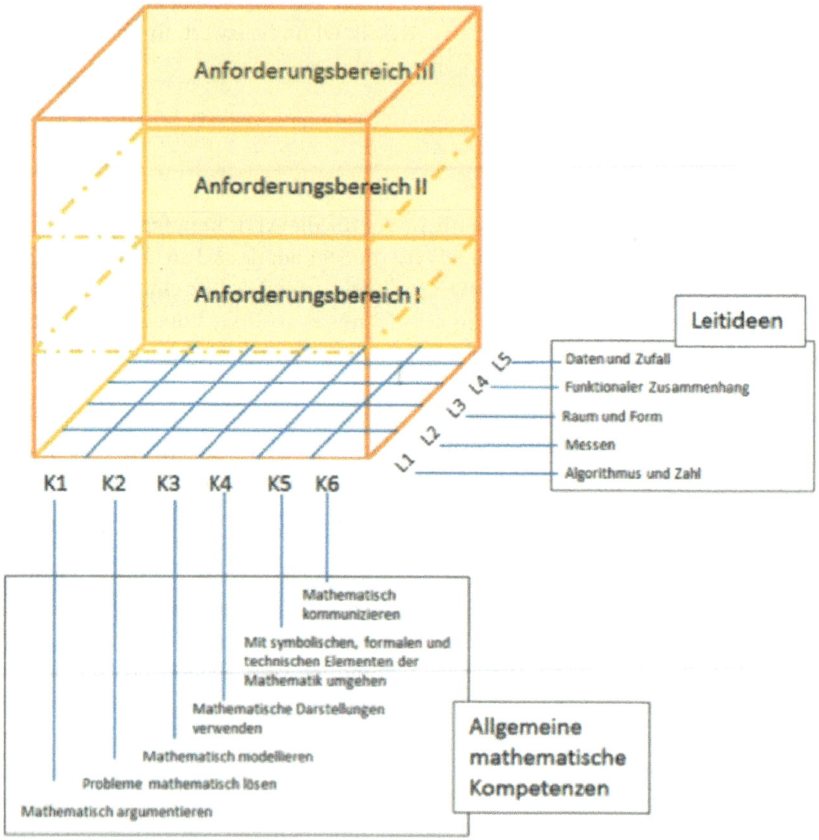

Abb. 3 Kompetenzstrukturmodell der Bildungsstandards für die AHR im Fach Mathematik (KMK 2012b, S. 11)

Inhalte und allgemeine Kompetenzen sind dabei untrennbar miteinander verbunden, was in Abbildung 3 durch das Gitter symbolisiert werden soll. Zu den „Inhalten" gehören nicht nur Fakten und Verfahren, sondern insbesondere auch inhaltliche *Vorstellungen* von den Inhalten, ohne die viele Kompetenzen gar nicht aktivierbar wären. Ein Beispiel ist der Integralbegriff, der in der Schulpraxis meist ausschließlich im Kontext von Flächenberechnungen eingeführt und behandelt wird und dessen

Behandlung nun in den Standards auch in seiner anwendungsbezogenen Bedeutung als rekonstruierter Bestand (bei gegebener Änderungsrate) verpflichtend vorgesehen ist. Die Verbindung von mathematischen Inhalten und allgemeinen mathematischen Kompetenzen zeigt sich auch in einzelnen „Can-Do-Formulierungen" der Mathematik-Standards, z. B. beim Integral: „geometrisch-anschaulich den Hauptsatz als Beziehung zwischen Ableitungs- und Integralbegriff begründen" (Verbindung mit der allgemeinen Kompetenz „Argumentieren") oder „Funktionen mittels Stammfunktionen integrieren" (Verbindung mit der allgemeinen Kompetenz „technisch Arbeiten"). Allerdings ist diese Verbindung in den vorliegenden Bildungsstandards für die AHR noch nicht durchgehend konkretisiert; dies muss in den Lehrplänen bzw. Kerncurricula der Länder weiter ausdifferenziert und für alle Inhalte realisiert werden.

Zwar heißen die allgemeinen mathematischen Kompetenzen und die Leitideen im Wesentlichen genauso wie in den Bildungsstandards für den MSA und den HSA und die drei Anforderungsbereiche sind jeweils ähnlich wie dort beschrieben, dahinter stehen aber in allen Fällen oberstufengemäß weiterentwickelte Konstrukte. Die kompetenzbezogenen Tätigkeiten beziehen sich bei den Bildungsstandards für die AHR auf oberstufentypische mathematische Inhalte aus den drei oben erwähnten klassischen Themenbereichen Analysis, Analytische Geometrie und Lineare Algebra sowie Stochastik. So soll nun z. B. anhand analytischer oder raumgeometrischer Inhalte argumentiert und begründet werden (etwa beim Beweis des Hauptsatzes der Differential- und Integralrechnung oder bei der Herleitung der Formel zur Berechnung von Winkeln mittels Skalarprodukt) oder es sollen z. B. anhand stochastischer Inhalte Modelle von Realsituationen aufgestellt werden (etwa bei der Berechnung von Wahrscheinlichkeiten und Erwartungswerten bei Glücksspielen). Auch die fünf Leitideen der AHR-Standards setzen die Leitideen der Sekundarstufe I in oberstufenadäquater Weise fort. So wird z. B. in der AHR-Leitidee „Algorithmus und Zahl" der Zahlbegriff mithilfe von Tupeln und Matrizen verallgemeinert und es werden die Vorstellungen von den reellen Zahlen aus Jahrgangsstufe 9 durch infinitesimale Methoden vertieft. In der Leitidee „Messen" erfolgt eine Erweiterung des Umgehens mit Größen um infinitesimale, numerische, analytisch-geometrische und stochastische Methoden. Entsprechende Fortsetzungen und Erweiterungen wurden auch für die anderen drei Leitideen vorgenommen.

Konzeptuelle Grundlage aller Bildungsstandards im Fach Mathematik, von der Grundschule bis zur AHR, sind die *Grunderfahrungen* nach Heinrich Winter (1995), die jeder Schülerin und jedem Schüler im Mathematikunterricht nahegebracht werden sollen:

Mathematik als ...

... *Werkzeug*, um Erscheinungen der Welt in einer spezifischen Weise wahrzunehmen und zu verstehen,
... *geistige Schöpfung*, Kulturgut und – in der Sekundarstufe II auch deduktiv geordnete – Welt eigener Art,
... *Hilfsmittel* zum Erwerb von – auch über die Mathematik hinausgehenden – Fähigkeiten.

Dies spiegelt den „Geist" der Bildungsstandards Mathematik wieder und rechtfertigt die Bezeichnung *Bildungs*standards, auch wenn es sich im Kern um Leistungsstandards handelt.

In allen fünf Leitideen werden zum einen solche inhaltsbezogenen Kompetenzen festgelegt, die für das grundlegende Anforderungsniveau gelten und damit für *alle* Schülerinnen und Schüler verbindlich sind, und zum anderen solche, die nur für das erhöhte Anforderungsniveau gelten. Damit ist eine der beiden Kategorien genannt, nach der sich grundlegendes und erhöhtes Niveau in Mathematik unterscheiden sollen, nämlich *inhaltlich*. Die andere Unterscheidungskategorie ist *kognitiv* orientiert. Im erhöhten Niveau soll auch ein höherer Komplexitäts-, Vertiefungs-, Präzisierungs- und Formalisierungsgrad beim mathematischen Arbeiten erreicht werden, und der Anteil von kompetenzbezogenen Tätigkeiten im höchsten Anforderungsbereich III soll hier höher sein als im grundlegenden Niveau (für genauere Ausführungen siehe KMK 2012b, S. 12).

Es werden in den Bildungsstandards Mathematik also zwei Begriffe verwendet, die sehr ähnlich klingen, aber ganz Unterschiedliches beinhalten und die man deshalb gut auseinanderhalten muss: „Anforderungsbereich" und „Anforderungsniveau". Während die Anforderungsbereiche kognitiv definiert sind (vgl. Abbildung 3), sind die (kursbezogenen) Anforderungsniveaus im Sinne der Standards – wie eben ausgeführt – sowohl inhaltlich als auch kognitiv bestimmt.

Zudem wird der Begriff des Anforderungsbereichs in den Bildungsstandards anders verwendet als in den früheren EPA, denn dort waren die „Anforderungsbereiche" nicht kognitiv, sondern *curricular* definiert, da die Vertrautheit der Lernenden mit den jeweiligen Gegenständen das wesentliche Kriterium für die Zuordnung bildete. Und auch im Hinblick auf weitere Aspekte sind die Bildungsstandards gegenüber den EPA als Weiterentwicklung zu bewerten. Bereits in den EPA wurden *Kompetenzen* definiert, allerdings erfolgte deren Konzeptualisierung nicht so stringent wie bei den Bildungsstandards. Die Bildungsstandards orientieren sich am theoretisch wie empirisch gut fundierten Modell aus dem KOM-Projekt (vgl. Niss und Højgaard 2011), das auch die Grundlage für die Konzeptualisierung von „Mathematical Literacy" in den PISA-Studien war. Dies gewährleistet eine stimmige fachspezifische Systematik bei den Kompetenzbeschreibungen und sichert zudem die Anschlussfähigkeit der deutschen Bildungsstandards an internationale Entwicklungen. Und auch eine Strukturierung der Inhalte in Form von *Leitideen* war zwar bereits in den EPA zu finden und konnte in Teilen übernommen werden, einschließlich einiger inhaltsbezogener Kompetenzbeschreibungen. Allerdings waren die EPA hier ebenfalls nicht immer konsistent; so war z. B. das Modellieren in den EPA eine Leitidee, während in der Fachdidaktik Einigkeit darüber besteht, dass es sich dabei um eine Kompetenz handelt, die in allen inhaltsbezogenen Leitideen zum Tragen kommt.

Insgesamt stellen die Bildungsstandards Mathematik für die AHR eine folgerichtige Weiterentwicklung sowohl der Bildungsstandards für den MSA/HSA als auch der EPA dar und beschreiben die im Mathematikunterricht der gymnasialen Oberstufe zu erreichenden Kompetenzen in konsistenter Weise. Es kommt nun auf die Umsetzung der Vorgaben in die Lehrpläne bzw. Kerncurricula der einzelnen Bundesländer an. Dabei muss neben der erwähnten stärkeren Verbindung von Inhalten und allgemeinen Kompetenzen auch eine weitere Ausdifferenzierung und Konkretisierung der verbindlichen Inhalte erfolgen, insbesondere in Bezug auf die zu behandelnden Funktionentypen innerhalb der Leitidee „Funktionaler Zusammenhang“, die in den Bildungsstandards für die AHR auf Wunsch der Länder nicht im Detail beschrieben sind. Und nicht zuletzt müssen die Länder sich festlegen, inwieweit sie die von den Fachverbänden einhellig gewünschte, in den Prüfungsregelungen der Bildungsstandards aber bewusst offen gelassene Berücksichtigung aller drei Themenbereiche in der Abiturprüfung nun tatsächlich verlangen. So heißt es in den Hinweisen für die Prüfungsdurchführung im Fach Mathematik: „Die Prüfungsaufgabe bezieht sich auf mindestens zwei der in den Bildungsstandards genannten mathematischen Sachgebiete Analysis, Lineare Algebra/Analytische Geometrie und Stochastik. Mindestens ein Drittel der Anforderungen muss sich auf Analysis beziehen. Keines der beiden anderen Sachgebiete wird über mehrere Jahre von den Prüfungsaufgaben ausgeschlossen.“ (KMK 2012b, S. 30). Hier ist zu befürchten, dass sich doch eher die länderspezifischen Traditionen durchsetzen werden, wie überhaupt in einem föderal geprägten Land wie Deutschland selbst im Fach Mathematik, in dem es schon immer mehr inhaltliche Gemeinsamkeiten gab als in anderen Fächern, eine stärkere Vereinheitlichung der Anforderungen wohl nicht so rasch zu erreichen sein wird. Die Bildungsstandards Mathematik für die AHR haben für eine solche Vereinheitlichung bereits gute Vorgaben gemacht. Es ist nun an den Ländern, dies weiterzuführen.

3.3 Fortgeführte Fremdsprache (Englisch/Französisch)

Als allgemeine Zielsetzungen der Bildungsstandards für die AHR in der fortgeführten Fremdsprache (Englisch/Französisch) gelten die Entwicklung der Mehrsprachigkeit sowie die fremdsprachige mündliche und schriftliche Diskursfähigkeit. Diskursfähigkeit wird dabei verstanden als „eine Verstehens- und Mitteilungsfähigkeit, die inhaltlich zielführend, sprachlich sensibel und differenziert, adressatengerecht und pragmatisch angemessen ist. Sie umfasst wichtige interkulturelle Kompetenzen, die im Unterricht zusammen mit den sprachlichen Kompetenzen, im Rahmen einer Auseinandersetzung mit Themen, Texten und Medien integriert erworben werden“ (KMK 2012c, S. 11). Die Begriffe „Diskursfähigkeit“ und „Mehrsprachigkeit“ und die damit verbundenen Ziele finden sich bereits in den EPA für die Fächer Englisch und Französisch (KMK 1989/2002b; 1989/2004), allerdings weniger prominent als in den Bildungsstandards für die AHR. Auch die drei Kompetenzziele, die in den Bildungsstandards für die AHR zentral sind, werden schon in den EPA ausgewiesen: neben der kommunikativen Kompetenz die interkulturelle Kompetenz sowie die Fähigkeit zum Umgang mit Texten und Medien.

An der Verwendung der beiden o.g. Schlüsselbegriffe zeigt sich jedoch, dass trotz großer inhaltlicher Gemeinsamkeiten im Zehnjahreszeitraum, der zwischen Veröffentlichung der EPA und der Bildungsstandards für die AHR liegt, eine Akzentverschiebung stattgefunden hat. Es gibt nunmehr einen Leitbegriff („Diskursfähigkeit“), der alle zentralen Kompetenzen umfasst und sie mit Blick auf „bewusste Lebensgestaltung“, „gesellschaftliche Teilhabe“ und „Handlungsfähigkeit im internationalen Kontext“ (ibid.) erweitert. Weiterhin rückt die Mehrsprachigkeit in den Vordergrund.

Während die EPA der beiden Fremdsprachen lediglich eine implizite Strukturierung enthalten, liegt den Bildungsstandards für die AHR ein explizites Kompetenzstrukturmodell zugrunde. Für die Unterrichtsentwicklung besonders relevant sind die zentrale Positionierung dreier als „integrativ“ bezeichneter Kompetenzen (funktionale kommunikative Kompetenz, interkulturelle kommunikative Kompetenz, Text- und Medienkompetenz) sowie die Aufwertung der Sprachbewusstheit und der Sprachlernkompetenz, die nunmehr eigenständige und lateral angeordnete Kompetenzen bilden (vgl. Abbildung 4).

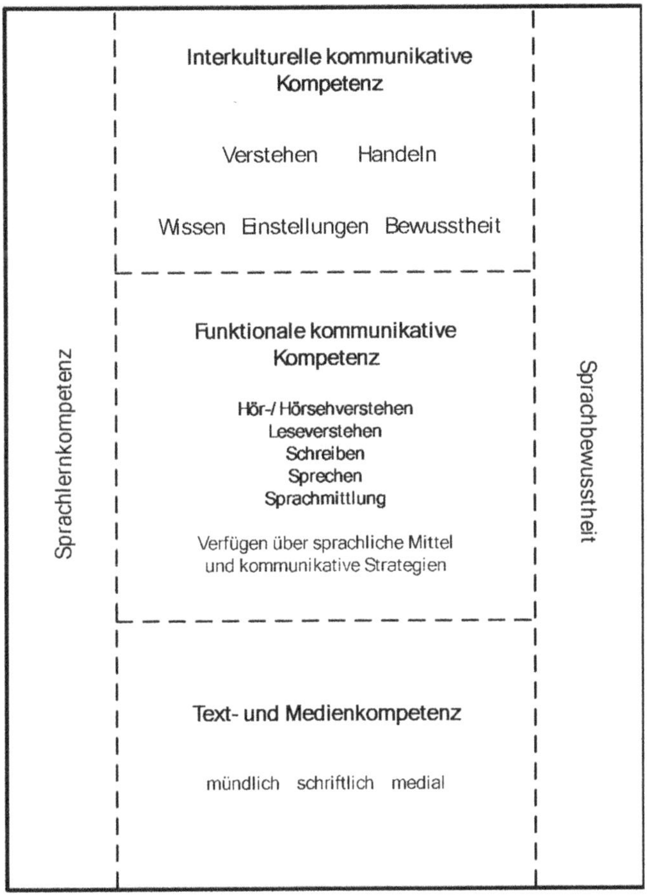

Abb. 4 Kompetenzstrukturmodell der Bildungsstandards für die AHR in der fortgeführten Fremdsprache (Englisch/Französisch) (KMK 2012c, S. 11)

Den dreiteiligen Kern enthalten auch die Kompetenzmodelle der Bildungsstandards für den MSA und den HSA. Im Modell für die AHR wurde die funktionale kommunikative Kompetenz nun jedoch insgesamt zentral positioniert, um ihre integrativen Bezüge zur interkulturellen kommunikativen Kompetenz sowie der

Text- und Medienkompetenz zu verdeutlichen, da diese bei allen funktionalen kommunikativen Tätigkeiten zwangsläufig beteiligt sind. Das Lesen fremdsprachlicher Texte und Medien beispielsweise fordert immer auch interkulturelles Verstehen ein. Die laterale Anordnung von Sprachbewusstheit und von Sprachlernkompetenz hingegen impliziert, dass sie zwar ebenfalls beteiligt sein können, aber eben nicht zwangsläufig. Gleichzeitig spiegelt die Aufwertung dieser beiden Kompetenzen im Kompetenzstrukturmodell für die AHR die erhöhte Bedeutung der Mehrsprachigkeit wider (vgl. Martinez und Meißner im Druck; Vollmer im Druck). Mehrsprachigkeit fließt in das Konzept von Sprachbewusstheit und Sprachlernkompetenz in zweierlei Hinsicht ein: zum einen als vorgefundene bzw. lebensweltlich-migrationsbedingte Mehrsprachigkeit (z. B. Türkisch, Arabisch, Farsi etc. in Deutschland) und zum anderen im Sinne einer zielperspektivischen europäischen Mehrsprachigkeit (z. B. den Amtssprachen der Europäischen Union).

Auch der als „Umgang mit Texten und Medien" ausgewiesene dritte Kompetenzbereich der EPA wurde in den Bildungsstandards für die AHR mit dem Kompetenzbereich „Text- und Medienkompetenz" neu konzipiert und an den aktuellen Stand des fachdidaktischen Diskurses angepasst (vgl. Burwitz-Melzer und Caspari im Druck). Die Rezeption und die Produktion von Texten werden nunmehr explizit aufeinander bezogen und als „Text- und Medienkompetenz" bezeichnet. Dieser nunmehr eigenständige Kompetenzbereich fehlt in den Bildungsstandards für den HSA und den MSA, in denen die Textrezeption und die Textproduktion neben „Interaktion", „Lernstrategien", „Präsentation und Mediennutzung" sowie „Lernbewusstheit und Lernorganisation" unter „Methodische Kompetenzen" subsumiert werden. Der Kompetenzbereich „Text- und Medienkompetenz" fordert als Neuerung, dass auf Texte und Medien bezogene Verstehens- und Produktionsprozesse reflektiert werden. Auf grundlegendem Niveau kommt hinzu, das „Erstverstehen kritisch reflektieren, relativieren und ggf. revidieren" und auf erhöhtem Niveau, die eigenen „Deutungs- und Produktionsprozesse reflektieren und darlegen" zu können (KMK 2012c, S. 21).

Kontinuität zwischen den EPA und den Bildungsstandards besteht im Hinblick auf die Anlehnung an die Niveaus des Gemeinsamen europäischen Referenzrahmens für Sprachen (GeR), auch wenn die Erwartungen leicht reduziert wurden, nämlich von Niveau B2 bis C1 auf Niveau B2 (in Englisch für rezeptive Teilkompetenzen auch Niveau C1). Als weitere Kontinuität von den EPA zu den Bildungsstandards kann auch die Differenzierung der Anforderungsniveaus gewertet werden. Wie oben bereits erwähnt, ist die Differenzierung einerseits additiv angelegt, d. h. die Standards für das grundlegende Anforderungsniveau werden für das erhöhte Niveau stets vorausgesetzt. Andererseits zeichnen sich bestimmte Standards des erhöhten Anforderungsniveaus auch durch komplexere Anwendungsbezüge und eine größere Verarbeitungstiefe aus, wie es folgender Standard zum Schreiben verdeutlicht: Die Schülerinnen und Schüler sollen auf grundlegendem Anforderungsniveau „Textsorten zielorientiert in eigenen Textproduktionen situationsangemessen verwenden“ und auf erhöhtem Anforderungsniveau „aus einem breiten Spektrum eine Textsorte auswählen, in eigenen Textproduktionen situationsangemessen und adressatengerecht umsetzen und dabei die Konventionen der jeweiligen Textsorte beachten“ (KMK 2012c, S. 17).

Bei der interkulturellen kommunikativen Kompetenz wurde hingegen keine Niveaudifferenzierung vorgenommen, da hierfür noch keine konzeptionellen bzw. empirischen Grundlagen vorliegen. Allenfalls im Wissensbereich hätte man über Stufungen nachdenken können, nicht dagegen in den basalen Dimensionen der Haltungen und Einstellungen. Ähnliche Probleme bestanden zwar im Hinblick auf Sprachbewusstheit und Sprachlernkompetenz, zumal hier Überschneidungen mit der interkulturellen kommunikativen Kompetenz vorhanden sind, die Anteile an identifizierbaren gestuften Wissens- und Könnensanforderungen wurden jedoch für diese Kompetenzbereiche als höher eingeschätzt.

Auch im Hinblick auf die Überprüfbarkeit von Bildungsstandards in der Abiturprüfung bestehen für die interkulturelle kommunikative Kompetenz größere Einschränkungen als für andere Bereiche. Standards, die Haltungen und Einstellungen betreffen, können zwar mit bestimmten Aufgabenstellungen überprüft, jedoch nur indirekt anhand der drei folgenden Kriterien bewertet werden: Schlüssigkeit der Argumentation, erfolgte oder nicht erfolgte Perspektivenwechsel und Sensibilität für kommunikatives Wissen bzw. Nichtwissen sowie für kulturelle Vielfalt und Differenz (Caspari und Burwitz-Melzer im Druck).

Im Hinblick auf die Hinweise zur Prüfungsdurchführung zum Erwerb der AHR enthielten die EPA für Englisch und Französisch die Wahlmöglichkeit zwischen der Textaufgabe (d. h. einer meist auf einem Lesetext beruhenden und i. d. R. aus mehreren Teilaufgaben bestehenden zusammenhängenden Schreibaufgabe) und der sogenannten kombinierten Aufgabe (d. h. der Kombination einer Textaufgabe und sprachpraktischen Teilen). Die Textaufgabe als alleiniges Abiturprüfungsformat entfiel mit Inkrafttreten der Bildungsstandards für die AHR. Die neuen Hinweise für die Abiturprüfung verlangen die Bearbeitung einer Schreibaufgabe – als „verpflichtender Prüfungsteil Schreiben“ bezeichnet – in Kombination mit einem weiteren verpflichtenden Prüfungsteil, der aus Aufgaben zu einem der Bereiche Hörverstehen bzw. Hörsehverstehen, Sprechen, Leseverstehen oder schriftliche bzw. mündliche Sprachmittlung besteht. Die beiden Aufgaben im zweiten Prüfungsteil müssen verschiedene Kompetenzen erfassen (also z. B. Hörverstehen und Leseverstehen). Mit dieser Vorgabe wird die fachdidaktische Forderung nach einer breiteren Abdeckung der Kompetenzbereiche in der Abiturprüfung umgesetzt und zudem die Mündlichkeit gestärkt. Die Einbeziehung der Mündlichkeit wird in den Bildungsstandards zusätzlich durch die folgende Maßgabe gewährleistet: „Sind weder Sprechen noch Hörverstehen bzw. Hörsehverstehen Teil der Abiturprüfung, so erfolgt die Überprüfung von mindestens einem dieser beiden Kompetenzbereiche mit dem Gewicht einer Klausur in der Qualifikationsphase" (KMK 2012c, S. 25). Die Möglichkeit der Prüfung verschiedener Kompetenzbereiche eröffneten bereits die EPA Englisch und Französisch, sie wurde jedoch von einigen Bundesländern in der Abiturprüfung kaum oder gar nicht genutzt, so dass sich deren Gestaltung zwischen den Ländern deutlich unterscheidet. Die Beschränkung auf eine Textaufgabe ist mit den neuen Vorgaben ab 2017 nicht mehr möglich.

Kontrovers diskutiert wurde in diesem Zusammenhang, inwieweit die verschiedenen Kompetenzbereiche in der Abiturprüfung separat erfasst werden sollten. Einige Expertinnen und Experten befürchteten eine Zersplitterung in mehrere kürzere Aufgaben, die einzelne Kompetenzen prüfen. Um dies zu vermeiden und die fremdsprachliche Abiturprüfung durch anwendungsbezogene Aktivitäten dennoch auf eine breitere Basis zu stellen, wurde die Option eingeräumt, im verpflichtenden Prüfungsteil Schreiben die Überprüfung eines weiteren Kompetenzbereichs (z. B. Leseverstehen) so zu integrieren, dass dieser identifizierbar ist. Damit wird es den Ländern überlassen, entweder im verpflichtenden Prüfungsteil Schreiben einen weiteren Kompetenzbereich integriert und den dritten Kompetenzbereich in einer gesonderten Aufgabe oder neben dem verpflichtenden Kompetenzbereich Schreiben zwei weitere Kompetenzbereiche in gesonderten Aufgaben zu prüfen.

Insgesamt setzen die Bildungsstandards für die AHR im Bereich der fortgeführten Fremdsprache die in den EPA bereits angebahnten Entwicklungen fort. Dies zeigt sich auch an den illustrierenden Prüfungsaufgaben, die bereits in den beiden EPA Englisch und Französisch fast das gesamte Spektrum der Möglichkeiten eröffneten und weit vom schmalen Aufgabenanhang der Vorgängerdokumente entfernt waren. Auch in den Abituraufgaben der Länder ist in den letzten Jahren ein deutlicher Wandel zu erkennen, der durch eine zunehmend breitere Abdeckung der Kompetenzbereiche gekennzeichnet ist. Die Änderungen der formalen Vorgaben in den Bildungsstandards für die AHR greifen diesen Wandel auf und verstärken ihn.

4 Implementation der Bildungsstandards für die AHR und Entwicklung eines gemeinsamen Abiturprüfungspools der Länder

Die kompetenzorientierten Bildungsstandards der KMK haben zunächst eine Entwicklungsfunktion, d. h. sie sollen „dazu beitragen, die Qualität von Lernprozessen, die sich am Erwerb von Kompetenzen ausrichten, zu verbessern" (KMK 2010, S. 9). Es muss also Sorge dafür getragen werden, dass die Vorgaben im Unterricht „ankommen", indem Lehrkräfte diesen an den beschriebenen Kompetenzzielen ausrichten. Wie aufwändig und anspruchsvoll es ist, solche Implementationsprozesse effektiv zu gestalten, wird in der Literatur umfassend diskutiert (vgl. z. B. Berner et al. 2008; Oelkers und Reusser 2008). Demnach erfordert die Implementation von Bildungsstandards unter anderem eine kohärente Orientierung der verschiedenen Elemente des Bildungssystems (curriculare Vorgaben, Abschlussprüfungen, Lehrbücher, Unterstützungsangebote für Unterrichtsentwicklung etc.) an den kompetenzorientierten Zielvorgaben, Akzeptanz der Innovation bei den beteiligten Akteuren sowie eine effektive Entwicklung von *capacity*, die nach Berner et al. (2008, S. 222) „sowohl für die notwendigen individuellen und organisationalen Ressourcen auf der Input-Seite wie auch für die Fähigkeiten und Möglichkeiten, diese in optimaler Weise im Unterricht ein- und umzusetzen" steht.

Der Implementationsprozess zu den Bildungsstandards für den Primarbereich und die Sekundarstufe I erfolgte in Deutschland weitgehend in Eigenregie der einzelnen Länder. In einem 2013 durchgeführten Veranstaltungszyklus der KMK wurde der Stand dieser Prozesse bilanziert, um aus den Erfahrungen Schlussfolgerungen für die Implementation der Bildungsstandards für die AHR zu ziehen. Dabei wurde deutlich, dass in den Ländern vielfältige Maßnahmen getroffen wurden, um die mit den kompetenzorientierten Bildungsstandards verbundenen Erwartungen für die Unterrichtsentwicklung einzulösen, gleichzeitig aber über den Erfolg der Strategien kaum gesicherte Aussagen getroffen werden können. Außerdem zeigte sich, dass zwar die Herausforderungen des Implementationsprozesses bundesweit oft sehr ähnlich sind, sich die zur Bewältigung der Herausforderungen ergriffenen Maßnahmen in den verschiedenen Ländern nach Art und Ausmaß jedoch erheblich unterscheiden und die Länder sich in der Vergangenheit kaum darüber ausgetauscht haben. Vor diesem Hintergrund hat die KMK mit Beschluss vom 10.10.2013 entschieden, bei der Implementation der Bildungsstandards für die AHR eine engere Zusammenarbeit zwischen den Ländern anzustreben. Die verabschiedete Konzeption soll „als gemeinsame Grundlage für den Implementationsprozess in den Ländern und für die länderübergreifende Zusammenarbeit bei der Implementation der Bildungsstandards für die Allgemeine Hochschulreife dienen." (KMK 2013, S. 3). Gleichzeitig wird allerdings betont, dass die Verantwortung für den Umsetzungsprozess weiterhin bei den einzelnen Ländern liegt: „Die konkrete Ausgestaltung und zeitliche Abfolge des Implementationsprozesses sowie die dafür zur Verfügung stehenden Ressourcen ergeben sich aus den spezifischen Bedingungen des jeweiligen Landes." (KMK 2013, S. 3).

Bei der Konzeption zur Implementation der Bildungsstandards handelt es sich um eine Liste von Vereinbarungen, die sich auf fünf Bereiche bezieht (standardbasierte Entwicklung von Lehrplänen/Bildungsplänen und Prüfungsverordnungen, standardbasierte Lern- und Lehrmittel, Aus- und Fortbildung von Lehrkräften, Schul- und Unterrichtsentwicklung sowie standardbasierte Abiturprüfungsaufgaben), zu denen mehr als 20 Verabredungen getroffen wurden. Die konkreteste Verabredung besteht in der Einrichtung gemeinsamer Abituraufgabenpools, an der alle 16 Länder beteiligt sind.

Abschlussprüfungen dienen zwar nicht primär der Implementierung von Zielvorgaben, sondern der Zertifizierung von Individuen. Es wird jedoch angenommen, dass diese erhebliche Rückwirkungen auf die Gestaltung des Unterrichts haben, da sich Lehrkräfte an den Anforderungen der Abschlussprüfungen orientieren (vgl. z. B. Bishop 1995; Oerke et al. 2013; Thonhauser 2008) – eine Annahme, die zumindest teilweise durch empirische Studien gestützt wird (vgl. z. B. Maag Merki 2012). Dieser Logik folgend, hat die KMK das IQB gebeten, zunächst eine Sammlung von standardbasierten Abiturprüfungsaufgaben zu veröffentlichen, die Lehrkräften zur Orientierung und zu Übungs- sowie Implementationszwecken dienen soll. Diese Sammlung ist seit Juni 2015 auf der Homepage des IQB zu finden.[3] Weiterhin wurde das IQB mit der Koordination der Entwicklung von Abituraufgabenpools beauftragt, die den Ländern ab dem Prüfungsjahr 2017 zur Verfügung stehen sollen. Nach dem in der 337. Sitzung der KMK am 8./9.3.2012 getroffenen Beschluss sollen die Pools dazu dienen, „die Vergleichbarkeit der Anforderungen zu gewährleisten und die Qualität sowie die Standardbasierung der Aufgaben zu sichern" (Stanat und Pant 2013).

In der 342. Sitzung der KMK am 20./21. Juni 2013 wurde in Lutherstadt Wittenberg eine Konzeption für die Entwicklung gemeinsamer Abituraufgabenpools, die vom IQB in Abstimmung mit den Ländern verfasst worden war (Stanat und Pant 2013), im Sinne eines allgemeinen Verfahrensvorschlags verabschiedet. Diese Konzeption sah die länderübergreifende Entwicklung von Kriterien für Aufgaben, Erwartungshorizonte und Bewertungshinweise vor, die sich auf die Bereiche Standardbezug, Angemessenheit der Anforderungen sowie allgemeine Qualitätsmerkmale beziehen. Auf der Grundlage dieser Kriterien werden nun die

3 https://www.iqb.hu-berlin.de/bista/abi. Zugegriffen: 20. Juni 2015

Aufgaben für die Pools erarbeitet. Die Arbeitsgruppen, die unter Beteiligung aller Länder für diesen Prozess (Spezifizierung der Kriterien und Erarbeitung von Aufgaben) in den einzelnen Fächern verantwortlich sind, haben sich 2014 konstituiert. Angesichts des komplexen Arbeitsprozesses wird der Umfang der Pools begrenzt sein. Daher zielen die Länder darauf ab, sich auf gemeinsame Prüfungstermine zu einigen, um einzelne Aufgaben in mehreren Ländern einsetzen zu können. Wie die Länder die Aufgaben aus den Pools in ihre jeweiligen Prüfungen integrieren werden, ist dabei offen.

Mit der Entwicklung gemeinsamer Pools von Abiturprüfungsaufgaben betreten die Länder und das IQB Neuland, und die Anzahl der Herausforderungen, die aufgrund der Heterogenität der Abiturprüfungen in den Ländern zu bewältigen sind, ist groß (Kühn 2010). Ein wichtiger Effekt dieses Prozesses besteht darin, dass sich Fachvertreterinnen und Fachvertreter aller Länder darüber austauschen (müssen), wie Abiturprüfungsaufgaben gestaltet sein sollten, um den Standards zu entsprechen. Dies könnte ein wichtiger Schritt zur gemeinsamen Konkretisierung der Vorgaben für die Abiturprüfung und einer länderübergreifenden Kalibrierung der Anforderungen sein. Inwieweit damit allerdings tatsächlich das Ziel erreicht werden kann, „die Vergleichbarkeit der Anforderungen zu gewährleisten" (Stanat und Pant 2013), ist eine offene Frage. So wird zu prüfen sein, ob es tatsächlich gelingt, Aufgaben zu unterschiedlichen Themenstellungen und mit unterschiedlichen Aufgabenarten innerhalb eines Faches so zu gestalten, dass sie in ihrer Schwierigkeit in etwa vergleichbar sind. Zudem hängt die Vergleichbarkeit von Anforderungen nicht nur von den Aufgabenstellungen, Erwartungshorizonten und Bewertungshinweisen ab, sondern auch von der *Anwendung* der Erwartungshorizonte und der Bewertungshinweise bei der Beurteilung der Leistungen von Abiturientinnen und Abiturienten. Die objektive Beurteilung von Schülerleistungen ist insbesondere in den sprachlichen Fächern eine erhebliche Herausforderung.

5 Fazit und Ausblick

Die von der KMK eingeführten Bildungsstandards für die Allgemeine Hochschulreife bilden eine notwendige, aber keine hinreichende Voraussetzung für eine länderübergreifende Annährung der Anforderungen, die Abiturientinnen und Abiturienten in Deutschland zu bewältigen haben. Sie definieren, welche Kompetenzziele die Schülerinnen und Schüler in den jeweiligen Fächern erreichen sollen. Implementationsmaßnahmen werden eingesetzt, um die Umsetzung dieser Vorgaben zu unterstützen. Anders als in den anderen Schulstufen, für die länderübergreifende Bildungsstandards existieren, soll in der Sekundarstufe II jedoch nicht zentral auf Systemebene überprüft werden, inwieweit die Kompetenzziele tatsächlich erreicht werden.

Ursprünglich hatte die KMK auch für die AHR geplant, das IQB damit zu beauftragen, auf der Grundlage der Bildungsstandards Testaufgaben und Kompetenzstufenmodelle zu entwickeln. Dieser Beschluss vom 17./18.10.2007 wurde jedoch später durch die Entscheidung, gemeinsame Abituraufgabenpools einzurichten, abgelöst. Auch wenn es zumindest in den Fremdsprachen und in Mathematik durchaus möglich sein dürfte, anspruchsvolle Testaufgaben zu entwickeln, mit denen zentrale Kompetenzziele erfasst werden können, die in den Bildungsstandards für die AHR definiert sind, würde der Einsatz solcher Aufgaben zum Zweck des Bildungsmonitoring derzeit aus verschiedenen Gründen kaum auf Akzeptanz stoßen. Die Überprüfung des Erreichens der Bildungsstandards für die AHR sollte nach Möglichkeit gegen Ende der gymnasialen Oberstufe stattfinden, im Falle der G8-Bildungsgänge also gegen Ende der Jahrgangsstufe 12. Auch wenn sich der Aufwand, der mit solchen Erhebungen verbunden ist, de facto in Grenzen hält, dürfte die Durchführung von Testungen kurz vor der Abiturprüfung sowohl von Schulen als auch von Schülerinnen und Schülern und ihren Eltern kritisch gesehen werden. Zudem ist die Auffassung verbreitet, dass sich die komplexen Kompetenzanforderungen der gymnasialen Oberstufe nicht mit geschlossenen Formaten oder mit Kurzantwortformaten erfassen lassen. Um solche Vorbehalte nach Möglichkeit auszuräumen, müssten zunächst in Machbarkeitsstudien geeignete Testaufgaben auf der Grundlage der Bildungsstandards für die AHR entwickelt und validiert werden.

Doch selbst wenn sich zeigen würde, dass zentrale Bildungsstandards für die AHR mit Testaufgaben valide operationalisiert werden können, wäre ihr Einsatz in Ländervergleichsstudien derzeit verfrüht. Wie bereits in der Einleitung dieses Beitrags erwähnt, ist aus den Ländervergleichsstudien des IQB, die in der Sekundarstufe I gegen Ende der 9. Jahrgangsstufe durchgeführt werden, bekannt, dass sich die Leistungen der Schülerinnen und Schüler zwischen den Ländern insgesamt und auch an Gymnasien deutlich unterscheiden, und es nicht anzunehmen ist, dass sich dieses Muster bis zum Ende der 12. Jahrgangsstufe deutlich verändert. Insofern ist es sinnvoll, sich zunächst darauf zu konzentrieren, die Bildungsstandards für die AHR zu implementieren und auf diesem Wege die Vergleichbarkeit der Abiturprüfungen zu erhöhen. Sofern die Annahme zutrifft, dass sich zentrale Prüfungen auf die Gestaltung des Unterrichts auswirken, sollte dies auch zu einer Angleichung der Leistungen von Abiturientinnen und Abiturienten führen. Aus den anderen Schulstufen wissen wir allerdings, wie langwierig Implementationsprozesse sind. Bei der Allgemeinen Hochschulreife, für die die Frage der Leistungsgerechtigkeit besonders virulent ist, sollte versucht werden, diesen Prozess zu beschleunigen.

Zudem müssen die Länder damit rechnen, dass in Zukunft die Frage gestellt werden wird, inwieweit das Ziel, die Vergleichbarkeit der Anforderungen für die AHR zu erhöhen, mit der Einführung der Bildungsstandards und der Bereitstellung der Abituraufgabenpools erreicht werden konnte. Vor diesem Hintergrund hat das IQB vorgeschlagen, zunächst flankierend empirische Studien durchzuführen, mit denen unter anderem geprüft werden soll, inwieweit die Bewertungen der Schülerleistungen in Abiturprüfungen innerhalb und zwischen den Ländern äquivalent sind. Diese Information soll dazu genutzt werden, die Angemessenheit und Vergleichbarkeit der in den Pools zur Verfügung gestellten Aufgaben im Laufe des Prozesses zu optimieren. Der Vorschlag ist Bestandteil der Konzeption für die Entwicklung der Abituraufgabenpools, die in der 342. Sitzung der KMK am 20./21. Juni 2013 im Sinne eines allgemeinen Verfahrensvorschlags verabschiedet wurde (Stanat und Pant 2013). Die flankierende Durchführung empirischer Studien wird auch in der Konzeption der KMK (2013) zur Implementation der Bildungsstandards für die AHR aufgegriffen, allerdings unter dem Vorbehalt der Verfügbarkeit finanzieller Mittel und mit dem Hinweis, dass diese auf ein „notwendiges Maß" zu reduzieren seien. Es wird sich zeigen, inwieweit die Länder sich tatsächlich Aufschluss darüber verschaffen wollen, ob sie die mit der Einführung von Bildungsstandards für die AHR verfolgten Ziele erreichen.

Literatur

Bachmann, T. & Becker-Mrotzek, M. (2010). Schreibaufgaben situieren und profilieren. In T. Pohl & T. Steinhoff (Hrsg.), *Textformen als Lernformen* (Kölner Beiträge zur Sprachdidaktik KöBeS, Heft 7, S. 191-207). Duisburg: Gilles & Francke.

Baumert, J., Artelt, C., Klieme, E., Neubrand, M., Prenzel, M., Schiefele, U., Schneider, W., Tillmann, J. & Weiß, M. (Hrsg.). (2002). *PISA 2000. Die Länder der Bundesrepublik Deutschland im Vergleich.* Opladen: Leske + Budrich.

Baumert, J., Klieme, E., Neubrand, M., Prenzel, M., Schiefele, U., Schneider, W., Stanat, P., Tillmann, K.-J. & Weiß, M. (Hrsg.). (2001). *PISA 2000: Basiskompetenzen von Schülerinnen und Schülern im internationalen Vergleich.* Opladen: Leske + Budrich.

BDK = Bundesvereinigung der Oberstudiendirektorinnen und Oberstudiendirektoren (2014). Düsseldorfer Erklärung: Die föderale Bildungspolitik ist gescheitert. BDK fordert bundesweites Zentralabitur. http://www.bdk-gymnasien.de/downloads/entschliessungen/2014-09-12%20BDK%20ENT%20Duesseldorfer%20Erklaerung%202014-09-26.pdf. Zugegriffen: 17. Januar 2015.

Berner, E., Oelkers, J. & Reusser, K. (2008). Implementation von Bildungsstandards: Bedingungen des Gelingens (und Scheiterns) aus internationaler Sicht. *Zeitschrift für Pädagogik*, 53. Beiheft, 210-226.

Bishop, J. H. (1995). The impact of curriculum-based external examinations on school priorities and student learning. *International Journal of Educational Research, 23*, 653-752.

Blossfeld, H.-P., Bos, W., Daniel, H.-D., Hannover, B., Lenzen, D., Prenzel, M., Roßbach, H.G., Tippelt, R. & Wößmann, L. (2011). Gemeinsames Kernabitur. Zur Sicherung von nationalen Bildungsstandards und fairem Hochschulzugang. Verein der Bayerischen Wirtschaft e.V. (Hrsg.), *Gutachten des Aktionsrats Bildung*. Münster: Waxmann.

Blum, W., Drüke-Noe, C., Hartung, R. & Köller, O. (2012). (Hrsg.). *Bildungsstandards Mathematik: konkret. Sekundarstufe I: Aufgabenbeispiele – Unterrichtsanregungen – Fortbildungsideen* (6. Aufl.). Berlin: Cornelsen-Scriptor.

Blum, W., Roppelt, A. & Müller, M. (2013). Kompetenzstufenmodelle für das Fach Mathematik. In H. A. Pant, P. Stanat, U. Schroeders, A. Roppelt, T. Siegle & C. Pöhlmann (Hrsg.), *IQB-Ländervergleich 2012. Mathematische und naturwissenschaftliche Kompetenzen am Ende der Sekundarstufe I* (S. 61-73). Münster: Waxmann.

Burwitz-Melzer, E. & Caspari, D. (im Druck). Text- und Medienkompetenz. In B. Tesch, X. von Hammerstein, P. Stanat & H. Rossa (Hrsg.), *Bildungsstandards aktuell: Englisch/Französisch in der Sekundarstufe II*. Braunschweig: Diesterweg.

Caspari, D. & Burwitz-Melzer, E. (im Druck). Interkulturelle kommunikative Kompetenz. In B. Tesch, X. von Hammerstein, P. Stanat & H. Rossa (Hrsg.), *Bildungsstandards aktuell: Englisch/Französisch in der Sekundarstufe II*. Braunschweig: Diesterweg.

KMK = Kultusministerkonferenz (1972/2013). *Vereinbarung zur Gestaltung der gymnasialen Oberstufe in der Sekundarstufe II*. Beschluss der Kultusministerkonferenz vom 07.07.1972 i.d.F. vom 06.06.2013.

KMK = Kultusministerkonferenz (1989/2002a). *Einheitliche Prüfungsanforderungen in der Abiturprüfung Deutsch*. Beschluss der Kultusministerkonferenz vom 01.12.1989 i.d.F. vom 24.05.2002.

KMK = Kultusministerkonferenz (1989/2002b). *Einheitliche Prüfungsanforderungen in der Abiturprüfung Englisch*. Beschluss der Kultusministerkonferenz vom 01.12.1989 i.d.F. vom 24.05.2002.

KMK = Kultusministerkonferenz (1989/2002c). *Einheitliche Prüfungsanforderungen in der Abiturprüfung Mathematik*. Beschluss der Kultusministerkonferenz vom 01.12.1989 i.d.F. vom 24.05.2002.

KMK = Kultusministerkonferenz (1989/2004). *Einheitliche Prüfungsanforderungen in der Abiturprüfung Französisch*. Beschluss der Kultusministerkonferenz vom 01.12.1989 i.d.F. vom 05.01.2004.

KMK = Kultusministerkonferenz (2006). *Gesamtstrategie der Kultusministerkonferenz zum Bildungsmonitoring*. München: Wolters Kluwer.

KMK = Kultusministerkonferenz (2007). *Ergebnisse der 319.Plenarsitzung der Kultusministerkonferenz*. http://www.kmk.org/presse-und-aktuelles/pm2007/ergebnisse-der-319plenarsitzung.html. Zugegriffen: 16. September 2015.

KMK = Kultusministerkonferenz (2010). *Konzeption der Kultusministerkonferenz zur Nutzung der Bildungsstandards für die Unterrichtsentwicklung*. Köln: Wolters Kluwer.

KMK = Kultusministerkonferenz (2012a). *Bildungsstandards im Fach Deutsch für die Allgemeine Hochschulreife*. Beschluss der Kultusministerkonferenz vom 18.10.2012. http://www.kmk.org/fileadmin/veroeffentlichungen_beschluesse/2012/2012_10_18-Bildungsstandards-Deutsch-Abi.pdf. Zugegriffen: 17. Januar 2015.

KMK = Kultusministerkonferenz (2012b). *Bildungsstandards im Fach Mathematik für die Allgemeine Hochschulreife*. Beschluss der Kultusministerkonferenz vom 18.10.2012.

http://www.kmk.org/fileadmin/veroeffentlichungen_beschluesse/2012/2012_10_18-Bildungsstandards-Mathe-Abi.pdf. Zugegriffen: 17. Januar 2015.

KMK = Kultusministerkonferenz (2012c). *Bildungsstandards für die fortgeführte Fremdsprache (Englisch/Französisch) für die Allgemeine Hochschulreife*. Beschluss der Kultusministerkonferenz vom 18.10.2012. http://www.kmk.org/fileadmin/veroeffentlichungen_beschluesse/2012/2012_10_18-Bildungsstandards-Fortgef-FS-Abi.pdf. Zugegriffen: 17. Januar 2015.

KMK = Kultusministerkonferenz (2013). *Konzeption zur Implementation der Bildungsstandards für die Allgemeine Hochschulreife*. Beschluss der Kultusministerkonferenz vom 10.10.2013. http://www.kmk.org/fileadmin/veroeffentlichungen_beschluesse/2013/2013-10-10_Konzeption_Implementation_Bildungsstandards-AHR.pdf. Zugegriffen: 17. Januar 2015.

KMK = Kultusministerkonferenz (im Druck). *Gesamtstrategie der Kultusministerkonferenz zum Bildungsmonitoring* (überarbeitete Fassung). München: Wolters Kluwer.

Köller, O. (2007). Bildungsstandards, einheitliche Prüfungsanforderungen und Qualitätssicherung in der Sekundarstufe II. In D. Benner (Hrsg.), *Bildungsstandards. Chancen und Grenzen, Beispiele und Perspektiven* (S. 13-28). Paderborn: Schöningh.

Köller, O., Knigge, M. & Tesch, B. (Hrsg.). (2010). *Sprachliche Kompetenzen im Ländervergleich*. Münster: Waxmann.

Köster, J. (2014). Was Bildungsstandards leisten können. In V. Frederking & A. Krommer (Hrsg.), *Taschenbuch des Deutschunterrichts. Band 3: Aktuelle Fragen der Deutschdidaktik* (S. 209-222). Baltmannsweiler: Schneider.

Kühn, S. M. (2010). *Steuerung und Innovation durch Abschlussprüfungen?* Wiesbaden: VS Verlag für Sozialwissenschaften.

Ludwig, O. (1996). Der Unterricht findet nicht statt. Zur Schreibpraxis der reformierten Oberstufe. In A. Peyer & P. Portmann (Hrsg.), *Norm, Moral und Didaktik – Die Linguistik und ihre Schmuddelkinder* (S. 221-240). Tübingen: Niemeyer.

Maag Merki, K. (Hrsg.). (2012). *Zentralabitur: Die längsschnittliche Analyse der Wirkungen der Einführung zentraler Abiturprüfungen in Deutschland*. Wiesbaden: Springer VS.

Martinez, H. & Meißner, F.-J. (im Druck). Sprachlernkompetenz. In B. Tesch, X. von Hammerstein, P. Stanat & H. Rossa (Hrsg.), *Bildungsstandards aktuell: Englisch/Französisch in der Sekundarstufe II*. Braunschweig: Diesterweg.

Neumann, M., Nagy, G., Trautwein, O. & Lüdtke, O. (2009). Vergleichbarkeit von Abiturleistungen. Leistungs- und Bewertungsunterschiede zwischen Hamburger und Baden-Württemberger Abiturienten und die Rolle zentraler Abiturprüfungen. *Zeitschrift für Erziehungswissenschaft, 12*, 691-714.

Niss, M. & Højgaard, T. (Hrsg.). (2011). *Competencies and mathematical learning. Ideas and inspiration for the development of mathematics teaching and learning in Denmark*. (IMFUFA tekst, no. 485). Roskilde: Roskilde University Press, IMFUFA.

OECD = Organisation for Economic Cooperation and Development (2001). *Knowledge and skills for life: First results from PISA 2000*. Paris: OECD.

Oelkers, J. & Reusser, K. (2008). *Expertise: Qualität entwickeln – Standards sichern – mit Differenz umgehen*. Zürich.

Oerke, B., Maag Merki, K., Maué, E. & Jäger, D. (2013). Zentralabitur und Themenvarianz. Lohnt sich teaching-to-the-test? In D. Bosse, F. Eberle & B. Schneider-Taylor (Hrsg.), *Standardisierung in der gymnasialen Oberstufe* (S. 27-49). Wiesbaden: Springer VS.

Pant, H. A., Stanat, P., Schroeders, U., Roppelt, A., Siegle, T. & Pöhlmann, C. (Hrsg.). (2013). *IQB-Ländervergleich 2012. Mathematische und naturwissenschaftliche Kompetenzen am Ende der Sekundarstufe I.* Münster: Waxmann.

Roppelt, A., Blum, W. & Pöhlmann, C. (2013). Beschreibung der untersuchten mathematischen Kompetenzen. In H. A. Pant, P. Stanat, U. Schroeders, A. Roppelt, T. Siegle & C. Pöhlmann (Hrsg.), *IQB-Ländervergleich 2012. Mathematische und naturwissenschaftliche Kompetenzen am Ende der Sekundarstufe I* (S. 23-37). Münster: Waxmann.

Roppelt, A., Penk, C., Pöhlmann, C. & Pietsch, E. (2013). Der Ländervergleich im Fach Mathematik. In H. A. Pant, P. Stanat, U. Schroeders, A. Roppelt, T. Siegle & C. Pöhlmann (Hrsg.), *IQB-Ländervergleich 2012. Mathematische und naturwissenschaftliche Kompetenzen am Ende der Sekundarstufe I* (S. 123-140). Münster: Waxmann.

Schneider, K., Weishaupt, H., Schwarz, A., Makles, A., Gawronski, K. & Diepers, B. (2013). Ungleichheiten im Bildungswesen und der Bildungsförderalismus. Studie im Auftrag der Initiative Neue Soziale Marktwirtschaft. http://www.wib.uni-wuppertal.de/fileadmin/wib/documents/publications/Bildungsfoederalismus.pdf Zugegriffen: 17. Januar 2015.

Stanat, P. & Pant, H. A. (2013). *Konzeption für die Entwicklung und Nutzung eines Pools von Abiturprüfungsaufgaben: Arbeitsfassung.* http://www.kmk.org/fileadmin/pdf/Bildung/Qualitaet/2013-10_Aufgabenpool_Abiturpruefung_Konzeption_Kurzfassung.pdf. Zugegriffen: 17. Januar 2015.

Steinmetz, M. (2013). *Der überforderte Abiturient im Fach Deutsch. Eine qualitativ-empirische Studie zur Realisierbarkeit von Bildungsstandards.* Wiesbaden: Springer VS.

Thonhauser, J. (Hrsg.). (2008*). Aufgaben als Katalysatoren von Lernprozessen.* Münster: Waxmann.

Vollmer, J. (im Druck). Sprachbewusstheit. In B. Tesch, X. von Hammerstein, P. Stanat & H. Rossa (Hrsg.), *Bildungsstandards aktuell: Englisch/Französisch in der Sekundarstufe II.* Braunschweig: Diesterweg.

Winter, H. (1995). Mathematikunterricht und Allgemeinbildung. *Mitteilungen der Gesellschaft für Didaktik der Mathematik, 61*, 37-46.

Die jüngeren Entwicklungen des Gymnasiums und der Matura in der Schweiz

Christel Brüggenbrock, Franz Eberle und Jürgen Oelkers

Zusammenfassung

Das Gymnasium erfüllt im Schweizer Bildungssystem eine besondere Rolle, die enger definiert ist als in vielen anderen europäischen Ländern: es dient hauptsächlich der Vorbereitung auf ein Universitätsstudium. Als Reaktion auf die bildungspolitischen Herausforderungen der letzten Jahre entwickelte sich in der Schweiz nicht nur eine lebhafte Debatte um die Zukunft des Gymnasiums, sondern es bildeten sich einige inzwischen bewährte Neuerungen und innovative Unterrichts-Projekte am Gymnasium heraus. Der Beitrag erläutert die wichtigsten Diskussionspunkte: allgemeine vs. fachspezifische (Aus-)bildung, Maturaquote, Heterogenität vs. Vereinheitlichung, Landessprachen vs. Englisch. Diese verdeutlichen zum einen die jüngeren Entwicklungen des Gymnasiums und der Matura und erhellen zum anderen einige Besonderheiten des Schweizer Gymnasiums.

Das Schweizer Gymnasium hat in den letzten Jahrzehnten einige Umbrüche und Wandlungen erfahren, die in der bildungspolitisch betroffenen und interessierten Öffentlichkeit kontrovers diskutiert worden sind. Die dabei aufgeworfenen Streitfragen vermögen einen guten Einblick in die Besonderheit der gymnasialen Landschaft der Schweiz zu geben, denn sie haben eine teilweise lange und durchgehend enge Beziehung zu den wirtschaftlichen und gesellschaftspolitischen Verhältnissen der Schweiz, die sich in einigen grundlegenden Aspekten sehr unterscheiden von denen ihrer Nachbarn Deutschland und Österreich.

Die enge kulturelle Verflochtenheit mit dem deutschsprachigen Raum, die Kleinheit und Heterogenität des Landes und seine Insellage inmitten der Europäischen

Union sind mitbestimmend für wichtige Veränderungen im Bildungsbereich und für die darauf bezogene öffentliche Debatte. Der Wandel ist aber evolutionär, eruptive Veränderungen sind nirgendwo zu verzeichnen. So sind zentrale Eigenheiten des föderativen Systems der schweizerischen Bildung auch bewahrt oder weiterentwickelt worden. Im Folgenden werden zunächst die umstrittenen bildungspolitischen Fragen erörtert, von denen die jüngeren Entwicklungen des Gymnasiums und der Matura in der Schweiz ihren Ausgang genommen haben. Weil es erfreulicherweise auch Neuerungen gibt, die nach einigen Jahren Erfahrung einhellig gutgeheißen werden, die sich also „bewährt" haben, stehen am Ende des Aufsatzes einige Abschnitte zu didaktischen Innovationen und zur Schulentwicklung, die zeigen, dass Gymnasien zu Unrecht als konservativ bezeichnet werden.

1 Allgemeinbildung versus fachspezifische Ausbildung

Die Auseinandersetzung um die Frage, ob das Gymnasium allgemeinbildend sein soll oder fachspezifisch, steht am Beginn der Konstituierung dieser Schulform im 19. Jahrhundert, ist aber noch immer nicht beendet. Es geht dabei um den *Inhalt* der gymnasialen Bildung bzw. darum, *was* die Schülerinnen und Schüler wissen und können sollen, wenn sie die Maturität erlangen: Ist es besser, sie möglichst breit zu bilden, um ihnen jedes Studienfach offen und attraktiv zu halten, oder ist eine fachspezifischere Bildung sinnvoller, die auf die Vertiefung der individuellen Neigungen und Fähigkeiten der Schülerinnen und Schüler bereits im Gymnasium setzt?

Diese Entscheidung ist grundlegend für das Selbstverständnis und das Curriculum dieser Schulform, und u. a. deshalb ist die Auseinandersetzung mit dieser Frage nicht spezifisch für die Schweiz. Sie wurde in Deutschland und Österreich mit ähnlicher Vehemenz geführt. Auch hier standen Neuhumanisten in der Tradition Humboldts, die einen allgemein bildenden Unterricht favorisierten, den Verfechtern einer „nützlicheren", mehr an den Bedürfnissen des Arbeitsmarktes orientierten Bildung entgegen. Das Schweizer Gymnasium neuhumanistischer Prägung des 19. Jahrhunderts war noch eine propädeutische Institution der Philosophischen Fakultät. Als zentrale Inhalte galten die klassischen Studien, die von den Neuhumanisten als Kern zweckfreier Bildung gesehen wurden, die sich von der beruflichen oder „nützlichen" Bildung abgrenzt. „Zweckfreie Bildung zielt auf die Formung der ästhetisch und ethisch hervorragenden Persönlichkeit. Als solche bereitet sie auf *alle* Studiengänge an der Universität vor" (Criblez 2014, S. 23), auch auf die damaligen Berufsfakultäten.

Mit der Zweckfreiheit war somit auch die Generalisierungs- und Transferhypothese verknüpft, wonach „die am Stoff der klassischen Antike und der deutschen Klassik erworbenen kognitiven, ethischen und ästhetischen Fähigkeiten … die Jugendlichen so bilden" sollten, „dass sie auf alle andern Gegenstände übertragen werden können" (Criblez 2014, S. 23f.)[1].

Dieser Alleinstellungsanspruch der neuhumanistischen Bildung als die „richtige" Bildungskonzeption für das Gymnasium geriet aber schon bald unter Legitimationsdruck: Die Idee der Zweckfreiheit der Bildung wurde relativiert – man sprach auch „nützlichen" Fächern zunehmend eine stärkere Berechtigung zu (Criblez 2011, S. 11) –, und die Behauptung, die Hochschulreife könne durch das neuhumanistische Bildungsprogramm am besten erreicht werden, wurde angesichts der sich beschleunigenden Breiten- und Tiefenentwicklung der universitären Wissenschaften in Zweifel gezogen.

> „Der Aufstieg der naturwissenschaftlichen Fächer ließ sich über kurz oder lang nicht verhindern und die neuhumanistischen Gymnasien integrierten sie in ihr Programm. […] Da aber neben den Naturwissenschaften auch andere ‚nutzorientierte' Fächer wie moderne Fremdsprachen, Geografie oder Geschichte stärkere Anerkennung suchten, geriet das am neuhumanistischen Kanon orientierte Bildungsprogramm als einzig legitimes Bildungskonzept weiter in Legitimationsprobleme." (Criblez 2011, S. 10).

In der Schweiz führte die Kontroverse im Zusammenhang mit der durch die Erweiterung des Fächerkanons resultierende Stoffüberladung 1925 zu einer Reform, die mit der Ausdifferenzierung in drei Maturitätstypen eine Art Kompromiss darstellte: Neben dem klassischen Typ A mit Latein und Griechisch gab es Typ B mit einer modernen Sprache (und Latein) sowie Typ C, der einen mathematisch-naturwissenschaftlichen Schwerpunkt setzte (vgl. Eberle und Brüggenbrock 2013, S. 8; sowie ausführlich Vonlanthen et al. 1978, S. 67-69).

Die dominierende geistesgeschichtliche Tradition der Gymnasien und speziell ihr enges Verhältnis zu den Universitäten – an welche die allermeisten ihrer Absolventinnen und Absolventen nach der Maturität übertraten – definierten die Gymnasien aber nach wie vor als „Mittelschulen", deren erste Aufgabe die Vorbereitung auf die Hochschule war und deren Selbstverständnis davon entscheidend geprägt wurde (Eberle und Brüggenbrock 2013, S. 8). Und in den kommenden Jahrzehnten blieb

1 L. Criblez stützt sich bei dieser Aussage auf Rudolf Hanhart (1760–1856), der unter anderem Rektor des Gymnasiums Basel und außerordentlicher Professor für Philosophie und Pädagogik an der Universität Basel war (vgl. Historisches Lexikon der Schweiz, Bd. 6, S. 104. http://www.hls-dhs-dss.ch/textes/d/D28151.php Zugegriffen: 24. Juli 2014).

die neuhumanistische Konzeption des Gymnasiums die dominante Ausprägung (Criblez 2014, S. 21).

Erst die in den 1960er Jahren beginnende Bildungsexpansion (Criblez 2001, S. 97-100) und eine weitere Reform 1972, bei der die drei Maturitätstypen um zwei weitere ergänzt wurden (Typ D: neusprachlich sowie Typ E: wirtschaftswissenschaftlich; Vonlanthen et al. 1978, S. 120-126), waren erste Reaktionen auf veränderte Realitäten, denen mit einer umfassenden, nachhaltigen Maturitätsreform Rechnung getragen werden sollte. „Mit dieser Reform verabschiedete sich das Gymnasium 1972 vollständig von der Idee eines einheitlichen Allgemeinbildungsprogramms, das zur Hochschulreife führt.“ (Criblez 2011, S. 11).

Die zunehmend auf den Anschluss an Fachstudiengänge ausgerichtete Spezialisierung führte folgerichtig auch zur Diskussion über die Ablösung des Konzepts der allgemeinen Hochschulreife durch die Idee der Fakultätsreife. Nach langen Debatten und diversen Entwicklungsphasen verabschiedete der Bundesrat gemeinsam mit der Schweizerischen Konferenz der Kantonalen Erziehungsdirektoren (EDK) im Jahre 1995 schließlich die neue Maturitätsanerkennungsverordnung, das sogenannte MAR 95 (MAR 1995) mit einem klaren Bekenntnis zur Beibehaltung des unbeschränkten, allgemeinen Hochschulzugangs.

Die folgenreichste Maßnahme des neuen Reglements bestand in der Abschaffung der Maturitätstypen zugunsten einer zumindest formal einheitlichen Matura, für deren Erlangung alle Schülerinnen und Schüler einen gemeinsamen Grundstock von folgenden zehn Grundlagenfächern zu durchlaufen haben, die nicht abgewählt werden können und zu Maturanoten führen (MAR 1995, Art. 9):

- Erstsprache, eine zweite Landessprache, eine dritte Sprache (eine dritte Landessprache, Englisch oder eine alte Sprache),
- Mathematik, Biologie, Chemie, Physik,
- Geschichte, Geographie,
- Bildnerisches Gestalten und/oder Musik.

Es steht im Ermessen der Kantone, diesem Kanon noch Philosophie hinzuzufügen. Zudem müssen als weiteres obligatorisches Fach alle Schülerinnen und Schüler eine Einführung in Wirtschaft und Recht (ohne Maturanote) belegen. Insgesamt ist damit das Fachprinzip gewahrt und noch gestärkt worden.

Auch die Anzahl der Jahre bis zur Matura wird auf kantonaler Ebene und in einigen Kantonen sogar auf der schulischen festgelegt. Die Schülerinnen und Schüler erhalten ihr Reifezeugnis je nach Kanton oder Gymnasium nach insgesamt 12 oder 13 Schuljahren, wobei die eigentliche Gymnasialstufe 4 oder 6 Jahre umfasst (vgl. Eberle und Brüggenbrock 2013, S. 41-45). Eine öffentliche Debatte um die Dauer der Schulzeit, wie sie etwa in Deutschland in den letzten Jahren geführt wurde, gibt es allein wegen der unanfechtbaren Autonomie der Kantone nicht.

Das MAR 95 bekräftigte somit das Konzept des Gymnasiums als einer breites, allgemeinbildendes Wissen vermittelnden Schulform, welche ihre Absolventinnen und Absolventen bestmöglich auf jedes anschließend zu wählende Studienfach vorzubereiten geeignet ist. Die allgemeine Hochschulzulassungsberechtigung, d. h. der prüfungsfreie Zugang zu allen Studienfächern – außer den medizinischen – an allen Schweizer Universitäten wurde beibehalten und besteht bis heute. Es gibt daher nur in der Medizin landesweit einen Numerus Clausus, der Zugang zu allen anderen Studienfächern steht allen Maturandinnen und Maturanden an der Hochschule ihrer Wahl offen.

Der Zugang zu den Universitäten erfolgt allein über die gymnasiale Maturität, daneben ist seit 1980 mit dem dritten Berufsbildungsgesetz die Berufsmaturität entwickelt worden, die zum Besuch einer Fachhochschule berechtigt. Nach Abschluss einer Fachhochschulausbildung können die Absolventinnen und Absolventen an einer Universität weiterstudieren, müssen aber – anders als in Deutschland – strenge Auflagen erfüllen.

Wer ein Gymnasium besucht, und das sind landesweit rund 20 % eines Jahrgangs, qualifiziert sich für ein Universitätsstudium; die zehn verbindlichen Grundlagenfächer gewährleisten eine breite Allgemeinbildung. Um den Gymnasiastinnen und Gymnasiasten daneben die Möglichkeit zu geben, auch ihre individuellen Neigungen und Fähigkeiten zu vertiefen, führte man so genannte Schwerpunkt- und Ergänzungsfächer sowie die Maturaarbeit ein.

Damit kann das MAR 95 wiederum als ein Kompromiss betrachtet werden zwischen dem Anspruch einer möglichst breiten Bildung und dem Wunsch nach Spezialisierung bereits während der Schulzeit, wobei die Tendenz zu Ersterem erneut überwiegt, nicht zuletzt, um den prüfungsfreien Hochschulzugang zu gewährleisten (Eberle 2013, S. 45-48). Dieser stellt eine der tatsächlichen Besonderheiten des Schweizer Bildungssystems dar, denn in keinem anderen Land – abgesehen vom flämischen Teil Belgiens – besteht noch diese konsequente Übereinstimmung von Zutrittsberechtigung und Zutrittsqualifikation zur Universität (Eberle und Brüggenbrock 2013, S. 23-26).

Allerdings haben in den letzten Jahren auch in der Schweiz einige Universitäten wie zum Beispiel die ETH Zürich, die Wirtschaftswissenschaftliche Fakultät der Universität Zürich oder die Universität St. Gallen diese Regel aufgeweicht, indem sie Assessmentjahre eingeführt und so die Selektion der Studierenden auf das Ende des ersten Jahres verlagert haben. Das ist auch in bestimmten Studiengängen an Fachhochschulen die Regel.

Der allgemein hochschulpropädeutische und gleichzeitig breit allgemeinbildende, eine vertiefte Gesellschaftsreife fördernde (Eberle und Brüggenbrock 2013, S. 10-13) Charakter des Gymnasiums zeigt sich grundlegend in den normativ gesetzten Bildungszielen des MAR 95. Dort heißt es:

> „Die Schulen streben eine breit gefächerte, ausgewogene und kohärente Bildung an, nicht aber eine fachspezifische oder berufliche Ausbildung. Die Schülerinnen und Schüler gelangen zu jener persönlichen Reife, die Voraussetzung für ein Hochschulstudium ist und die sie auf anspruchsvolle Aufgaben in der Gesellschaft vorbereitet." (MAR 1995, Art. 5).

Eine fach- oder berufsspezifische Bildung gehört damit erklärtermaßen nicht zu den Zielen des Gymnasiums bzw. der Maturität. Im Gegensatz dazu führen die Fach- und Berufsmaturitätsschulen zu einer Art Fakultätsreife für die verschiedenen Fachhochschulen. Die 15 Pädagogischen Hochschulen der Schweiz haben je nach Schulstufe unterschiedliche Aufnahmebedingungen, die von der gymnasialen Matura bis zur pädagogischen Fachhochschulreife reichen.

2 Beibehaltung versus Erhöhung der Maturaquote

Bei vielen Schweizer Jugendlichen zeigt sich eine erstaunliche Linearität des Bildungswegs. Rund 80 % aller Gymnasiastinnen und Gymnasiasten nehmen nach der Matura – und allenfalls einem Zwischenjahr zur Erholung und Erfahrungssammlung im Ausland – ein Studium auf (Bundesamt für Statistik [BfS] 2013a, S. 6). Das heißt umgekehrt: Wer nicht vorhat zu studieren, geht erst gar nicht aufs Gymnasium oder entscheidet sich dazu über den Weg der Berufsausbildung erst wesentlich später.

Berücksichtigt man alle Arten der Maturität – sowohl die gymnasialen, die für jedes Studium qualifizieren, als auch die Berufs- und Fachmaturitäten, die für den Zugang zu Fachhochschulen berechtigen –, so kommt man auf gut ein Drittel des Vergleichsjahrgangs: Im Jahre 2012 haben 35.8 % aller Schweizerinnen und Schweizer der entsprechenden Altersgruppe ein Maturitätszeugnis erlangt (BfS 2013a, S. 7). Im internationalen Vergleich verfügt die Schweiz damit über unterdurchschnittlich wenige für ein Hochschulstudium berechtigte Personen; dies hängt unter anderem mit den gut ausgebauten berufsqualifizierenden Bildungsgängen auf der Tertiärstufe zusammen, die keine Maturität voraussetzen (BfS 2013a, S. 10; Oelkers, 2011, S. 2f.).

Von diesem Drittel an Hochschulberechtigungen pro Jahrgang entfielen 2012 13.7 % auf die Berufsmaturitäten und ein wesentlich kleinerer Teil (2.2 %) auf die

Fachmaturitäten; die Quote der gymnasialen Maturitäten nahm mit 19.8 % den größten Anteil ein (BfS 2013a, S. 6), der im internationalen Vergleich jedoch immer noch so weit unter dem Durchschnitt lag, dass die OECD dies regelmäßig moniert – ohne dabei einen Zusammenhang zum System der Berufsbildung zu sehen (vgl. Oelkers 2013, S. 34-36).

Die gymnasiale Maturitätsquote von fast 20 % ist in der Schweiz nicht unumstritten (vgl. z. B. Sarasin 2014), gerade weil sie auch Konsequenz einer bildungspolitischen Steuerung ist. Das größere Problem jedoch bilden die kantonal sehr unterschiedlichen Quoten, die mit unterschiedlichen Aufnahmeverfahren auf das Gymnasium einhergehen. Es existieren im Wesentlichen drei Methoden, um die zukünftigen Gymnasiastinnen und Gymnasiasten auszuwählen: die Aufnahmeprüfung, die Berücksichtigung der Vornoten sowie die Abstützung auf „weichere" Faktoren wie den Wunsch der Eltern oder die Meinung der Lehrperson. In vielen Kantonen erfolgt die Auswahl über eine Kombination aller drei Methoden. Dabei lässt sich ein Zusammenhang zwischen dem Auswahlverfahren und der Maturitätsquote herstellen: Offenbar reguliert die Aufnahmeprüfung, welche zumeist das Fachwissen in Erstsprache, erster Fremdsprache und Mathematik kontrolliert, die Quote am stärksten (Eberle und Brüggenbrock 2013, S. 40f.)

Die kantonalen Differenzen sind erheblich. So erhielten im Jahr 2012 im Kanton Glarus lediglich 13.1 % aller 19-jährigen ein Maturazeugnis, in Zürich waren es immerhin 18.5 % und in Luzern 19.1 %, aber in Basel-Stadt und in Genf verließen jeweils 28.4 % der Alterskohorte das Gymnasium mit dem Maturazeugnis in der Tasche, und im Tessin waren es 28.5 % (BfS 2013b). Die für das Jahr 2012 festgestellten Unterschiede hinsichtlich der Maturitätsquoten haben eine längere Tradition: Über viele Jahrzehnte lagen die Kantone Glarus, St. Gallen und Thurgau am unteren Rand des Spektrums und Genf, Basel-Stadt sowie das Tessin am oberen. Die großen Unterschiede in den Quoten erklären sich teilweise aus den kulturell unterschiedlichen Vorstellungen der Sprachregionen:

> „Die Differenzen zwischen den Kantonen beruhen einerseits auf traditionellen Bildungsmodellen, wonach in den Kantonen der Westschweiz eher der akademische Bildungsweg favorisiert wurde, während in der Deutschschweiz die Berufsbildung einen sehr hohen Stellenwert innehatte." (BfS 2014a).

Gerade vor dem Hintergrund einer im Vergleich mit den europäischen Nachbarländern ohnehin relativ niedrigen Maturitätsquote haben diese kantonalen Unterschiede immer wieder zu Forderungen nach einer Angleichung bzw. nach schweizweit gerechteren Zugangschancen geführt, zumal die unterschiedlichen Quoten nachweislich auch mit ungleichen Leistungen der Gymnasiastinnen und

Gymnasiasten (vgl. Eberle et al. 2008, S. 208-211) sowie mit unterschiedlichen Studienerfolgsquoten (Wolter et al. 2013, S. 17) einhergehen.

Diese Forderungen implizieren Systemfragen, die in der größeren Öffentlichkeit bislang kaum Beachtung gefunden haben. Der Grund ist die stetige Weiterentwicklung und graduelle Neuanpassung des Schweizer Bildungssystems, das als bewährt gilt, in der Bevölkerung fest verankert ist und von niemandem grundsätzlich in Frage gestellt wird. Natürlich gibt es radikale Positionen, aber die finden bislang kaum Beachtung, was mit der direkten Demokratie und der lokalen Steuerung im Bildungswesen zusammenhängt. Das am ehesten wahrgenommene Beispiel ist das „Weissbuch der Schweizerischen Akademien der Wissenschaften", in dem 2009 eine massive Erhöhung der Maturitätsquote und de facto die Auflösung des dualen Systems der Berufsbildung gefordert wurden. Das Weißbuch ist kontrovers diskutiert worden, aber die Vorschläge fanden nirgendwo Resonanz und sind dann auch sang- und klanglos in der Schublade verschwunden (Akademien der Wissenschaften Schweiz 2009).

3 Kantonale und schulische Heterogenität versus Vereinheitlichungstendenzen

Erhebliche kantonale Unterschiede bestehen nicht nur hinsichtlich der Maturaquoten, sondern auch in vielen anderen schulischen Belangen. Dies resultiert zum einen aus dem föderalen Charakter des Schweizerischen Bildungswesens und zum anderen aus der sehr hohen Autonomie der einzelnen Schulen und Lehrkräfte. Den rechtlichen Rahmen für die Zusammenarbeit und Harmonisierung der Bildungssysteme in den einzelnen Kantonen bildet das „Konkordat über die Schulkoordination" von 1970, das in seinem verpflichtenden Teil das Einschulungsalter, die Mindestschulzeit, die Ausbildungszeit bis zur Matura sowie den Schuljahresbeginn festlegt (Konferenz der kantonalen Erziehungsdirektoren [EDK] 1970, Art. 2). Alle weiteren Koordinationsmaßnahmen, wie zum Beispiel Rahmenlehrpläne, die Anerkennung von Examensabschlüssen und Diplomen aus gleichwertigen Ausbildungsgängen oder eine gleichwertige Lehrerausbildung sind seinerzeit lediglich als „Empfehlungen" ausgesprochen worden (EDK 1970, Art. 3). Anders hätte man die Bildungshoheit der Kantone nicht wahren können.

Auch der 1994 von der Konferenz der kantonalen Erziehungsdirektoren (EDK) verabschiedete Rahmenlehrplan für die Gymnasien beschreibt seine eigenen Funktionen in relativ unverbindlicher Manier: Zum einen sei er ein Referenzdokument für die Anerkennung von Maturitätsausweisen und zum zweiten fungiere dieser

Rahmenlehrplan „als Empfehlung der EDK an die Kantone, ihre gymnasialen Lehrpläne danach auszurichten oder gymnasiale Lehrpläne auf dieser Basis neu zu schaffen" (EDK 1994, S. 8). Die Empfehlungen des Rahmenlehrplans sind inhaltlich sehr vage und abstrakt gehalten, um möglichst wenig allgemein festzulegen. Die Schulen *sollen* großen Spielraum für den Unterricht und die Gesamtentwicklung erhalten, auch weil anders die großen kantonalen Unterschiede zwischen den Gymnasien nicht berücksichtigt werden könnten.

Die meisten Kantone sind den Empfehlungen des Rahmenlehrplans gefolgt und haben eigene Lehrpläne entworfen, die für die einzelnen Gymnasien aber wiederum nur einen Rahmen setzen und mehr oder weniger verbindlich sind. Im Kanton Zürich hat jedes Gymnasium sogar einen eigenen Lehrplan, was die innerschulische Verbindlichkeit erhöht und nicht etwa gefährdet.

Jede Schule und jede Lehrperson verfügt in der Schweiz über eine im Vergleich ungewöhnlich hohe Autonomie. Das gilt nicht nur für die Unterrichtsgestaltung und die Schulentwicklung, sondern gerade auch für das Prüfungswesen, einschließlich die Organisation der Maturaprüfungen, die ein Kernelement der gymnasialen Lernleistung darstellen und deswegen hoch entwickelt sind, ohne zentral gesteuert zu werden. Die Freiheit wird im Konfliktfall verteidigt. Die Lehrpersonen argumentieren auch in der Öffentlichkeit, dass ein hoher Grad an didaktischer Autonomie und ein großer Entscheidungsspielraum in Unterrichtsfragen notwendig seien, wenn eine hohe Qualität des Unterrichts und damit der gymnasialen Bildung erreicht werden soll (vgl. Pulver 2013, S. 9). Diese „Lehrfreiheit" steht behördlichen Vorgaben und Vereinheitlichungstendenzen jeglicher Art naturgemäß ablehnend gegenüber, wobei die Behörden wissen, dass sie ohne die Lehrpersonen nichts erreichen können. In einigen Lehrplänen wird die Lehrfreiheit denn auch ausdrücklich zugesichert, z. B. im *Bildungsplan Gymnasium* des Kantons Basel-Stadt:

> „Der Fachlehrplan gibt der einzelnen Lehrperson den curricularen Rahmen vor, lässt aber erhebliche Gestaltungsmöglichkeiten offen. So legt die Lehrperson die konkreten Unterrichtsthemen selbst fest, trifft die methodisch-didaktischen Entscheidungen, gestaltet die sozialen Beziehungen in der Klasse und fördert die überfachlichen Kompetenzen. Schulautonomie und Lehrfreiheit bleiben in wesentlichen Belangen gewahrt." (Erziehungsdepartement des Kantons Basel-Stadt 2014, S. 27).

Auch bei der Durchführung schweizweiter Forschungsprojekte wird auf diese systemimmanente Konfliktlage Rücksicht genommen (Eberle 2012, S. 11). Die Studien sind gehalten, auf die unterschiedlichen Situationen in den Kantonen einzugehen und darauf Rücksicht zu nehmen, was unmittelbare Auswirkungen auf das Forschungsdesign hat.

Die Autonomie der einzelnen Schulen und Lehrpersonen ist in den letzten Jahren unter einen gewissen Druck geraten, vor allem durch Entwicklungen in den Nachbarländern. Das in Bildungsbelangen zentral organisierte Österreich hat zum Schuljahresende 2014/15 landesweit die „standardisierte kompetenzorientierte Reifeprüfung" eingeführt, die aus Prüfungsinhalten besteht, welche zentral vorgegeben sind und nur noch teilweise durch die einzelnen Schulen bestimmt werden können. Diese lange geplante und „top-down" durchorganisierte Reform ist von Seiten österreichischer Bildungsforscher und Lehrpersonen keineswegs einhellig positiv gesehen worden (vgl. Hackl 2014). Die Befürchtung ist groß, allein vom Zentrum in Wien gesteuert zu werden, während die Forschung eher nahelegt, dass Qualitätsverbesserungen sich nur dann erreichen lassen, wenn die lokalen Akteure über ein hohes Maß an Autonomie verfügen (Oelkers und Reusser 2008). Auch die Tendenzen in Richtung Bildungslandschaften widersprechen einer allzu strikten Zentralsteuerung.

In Deutschland haben bekanntlich alle Bundesländer – außer Rheinland-Pfalz – ein Zentralabitur eingeführt, zum Teil kooperieren die Länder miteinander, so dass die flächendeckende Standardisierung der Prüfungen im Vergleich zu der Situation vor 20 Jahren enorm ist. Sowohl in Österreich als auch in Deutschland erfolgte die Umstrukturierung der Matura bzw. des Abiturs vor dem Hintergrund internationaler Vergleichsstudien zur Sicherung der Qualität des gymnasialen Bildungsabschlusses.

Angesichts dieses nicht zu leugnenden Trends zu größerer Vereinheitlichung und Standardisierung im Bildungsbereich haben sich in der Schweiz zwei Lager gebildet: Auf der einen Seite stehen jene Kräfte, die jede Vorgabe von Seiten des Bundes, die an Verbindlichkeit über den Rahmenlehrplan 1994 oder das MAR 95 hinausgehen würde, strikt ablehnen. Auf der anderen Seite stehen diejenigen, die einer möglichen Vereinheitlichung durch den Bund nach deutschem oder österreichischem Vorbild dadurch vorzubauen suchen, dass sie die Qualität der gymnasialen Bildung und der Maturität durch eigene Vorgaben und freiwillig sicherstellen.

So hat sich etwa aus einer von einzelnen Lehrpersonen und Fachschaften getragenen Initiative des „Gemeinsamen Prüfens" ein Projekt entwickelt, das viele Nachahmer gefunden hat und mittlerweile von der EDK systematisch unterstützt wird, ohne seine dezentrale Ausrichtung zu verlieren. (EDK 2012; vgl. die Informationen der Schweizerischen Zentralstelle für die Weiterbildung der Mittelschullehrpersonen, WBZ o. J.).

Ein anderes von der EDK lanciertes Projekt ermittelt die basalen, fachlichen Studierkompetenzen in den Fächern Erstsprache (Deutsch, Französisch oder Italienisch) und Mathematik, um das in diesen Bereichen für die allgemeine Studierfähigkeit unabdingbare Mindestwissen und -können genauer zu erfassen (Eberle 2012, S.

6). Um weiterhin zu gewährleisten, dass der Maturitätsausweis tatsächlich das bescheinigt, was er attestieren soll, nämlich die allgemeine Studierfähigkeit, soll diese im Bereich der beiden genannten Fächer näher bestimmt werden. Dazu wird ein „Katalog derjenigen Kompetenzen in Erstsprache und Mathematik" ermittelt, „die für die Aufnahme eines Universitätsstudiums in praktisch allen Studienfächern besonders wichtig sind." (EDK 2012).

Beide EDK-Projekte wurden als Folgemaßnahmen der Ergebnisse der nationalen EVAMAR-II-Studie (Eberle et al. 2008) lanciert. Dort hatte zwar der überwiegende Teil der Maturandinnen und Maturanden in den durchgeführten Tests in Erstsprache, Mathematik, Biologie und einem überfachlichen kognitiven Fähigkeitsbereich mindestens zufriedenstellend abgeschnitten, ein nicht geringer Anteil an Maturandinnen und Maturanden erwies sich aber insbesondere in Mathematik als recht schwach. Zudem konnte bei allen Tests eine breite Streuung gefunden werden, das heißt große Unterschiede zwischen Einzelpersonen, ganzen Klassen und den Schwerpunktfachgruppen. In den Maturanoten des Jahres 2007 hatten sich diese Unterschiede nicht in dem Ausmaß gezeigt. Im Weiteren wiesen die ebenfalls analysierten Maturaprüfungen in den Fächern Mathematik, Erstsprache und Biologie große Unterschiede beim Anforderungsniveau auf.

Ziel beider Projekte ist die langfristige Sicherung des prüfungsfreien Hochschulzugangs, dies impliziert eine privilegierte Rolle des Gymnasiums. Die Alternative wäre, die Hochschulen selbst bestimmen zu lassen, wen sie aufnehmen, aber dann wäre das Gymnasium lediglich die Anstalt, die auf die einschlägigen Prüfungen vorbereiten würde. Um das zu verhindern, ist im Kanton Zürich bereits früher ein größerer Versuch zur Abstimmung zwischen den Gymnasien und den Universitäten unternommen worden (HSGYM 2008; siehe im Einzelnen Abschnitt 5).

4 Landessprachen versus Englisch

Artikel 9 des MAR (MAR 1995) zählt drei Sprachen zu den für alle verbindlichen Grundlagenfächern: die Erstsprache, eine zweite Landessprache sowie als dritte Sprache eine dritte Landessprache, Englisch oder eine alte Sprache. Der Anteil an Unterrichtszeit, der auf den „Bereich Sprachen" zu verwenden ist, wird in Artikel 11 mit 30-40 % festgelegt (MAR 1995). Er beansprucht damit den relativ größten Teil des gymnasialen Unterrichts; auf den „Bereich Mathematik und Naturwissenschaften" soll hingegen 20-30 % des Unterrichts verwendet werden, und für den „Bereich Geistes- und Sozialwissenschaften" sieht das MAR 10-20 % vor (ebd., Art. 11). Die hohe Wertigkeit des Sprach- und Literaturunterrichts resultiert nicht zuletzt aus der Mehrsprachigkeit der Schweiz bzw. dem politischen Willen, die verschiedenen Landessprachen und die damit verknüpften unterschiedlichen Landeskulturen möglichst vielen Schülerinnen und Schülern nahezubringen. Explizit wird dies in den Bildungszielen:

> „Maturandinnen und Maturanden beherrschen eine Landessprache und erwerben sich grundlegende Kenntnisse in anderen nationalen und fremden Sprachen. Sie sind fähig, sich klar, treffend und einfühlsam zu äußern, und lernen, Reichtum und Besonderheit der mit einer Sprache verbundenen Kultur zu erkennen." (MAR 1995, Art. 5).

Dieser Schwerpunkt auf den Sprachunterricht steht insbesondere wegen der geschlechtsspezifischen Präferenzen der Schülerinnen und Schüler und dem mangelnden Nachwuchs in den MINT-Fächern in der Kritik (vgl. Eberle und Brüggenbrock 2013, S. 75f.). Aber die wichtigste Entwicklung innerhalb des Sprachunterrichts in den letzten Jahren ist die rasante Ausbreitung des Immersionsunterrichts und der zweisprachigen Maturität. Die in Artikel 18 des MAR 95 lapidar erwähnte Möglichkeit, eine zweisprachige Maturität erlangen zu können, hat eine ungeahnte Dynamik entfaltet: Auf die ersten Angebote folgte eine stetige und ständig steigende Nachfrage nach dieser Form des Fremdsprachenerwerbs, bei dem einzelne Fächer in der Zielsprache unterrichtet und geprüft werden und ein entsprechender Vermerk („zweisprachige Maturität") im Maturazeugnis erfolgt.

Im Schuljahr 2011/12 wurde an 73 der insgesamt 129 öffentlichen Schweizer Gymnasien Immersionsunterricht angeboten, an den meisten davon bestand auch die Möglichkeit, eine zweisprachige Maturität abzulegen. Wiederum sind hier kantonal und regional große Unterschiede in der Praxis des zweisprachigen Unterrichts zu beobachten: An den deutschsprachigen Schulen dominiert Englisch als Zielsprache; eine zweisprachige Maturität Deutsch-Französisch wird in den meisten größeren Kantonen immerhin von einer oder zwei Schulen angeboten. In den französischsprachigen Kantonen hingegen überwiegen die französisch-deutschen Maturitäten, Englisch als Zielsprache bieten nur vereinzelte Schulen an. Zwei- oder mehrsprachige Kantone wie Bern, Freiburg oder Graubünden haben zudem speziellere Unterrichtsformen, wie etwa gemischtsprachige Klassen gefunden, die den lokalen Bedürfnissen gerecht und pragmatisch umgesetzt werden (Eberle und Brüggenbrock 2013, S. 48).

Der bereits von Elmiger (2008, S. 25f.) beobachtete Trend zum Englischen als bevorzugter Zweitsprache setzt sich fort. Dies war nicht im Sinne der Verfasser des MAR 95 oder des Gesetzgebers (vgl. etwa das Bundesgesetz über die Landessprachen und die Verständigung zwischen den Sprachgemeinschaften [SpG| 2007, Art. 15), hat sich aber auf dem „freien Markt" des Angebots der – vorwiegend deutschsprachigen – Schulen und der Nachfrage von Seiten der Schülerinnen und Schüler und deren Eltern so entwickelt.

Wie wenig die intendierte Stärkung der Landessprachen gelungen ist, zeigt der Fall des italienischen Sprachunterrichts in der Schweiz. Im Tessin als einzigem vollständig italienischsprachigem Kanton gibt es zwar keinen Immersionsunterricht, der Vermittlung der Landessprachen Deutsch und Französisch kommt aufgrund des politischen und wirtschaftlichen Übergewichts der übrigen Kantone aber weitaus mehr Bedeutung zu als umgekehrt. Denn nur gut 8 % der Schweizer Wohnbevölkerung sprechen Italienisch als Hauptsprache, gegenüber mehr als 22 %, die Französisch und fast 65 %, die hauptsprachlich Deutsch sprechen (BfS 2014b).

Öffentlich diskutiert wird die gewollt oder faktisch unterschiedlich große Bedeutung der Landessprachen im Unterricht, seit der Kanton St. Gallen Anfang 2011 Pläne bekannt machte, im Zuge von Sparmaßnahmen das Schwerpunktfach Italienisch an den Gymnasien abzuschaffen. Da es weitere Signale gab, die in eine ähnliche Richtung wiesen (wie z. B. die definitive Abschaffung des Schwerpunktfachs Italienisch durch den Kanton Obwalden), bildeten sich Initiativbündnisse und Arbeitskreise, die mit Unterschriftenaktionen und Plädoyers in den Medien für den Erhalt des Italienischunterrichts mindestens auf hergebrachtem Niveau kämpften (vgl. etwa Sperduto 2014, S. 11).

Der Protest zeigte Wirkung beim St. Galler Kantonsrat, der schließlich gegen die geplante Abschaffung des Schwerpunktfachs Italienisch votierte (Krummenacher 2011), und er verhallte auch bei der EDK nicht ungehört: Sie sprach Empfehlungen zur Förderung des Italienischen als „eine Interpretationshilfe" zum MAR 95 aus (EDK 2014). Beide Gremien handelten explizit aus staatspolitischer Räson, gerade weil das Englische als lingua franca die Verständigung über die Schweizer Sprachgrenzen hinweg immer mehr dominiert – nicht zuletzt in der Wissenschaft und an den Schweizer Hochschulen, von denen einige bereits durchgehend englischsprachige Studiengänge anbieten.

5 Abstimmungsprozesse zwischen Hochschule und Gymnasium: das Projekt HSGYM

Im Januar 2009 haben die ETH Zürich, die Universität Zürich und die Schulleiterkonferenz der Zürcher Gymnasien eine Broschüre (HSGYM 2008) verschickt, deren Titel lautete: „Hochschulreife und Studierfähigkeit: Zürcher Dialog an der Schnittstelle mit Analysen und Empfehlungen zu 25 Fachbereichen". Das Projekt an der Schnittstelle zwischen Gymnasium und Universität ist im Wintersemester

2004/05 auf Initiative der Rektoren der beiden Zürcher Universitäten lanciert worden und konnte vier Jahre später abgeschlossen werden. Angestoßen wurde das Projekt vom ehemaligen Rektor der ETH Zürich, der die Frage stellte, wie die Studierfähigkeit verbessert werden könne.

Die Idee war, an der Schnittstelle zwischen Gymnasium und Universität einen Dialog zu führen, der auf die inhaltliche Abstimmung zwischen den beiden Seiten ausgerichtet war. Im Hintergrund stand sogar die Idee eines verzahnten Curriculums, mit dem sich die Schnittstelle überspannen ließe. Es wäre aber schon viel gewonnen, wenn die Fachcurricula am Ende des Gymnasiums und bei Beginn des Studiums abgestimmt würden. Es ging nicht darum, testfähige Aufgabenkulturen zu kreieren, um das Erreichen von Mindeststandards feststellen zu können. Insofern liegen keine „Bildungsstandards" vor, sondern ein Problemaufriss und eine fachbezogene Bestimmung, was Studierfähigkeit im Einzelfall heißen soll. Es ist kein neuer Rahmenlehrplan, sondern eine Situationsanalyse, die von den Interessen der Fächer geprägt ist. Als Ausgangspunkt galt die Annahme, zwischen den Unterrichtsfächern des Gymnasiums und den dazu passenden Fachwissenschaften der Universität sei eine konsekutive Abstimmung möglich, ohne dass die eine Seite der anderen etwas vorschreiben könne.

Das Projekt heißt „HSGYM" – „Hochschule/Gymnasium" – und ist inzwischen schweizweit und sogar im Ausland bekannt geworden. Je zwei Fachvertreter der Gymnasien einerseits und der beiden Zürcher Universitäten andererseits arbeiteten freiwillig und ohne staatlichen Druck zusammen, um für jedes Fach ein gemeinsames Anforderungsprofil auszuarbeiten. Sie bildeten die Kerngruppen. Die organisatorische und curriculare Grundeinheit nicht nur des Gymnasiums, sondern auch der Universität ist das Fach. Die Zürcher Studie „Hochschulreife und Studierfähigkeit" konnte nur zustande kommen, weil genau dies die Voraussetzung der Zusammenarbeit war.

Die Analysen und Empfehlungen zur Neugestaltung der Schnittstelle zwischen Gymnasium und Universität beziehen sich auf 25 Fächer oder Fachbereiche. Interdisziplinärer Unterricht wird nicht ausgeschlossen, aber deutlich auf Projekte und andere Gelegenheiten für den Austausch zwischen den Fächern beschränkt. Und auch der zweisprachige Unterricht der Gymnasien ist immer fachbezogen, was ebenso für die weitaus meisten Maturaarbeiten gilt. Daneben gelten überfachliche Kompetenzen, die auf das Gymnasium zugeschnitten sind (HSGYM 2008).

An den überfachlichen Kompetenzen kann man die Stoßrichtung ablesen. Es geht nicht um allgemeine Lernstrategien, die wenn, dann die Volksschule vermitteln muss, sondern um Einstellungen und Haltungen zum Lehren und Lernen, die der gymnasiale Fachunterricht abverlangt. Genannt werden:

- kritisch-forschendes Denken als gymnasiale Schlüsselkompetenz
- Selbstständigkeit und Selbstverantwortung
- Verstehen wissenschaftlicher Texte
- Abfassen schriftlicher Abhandlungen
- Sprachregister erkennen und bewusst anwenden
- Quellenkritik
- Reflexion und Kritikfähigkeit

Die überfachlichen Kompetenzen werden im Unterricht verwirklicht, sie können nicht an sich gelernt werden, etwa durch Methodenseminare. Gemeint ist aber nicht, dass nur die Fächer dafür zuständig sind. Den Schulen wird empfohlen, an einem Gesamtkonzept „überfachliche Kompetenzen" zu arbeiten (ebd., S. 42).

Jedes Gymnasium könnte auf diese Weise und vor Ort konkretisieren, was in den Lehrplänen weitgehend offen gelassen wird, nämlich die inhaltlichen Anforderungen des ziemlich unbestimmten Wortes „Studierfähigkeit". Bemerkenswert an dem Projekt war die problemlose Zusammenarbeit unter Fachpersonen, die keine staatliche Lehrplankommission bildeten, sondern einen fachlichen Dialog führen konnten, der am Ende „die Essentials" formulierte. Wenn man die schlanken Empfehlungen von HSGYM mit dem Umfang des Deutschschweizer Lehrplans für die Volksschulen vergleicht, der voluminöse Konturen angenommen hat, dann erkennt man zweierlei: nur das vor Ort Entwickelte ist aufgrund des Verpflichtungsgehaltes handhabbar, und: Übersteuerungen gibt es auch in der Schweiz.

Die Leitungsgruppe von HSGYM hat Folgeprojekte für die Implementation des Berichts Hochschulreife und Studierfähigkeit vorgesehen:

- Institutionalisierung und Austausch zwischen den Kerngruppen und den Fachkonferenzen
- Informationsplattform
- Projekt „Gemeinsam Prüfen"
- Expertenpool für Maturitätsprüfungen und -arbeiten
- Lancierung gemeinsamer Projekte der Mittelschulen mit den Hochschulen
- Ausbau Studieninformation
- Ausbau Weiterbildung

Mittlerweile liegt ein Zwischenbericht vor, der beschreibt, was erreicht wurde und was noch offen ist (HSGYM 2014). Der Erfolg des Projekts beruht auf drei Faktoren: Freiwilligkeit, Einsicht in die Notwendigkeit und eine vertrauensvolle Zusammenarbeit. Zudem wurde die Idee der besseren Kommunikation und Absprache zwischen Gymnasium und Universität in ein nationales Projekt der EDK (2012) übernommen.

6 Aspekte von Unterrichts- und Schulentwicklung

Der föderalistischen Struktur der gymnasialen Bildungslandschaft entsprechend entstehen die meisten didaktischen Impulse und innovativen Projekte zur Unterrichtsentwicklung „bottom-up", d. h. sie werden von einzelnen Lehrpersonen oder Schulen entwickelt und im Erfolgsfall von anderen übernommen. Der umgekehrte Weg – „top-down" – ist der weniger akzeptierte; er wird seltener gegangen. Eine Ausnahme bildet die von allen Seiten gleichermaßen als weiterführend und bereichernd eingeschätzte *Maturaarbeit*. Sie ist mit dem MAR 95 eingeführt worden, und ihre zentrale Stellung in der gymnasialen Lernerfahrung wurde nochmals verstärkt, seitdem die Arbeit benotet wird und in das Ergebnis der Maturitätsprüfung einfließt. Es handelt sich um eine wichtige Entwicklung, welche die Akzeptanz des Gymnasiums als wissenschaftspropädeutische Institution gestärkt hat.

> „Die Maturaarbeit hat sich vielerorts zu einem Vorzeigeobjekt der Gymnasien entwickelt und wird sowohl von den Lehrkräften als auch von den Schülerinnen und Schülern als Bereicherung erfahren, wenngleich diese Bereicherung durchaus unterschiedlich gesehen wird. Die Arbeit wird überwiegend als Einzelarbeit durchgeführt, zur Anwendung kommen oft wissenschaftliche Forschungsmethoden, der Zeitaufwand ist nicht selten höher, als die Dotierung im Halbjahr dies vorsieht, und das selbständige Arbeiten entspricht den Anforderungen der Universitäten. Der Eindruck, dass die Maturaarbeit für die Lern- und Arbeitserfahrung im Gymnasium einen echten Fortschritt darstellt, ist zutreffend." (Oelkers 2008, S. 206).

Auch die im Rahmen der EVAMAR-II-Studie (Eberle et al. 2008) durchgeführte Evaluation von 432 Maturaarbeiten aus der Deutschschweiz, der Romandie und dem Tessin sowie die Befragung von 920 Schülerinnen und Schülern aus diesen drei Sprachgebieten kommt insgesamt zu einem positiven Befund:

> „Obwohl der Beweis der Nachhaltigkeit bislang fehlt, weisen viele Indizien darauf hin, dass es sich bei der Maturaarbeit um eine sinnvolle und ertragreiche Lernform handelt. Sowohl die Ergebnisse des Ratings wie auch die Aussagen der Schülerinnen und Schüler sprechen dafür, den Einsatz der Projektmethode im Gymnasium beizubehalten und in moderater Form weiter auszubauen." (Huber et al. 2008, S. 352)

An den Schweizer Gymnasien laufen seit einigen Jahren Projekte zur Förderung des selbst organisierten Lernens (SOL). Die Zahl der entsprechenden Projekte ist vergleichsweise hoch. Im Kanton Zürich wurde das selbst organisierte Lernen vom Mittelschul- und Berufsbildungsamt vorbereitet, von den einzelnen Gymnasien schulspezifisch projektiert und eingeführt und von einer Projektgruppe des Instituts für Erziehungswissenschaft der Universität Zürich wissenschaftlich begleitet (Kyburz-Graber et al. 2012). Das Forschungsteam erarbeitete für die Schulen bzw. die Lehrpersonen ein wissenschaftlich fundiertes Unterrichtskonzept, stellte Unterlagen zur Verfügung und schult bis heute in Weiterbildungen die angehenden SOL-Lehrkräfte. Die Evaluation der SOL-Einheiten erfolgte bereits nach dem ersten Jahr der Implementation dieser neuen Unterrichtsform; sie zieht eine „relativ positive Bilanz" (Maag Merki et al. 2012, S. 3). So konnte bei den Schülerinnen und Schülern punktuell u. a. die Entwicklung metakognitiver Strategien sowie die Stabilisierung lernförderlicher Motivationen festgestellt werden; stärker ausgeprägte Effekte sollten sich bei längerer Projektlaufzeit einstellen (ebd., S. 80).

Die lernförderliche Wirkung wurde als so erkennbar eingeschätzt, dass SOL-Phasen künftig zum Normalbetrieb des Schulunterrichts gehören sollen (Eberle und Brüggenbrock 2013, S. 108). In eine ähnliche Richtung ging bereits das „Selbstlernsemester" der Kantonsschule Zürcher Oberland in Wetzikon, das vor einigen Jahren für die Schule allgemein Verwendung gefunden hat. Auch hier ging eine mehrjährige Versuchsphase voraus, und auch diese neue Unterrichtsform wurde von Seiten der Universität begleitet und anschließend (positiv) evaluiert (Kyburz-Graber und Pangrazzi 2005).

In manchen Gymnasien sind auch klassenübergreifende Vorlesungen für ausgewählte Fachinhalte entwickelt worden, also das Gegenteil eines „Selbstlernsemesters". Die Vorlesungen haben einen ganz anderen Charakter und verfolgen ein anderes Ziel, nämlich die Vorbereitung auf eine universitäre Lernform, die auf dem Gymnasium bislang nicht üblich war. Alle diese Versuche erfolgen vor dem Hintergrund einer weitgehend unangetasteten Schulorganisation. Unterhalb dieser Schwelle sind schließlich auch Versuche mit Doppelstunden erkennbar, die das Normalmaß der Unterrichtslektion weiterentwickeln können.

Neben diesen Versuchen und Reformschritten, die so oder ähnlich an vielen Gymnasien anzutreffen sind, laufen größere Projekte, die auf strukturellen Wandel und so langfristig angelegt sind. Zwei Schulen sind dabei besonders beachtet worden, die Kantonsschule Romanshorn im Kanton Thurgau und das Gymnasium Bäumlihof im Kanton Basel-Stadt. Beide setzen bei der Zeitorganisation der Schule an und entwickeln neuartige Varianten des Epochenunterrichts für die spezifischen Belange von Gymnasien.

Das Projekt in Romanshorn heißt „Kompetenzen im Kontext" (KiK). Kern der Zeitorganisation ist der Quartalsstundenplan, der die Stundentafel ändert und somit den Einsatz der Lektionen im Jahr. Daraus ergeben sich neue Möglichkeiten, mit Projekten und übergreifenden Themen zu arbeiten (Kantonsschule Romanshorn o. J.) Im Mittelpunkt steht die Entwicklung und Umsetzung von Lehrplänen durch die Fachschaften, in denen sowohl fachliche als auch überfachliche Kompetenzen beschrieben werden, die kohärent aufeinander bezogen sind. Das wäre ohne Steuerung seitens der Schulleitung nicht möglich. Erfahrungen in Deutschland, aber auch an Schweizer Gymnasien zeigen zudem, dass Unterrichtsentwicklung wenig erfolgreich ist, wenn sie isoliert erfolgt und nicht den Konsens der Fachschaft hinter sich hat.

KiK hat also nicht nur die Veränderung der Zeitstruktur durch den Quartalslehrplan bewirkt, sondern auch zu einer inhaltlichen Entwicklung geführt. Diese ist in den einzelnen Fachschaften zwar unterschiedlich weit gediehen, eine vergleichbare Orientierung lässt sich aber an den meisten anderen Gymnasien nicht erkennen. Wenn Formen des selbst organisierten Lernens wirksam werden sollen, dann ist damit unmittelbar die Zeitstruktur der Schule berührt. Die Grenzen zeigen sich dort, wo versucht wurde, selbst organisiertes Lernen in einer 45-Minuten-Taktung zu realisieren. Die Schwierigkeiten waren evident, wie sich nicht zuletzt in der oben bereits beschriebenen Entwicklung von SOL im Kanton Zürich gezeigt hat.

Als zweites Beispiel eines Entwicklungsprojekts auf Schulebene sei das Programm „GB^{plus}" des Gymnasiums Bäumlihof in Basel genannt. Sie geht einen ähnlichen Weg wie die Kantonsschule Romanshorn, denn auch hier wird die Schuljahreszeit anders als mit herkömmlichen Wochenplänen organisiert. Allerdings verwendet man keine Quartalslehrpläne, vielmehr wird das Schuljahr in sechs Phasen zu je fünf bis sieben Wochen aufgeteilt, an die sich eine Testwoche anschließt. Zudem gibt es keine explizite Kompetenzorientierung und es wird kein Transfer von allgemeinen Lern- und Denkmodellen erwartet. Der Versuch mit aktuell fünf Klassen läuft wie in Romanshorn parallel zum Betrieb mit Regelklassen.

In den einzelnen Phasen werden nur bestimmte Grundlagenfächer unterrichtet, die einzelnen Fächer können daher vertieft und konzentriert gelernt werden. Für Anschlüsse in späteren Phasen ist durch Skripte und gezielte Wiederholungen gesorgt; nur die Schwerpunktfächer und die Ergänzungsfächer werden durchgehend angeboten. Die gesamte Lernarbeit im System GB^{plus} findet in der Schule statt, die Schülerinnen und Schüler müssen sehr viel selbstständiger als im Regelsystem arbeiten und die Lehrpersonen verstehen sich als Coaches. Die Lernzeit wird nicht durch ständige Prüfungen unterbrochen, die abgestimmt sind, sondern erfolgt immer am Ende eine Phase (Gymnasium Bäumlihof 2013, S. 14f.).

Das Gymnasium Bäumlihof gehört zu den Preisträgern des Schweizer Schulpreises 2013. In der Laudatio vom 6. Dezember[2] wird hervorgehoben, dass die Schülerinnen und Schüler sehr gute Leistungen erreichen, die Prüfungen eine hohe Qualität haben und dass die Reflexion der Notengebung beispielhaft ist. Die Schule kann auf eine intensive Unterrichtsentwicklung zurückblicken und sie erreicht einen hohen Standard in der Qualitätssicherung. Den Preis erhält die Schule auch für den Erfolg der GB^{plus}-Klassen und sie ist nicht zuletzt deswegen beispielhaft für die Entwicklung nicht nur der Gymnasien in der Schweiz.

7 Zusammenfassung und Ausblick

Die jüngeren Entwicklungen des Gymnasiums und der Matura in der Schweiz sind vielfältig und in ihren einzelnen Projekten häufig nur lose miteinander vernetzt. Der Grund dafür liegt zum einen in der sehr föderalistischen Struktur der Bildungslandschaft und -politik, und zum anderen in der hohen Autonomie der einzelnen Lehrpersonen, Schulen und Kantone, die zentralen, vereinheitlichenden Vorgaben mehr als kritisch gegenüber stehen. Dies hat zu vielen kleineren Projekten der Schul- und Unterrichtsentwicklung geführt – wie etwa den verschiedenen Formen des selbst organisierten Lernens –, die im Erfolgsfall von anderen kopiert und für ihre Zwecke umgestaltet wurden und sich auf diese Weise als „best practice" relativ ungesteuert an einigen Gymnasien etabliert haben. Um die Synergien solcher Initiativen zu nutzen und den Vorteil der didaktischen Experimentierfreude Einzelner nicht zum Nachteil geraten zu lassen, hat man sich in den letzten Jahren gezielt um eine wissenschaftliche Begleitung und Auswertung der einzelnen Projekte bemüht sowie um eine bessere Kommunikation zwischen den Beteiligten. Gerade das Projekt HSGYM macht die Bedeutung einer verstärkten Koordination und kontinuierlichen Kommunikation zwischen den Fach- und Lehrpersonen der verschiedenen Disziplinen, Institutionen und Kantone deutlich.

Die Besonderheit der Schweizer Gymnasien liegt wohl in diesem – scheinbaren – Widerspruch zwischen den recht unverbindlichen zentralen Vorgaben und der relativ und absolut geringen Anzahl an Maturandinnen und Maturanden: relativ sind es ca. 20 % eines Jahrgangs, absolut waren es im Jahre 2012 etwas über 18.200 Jugendliche (BfS 2013a, S. 7), welche die Maturität erlangten. Anstatt diese zahlenmäßig gut steuerbare Einheit von Bern aus zu verwalten, verlässt sich das Bildungssystem – das allen Absolventinnen und Absolventen, die ein Maturazeugnis

2 Laudator war Jürgen Oelkers, der Präsident der Jury.

in der Tasche haben, immerhin einen frei gewählten Studienplatz garantiert – auf die lokal und schulspezifisch erfolgende Ausgestaltung der curricularen Regeln und der Maturaprüfungen und greift nur moderat qualitätssichernd ein. Das verleiht den Gymnasien eine nach wie vor starke Stellung, bürdet ihnen jedoch auch die volle Verantwortung für die Prüfung der Hochschulreife auf und verpflichtet sie damit zu einer beständigen Weiterentwicklung und Anpassung ihrer Unterrichtsformen, Lehrinhalte und didaktischen Konzepte. Und nicht zuletzt aus dieser Verpflichtung resultieren die jüngeren, teils umstrittenen, zum Teil aber auch sehr erfolgreichen Entwicklungen des Gymnasiums und der Matura in der Schweiz.

Literatur

Akademien der Wissenschaften Schweiz (2009). *Zukunft Bildung Schweiz. Anforderungen an das schweizerische Bildungssystem 2030.* Bern: Akademien der Wissenschaften Schweiz.

BfS = Bundesamt für Statistik (2013a). Maturitäten und Übertritte an Hochschulen 2012. http://www.bfs.admin.ch/bfs/portal/de/index/themen/15/22/publ.html?publicationID=5232. Zugegriffen: 20. Juli 2014.

BfS = Bundesamt für Statistik (2013b). Maturitätsquote nach Geschlecht und Kanton, 1998-2012. http://www.bfs.admin.ch/bfs/portal/de/index/themen/15/17/blank/01.indicator.405102.4085.html. Zugegriffen: 20. Juli 2014.

BfS = Bundesamt für Statistik (2014a). Tertiärstufe: Hochschulen – Analysen. Interaktive Karten: Gymnasiale Maturitätsquote. http://www.bfs.admin.ch/bfs/portal/de/index/themen/15/06/dos/blank/05/01.html. Zugegriffen: 24. Juli 2014.

BfS = Bundesamt für Statistik (2014b). Wohnbevölkerung nach Hauptsprachen. 1910-2012. Tabelle T1.6.1.1. http://www.bfs.admin.ch/bfs/portal/de/index/dienstleistungen/forumschule/them/02/03b.html. Zugegriffen: 22. Juli 2014.

Bundesgesetz über die Landessprachen und die Verständigung zwischen den Sprachgemeinschaften (2007). (Sprachengesetz, SpG) vom 05. Oktober 2007 (Stand 01. Januar 2010). http://www.admin.ch/opc/de/classified-compilation/20062545/index.html. Zugegriffen: 24. Juli 2014.

Criblez, L. (2001). Bildungsexpansion durch Systemdifferenzierung – am Beispiel der Sekundarstufe II in den 1960er- und 1970er-Jahren. *Schweizerische Zeitschrift für Bildungswissenschaften, 23,* 95-118.

Criblez, L. (2011). Kann das Gymnasium heute noch allgemein bilden? *Gymnasium Helveticum, 1,* 8-16.

Criblez, L. (2014). Das Schweizer Gymnasium: ein historischer Blick auf Ziele und Wirklichkeit. In F. Eberle, B. Schneider-Taylor & D. Bosse (Hrsg.), *Abitur und Matura zwischen Hochschulvorbereitung und Berufsorientierung* (S. 15-49). Wiesbaden: Springer.

Eberle, F. (2012). Das Projekt „Basale fachliche Studierkompetenzen". *Gymnasium Helveticum, 4,* 6-12.

Eberle, F. (2013). Allgemeine Studierfähigkeit durch breite Allgemeinbildung. Empirische Evidenz aus der schweizerischen EVAMAR-II-Studie. In B. Schneider-Taylor, D. Bosse & F. Eberle (Hrsg.), *Matura und Abitur in den Zeiten von Bologna* (S. 44-62). Beltz Juventa: Weinheim

Eberle, F., Gehrer, K., Jaggi, B., Kottonau, J., Oepke, M. & Pflüger, M. (2008). *Evaluation der Maturitätsreform 1995 (EVAMAR). Schlussbericht zur Phase II.* Bern: SBF

Eberle, F. & Brüggenbrock, C. (2013). *Bildung am Gymnasium.* Bern: EDK. http://www.edk.ch/dyn/26338.php. Zugegriffen: 25. Juli 2014.

EDK = Konferenz der Kantonalen Erziehungsdirektoren (1970). Konkordat über die Schulkoordination vom 29.10.1970. http://www.edk.ch/dyn/14311.php. Zugegriffen: 21. Juli 2014.

EDK = Konferenz der Kantonalen Erziehungsdirektoren (1994). Rahmenlehrplan für die Maturitätsschulen. Empfehlung an die Kantone gemäss Art. 3 des Schulkonkordats vom 29. Oktober 1970. Mit Handreichungen zur Umsetzung. http://edudoc.ch/record/17476/files/D30a.pdf. Zugegriffen: 22. Juli 2014.

EDK = Konferenz der Kantonalen Erziehungsdirektoren (2012). Gymnasiale Maturität: allgemeine Studierfähigkeit genauer bestimmen. Medienmitteilung vom 11.04.2012. http://www.edk.ch/dyn/24892.php. Zugegriffen: 22. Juli 2014.

EDK = Konferenz der Kantonalen Erziehungsdirektoren (2014). Italienisch an den Gymnasien stärken. Anhörung eröffnet. Medienmitteilung vom 09.07.2014. http://www.edk.ch/dyn/27417.php. Zugegriffen: 22. Juli 2014.

Elmiger, D. (2008). Die zweisprachige Maturität in der Schweiz. Die variantenreiche Umsetzung einer bildungspolitischen Innovation. Bern: SBF. http://www.kfr.ch/gymnasium/wp-content/uploads/2013/08/die_zweisprachige_matur_in-der_schweiz.pdf. Zugegriffen: 25. Juli 2014.

Erziehungsdepartement des Kantons Basel-Stadt (2014). Bildungsplan Gymnasium. Übergangszeit 2014-2021. http://www.ed-bs.ch/bildung/weiterfuehrende-schulen/allgemeinbildende-schulen/gymnasium/KLP_KGK_GF_E_D.pdf. Zugegriffen: 25. Juli 2014.

Gymnasium Bäumlihof (2013). Halbzeit im Projekt ‚GB^{Plus}'. Gymnasium Bäumlihof Pluspunkte, 6, 14-15. http://www.ed-bs.ch/bildung/kommunikation/broschueren/GB_12.pdf. Zugegriffen am 20. Juli 2014.

Hackl, B. (2014). Die standardisierte kompetenzorientierte Reifeprüfung. Zur Rationalität und strukturellen Dynamik der österreichischen Schulreform. In F. Eberle, B. Schneider-Taylor & D. Bosse (Hrsg.), *Abitur und Matura zwischen Hochschulvorbereitung und Berufsorientierung* (S. 57–80). Wiesbaden: Springer.

HSGYM - Hochschule und Gymnasium (2008). Hochschulreife und Studierfähigkeit. Zürcher Analysen und Empfehlungen zur Schnittstelle. Zürich: NZZ Fretz AG. http://www.educ.ethz.ch/hsgym/HSGYM_langfassung_kl.pdf. Zugegriffen: 18. Juli 2014.

HSGYM - Hochschule und Gymnasium (2014). *Hochschulreife und Studierfähigkeit - Eine Zwischenbilanz.* Zürich: HSGYM 2014.

Huber, C., Husfeldt, V., Lehmann, L. & Quesel, C. (2008). Die Qualität von Maturaarbeiten in der Schweiz. In F. Eberle, K. Gehrer, B. Jaggi, J. Kottonau, M. Oepke & M. Pflüger. *Evaluation der Maturitätsreform 1995 (EVAMAR) Phase II* (S.277-365). Bern: Staatssekretariat für Bildung und Forschung SBF.

Kantonsschule Romanshorn (o. J.). Matura Kik (Kompetenzen im Kontext. Eine Basis für ausgezeichnete Studierfähigkeit. http://www.ksr.ch/index.php?id=2291. Zugegriffen: 15. November 2014.

Krummenacher, J. (2011). Verzichtsplanung zugunsten der Steuerzahler. Spardebatte im sanktgallischen Kantonsparlament – Italienisch bleibt Schwerpunktfach. NZZ online. http://www.nzz.ch/aktuell/schweiz/verzichtsplanung-zugunsten-der-steuerzahler-1.9545747. Zugegriffen: 18. Juli 2014.

Kyburz-Graber, R. & Pangrazzi, R. (2005). Pädagogisch-didaktische Begleitung im Selbstlernsemester der Kantonsschule Zürcher Oberland. http://www.bi.zh.ch/internet/bildungsdirektion/de/unsere_direktion/veroeffentlichungen1/_jcr_content/contentPar/publication_1/publicationitems/p_dagogisch_didaktis/download.spooler.download.1291386000316.pdf/SLS-Bericht_Kyburz_oN.pdf. Zugegriffen: 25. Juli 2014.

Kyburz-Graber, R., Brunner, H., Canella, C., Keller, H. & Wohlgensinger, J. (2012). Selbst organisiertes Lernen im Schulalltag. Ergebnisse aus Interviews an Zürcher Gymnasien. http://www.ife.uzh.ch/llbm/weiterbildung/SOL/solforschung.html. Zugegriffen: 25. Juli 2014.

Maag Merki, K., Hofer, K., Ramseier, E. & Karlen, Y. (2012). Selbst organisiertes Lernen an Zürcher Mittelschulen – neue Lern- und Lehrformen. Abschlussbericht zur SOL-Evaluation (SOLEVA) im Schuljahr 2010/11. http://www.ife.uzh.ch/research/teb/forschung2/aktuelleprojekte/soleva/studienseiten/publikationenergebnisse/Abschlussbericht_SOLEVA.pdf. Zugegriffen: 25. Juli. 2014.

MAR (1995). Verordnung des Bundesrates/Reglement der EDK über die Anerkennung von gymnasialen Maturitätsausweisen (MAR) vom 16. Januar/15. Februar 1995. http://edudoc.ch/record/38112/files/VO_MAR_d.pdf. Zugegriffen: 22. Juli 2014.

Oelkers, J. (2008). *Die Qualität der Schweizer Gymnasien*. Bern: h.e.p.

Oelkers, J. (2011). Wie viele Maturanden braucht die Schweiz? Vortrag in der Kantonsschule Wetzikon am 11. Mai 2011. http://www.ife.uzh.ch/research/emeriti/oelkersjuergen/vortraegeprofoelkers/vortraege2011/MaturitaetsquoteWetzikon.pdf. Zugegriffen: 22. Juli. 2014.

Oelkers, J. (2013). Das Gymnasium: Ein auslaufendes Modell? In B. Schneider-Taylor, D. Bosse & F. Eberle (Hrsg.), *Matura und Abitur in den Zeiten von Bologna* (S. 18-42). Weinheim: Beltz Juventa.

Oelkers, J. & Reusser, K. (2008). *Expertise: Qualität entwickeln – Standards sichern – mit Differenz umgehen*. Unter Mitarbeit von E. Berner, U. Halbheer und S. Stolz. Berlin: Bundesministerium für Bildung und Forschung.

Pulver, B. (2013). Was macht das Gymnasium zum Gymnasium? *Gymnasium Helveticum, 3*, 6-11.

Sarasin, P. (2014). Bildung in der Wissensgesellschaft – oder: sind tiefe Maturaquoten sinnvoll? In F. Eberle, B. Schneider-Taylor & D. Bosse (Hrsg.), *Abitur und Matura zwischen Hochschulvorbereitung und Berufsorientierung* (S. 111-141). Wiesbaden: Springer VS.

Sperduto, R. (2014). Almeno 8536 studenti. *Gymnasium Helveticum, 3*, 11.

Vonlanthen, A., Lattmann, U. P. & Egger, E. (1978). *Maturität und Gymnasium. Ein Abriss über die Entwicklung der eidgenössischen Maturitätsordnungen und deren Auswirkungen auf das Gymnasium*. Bern: Haupt.

WBZ = Schweizerische Zentralstelle für die Weiterbildung der Mittelschullehrpersonen (o. J.). Gemeinsames Prüfen. https://www.wbz-cps.ch/de/gemeinsames-pruefen. Zugegriffen: 24. Juli 2014.

Wolter, S.C., Diem, A. & Messer, D. (2013). *Studienabbrüche an Schweizer Universitäten*. SKBF Staff Paper 11. Aarau: Schweizerische Koordinationsstelle für Bildungsforschung (SKBF).

G8 vs. G9 im Kohortenvergleich

Lernkontexte und Lernstände zweier Hamburger Abiturjahrgänge

Stanislav Ivanov, Roumiana Nikolova und Ulrich Vieluf

Zusammenfassung

Die längsschnittlich angelegten Hamburger Schulleistungsstudien LAU und KESS bieten eine solide Datengrundlage, anhand derer die am Ende der gymnasialen Oberstufe von G9- und G8-Abiturientinnen und -Abiturienten erreichten mittleren Lernstände in ausgewählten Kompetenzbereichen systematisch miteinander verglichen werden können. Im Mittelpunkt der hier vorgestellten Analysen steht die Frage, inwieweit generelle sowie differenzielle Effekte des G8 am Ende der Oberstufe unter Berücksichtigung der Lernausgangslagen und ausgewählter leistungsrelevanter soziodemografischer und -kultureller Hintergrundmerkmale feststellbar sind. Damit greift der Beitrag ein Forschungsdesiderat auf, zumal es zu den Auswirkungen der mittlerweile in fast allen Bundesländern eingeführten Schulzeitverkürzung bislang nur wenig empirische Evidenz gibt. Insbesondere vor dem Hintergrund der anhaltenden normativ geführten Kritik an der Schulzeitverkürzung am Gymnasium soll mithilfe der vorgestellten Befunde zur Versachlichung der bildungspolitischen Debatte beigetragen werden.

1 Einführung

Die Umstellung von einem neunjährigen auf einen achtjährigen gymnasialen Bildungsgang (G8-Reform), die zwischen 2001 und 2009 in fast allen Ländern der Bundesrepublik Deutschland eingeleitet wurde, wird in den aktuellen Schuldebatten bundesweit kontrovers diskutiert. Ein Manko ist dabei der Mangel an systematisch erhobenen Vergleichsdaten zu den faktischen Auswirkungen der G8-Reform auf die erreichten Schülerleistungen im Allgemeinen und bezogen auf bestimmte Schülergruppen im Besonderen. So stützen sich die Argumentationen für oder gegen das G8 im Wesentlichen auf subjektive Erfahrungen, Beobachtungen und Eindrücke oder sind normativ gefärbt. Ziel des vorliegenden Beitrags ist es daher, die Frage nach möglichen Auswirkungen der G8-Reform auf die Leistungsentwicklung der Abiturientinnen und Abiturienten zu fokussieren und auf einer empirisch gewonnenen Datengrundlage zu untersuchen, inwieweit – unter Berücksichtigung der Lernausgangslagen und ausgewählter leistungsrelevanter soziodemografischer und -kultureller Hintergrundmerkmale – generelle wie auch differenzielle Effekte des G8 am Ende der gymnasialen Oberstufe in Hamburg beobachtbar sind. Damit greift der Beitrag ein Forschungsdesiderat auf, zumal es zu den Auswirkungen der Schulzeitverkürzung bislang bundesweit kaum empirische Evidenz gibt.

2 Die Umsetzung der G8-Reform in Hamburg

In Hamburg startete die Umstellung vom neunstufigen Gymnasium (G9) auf das achtstufige Gymnasium (G8) im Schuljahr 2002/03 mit der Jahrgangsstufe 5, sodass der erste G8-Jahrgang im Sommer 2010 das Abitur ablegte, gemeinsam mit dem letzten G9-Jahrgang. Die G8-Reform in Hamburg, wie auch in den anderen Bundesländern generell, wurde vom damaligen Senat im Wesentlichen damit begründet, dass deutsche Schülerinnen und Schüler im internationalen Vergleich überdurchschnittlich alt seien, wenn sie mit Studium und Ausbildung beginnen und in das Berufsleben eintreten (vgl. Bürgerschaft der Freien und Hansestadt Hamburg, 2003). Anders als in anderen Bundesländern (vgl. hierzu Klemm 2014; Kühn et al. 2013) erfolgte diese Schulzeitverkürzung jedoch ohne Kürzung der Unterrichtszeit – das bisherige Unterrichtsvolumen von insgesamt 265 Wochenstunden in den Sekundarstufen I und II blieb unverändert: Die Wochenstundenzahl in der Sekundarstufe I (Jahrgangsstufen 5 bis 10) wurde um 19 auf 197 Wochenstunden erhöht, die Wochenstundenzahl in der Sekundarstufe II wurde um 19 auf 68 Wochenstunden reduziert. Die bisherige Vorstufe entfiel (bzw. wurde in die Jahrgangsstufe 10 vorgezogen), sodass die gymnasiale Oberstufe nur mehr die zweijährige Studienstufe umfasst (vgl. *Tabelle 1*).

Tab. 1 Unterrichtsvolumen im Vergleich: Wochenstunden je Jahrgangsstufe gemäß Stundentafel für das neunstufige Gymnasium („LAU-Jahrgang") und das achtstufige Gymnasium („KESS-Jahrgang")

Jahrgangsstufe	5	6	7	8	9	10	11	12	13	Summe
G9	28	29	30	30	30	31	30	28.5[a]	28.5[a]	265[a]
G8	30	31	34	34	34	34	34	34	entfällt	265

Anmerkung: [a]Nach den für den „LAU-Jahrgang" geltenden Belegauflagen gemäß der Ausbildungs- und Prüfungsordnung für die gymnasiale Oberstufe mindestens nachzuweisende Unterrichtsstunden. ©

Bezogen auf einzelne Fächer ergab sich gleichwohl eine Reduzierung der (Mindest-)Wochenstundenzahl im Verlauf der Sekundarstufen I und II. In den Fächern Deutsch, Mathematik und erste Fremdsprache (i. d. R. Englisch) hat sich die vorgegebene (Mindest-)Wochenstundenzahl um jeweils eine Wochenstunde verringert, in den Naturwissenschaften hingegen um eine Wochenstunde erhöht.

Hinzu kommt, dass die fünfstündigen „Leistungskurse" durch vierstündige „Kurse auf erhöhtem Anforderungsniveau" und die zuvor dreistündigen „Grundkurse" durch vierstündige „Kurse auf grundlegendem Anforderungsniveau" ersetzt wurden. Abiturientinnen und Abiturienten des G9 („LAU-Jahrgang"), die Deutsch, eine Fremdsprache oder Mathematik als „Leistungsfach" gewählt hatten, hatten also weitere zwei Wochenstunden mehr Unterricht im Verlauf ihres Bildungsgangs (vgl. *Tabelle 2*).

Tab. 2 Unterrichtsvolumen im Vergleich: Wochenstunden je Jahrgangsstufe gemäß Stundentafel für das neunstufige Gymnasium („LAU-Jahrgang") und das achtstufige Gymnasium („KESS-Jahrgang") für die Fächer Mathematik, Englisch und Naturwissenschaften

Jahrgangsstufe		5	6	7	8	9	10	11	12	13	Summe
Mathematik	G9	5	4	4	4	3	4	4	3 / 5[a]	3 / 5[a]	34 / 36[a]
	G8	5	4	5	3	5	3	4	4	entfällt	33
Englisch	G9	4	4	4	4	3	3	4	3 / 5[a]	3 / 5[a]	32 / 34[a]
	G8	5	4	5	3	3	3	4	4	entfällt	31
Naturwissen-schaften	G9	4	2	4	4	5	6	4	2 / 5	2 / 5	33 / 39[a]
	G8	4	2	4	6	4	6	4	4	entfällt	34

Anmerkung: [a]Schülerinnen und Schüler, die das Fach als sog. „Leistungsfach" gewählt hatten, belegten fünfstündige „Leistungskurse". ©

Neben der zweijährigen Oberstufe an den grundständigen Gymnasien blieben die dreijährigen Oberstufen an Gesamtschulen, Aufbau- und Beruflichen Gymnasien erhalten, sodass in Hamburg die Wahlmöglichkeit zwischen zweijähriger und dreijähriger Oberstufe bzw. zwölfjährigem und dreizehnjährigem Bildungsgang zum Abitur besteht.

Parallel zu dieser strukturellen Veränderung wurde ein Bündel von Maßnahmen zur Qualitätsentwicklung im Schulwesen eingeführt. Dazu gehören die Implementierung neuer Bildungspläne, die regelmäßige Durchführung von Lernstandserhebungen und die Einführung zentraler Abschlussprüfungen in ausgewählten Fächern. Es wurde die Profiloberstufe eingeführt, die Belegverpflichtungen in der gymnasialen Oberstufe wurden erhöht, indem die Kernfächer in vierstündigen Kursen auf grundlegendem bzw. erhöhtem Anforderungsniveau durchgehend zu belegen sind, die Wahlmöglichkeiten der Prüfungsfächer im Abitur wurden eingeschränkt.

Die G8-Reform in Hamburg wurde vom damaligen Hamburger Senat im Wesentlichen damit begründet, dass deutsche Schülerinnen und Schüler im internationalen Vergleich überdurchschnittlich alt seien, wenn sie mit Studium und Ausbildung beginnen und in das Berufsleben eintreten (vgl. Bürgerschaft der Freien und Hansestadt Hamburg, 2003).

Der zweite Hamburger G8-Jahrgang nahm im Rahmen der Studie „Kompetenzen und Einstellungen von Schülerinnen und Schülern" (KESS) an fünf Lernstandserhebungen in ausgewählten Kompetenzbereichen teil (vgl. hierzu Bos und Pietsch 2006; Bos et al. 2009; Bos und Gröhlich 2010; Vieluf et al. 2011). Die erste Erhebung wurde im Jahr 2003 am Ende der Grundschule (KESS 4) durchgeführt, die zweite im Sommer 2005 zu Beginn der Jahrgangsstufe 7 in allen weiterführenden Schulformen (Hauptschulen, Realschulen, Integrierte Haupt- und Realschulen, Integrierte und Kooperative Gesamtschulen, Gymnasien), die dritte im Sommer 2007 am Ende der Jahrgangsstufe 8, wiederum in allen weiterführenden Schulformen, die vierte im Sommer 2009 am Ende der Jahrgangsstufe 10 (nur Integrierte Gesamtschulen und Realschulen bzw. Realschulzweige der Integrierten Haupt- und Realschulen) und der Kooperativen Gesamtschulen bzw. zu Beginn der Jahrgangsstufe 11 (achtstufige Gymnasien, Aufbaugymnasien, Berufliche Gymnasien, Gymnasialzweige der Kooperativen Gesamtschulen), die fünfte im Frühjahr 2011 (achtstufige Gymnasien, Gymnasialzweige der Kooperativen Gesamtschulen) bzw. im Frühjahr 2012 (dreijährige Oberstufen an Integrierten Gesamtschulen, Aufbaugymnasien und Berufliche Gymnasien). Dabei wurden u. a. Schulleistungstests eingesetzt, die bereits in der sieben Jahre zuvor durchgeführten Studie „Aspekte der Lernausgangslage und der Lernentwicklung" (LAU) verwendet worden waren (vgl. Lehmann et al. 1997, 1999, 2002, 2004, 2006; Trautwein et al. 2007). An beiden Studien nahm der komplette Schülerjahrgang teil, wenngleich infolge der Rotationsdesigns nicht alle Schülerinnen und

Schüler dieselben Tests bearbeiteten. Damit besteht die Möglichkeit, die Lernstände beider Schülerjahrgänge, die im Folgenden als „LAU-Jahrgang" bzw. „G9-Jahrgang" und als „KESS-Jahrgang" bzw. „G8-Jahrgang" bezeichnet werden, in ausgewählten Kompetenzbereichen zu fünf Erhebungszeitpunkten miteinander zu vergleichen.

Die für den vorliegenden Kohortenvergleich relevanten Messzeitpunkte waren in beiden Schülerjahrgängen: Anfang Jahrgangsstufe 7 (LAU 7 und KESS 7), Anfang Jahrgangsstufe 11 (LAU 11 und KESS 11) und Ende der gymnasialen Oberstufe (LAU 13 und KESS 12). Damit geht dieser Beitrag erstmalig möglichen Auswirkungen der (Hamburger) G8-Reform anhand längsschnittlich erhobener Leistungsdaten nach und bietet eine evidenzbasierte Grundlage zur Versachlichung der aktuellen Schulstrukturdebatte (nicht nur) in Hamburg.

In den folgenden Abschnitten wird zunächst eine Sichtung des Forschungsstandes zu den Auswirkungen des achtjährigen gymnasialen Bildungsgangs zum Abitur vorgenommen (Abschnitt 1.3). Anschließend werden die zentralen Fragestellungen, denen dieser Beitrag nachgeht, benannt (Abschnitt 1.4). Es folgt eine Darstellung der Datengrundlage und des methodischen Vorgehens (Abschnitt 1.5). Im Abschnitt 1.6 werden die Ergebnisse der Datenanalysen vorgestellt, die im letzten Abschnitt diskutiert werden.

3 Stand der Forschung

Die Einführung des achtjährigen Bildungsgangs zum Abitur an den grundständigen Gymnasien erfolgte in den Bundesländern unter sehr unterschiedlichen Ausgangsbedingungen – etwa hinsichtlich der Schulstruktur, des Unterrichtsvolumens (Wochenstunden nach Stundentafel), der Lehrpläne oder der Belegverpflichtungen in der gymnasialen Oberstufe – und nach unterschiedlichen Modellen – z. B. hinsichtlich der Verteilung der Unterrichtsstunden auf die Jahrgangs- und Schulstufen (Sekundarstufen I und II). Zugleich haben sich mit der gestiegenen Bildungsbeteiligung (je nach Bundesland mehr oder weniger) nachhaltige Veränderungen der Schülerzusammensetzung an den Gymnasien ergeben (vgl. hierzu Kühn et al. 2013). Diese Unterschiede gilt es im Blick zu behalten, zumal Forschungsbefunde zu Schulformen als differenzielle Entwicklungsmilieus belegen, dass schulische Lernprozesse nicht nur von individuellen und institutionellen Bedingungen abhängig sind, sondern auch von Kompositionsmerkmalen (soziokulturelle und leistungsbezogene Merkmale der Schülerzusammensetzung innerhalb einer Schulform bzw. Schule) beeinflusst werden (Baumert et al. 2000c; Baumert et al. 2006). Der Frage nach möglichen Effekten des G8 auf die am Ende der gymnasialen Oberstufe erreichten

Lernstände kann daher nur nachgegangen werden, wenn die landesspezifischen Rahmenbedingungen in die Analysen einbezogen werden.

Betrachtet man die Forschungsbefunde, so ist festzustellen, dass zu der Frage, ob die mit der Einführung des G8 verbundene zeitliche und stoffliche Verdichtung ohne Einbußen hinsichtlich des erreichten Wissens- bzw. Kompetenzniveaus sowie ohne unerwünschte Nebenwirkungen im gesundheitlichen oder motivationalen Bereich realisierbar ist (bzw. sein kann), erst wenige empirisch fundierte Erkenntnisse vorliegen. Die schmale Befundlage lässt sich vor allem darauf zurückführen, dass es relativ kostenintensiv und zeitaufwendig ist, aussagekräftige Längsschnittdaten zu erheben, die für die systematische Beantwortung der Frage nach den Auswirkungen der Schulzeitverkürzung eine wichtige Voraussetzung darstellen. Die bislang vorliegenden empirischen Befunde, die sich im bundesweiten Kontext konkret auf diese Frage beziehen und auf belastbaren Daten sowohl für einen leistungsbezogenen Vergleich als auch für den Vergleich der psychosozialen Situation zwischen G9 und G8 beruhen, entstammen der bundesweit repräsentativen *Dritten Internationalen Mathematik- und Naturwissenschaftsstudie* (*TIMSS/III*) aus dem Jahr 1995/96. Auch wenn diese Studie querschnittlich angelegt war und die Lernstände bzw. Kompetenzen von Oberstufenschülerinnen und -schülern aus West- und Ostdeutschland[1] miteinander verglichen wurden, so lassen sich dennoch wertvolle Hinweise für die aktuelle Schulzeitdebatte gewinnen. Baumert und Watermann (2000) untersuchten die Fachleistungen von Abiturientinnen und Abiturienten in Mathematik und Physik, die Nutzung von Lernstrategien sowie motivationale und psychosoziale Aspekte und stellten fest, dass es im Durchschnitt keine signifikanten Unterschiede zwischen zwölf- und dreizehnjährigem Bildungsgang sowohl hinsichtlich des erreichten Wissensniveaus in beiden Fachleistungsbereichen als auch hinsichtlich der Verständnistiefe der vermittelten Sachverhalte in Mathematik und Physik gab. Bei Berücksichtigung des von den Abiturientinnen und Abiturienten belegten Kursniveaus (Grund- vs. Leistungskurs) konnten hingegen Leistungsvorteile zugunsten des dreizehnjährigen Bildungsgangs im Leistungskurs Physik, nicht aber im Leistungskurs Mathematik ermittelt werden. Vor diesem Hintergrund weisen die Autoren darauf hin, dass eine Verkürzung des gymnasialen Bildungsgangs nicht mit generellen, wohl aber mit spezifischen differenziellen Einbußen vor allem hinsichtlich des vertieften inhaltlichen Verständnisses zusammenhängen kann. Des Weiteren enthalten die Ergebnisse deutliche Hinweise darauf, dass auch im kürzeren

1 Die Schülerinnen und Schüler aus den ostdeutschen Bundesländern waren noch unter den Rahmenbedingungen des in der ehemaligen DDR etablierten zwölfjährigen Bildungsgangs zum Abitur unterrichtet worden, während für die Schülerinnen und Schüler in allen westdeutschen Bundesländern dreizehn Jahre bis zum Abitur galten.

gymnasialen Bildungsgang die Nutzung verständnisorientierter Lernstrategien vergleichbar gefördert wird und dass keine negativen motivationalen Rückwirkungen auf das fachbezogene Lernen nachweisbar sind. Zwar konnte dem neunstufigen Gymnasium ein günstigeres psychosoziales Klima bescheinigt werden, allerdings war dieser Effekt mit den allgemeinen Ost-West-Unterschieden konfundiert.

Eine neuere Studie, die sich konkret mit der Frage der Auswirkungen des G8 auf den Kompetenzerwerb am Ende der Pflichtschulzeit befasst, hat Homuth (2012) vorgelegt. Auf Grundlage der PISA-E-Daten aus den Erhebungen 2000, 2003 und 2006 berechnete er mehrere Modelle zur Schätzung des G8-Effekts in den Kompetenzbereichen *Leseverständnis* und *Mathematik*. Unter Zugrundelegung der Werteerwartungstheorie ging Homuth von der Annahme aus, dass der faktische Zugewinn an Lerngelegenheiten in der Sekundarstufe I (ca. 12,5 % mehr Unterrichtsstunden als im G9) mit einem höheren mittleren Kompetenzniveau einhergehen wird. Auch die sozialen Disparitäten im Kompetenzerwerb sollten im G8 geringer ausfallen als im G9, da die erhöhte Stundenzahl mehr Lerngelegenheiten auch für sozial benachteiligte Schülerinnen und Schüler bietet. Die erwarteten positiven Effekte zugunsten der G8-Gymnasiastinnen und -Gymnasiasten ließen sich bestätigen, auch wenn diese – bei konservativer Schätzung – lediglich im Kompetenzbereich *Leseverständnis* statistisch signifikant ausfielen. Eine Evaluationsstudie zu leistungsbezogenen Effekten der G8-Einführung in Sachsen-Anhalt haben Meyer et al. (2012) vorgelegt. Sie beruht allerdings auf einer schmalen Datenbasis (zwölf Schulen aus den Regionen Magdeburg und Halberstadt) und beschränkt sich auf einen Vergleich der Abitur- und Prüfungsnoten in den Kernfächern Deutsch und Mathematik. Die Autoren kommen zu dem Ergebnis, dass die G8-Schülerinnen und -Schüler in Mathematik signifikant schwächer abgeschnitten haben, während sich die Abiturleistungen in Deutsch kaum unterschieden. Die Autoren ziehen daraus den Schluss, dass nicht mit generellen, sondern je nach Fach mit differenziellen Effekten der G8-Reform zu rechnen sei. Sie empfehlen vor diesem Hintergrund, Anpassungsspielräume für das Curriculum zu eröffnen, wie z. B. eine Reduzierung des Unterrichtsvolumens in Deutsch und eine Erhöhung des Unterrichtsvolumens in Mathematik, um möglichen Niveaueinbußen möglichst früh zu begegnen.

Zu den Erträgen und Effekten des in den zurückliegenden Jahren in etlichen Bundesländern neu eingeführten G8 liegen weitere Evaluationsstudien vor, in denen allerdings der Leistungsaspekt, der im Zentrum des vorliegenden Beitrags steht, weitgehend ausgeklammert blieb. Kühn und Brahm (2013) befragten Oberstufenschülerinnen und -schüler des doppelten Abiturjahrgangs in Nordrhein-Westfalen zu ihrer Sicht auf die veränderte Schulzeitdauer mit dem Ergebnis, dass die Schulzeitverkürzung von den Befragten subjektiv mit deutlich negativeren Erwartungen assoziiert wird, als es die tatsächlichen Erfahrungen der Schülerinnen und Schüler hergeben. Des Weiteren wurden Befragungen von Studienanfängerinnen und -anfängern aus dem nordrhein-westfälischen Doppeljahrgang 2013 zur Einschätzung der eigenen Studierfähigkeit durchgeführt, die keine eindeutigen Hinweise auf Unterschiede zwischen G8- und G9-Absolventinnen und -Absolventen ergeben haben. Eine weitere Studie, die möglichen gesundheitsbelastenden Effekten einer verkürzten Gymnasialzeit nachgegangen ist, wurde von Milde-Busch et al. (2010) vorgelegt. Untersucht wurde insbesondere der Zusammenhang zwischen der verkürzten Gymnasialzeit und der gesundheitlichen Belastung von Gymnasiastinnen und Gymnasiasten der Jahrgangsstufen 10 (G8) und 11 (G9) in München. Die Daten von 1260 Münchener Schülerinnen und Schülern ließen keine Auswirkungen erkennen, die sich eindeutig auf die Einführung des G8 hätten zurückführen lassen. Als einziger signifikanter Unterschied wurde die Beschränkung des Zeitraums für die Freizeitgestaltung bei den G8-Schülerinnen und -Schülern festgestellt, findet allerdings in einer breiter angelegten Untersuchung von Brahm et al. (2013), die für Nordrhein-Westfalen repräsentativ ist, keine Bestätigung. Brahm et al. (2013) befragten 735 nordrhein-westfälische Schülerinnen und Schüler der Qualifikationsphase I der Oberstufe des doppelten Abiturjahrgangs zu ihren schulischen Angeboten sowie zur Einschätzung der eigenen Belastung und Beanspruchung. Es ließen sich keine signifikanten Unterschiede zwischen G8- und G9-Schülerinnen und -Schülern feststellen, vielmehr gehen G8-Absolventinnen und -Absolventen nicht seltener als G9-Absolventinnen und -Absolventen einem Hobby im Sportverein, im musischen oder sozialen Bereich nach. Böhm-Kasper und Weishaupt (2002) untersuchten die psychische Belastung und Beanspruchung von Lehrkräften sowie Schülerinnen und Schülern an achtstufigen Gymnasien in Thüringen und an neunstufigen Gymnasien in Bayern und Brandenburg. Insgesamt ergaben sich auch in deren Studie keine Hinweise darauf, dass die Gymnasiastinnen und Gymnasiasten in Thüringen (G8) einer höheren zeitlichen Belastung aufgrund intensiverer Vorbereitung für die Schule ausgesetzt sind als die Schülerinnen und Schüler in den G9-Vergleichsländern Bayern und Brandenburg. Ähnliches gilt auch für die Situation der Lehrkräfte. Die Autoren stellen zusammenfassend fest, dass nicht die Dauer der Schulzeit bis zum Abitur, sondern andere schulorganisatorische und situative Rahmenbedingungen an den einzelnen Schulen ausschlaggebend für die Beanspruchung von Schülerinnen und Schülern sowie von Lehrkräften waren.

Insgesamt betrachtet, ergibt die vorliegende Befundlage keine eindeutige Evidenz dafür, dass die Einführung der Schulzeitverkürzung bei den G8-Schülerinnen und -Schülern generell mit Wissensniveaueinbußen bzw. gesundheitlichen Belastungen oder Einschränkungen der Freizeitaktivitäten einhergeht. Bezogen auf schulische Leistungen finden sich Hinweise auf differenzielle Effekte des G8. Ihnen soll im Folgenden anhand der Längsschnittdaten der LAU- und KESS-Studien nachgegangen werden.

4 Fragestellungen

In diesem Beitrag beschränken wir uns auf die vergleichende Analyse der Lernausgangslagen der Gymnasiastinnen und Gymnasiasten beider Schülerjahrgänge zu Beginn der Mittelstufe (Jahrgangsstufe 7) und der von ihnen am Ende der gymnasialen Oberstufe in ausgewählten Kompetenzbereichen erreichten Lernstände. Dem liegt die Überlegung zugrunde, dass in beiden Schülerjahrgängen bei der Anmeldung für die weiterführende Schule nach der Jahrgangsstufe 4 ein unbeschränktes Elternwahlrecht galt, Eltern also auch gegen die Empfehlung der Zeugniskonferenz der abgebenden Grundschule ihr Kind ohne Prüfungsverfahren auf einem Gymnasium anmelden konnten. Erst am Ende der Jahrgangsstufe 6 entschieden die Zeugniskonferenzen der weiterführenden Schulen auf Grundlage der Lernentwicklungen und der Leistungsstände in den Unterrichtsfächern über die Berechtigung zum Eintritt in die Jahrgangsstufe 7 des Gymnasiums. So hatten Abschulungen, aber auch die Neuaufnahme von Schülerinnen und Schülern aus den anderen Schulformen in beiden Jahrgängen im Verlauf der Jahrgangsstufen 5 und 6 zu nicht unerheblichen Veränderungen der Schülerzusammensetzung geführt (Lehmann et al. 1999, Bos et al. 2009, Hillebrand 2014).

Grundlage der nachfolgenden vergleichenden Analysen sind neben den erhobenen Leistungsdaten die aus Schülerakten sowie im Rahmen von Schüler- und Elternbefragungen gewonnenen Angaben zu einer Vielzahl von Hintergrundmerkmalen der Schülerschaften beider Jahrgänge. Dieser umfangreiche Datensatz macht es möglich, nicht allein die Lernstände eines vollständigen Schülerjahrgangs, der das Abitur unter den Rahmenbedingungen des G8 erworben hat, mit den Lernständen eines vollständigen Schülerjahrgangs, der das Abitur unter den Rahmenbedingungen des G9 erworben hat, in ausgewählten Kompetenzbereichen zu vergleichen, sondern darüber hinaus möglichen Zusammenhängen zwischen Leistungsunterschieden und Veränderungen hinsichtlich der soziodemografischen Zusammensetzung der Schülerschaften beider Jahrgänge nachzugehen.

Ziel des Kohortenvergleichs ist es, anhand der am Ende der gymnasialen Oberstufe in ausgewählten Kompetenzbereichen erreichten Lernstände möglichen Auswirkungen der Schulzeitverkürzung (G8) nachzugehen. Eine wichtige Rolle kommt dabei der Lernausgangslage der Schülerinnen und Schüler zu Beginn der Sekundarstufe I zu, die unter den Bedingungen des G8 einen differenziellen Einfluss auf die am Ende der gymnasialen Oberstufe erreichten Lernstände ausüben könnte. Es kann angenommen werden, dass von der mit der Schulzeitverkürzung einhergehenden Erhöhung der Unterrichtsintensität und der Lernanforderungen des G8 vor allem Schülerinnen und Schüler des oberen Leistungsbereichs profitieren. Für Schülerinnen und Schüler des unteren Leistungsbereichs hingegen kann angenommen werden, dass sie mit den erhöhten Anforderungen des G8 eher überfordert sein könnten.

Ein weiterer Faktor, der bei der Analyse des G8-Effekts auf die am Ende der gymnasialen Oberstufe erreichten Lernstände zu beachten ist, sind die im Rahmen der Oberstufenreform eingeführten und im KESS-Jahrgang bereits wirksam gewordenen Neuerungen wie Profiloberstufe, veränderte Belegverpflichtungen und Beschränkung der Wahl der Abiturfächer. Deren Effekte auf die am Ende der Sekundarstufe II erreichten Lernstände sind mit dem Effekt der Schulzeitverkürzung (G8) zwangsläufig konfundiert. Sofern die Schulzeitverkürzung eine eigenständige Wirkung auf die Lernentwicklungen der Schülerinnen und Schüler des G8-Jahrgangs haben sollte, müssten sie daher bereits zu Beginn der gymnasialen Oberstufe nachweisbar sein.

Vor diesem Hintergrund widmet sich der vorliegende Beitrag folgenden Fragestellungen:

1. Unterscheiden sich die in den Kompetenzbereichen Englisch, Mathematik und Naturwissenschaften am Ende der gymnasialen Oberstufe erreichten Lernstände zwischen dem G8- und dem G9-Jahrgang?
2. Falls ja: Inwieweit können diese Unterschiede auf die Schulzeitverkürzung (einschließlich aller Begleitmaßnahmen) zurückgeführt werden?
3. Lässt sich eine eigenständige Auswirkung des G8 bereits zu Beginn der gymnasialen Oberstufe nachweisen?
4. Treffen die über alle Schülerinnen und Schüler ermittelten Befunde hinsichtlich des Zusammenhangs zwischen Schulzeitverkürzung und den am Ende der gymnasialen Oberstufe erreichten Lernständen gleichermaßen für Schülerinnen und Schüler mit hohen bzw. niedrigen Lernausgangslagen zu Beginn der Mittelstufe zu?

Während sich die erste Fragestellung auf deskriptiver Ebene beantworten lässt, setzt die Beantwortung der übrigen Fragestellungen eine quasi-experimentelle Versuchsanordnung voraus. Dabei wird der KESS-Jahrgang als Versuchsgruppe und der LAU-Jahrgang als Kontrollgruppe hinsichtlich möglicher Auswirkungen der Schulzeitverkürzung betrachtet. Da die beiden Vergleichsgruppen nicht randomisierte, sondern natürliche, bereits existierende Schülergruppen sind, können Leistungsunterschiede am Ende der gymnasialen Oberstufe nicht ohne Weiteres auf die Schulzeitverkürzung zurückgeführt werden. Vielmehr ist es notwendig, beide Gruppen bezüglich personenbedingter leistungsrelevanter Hintergrundvariablen, wie die individuellen Lernausgangslagen zu Beginn der Mittelstufe (Vorwissen) und der soziokulturelle und ethnische Hintergrund, ausreichend zu parallelisieren. Um eine mögliche Konfundierung mit Effekten der Oberstufenreform (insbesondere

Einführung der Profiloberstufe und erhöhter Belegverpflichtungen) zu vermeiden, ist es darüber hinaus notwendig, die Lernstände beider Kohorten nicht nur am Ende, sondern bereits zu Beginn der gymnasialen Oberstufe miteinander zu vergleichen. Die längsschnittlich angelegten LAU- und KESS-Studien stellen für die Beantwortung dieser Fragen eine Fülle schülerbezogener Daten zur Verfügung.

5 Datengrundlage, Testinstrumente und methodisches Vorgehen

5.1 Datengrundlage

4953 von insgesamt 13219 Schülerinnen und Schülern des LAU-Jahrgangs (ohne Sonderschulen) besuchten zu Beginn der Jahrgangsstufe 7 ein grundständiges Gymnasium, das entspricht 37,5 %. Im KESS-Jahrgang waren es 5815 von 14200 Schülerinnen und Schülern, das entspricht 41,0 %. Die Zahl der Abiturientinnen und Abiturienten an den grundständigen Gymnasien ist von 3517 im LAU-Jahrgang auf 4675 im KESS-Jahrgang bzw. um 33 % gestiegen. Im LAU-Jahrgang betrug der Rückgang der Schülerzahl an den grundständigen Gymnasien zwischen den Jahrgangsstufen 7 und 13 1436, das entspricht 29,0 %, im KESS-Jahrgang waren es 1140 bzw. 19,6 %. Dieser Rückgang ist nur teilweise auf ein vorzeitiges Ausscheiden bzw. einen Abbruch des Bildungsweges zum Abitur zurückzuführen; eine nennenswerte Teilmenge der Schülerinnen und Schüler hat im Verlauf oder am Ende der Mittelstufe die Schulform gewechselt und den Bildungsgang auf einer Gesamtschule, einem Aufbaugymnasium oder einem Beruflichen Gymnasium fortgesetzt. Exakte Angaben zu den Bildungsverläufen liegen allerdings nicht vor.

Der erheblich gestiegene Gymnasialanteil hat zu einer veränderten soziodemografischen bzw. -kulturellen Zusammensetzung der Schülerschaft geführt, wie die in *Abbildung 1* für ausgewählte Hintergrundmerkmale wiedergegebenen prozentualen Anteile erkennen lassen. So ist der Anteil der Schülerinnen und Schüler mit nichtdeutscher Familiensprache zwischen LAU 7 und KESS 7 von 18,9 % auf 34,5 % gestiegen. Diese Differenz hat sich zwar infolge des überproportionalen Ausscheidens dieser Schülergruppe im KESS-Jahrgang von 15,6 % auf 12,0 % (alle Abiturientinnen und Abiturienten des Jahrgangs) bzw. 12,2 % (nur die Schülerinnen und Schüler, die an beiden Erhebungen teilgenommen haben) bis zum Ende der gymnasialen Oberstufe verringert, ist aber immer noch beträchtlich. Deutlich geringer sind die Unterschiede zwischen beiden Kohorten hinsichtlich des Anteils an Schülerinnen und Schülern, deren beide Eltern höchstens den Mittleren Schulabschluss erworben haben. Er betrug im LAU-Jahrgang zu Beginn der Jahrgangsstufe 7 29,0 %, im KESS-Jahrgang 26,5 %. Infolge des deutlich überproportionalen Ausscheidens dieser Schülergruppe im LAU-Jahrgang liegt ihr Anteil am Ende der gymnasialen Oberstufe im KESS-Jahrgang um 2,7 % (alle Abiturientinnen und Abiturienten des Jahrgangs) bzw. 3,0 % (nur die Längsschnittschülerinnen und -schüler) über ihrem Anteil im LAU-Jahrgang. Schließlich ist der Anteil an Schülerinnen und Schülern mit einem Buchbestand im Elternhaus von maximal 100 Büchern zwischen LAU 7 und KESS 7 um 16,4 % gestiegen, am Ende der gymnasialen Oberstufe betrug die Differenz zwischen beiden Jahrgängen infolge des leicht überproportionalen Ausscheidens dieser Schülergruppe im KESS-Jahrgang 14,9 % (alle Abiturientinnen und Abiturienten des Jahrgangs) bzw. 15,5 % (nur die Längsschnittschülerinnen und -schüler).

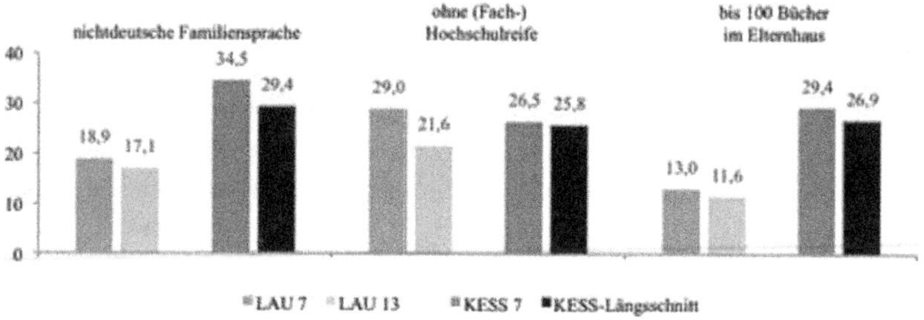

Abb. 1 Kohortenvergleich LAU – KESS (grundständige Gymnasien): Zusammensetzung der Schülerschaften nach soziokulturellen Hintergrundmerkmalen (Angaben in Prozent). ©

Betrachtet man die leistungsbezogenen Lernvoraussetzungen der Schülerinnen und Schüler beider Jahrgänge zu Beginn der Mittelstufe, so ergibt sich für den KESS-Jahrgang – ungeachtet seiner ungünstigeren soziodemografischen und -kulturellen Schülerzusammensetzung – mit einer Effektstärke von $d = 0.12$ ein leichter Vorsprung im Kompetenzbereich *Mathematische Grundbildung*, in den Kompetenzbereichen *Deutsch – Leseverständnis* und *Englisch – Allgemeines Sprachverständnis* liegen beide Kohorten (annähernd) gleichauf ($d \leq 0.01$).

Von den 3517 Abiturientinnen und Abiturienten des LAU-Jahrgangs haben 3347 bzw. 95 % an der Erhebung teilgenommen, im KESS-Jahrgang waren es 3822 von 4675 Abiturientinnen und Abiturienten, das entspricht einer Teilnahmequote von

82 %. Die erheblich geringere Teilnahmequote im KESS-Jahrgang geht in erster Linie auf organisatorische Engpässe zurück, die durch eine veränderte Gestaltung des Zeitraums zwischen schriftlichem und mündlichem Abitur bedingt waren, hat aber nicht zu einer systematischen Verzerrung der Datenbasis geführt. So betrug die Abiturdurchschnittsnote für die Teilnehmerinnen und Teilnehmer 2.35, für die Nichtteilnehmerinnen und Nichtteilnehmer 2.27. Um weiteren möglichen Verzerrungen durch Datenausfall aufgrund von Testrotationen, unvollständiger Testbearbeitung oder Nichtteilnahme an einzelnen Tests zu begegnen, wurden fehlende Werte in beiden Studien und zu beiden Messzeitpunkten nach dem Verfahren der *Multiplen Imputation* (Rubin 1987; Schafer 1997) mit der Software M*plus* (Muthén und Muthén 1998-2010) anhand fünf vollständiger (imputierter) Datensätze berechnet und ergänzt. Dabei wurden auf der Individualebene leistungsrelevante soziodemografische und -kulturelle Hintergrundinformationen wie *Familiensprache, Geburtsland der Eltern, höchster Schulabschluss der Eltern* sowie *Buchbestand im Elternhaus*, auf der Schulebene die Schulmittelwerte in den einzelnen Tests berücksichtigt.

Mit Blick auf die Fragestellungen werden in den nachfolgenden Analysen ausschließlich die Testergebnisse derjenigen Schülerinnen und Schüler berücksichtigt, die sowohl zu Beginn der Mittelstufe (Jahrgangsstufe 7) als auch am Ende der gymnasialen Oberstufe (Jahrgangsstufe 13 bzw. 12) an der LAU- bzw. an der KESS-Untersuchung teilgenommen haben, von denen also mindestens aus einem der Leistungstests am Ende der gymnasialen Oberstufe Daten vorliegen. Die empirische Basis der nachfolgenden Analysen bilden die Ergebnisse von insgesamt 2518 Abiturientinnen und Abiturienten des LAU-Jahrgangs und 2974 Abiturientinnen und Abiturienten des KESS-Jahrgangs in den Kompetenztests *Englisch – Allgemeines Sprachverständnis, Test of English as a Foreign Language* (TOEFL-Gesamtskala) mit den Untertests *Structure & Written Expression, Vocabulary & Reading Comprehension* und *Listening Comprehension, Mathematische Grundbildung* und *Voruniversitäre Mathematik* sowie *Naturwissenschaftliche Grundbildung.* Für dieselben Schülerinnen und Schüler standen darüber hinaus die Ergebnisse in den Tests *Deutsch – Leseverständnis, Englisch – Allgemeines Sprachverständnis* und *Mathematische Grundbildung* zur Verfügung, die zu Beginn der Mittelstufe (Jahrgangsstufe 7) in LAU 7 bzw. in KESS 7 erhoben worden waren.

5.2 Testinstrumente

Einen Überblick über die zu Beginn der Mittelstufe und am Ende der gymnasialen Oberstufe eingesetzten Tests, deren Ergebnisse die Datenbasis für die nachfolgenden Analysen bilden, gibt *Tabelle 3*. In beiden Schülerjahrgängen wurden die Tests

Deutsch – Leseverständnis und *Mathematische Grundbildung* von allen Schülerinnen und Schülern der Jahrgangsstufe 7 bearbeitet, während der Test *Englisch – Allgemeines Sprachverständnis* nur im LAU-Jahrgang von allen Schülerinnen und Schülern, im KESS-Jahrgang hingegen von einer Teilstichprobe (2863 der insgesamt 5815 Gymnasiastinnen und Gymnasiasten, das entspricht 49,2 %) bearbeitet wurde. Die andere Hälfte der Schülerschaft des KESS-Jahrgangs bearbeitete den Test *Naturwissenschaftliche Grundbildung*, der im LAU-Jahrgang nicht in der Jahrgangsstufe 7 eingesetzt worden war. Wegen der bereits in der Jahrgangsstufe 11 erkennbaren Deckeneffekte bearbeiteten die beiden Jahrgänge den Test *Deutsch – Leseverständnis* zu Beginn der Mittelstufe, nicht aber am Ende der Oberstufe.

Tab. 3 Tests in LAU und in KESS zu Beginn der Jahrgangsstufe 7 und am Ende der gymnasialen Oberstufe ©

	Jahrgangsstufe 7		Jahrgangsstufe 12/13	
Test	**LAU**	**KESS**	**LAU**	**KESS**
Deutsch – Leseverständnis	Vollerhebung	Vollerhebung	-	-
Englisch – Allgemeines Sprachverständnis	Vollerhebung	Stichprobe	Vollerhebung	Vollerhebung
TOEFL – Gesamt	-	-	Stichprobe	Stichprobe
TOEFL – Structure & Written Expression	-	-	Vollerhebung	Vollerhebung
TOEFL – Vocabulary & Reading Comprehension	-	-	Stichprobe	Stichprobe
TOEFL – Listening Comprehension	-	-	Stichprobe	Stichprobe
Mathematische Grundbildung	Vollerhebung	Vollerhebung	Vollerhebung	Vollerhebung
Voruniversitäre Mathematik	-	-	Stichprobe	Stichprobe
Naturwissenschaftliche Grundbildung	-	-	Stichprobe	Stichprobe

Die Tests *Englisch – Allgemeines Sprachverständnis* und *Mathematische Grundbildung* wurden am Ende der gymnasialen Oberstufe von allen Schülerinnen und Schülern beider Schülerjahrgänge bearbeitet. Außerdem wurden in beiden Schülerjahrgängen am Ende der gymnasialen Oberstufe der *Test of English as a Foreign Language* (TOEFL) sowie die Tests *Voruniversitäre Mathematik* und *Naturwissenschaftliche Grundbildung* in Teilstichproben durchgeführt.

Bei den in der Jahrgangsstufe 7 eingesetzten Tests *Deutsch – Leseverständnis*, *Englisch – Allgemeines Sprachverständnis* und *Mathematische Grundbildung* handelt es sich um Untertests aus der standardisierten Testbatterie *Hamburger Schulleistungstest für sechste und siebte Klassen – SL-HAM 6/7* (Behörde für Schule, Jugend und Berufsbildung, Amt für Schule 1998). Im Kompetenzbereich *Deutsch – Leseverständnis* wurden im KESS-Jahrgang zusätzlich Prosatexte aus der Studie IGLU 2001 (vgl. Bos et al. 2003) eingesetzt.

Zur Erfassung der am Ende der gymnasialen Oberstufe im Kompetenzbereich Englisch erreichten Lernstände wurden *Cloze-Tests* aus dem *Hamburger Schulleistungstest für zehnte und elfte Klassen – SL-HAM 10/11* (Behörde für Schule, Jugend und Berufsbildung, Amt für Schule 2000) sowie eine Kurzform des *Test of English as a Foreign Language (TOEFL;* ETS 2005) mit den Untertests *Structure & Written Expression*, *Vocabulary & Reading Comprehension* und *Listening Comprehension* eingesetzt. Zur Erfassung der Lernstände im Kompetenzbereich Mathematik wurden Items aus dem *SL-HAM 10/11* sowie Aufgaben aus der TIMS-Studie verwendet (vgl. Baumert et al. 2000b). Ebenfalls aus der TIMS-Studie stammen die Items zur Erfassung der *Naturwissenschaftlichen Grundbildung*[2].

5.3 Methodisches Vorgehen

Zur Beantwortung der ersten Fragestellung wurden die Testergebnisse der Abiturientinnen und Abiturienten beider Jahrgänge unter Anwendung des einparametrischen Rasch-Modells (vgl. Baumert et al. 2000a, S. 60 ff.) einer simultanen Skalierung mit der Software *ConQuest*[3] (Wu et al. 1998) unterzogen und auf acht gemeinsamen Skalen verortet. Anschließend wurden alle Personenparameter auf eine Skalenmetrik mit dem Mittelwert $M = 500$ und der Standardabweichung $SD = 100$ linear transformiert. Da die KESS 12-Untersuchung als Replikation der LAU 13-Untersuchung konzipiert und mit nahezu unveränderten Testheften durchgeführt worden war, basierten die Skalierung und der Leistungsvergleich beider Jahrgänge am Ende der gymnasialen Oberstufe ausschließlich auf identischen Items, die in derselben Reihenfolge dargeboten wurden. Booklet- sowie Itempositionseffekte konnten auf diese Weise weitgehend ausgeschlossen werden.

---

2 Detaillierte Beschreibungen der eingesetzten Tests finden sich in Bos et al. (2009), Trautwein et al. (2010) sowie in Lehmann et. al. (2012).

3 In diesem Programm werden die Item- und Personenparameter nach der Marginal-Maximum-Likelihood-(MML)-Methode geschätzt.

Zur Beantwortung der zweiten Fragestellung wurden in einem ersten Schritt die Ergebnisse der Abiturientinnen und Abiturienten des KESS-Jahrgangs in den Tests *Deutsch – Leseverständnis, Englisch – Allgemeines Sprachverständnis* und *Mathematische Grundbildung* zu Beginn der Mittelstufe (KESS 7) anhand von 16, 48 bzw. 20 Items, die auch in der LAU 7- Untersuchung eingesetzt worden waren, in einem Verankerungsverfahren auf die Skalenmetrik der jeweiligen LAU-Skalen transformiert. Die technischen Schritte bei diesem Verfahren bestanden u. a. darin, die Schwierigkeitsparameter der identischen Testaufgaben (Ankeritems) auf ihre Werte in der LAU-Studie zu fixieren[4].

Die drei für die beiden Jahrgänge nun gemeinsamen Skalen wurden im nächsten Schritt zu einem latenten Faktor *Allgemeiner Fachleistungsindex zu Beginn der Jahrgangsstufe 7* (*AFI 7*) zusammengefasst mit dem Ziel, die individuellen leistungsbezogenen Lernvoraussetzungen der Gymnasiastinnen und Gymnasiasten beider Schülerjahrgänge zu Beginn der Mittelstufe abzubilden. Anschließend wurden der *AFI 7*, die Hintergrundmerkmale *Geschlecht, Familiensprache, Geburtsland der Eltern, höchster Schulabschluss der Eltern* und *Buchbestand im Elternhaus* sowie die Kohortenzugehörigkeitsvariable *LAU/KESS* als Prädiktoren (unabhängige Variablen) für die am Ende der gymnasialen Oberstufe erreichten Lernstände (abhängige Variablen) in acht testbezogenen Regressionsmodellen untersucht. Aufgrund der deutlich unterschiedlichen Verteilung der Schülerinnen und Schüler auf die Kursniveaus wurden zur Beantwortung der dritten Fragestellung die gleichen Analysen für die 500 Testbesten (obere Leistungsgruppe – oLG) sowie für die 500 Testschwächsten (untere Leistungsgruppe – uLG) beider Jahrgänge zu Beginn der Mittelstufe in den beiden längsschnittlichen Tests *Englisch – Allgemeines Sprachverständnis* und *Mathematische Grundbildung* durchgeführt.

Im Hinblick auf die zentrale Fragestellung dieses Beitrags ist der *LAU/KESS*-Prädiktor von besonderem Interesse, der – bei allen gegebenen Einschränkungen – als Effekt der Schulzeitverkürzung (einschließlich der begleitenden pädagogischen Maßnahmen) betrachtet werden kann. Ein signifikanter eigenständiger Beitrag dieses Prädiktors (signifikantes standardisiertes *ß*-Gewicht) kann als Hinweis darauf interpretiert werden, dass Unterschiede hinsichtlich der am Ende der gymnasialen Oberstufe erreichten Lernstände zwischen dem LAU- und dem KESS-Jahrgang nicht allein durch (Kohorten-)Unterschiede bezüglich der leistungsbezogenen sowie soziodemografischen und -kulturellen Lernausgangslagen zu Beginn der Mittelstufe erklärt, sondern darüber hinaus mit der Schulzeitverkürzung (einschließlich aller Begleitmaßnahmen) zusammenhängen können. Lässt sich ein solches Ergebnis

4 Das Verfahren des Fixierens von Ankeritems ist u. a. bei Davier und Davier (2007) beschrieben.

bereits zu Beginn der gymnasialen Oberstufe nachweisen, so kann die Wirkung der Schulzeitverkürzung auf die Kompetenzentwicklung in den untersuchten Domänen auch unabhängig von möglichen Effekten der Oberstufenreform (insbesondere der Einführung der Profiloberstufe und erhöhter Belegverpflichtungen) belegt werden.

6 Ergebnisse

6.1 Deskriptive Befunde

Für sechs der acht Kompetenzskalen ergeben sich signifikante Unterschiede zwischen den Lernständen der Abiturientinnen und Abiturienten des LAU- und des KESS-Jahrgangs am Ende der gymnasialen Oberstufe. Lediglich im TOEFL-Untertest *Structure & Written Expression* und im Test *Naturwissenschaftliche Grundbildung* sind die Mittelwertunterschiede nicht signifikant (vgl. *Abbildung 2*).

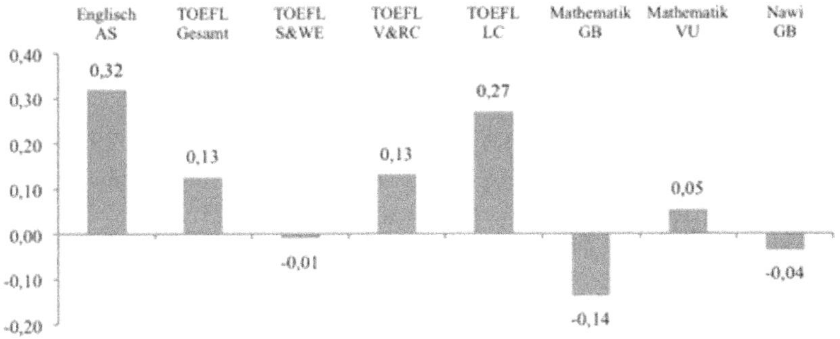

Abb. 2 Lernstände am Ende der gymnasialen Oberstufe im Vergleich: Mittelwertdifferenzen in Effektstärken (Referenz: LAU 13).

Englisch AS = *Allgemeines Sprachverständnis*, TOEFL Gesamt = *Test of English as a Foreign Language – Gesamttest*, TOEFL S&WE = Untertest *Structure & Written Expression*, TOEFL V&CR = Untertest *Vocabulary & Reading Comprehension*, TOEFL LC = Untertest *Listening Comprehension*, Mathematik GB = *Mathematische Grundbildung*, Mathematik VU = *Voruniversitäre Mathematik*, Nawi GB = *Naturwissenschaftliche Grundbildung*. ©

Die Abiturientinnen und Abiturienten des KESS-Jahrgangs verzeichnen in dem Test *Englisch – Allgemeines Sprachverständnis* mit $d = 0.32$ und in dem *TOEFL*-Untertest *Listening Comprehension* mit $d = 0.27$ jeweils einen deutlichen Leistungsvorsprung vor den Abiturientinnen und Abiturienten des LAU-Jahrgangs. Im TOEFL-Gesamttest sowie im TOEFL-Untertest *Vocabulary & Reading Comprehension* ergibt sich mit $d = 0.13$ jeweils ein etwas höherer mittlerer Lernstand für den KESS-Jahrgang, auch im Test *Voruniversitäre Mathematik* verzeichnet der KESS-Jahrgang mit $d = 0.05$ einen leichten Vorsprung. Im TOEFL-Untertest *Structure & Written Expression* sowie im Test *Naturwissenschaftliche Grundbildung* besteht kein signifikanter Unterschied zwischen den Abiturientinnen und Abiturienten beider Jahrgänge. Demgegenüber bleiben die Abiturientinnen und Abiturienten des KESS-Jahrgangs im Test *Mathematische Grundbildung* mit $d = -0.14$ signifikant unter dem mittleren Lernstand der Abiturientinnen und Abiturienten des LAU-Jahrgangs. Diese Befunde belegen, dass die Schulzeitverkürzung einschließlich ihrer Begleitmaßnahmen unter den spezifischen Hamburger Rahmenbedingungen zumindest in den beiden betrachteten Jahrgängen nicht mit generellen Leistungseinbußen einhergegangen ist, sondern – wie im Fach Englisch – sogar eine deutliche Leistungsverbesserung beobachtet werden kann.

6.2 Befunde der Regressionsanalysen

Um zu überprüfen, inwieweit die festgestellten Leistungsunterschiede auf die Schulzeitdauer (LAU-Jahrgang: dreizehnjährig, KESS-Jahrgang: zwölfjährig) zurückgeführt werden können, wurden in einem weiteren Schritt testbezogene Regressionsanalysen durchgeführt. Im Ergebnis zeigt sich, dass der *LAU/KESS*-Prädiktor für diejenigen Kompetenzskalen, für die sich bereits signifikante Unterschiede hinsichtlich der mittleren Lernstände beider Kohorten ergeben hatten, auch nach Kontrolle der soziodemografischen und -kulturellen sowie der leistungsbezogenen Lernvoraussetzungen ein signifikantes *ß*-Gewicht aufweist (vgl. *Tabelle 4*). Dieser Befund weist darauf hin, dass der Indikator für die Schulzeitverkürzung (einschließlich ihrer Begleitmaßnahmen) eigenständig zur Erklärung der unterschiedlichen Lernstände beider Kohorten beiträgt, und zwar in dem Test *Englisch – Allgemeines Sprachverständnis* (Englisch-AS), im TOEFL-Gesamttest (TOEFL-ges) und den beiden Untertests *Vocabulary & Reading Comprehension* (TOEFL-V&RC) und *Listening Comprehension* (TOEFL-LC) sowie in beiden Mathematiktests.

Tab. 4 Prädiktoren der Lernstände in Englisch, Mathematik und Naturwissenschaften am Ende der Sekundarstufe II: standardisierte ß-Gewichte und Standardfehler (in Klammern)

	AFI 7	Jahrgang LAU = 0	Geschlecht w = 0	Familien-sprache nicht D = 0	Geburtsland-Eltern nicht D = 0	Schulbildung Eltern ohne ABI = 0	Bücher im Elternhaus ≤ 100 = 0
Englisch-AS	**0.46****(0.02)	**0.17****(0.01)	-0.01 (0.01)	**0.04****(0.02)	0.03 (0.02)	**0.06****(0.01)	**0.05****(0.01)
Englisch-AS oLG	**0.43****(0.04)	**0.10****(0.03)	0.00 (0.03)	0.03 (0.04)	0.01 (0.04)	**0.07*** (0.03)	0.05 (0.03)
Englisch-AS uLG	**0.11****(0.04)	**0.31****(0.03)	**0.07****(0.03)	**0.15*** (0.05)	-0.02 (0.05)	**0.07*** (0.03)	**0.07*** (0.03)
TOEFL-S&WE	**0.46****(0.02)	0.01 (0.01)	**0.07****(0.01)	-0.01 (0.02)	-0.03 (0.02)	**0.11****(0.01)	**0.09****(0.01)
TOEFL-V&RC	**0.34****(0.02)	**0.09****(0.01)	**0.11****(0.01)	**0.07****(0.02)	**-0.07****(0.02)	**0.07****(0.01)	**0.11****(0.01)
TOEFL-LC	**0.29****(0.02)	**0.17****(0.01)	**0.05****(0.01)	0.02 (0.02)	**-0.06****(0.02)	**0.15****(0.01)	**0.16****(0.01)
TOEFL-ges	**0.34****(0.02)	**0.10****(0.01)	**0.08****(0.01)	**0.07****(0.02)	**-0.05****(0.02)	**0.13****(0.01)	**0.16****(0.01)
Mathe-GB	**0.46****(0.01)	**-0.07****(0.01)	**0.17****(0.01)	0.02 (0.02)	0.00 (0.02)	**0.05****(0.01)	**0.04****(0.01)
Mathe-GB oLG	**0.35****(0.05)	0.04 (0.03)	**0.14****(0.03)	0.07 (0.04)	-0.04 (0.04)	**0.09****(0.03)	0.01 (0.03)
Mathe-GB uLG	-0.06 (0.04)	**-0.10****(0.03)	**0.14****(0.03)	0.08 (0.05)	0.00 (0.05)	**0.07*** (0.03)	0.03 (0.04)
Mathe-VU	**0.25****(0.02)	**0.05****(0.01)	**0.20****(0.01)	0.03 (0.02)	0.03 (0.02)	**0.04****(0.01)	**0.07****(0.01)
Nawi-GB	**0.11****(0.02)	0.02 (0.01)	**0.21****(0.01)	**0.09****(0.02)	0.02 (0.02)	**0.04****(0.01)	**0.12****(0.01)

Anmerkungen: Die Merkmale *LAU-Jahrgang, weibliches Geschlecht, Familiensprache nicht Deutsch, mindestens ein Elternteil im Ausland geboren, beide Eltern ohne (Fach-)Hochschulreife* und *Buchbestand im Elternhaus maximal 100 Bücher* dienen hier als Referenzgrößen und wurden mit 0 kodiert. Ein positives ß-Gewicht für den LAU/KESS-Prädiktor deutet auf einen Leistungsvorsprung der Abiturientinnen und Abiturienten des KESS-Jahrgangs, ein negatives ß-Gewicht auf einen Leistungsvorsprung der Abiturientinnen und Abiturienten des LAU-Jahrgangs hin.* $p \leq 0.05$; ** $p \leq 0.01$; RMSEA = 0.09; SRMR = 0.06 R^2: Englisch-AS = 24,4 %, Englisch-AS oLG = 20,3 %, Englisch-AS uLG = 13,4 %, TOEFL-S&WE = 24 %, TOEFL-V&RC = 15,3 %, TOEFL-LC = 16,1 %, TOEFL-ges = 18,2 %, Mathe-GB = 25,1 %, , Mathe-GB oLG=15,7 %, , Mathe-GB uLG= 5,9 %, Mathe-VU = 11,4 % Nawi-GB = 9.2 %; $R^2_{(inkrementell)}$ Jahrgang = 0,3 % bis 7,9 %. ©

Um diesen Effekt gegen eine Konfundierung mit der nur für den KESS-Jahrgang relevanten Oberstufenreform (u. a. Einführung der Profiloberstufe) abzusichern, wurden für die beiden längsschnittlich erfassten Kompetenzdomänen *Englisch – Allgemeines Sprachverständnis* und *Mathematische Grundbildung* die oben beschriebenen Regressionsanalysen wiederholt, diesmal wurden aber nicht die Lernstände am Ende der gymnasialen Oberstufe (Jahrgangsstufe 13 bzw. 12), sondern die Lernstände zu Beginn der gymnasialen Oberstufe (Jahrgangsstufe 11) als abhängige Variablen eingesetzt. Die Berechnungen haben ergeben, dass unter Berücksichtigung der soziodemografischen und -kulturellen sowie der leistungsbezogenen Lernvoraussetzungen zu Beginn der Jahrgangsstufe 7 der Indikator für die Schulzeitverkürzung bereits zu Beginn der gymnasialen Oberstufe für den Test *Englisch – Allgemeines Sprachverständnis* einen hochsignifikanten eigenständigen Beitrag zugunsten des KESS-Jahrgangs aufweist ($ß = 0.32$). Einen gleichfalls hochsignifikanten, mit $ß = 0.07$ jedoch deutlich schwächer ausgeprägten eigenständigen Beitrag verzeichnet der *LAU/KESS*-Prädiktor für den Test *Mathematische Grundbildung*, allerdings diesmal zugunsten des KESS-Jahrgangs.

Der *Tabelle 4* ist des Weiteren zu entnehmen, dass in nahezu allen untersuchten Testbereichen die leistungsbezogenen Lernausgangslagen der Schülerinnen und Schüler zu Beginn der Mittelstufe (*AFI 7*) erwartungsgemäß den größten eigenständigen Beitrag leisten. Für alle Testbereiche sind die zu Beginn der Mittelstufe erfassten Merkmale *höchster Schulabschluss der Eltern* und *Buchbestand im Elternhaus* signifikante Prädiktoren der am Ende der gymnasialen Oberstufe erreichten Lernstände. Auch der Prädiktor *Geschlecht* liefert mit Ausnahme des Kompetenzbereichs *Englisch – Allgemeines Sprachverständnis* einen eigenständigen Beitrag zur Erklärung der Leistungsunterschiede am Ende der gymnasialen Oberstufe. Die Familiensprache weist unter Kontrolle aller anderen Prädiktoren einen engen Zusammenhang mit den Ergebnissen im Test *Englisch – Allgemeines Sprachverständnis*, im TOEFL-Gesamttest, im TOEFL-Untertest *Listening Comprehension* und im Test *Naturwissenschaftliche Grundbildung* auf. Nach Berücksichtigung aller anderen Prädiktoren hat das *Geburtsland der Eltern* nur im TOEFL-Gesamttest sowie in den beiden Untertests *Vocabulary & Reading Comprehension* und *Listening Comprehension* eine eigenständige Erklärungskraft.

Differenziert nach Leistungsgruppen ergibt sich, dass der *LAU/KESS*-Prädiktor sowohl für die Schülerinnen und Schüler aus der oberen Leistungsgruppe (oLG) wie auch für die Schülerinnen und Schüler aus der unteren Leistungsgruppe (uLG) im Test *Englisch – Allgemeines Sprachverständnis* ein signifikantes positives $ß$-Gewicht aufweist. Dabei ist dieser Effekt für die Schülerinnen und Schüler aus der unteren Leistungsgruppe dreimal so hoch wie für die Schülerinnen und Schüler aus der oberen Leistungsgruppe. Demgegenüber ist im Test *Mathematische Grundbildung* ein signifikanter negativer Zusammenhang zwischen den am Ende der gymnasialen Oberstufe erreichten Lernständen und dem *LAU/KESS*-Prädiktor für die Schülerinnen und Schüler der unteren Leistungsgruppe nachweisbar, nicht aber für die Schülerinnen und Schüler der oberen Leistungsgruppe.

7 Diskussion

In dem vorliegenden Beitrag sind die Lernstände zweier Schülerjahrgänge am Ende der gymnasialen Oberstufe anhand identischer Leistungstests in den Kompetenzbereichen Englisch, Mathematik sowie Naturwissenschaften und unter Berücksichtigung der soziodemografischen und -kulturellen sowie leistungsbezogenen Lernvoraussetzungen zu Beginn der Jahrgangsstufe 7 miteinander verglichen worden. Beide Schülerjahrgänge hatten zwar dasselbe Unterrichtsvolumen (265 Wochenstunden in den Sekundarstufen I und II), jedoch hatten die Schülerinnen und Schüler des LAU-Jahrgangs das Abitur nach dreizehn Jahren (G9) abgelegt, die Schülerinnen und Schüler des KESS-Jahrgangs hingegen nach zwölf Jahren (G8). Daher richtete sich der Fokus der empirischen Analysen auf die Frage, inwieweit ein Zusammenhang zwischen der Dauer der Schulzeit und den erreichten Lernständen besteht. Im Ergebnis hat sich gezeigt, dass im Test *Englisch – Allgemeines Sprachverständnis* und im TOEFL-Untertest *Listening Comprehension* deutliche Unterschiede ($d > 0.20$) zwischen beiden Jahrgängen bestehen, und zwar zugunsten des KESS-Jahrgangs (G8). Auch im TOEFL-Gesamttest, dem TOEFL-Untertest *Vocabulary & Reading Comprehension* und dem Test *Voruniversitäre Mathematik* ergab sich ein Leistungsvorsprung für den KESS-Jahrgang, allerdings schwächer ausgeprägt ($0.05 \leq d \leq 0.20$). Im TOEFL-Untertest *Structure & Written* Expression wie auch im Test *Naturwissenschaftliche Grundbildung* liegen die mittleren Lernstände beider Jahrgänge annähernd gleichauf ($d \leq 0.05$). Lediglich im Test *Mathematische Grundbildung* ergab sich ein Leistungsvorsprung ($d = 0.14$) für den LAU-Jahrgang (G9).

Die festgestellten Unterschiede gehen mit einer stark veränderten Schülerzusammensetzung einher. So ist der Anteil der Schülerinnen und Schüler mit Migrationshintergrund sowie aus eher bildungsfernen Elternhäusern im KESS-Jahrgang erheblich höher als im LAU-Jahrgang. Die regressionsanalytischen Modelle haben gezeigt, dass auch nach Kontrolle der soziodemografischen und -kulturellen sowie der leistungsbezogenen Lernvoraussetzungen der Schülerinnen und Schüler beider Jahrgänge zu Beginn der Mittelstufe die bezogen auf die am Ende der gymnasialen Oberstufe erreichten Lernstände festgestellten Unterschiede statistisch hochsignifikant ($p_{zweiseitig} \leq .001$) bleiben. Unter der Annahme, dass mit den leistungsbezogenen Lernvoraussetzungen zu Beginn der Jahrgangsstufe 7 (*AFI 7*), dem *Geschlecht*, der *Familiensprache*, dem *Geburtsland der Eltern*, dem *höchsten Schulabschluss der Eltern* und dem *Buchbestand im Elternhaus* wesentliche leistungsrelevante Faktoren berücksichtigt und somit Kohorteneffekte (weitgehend) neutralisiert sind, lässt sich damit ein Zusammenhang zwischen der Schulzeitverkürzung (einschließlich ihrer Begleitmaßnahmen) und den am Ende der gymnasialen Oberstufe in den untersuchten Kompetenzbereichen erreichten Lernständen feststellen, allerdings – entgegen den allgemeinen Erwartungen – überwiegend zugunsten des KESS-Jahrgangs (G8).

Vertiefende Analysen ergaben darüber hinaus, dass die für die Gesamtkohorten nachgewiesenen Zusammenhänge nicht gleichermaßen für Schülerinnen und Schüler mit unterschiedlichen domänenspezifischen Lernausgangslagen zu Beginn der Mittelstufe zutreffen. So sind die für die Gesamtkohorten ermittelten Effekte vor allem auf die Lernergebnisse der Schülerinnen und Schüler aus der unteren Leistungsgruppe zurückzuführen; das gilt sowohl für den im Test *Englisch – Allgemeines Sprachverständnis* festgestellten Leistungsvorsprung als auch für den im Test *Mathematische Grundbildung* festgestellten Leistungsrückstand des KESS-Jahrgangs.

Diese Befunde deuten darauf hin, dass die Einführung des achtjährigen Bildungsgangs zum Abitur in Hamburg nicht zu einer generellen Absenkung des Leistungsniveaus in den untersuchten Kompetenzbereichen geführt hat. Dies ist umso bemerkenswerter, als der gymnasiale Anteil am Gesamtjahrgang sowie der Anteil an Schülerinnen und Schülern aus bildungsferneren Elternhäusern im Vergleich zum LAU-Jahrgang gestiegen ist. Ergänzende regressionsanalytische Berechnungen haben ergeben, dass bei Berücksichtigung der soziodemografischen und -kulturellen sowie der leistungsbezogenen Lernvoraussetzungen zu Beginn der Jahrgangsstufe 7 die Schülerinnen und Schüler des KESS-Jahrgangs bereits zu Beginn der gymnasialen Oberstufe in den Tests *Englisch – Allgemeines Sprachverständnis* und *Mathematische Grundbildung* einen hochsignifikanten Leistungsvorsprung gegenüber den Schülerinnen und Schülern des LAU-Jahrgangs aufweisen. Dabei zeigen sich sowohl zu Beginn als auch am Ende der gymnasialen Oberstufe domänenspezifische wie auch differenzielle Effekte, auf die bereits Baumert und Watermann (2000) hingewiesen haben.

Diese Befundlage gibt Anlass, die fachbezogenen Veränderungen, die mit dem KESS-Jahrgang eingeführt worden sind, genauer zu untersuchen. So könnten die verbesserten Englischleistungen des KESS-Jahrgangs beispielsweise mit der Einführung von Englisch in der Grundschule, der Implementierung kompetenzorientierter Rahmenpläne in Verbindung mit einem erhöhten Anforderungsniveau, einer Ausweitung des bilingualen Englischunterrichts sowie gezielten Fortbildungsmaßnahmen für die Fachlehrkräfte im Zusammenhang stehen. Das ungünstigere Abschneiden der Schülerinnen und Schüler des KESS-Jahrgangs in der mathematischen Grundbildung könnte demgegenüber auf die Reduzierung der Unterrichtszeit in der Oberstufe (Jahrgangsstufen 11 und 12) zurückzuführen sein. Dem ließe sich beispielsweise durch eine Erhöhung der Unterrichtszeit im Fach Mathematik von drei auf vier Wochenstunden in den Jahrgangsstufen 9 und 10 (bei Beibehaltung des Unterrichtsvolumens insgesamt) oder durch die Bereitstellung zusätzlicher Förderzeiten begegnen.

Insgesamt bestätigt der leistungsbezogene KESS-LAU-Kohortenvergleich bereits vorliegende Befunde, denen zufolge das G8 nicht per se zu einem Niveauverlust führen muss. Im Gegenteil: Wie am Beispiel der Englischleistungen des KESS-Jahrgangs ausgewiesen, kann eine Schulzeitverkürzung durchaus auch mit Leistungsvorteilen einhergehen. Entscheidende Parameter für die am Ende der Schulzeit erreichten Lernstände resp. Kompetenzen wären demnach weit eher der Umfang und die Qualität des erteilten Fachunterrichts, nicht aber die Dauer der Schulzeit. Vor diesem Hintergrund erscheint es wünschenswert, in Folgestudien Merkmale guten Fachunterrichts verstärkt in den Blick zu nehmen und auf dieser Basis Maßnahmen für die Weiterentwicklung der Unterrichtsqualität zu ergreifen. Dabei ist zu bedenken, dass in Hamburg im Unterschied zu anderen Bundesländern die Einführung des G8 nicht mit einer Verminderung des Unterrichtsvolumens verbunden gewesen ist, weshalb die Ergebnisse der Studie nicht generalisierbar sind. Für die Fortsetzung einer allgemeinen und pauschalierenden Debatte über die Dauer der Schulzeit geben die dargestellten Befunde jedenfalls keinen Anlass.

Literatur

Baumert J. & Watermann, R. (2000). In 12 oder 13 Schuljahren zum Abitur? In J. Baumert, W. Bos & R. Lehmann (Hrsg.). *TIMSS/III. Dritte Internationale Mathematik- und Naturwissenschaftsstudie. Mathematische und naturwissenschaftliche Bildung am Ende der Schullaufbahn. Bd. 2: Mathematische und physikalische Kompetenzen am Ende der gymnasialen Oberstufe*, (S. 351-362). Opladen: Leske + Budrich.

Baumert, J., Bos, W. & Lehmann, R. (2000a). *TIMSS/III: Dritte Internationale Mathematik- und Naturwissenschaftsstudie – Mathematische und naturwissenschaftliche Bildung am Ende der Schullaufbahn, Bd. 1. Mathematische und naturwissenschaftliche Grundbildung am Ende der Pflichtschulzeit.* Opladen: Leske + Budrich.

Baumert, J., Köller, O., Lehrke, M. & Brockmann, J. (2000b). Anlage und Durchführung der Dritten Internationalen Mathematik- und Naturwissenschaftsstudie zur Sekundarstufe II (TIMSS/III) – Technische Grundlagen. In J. Baumert, W. Bos & R. Lehmann (Hrsg.), *TIMSS/III: Dritte Internationale Mathematik- und Naturwissenschaftsstudie. Mathema-*

tische und naturwissenschaftliche Bildung am Ende der Schullaufbahn, Band 1, S. 31-84. Opladen: Leske + Budrich.

Baumert, J., Köller, O. & Schnabel, K. (2000c). Schulformen als differenzielle Entwicklungsmilieus – eine ungehörige Fragestellung? In GEW (Hrsg.), *Messung sozialer Motivation. Eine Kontroverse*, S. 28-68. Schriftenreihe Nr. 14, Frankfurt a. M.: Bildungs- und Förderungswerk der GEW.

Baumert, J., Stanat, P. & Watermann, R. (2006). *Herkunftsbedingte Disparitäten im Bildungswesen. Vertiefende Analysen im Rahmen von PISA 2000*. Wiesbaden: VS Verlag für Sozialwissenschaften.

Behörde für Schule, Jugend und Berufsbildung, Amt für Schule (Hrsg.) (1998). *Hamburger Schulleistungstests für sechste und siebte Klassen – SL-HAM 6/7*. Hamburg.

Behörde für Schule, Jugend und Berufsbildung, Amt für Schule (Hrsg.) (2000). *Hamburger Schulleistungstests für zehnte und elfte Klassen – SL-HAM 10/11*. Hamburg.

Bos, W. & Gröhlich, C. (2010). *KESS 8 – Kompetenzen und Einstellungen von Schülerinnen und Schülern am Ende der Jahrgangsstufe 8*. HANSE-Hamburger Schriften zur Qualität im Bildungswesen Band 6. Münster: Waxmann.

Bos, W. & Pietsch, M. (2006). *KESS 4 – Kompetenzen und Einstellungen von Schülerinnen und Schülern am Ende der Jahrgangsstufe 4 in Hamburger Grundschulen*. HANSE – Hamburger Schriften zur Qualität im Bildungswesen Band 1. Münster: Waxmann.

Bos, W., Lankes, E.-M., Prenzel, M., Schwippert, K., Walther, G. & Valtin, R. (2003). *Erste Ergebnisse aus IGLU. Schülerleistungen am Ende der vierten Jahrgangsstufe im internationalen Vergleich*. Münster: Waxmann.

Bos, W., Bonsen, M. & Gröhlich, C. (2009). *KESS 7 – Kompetenzen und Einstellungen von Schülerinnen und Schülern an Hamburger Schulen zu Beginn der Jahrgangsstufe 7*. HANSE – Hamburger Schriften zur Qualität im Bildungswesen Band 5. Münster: Waxmann.

Böhm-Kasper, O. & Weishaupt, H. (2002). Belastung und Beanspruchung von Lehrern und Schülern. *Zeitschrift für Erziehungswissenschaft, 5*, 472-499.

Bürgerschaft der Freien und Hansestadt Hamburg (2003). *Drucksache 17/2455. Mitteilung des Senats an die Bürgerschaft. Entwurf eines Gesetzes zur Änderung des Hamburgischen Schulgesetzes*, S. 18.

Brahm, G. im, Kühn, S. M. & Wixfort, J. (2013). Wie nehmen Schülerinnen und Schüler des doppelten Abiturjahrgangs die eigene Schulzeit wahr? Eine geschlechtsspezifische Analyse der Schülerperspektive auf acht- und neunjährige Bildungsgänge am Gymnasium. *Schulpädagogik heute, 8*, 1-12.

Davier, M. v. & Davier, A. A. v. (2007). A unified approach to IRT scale linking and scale transformations. *Methodology, 3*, 115-124.

ETS = Educational Testing Service (2005). *TOEFL test and score data summary: 2004-2005 Test year data*. Princeton, NJ: ETS.

Hillebrand, A. (2014). *Selektion am Gymnasium. Eine Ursachenanalyse auf Grundlage amtlicher schulstatistischer Daten und einer Lehrerbefragung*. Münster: Waxmann.

Homuth, C. (2012). *Der Einfluss des achtjährigen Gymnasiums auf den Kompetenzerwerb*. Working paper: https://www.uni-bamberg.de/fileadmin/bagss/2012-12-28_Kompetenzerwerb_am_G8.pdf. Zugriff: 20.10.2014.

Kühn, S. M. & Brahm, G. im (2013). Der doppelte Abiturjahrgang aus Schülersicht. *Schule NRW, 11*, 304-306.

Kühn, S. M., Ackeren, I. van, Bellenberg, G., Reintjes, C. & Brahm, G. im (2013). Wie viele Schuljahre bis zum Abitur? Eine multiperspektivische Standortbestimmung im Kontext der aktuellen Schulzeitdebatte. *Zeitschrift für Erziehungswissenschaft*, 16, S. 115-136.

Klemm, K. (2014). Expertise zur Diskussion um die Dauer der gymnasialen Schulzeit in Bayern. http://www.gruene-fraktion-bayern.de/sites/default/files/14-02-12_zusammenfassung_gutachten_G8.pdf. Zugriff: 09.07.2014.

Lehmann, R. H., & Peek, R. unter Mitarbeit von Rüdiger Gänsfuß (1997). Aspekte der Lernausgangslage von Schülerinnen und Schülern der fünften Klassen an Hamburger Schulen. Bericht über die Untersuchung im September 1996. In Behörde für Schule und Berufsbildung (Hrsg.) (2011), *LAU – Aspekte der Lernausgangslage und der Lernentwicklung. Klassenstufen 5, 7 und 9*, S. 9-119. Münster: Waxmann.

Lehmann, R. H., Gänsfuß, R. & Peek, R. (1999). Aspekte der Lernausgangslage und der Lernentwicklung von Schülerinnen und Schülern an Hamburger Schulen – Klassenstufe 7. Bericht über die Untersuchung im September 1998. In Behörde für Schule und Berufsbildung (Hrsg.) (2011), *LAU – Aspekte der Lernausgangslage und der Lernentwicklung. Klassenstufen 5, 7 und 9*, S. 121-285. Münster: Waxmann.

Lehmann, R. H., Peek, R., Gänsfuß, R. & Husfeldt, V. (2002). Aspekte der Lernausgangslage und der Lernentwicklung von Schülerinnen und Schülern an Hamburger Schulen – Klassenstufe 9. Bericht über die Untersuchung im September 2000. In Behörde für Schule und Berufsbildung (Hrsg.) (2011), *LAU – Aspekte der Lernausgangslage und der Lernentwicklung. Klassenstufen 5, 7 und 9*, S. 287-457. Münster: Waxmann.

Lehmann, R. H., Hunger, S., Ivanov, S. & Gänsfuß, R. unter Mitarbeit von Hoffmann, E. (2004). Aspekte der Lernausgangslage und der Lernentwicklung – Klassenstufe 11. Ergebnisse einer Längsschnittuntersuchung in Hamburg. In Behörde für Schule und Berufsbildung (Hrsg.) (2012), *LAU – Aspekte der Lernausgangslage und der Lernentwicklung. Klassenstufen 11 und 13*, S. 151-224. Münster: Waxmann.

Lehmann, R. H., Vieluf, U., Nikolova, R. & Ivanov, S. (2006). LAU 13. Aspekte der Lernausgangslage und der Lernentwicklung – Klassenstufe 13. Erster Bericht. In Behörde für Schule und Berufsbildung (Hrsg.) (2012), *LAU – Aspekte der Lernausgangslage und der Lernentwicklung. Klassenstufen 11 und 13*, S. 151-224. Münster: Waxmann.

Meyer, T., Thiel, H. & Thomsen, S. (2012). Effekte des Turbo-Abiturs: Leistungen in Mathematik schlechter, weniger Einschreibungen in den Naturwissenschaften. *Newsletter des Niedersächsischen Instituts für Wirtschaftsforschung, 2*, 1-8.

Milde-Busch, A., Blaschek, A., Borggräfe, I., Kries, R. von, Straube, A. & Heinen, F. (2010). Besteht ein Zusammenhang zwischen der verkürzten Gymnasialzeit und Kopfschmerzen und gesundheitlichen Belastungen bei Schülern im Jugendalter? *Klinische Pädiatrie, 222*, 255-260.

Muthén, L. & Muthén, B. (1998-2010). M*plus* Users Guide. Sixth Edition. Los Angeles, CA: Muthén & Muthén.

Rubin, D. B. (1987). *Multiple imputation for nonresponse in surveys*. New York: Wiley.

Schafer, J. L. (1997). *Analysis of incomplete multivariate data*. London: Chapman & Hall.

Trautwein, U., Köller, O., Lehmann, R. & Lüdtke, O. (Hrsg.) (2007). *Schulleistungen von Abiturienten. Regionale, schulformbezogene und soziale Disparitäten*. Münster: Waxmann.

Trautwein, U., Neumann, M., Nagy, G., Lüdtke, O. & Maaz, K. (Hrsg.) (2010). *Schulleistungen von Abiturienten. Die neu geordnete gymnasiale Oberstufe auf dem Prüfstand*. Wiesbaden: VS-Verlag für Sozialwissenschaften.

Vieluf, U., Ivanov, S. & Nikolova, R. (2011). *KESS 10/11 – Kompetenzen und Einstellungen von Schülerinnen und Schülern an Hamburger Schulen am Ende der Sekundarstufe I und zu Beginn der gymnasialen Oberstufe*. HANSE – Hamburger Schriften zur Qualität im Bildungswesen Band 10. Münster: Waxmann.
Wu, M. L., Adams, R. J. & Wilson, M. R. (1998). *ACER ConQuest: Generalised item response modelling software manual*. Melbourne: Australian Council for Educational Research.

Öffnung des Gymnasiums durch die Wiedereinführung von G9?

Herausforderungen und Befunde im Kontext der aktuellen Heterogenitätsdebatte

Svenja Mareike Kühn

Zusammenfassung

In Deutschland sind zwölf Jahre bis zum Abitur in allen Bundesländern die Regel geworden (Stichwort „G8"). Nicht zuletzt aufgrund der anhaltenden Kritik an der Schulzeitverkürzung besteht mittlerweile in mehreren Ländern für Gymnasien die Möglichkeit, nach der flächendeckenden Einführung von G8 wieder einen G9-Bildungsgang anzubieten, wodurch sich das Schulsystem auf kommunaler bzw. lokaler Ebene weiter ausdifferenziert. Durch die erweiterte Bildungszeit soll unterschiedlich lernenden Schülerinnen und Schülern ein zusätzliches Bildungsangebot im Gymnasialbereich gemacht und insgesamt mehr Zeit für die optimale Förderung ihrer individuellen Potenziale im unterrichtlichen und außerunterrichtlichen Bereich bereitgestellt werden. Allerdings intensiviert diese Flexibilisierung der Schulzeitdauer die andauernde kritische Diskussion um die Öffnung des Gymnasiums für eine heterogenere, nicht-traditionell gymnasiale Schülerklientel. Der Beitrag analysiert die soziale und leistungsbezogene Komposition der Schülerschaft an Gymnasien mit neunjährigem Bildungsgang und zeigt auf, inwieweit Schulen die Opportunität zusätzlicher Lernzeit für einen produktiven Umgang mit Heterogenität nutzen.

1 Einleitung

In Deutschland sind zwölf Jahre bis zum Abitur in (fast) allen Bundesländern die Regel geworden. Nicht zuletzt aufgrund der andauernden Kritik an der Schulzeitverkürzung ermöglichen mittlerweile mehrere Bundesländer die partielle oder flächendeckende Rückkehr zum neunjährigen Gymnasium (z. T. in weiterentwickelter

Form) bzw. eine Flexibilisierung der Wege zum Abitur, z. B. durch die Einführung eines (individuellen) Flexibilisierungsjahres (zu den aktuellen zeitbezogenen Transformationsprozessen im Gymnasialbereich siehe ausführlich Kühn et al. 2013). Durch diese zeitliche Flexibilisierung findet eine weitere Pluralisierung der ohnehin schon vielfältigen schulstrukturell möglichen Bildungswege zum Abitur statt (vgl. z.B. Köller et al. 2004). Allerdings führt diese weitere Ausdifferenzierung der gymnasialen Schullandschaft auch zu einer Intensivierung der kritischen Diskussion um die Öffnung des Gymnasiums für eine – hinsichtlich der sozialen bzw. herkunftsbedingten Zusammensetzung und des Leistungsvermögens – nicht-traditionell gymnasiale Schülerklientel, verbunden mit der Annahme eines Qualitätsverlusts gymnasialer Bildung.

Der auf das Gymnasium bezogene Heterogenitätsdiskurs ist gleichwohl nicht neu: Bedingt durch demografische Trends, veränderte gesellschaftliche Rahmenbedingungen und Erwartungen sowie eine insgesamt stärkere Individualisierung von Lebensformen ist das deutsche Schulsystem *insgesamt* durch eine zunehmende Heterogenität der Schülerschaft gekennzeichnet (zum Heterogenitätsdiskurs vgl. z.B. Beutel et al. 2013; Oelkers 2009; Trautmann und Wischer 2011). So ist umfassend empirisch belegt, dass sich Schülerinnen und Schüler in ihren individuellen Lernvoraussetzungen, -bedürfnissen, -zielen und -möglichkeiten in vielerlei Hinsicht unterscheiden (vgl. Ruberg und Walczyk 2013). Im Fokus der Diskurse um Heterogenität in der Schule stehen – nicht zuletzt vor dem Hintergrund der Befunde aus den Schulleistungsstudien der letzten Dekade – vor allem leistungsbezogene Unterschiede zwischen Schülerinnen und Schülern. Mit Blick auf die hier betrachtete Schulform Gymnasium klagen Gymnasiallehrkräfte insbesondere über ein absinkendes Leistungsniveau infolge des stetigen Anstiegs der Schülerzahlen (vgl. zusammenfassend Hillebrand 2014, S. 36ff.) – gleichwohl ist diese Annahme empirisch nicht haltbar: Einschlägige Studien weisen *tendenziell*, jedoch *nicht generell* auf eine wachsende leistungs- und herkunftsbezogene Heterogenität der Schülerschaft am Gymnasium hin. Insgesamt, so z.B. Köller (2007, S. 18), bindet das Gymnasium nach wie vor die sozial wie auch intellektuell privilegierteste Schülerklientel (zum Forschungsstand s. u.).

Die Wiedereinführung des neunjährigen gymnasialen Bildungsganges hat die Diskussion über die zunehmende Öffnung des Gymnasiums für eine erweiterte Schülerklientel erneut angefacht; gleichwohl fehlen empirische Belege. Der Beitrag greift dieses Desiderat auf und stellt datengestützt dar, wie sich die Schülerschaft an Gymnasien mit neunjährigem Bildungsgang hinsichtlich ihrer sozialen und leistungsbezogenen Komposition charakterisieren lässt und inwieweit die Gymnasien im Kontext der längeren Schulzeitdauer schulische und unterrichtliche Maßnahmen initiieren, um der offenbar größer werdenden Heterogenität der Schülerinnen und Schüler adäquat zu begegnen.

2 Stand der Forschung und theoretische Bezüge

In der auf das Gymnasium bezogenen Heterogenitätsdebatte wird angenommen, dass das stark expandierte Gymnasium zunehmend eine erweiterte Schülerschaft erschließt, die sich hinsichtlich ihrer sozialen bzw. herkunftsbedingten Zusammensetzung und ihres Leistungsvermögens von der klassischen Gymnasialklientel – Schülerinnen und Schüler aus sozial begünstigten Familien mit hohem Bildungsniveau – abgrenzt (z. B. Meidinger 2012, S.21ff.), woraus die Annahme eines generell sinkenden Leistungsniveaus am Gymnasium resultiert.

Im Hinblick auf die Diskurse um Veränderungen der sozialen Komposition der Schülerschaft am Gymnasium konnten Klein et al. (2009) in ihrer Studie zur langfristigen Entwicklung von Ungleichheiten in der Bildungsbeteiligung einen leichten Rückgang der sozialen Disparitäten beim Besuch des Gymnasiums feststellen. Wenngleich heute weitaus mehr Schülerinnen und Schüler aus sozial weniger begünstigten, bildungsfernen Familien ein Gymnasium besuchen als noch in den 1950er-Jahren, belegen zahlreiche Forschungsarbeiten übereinstimmend, dass die Vergabe einer Gymnasialempfehlung sowie die tatsächliche Anwahl eines Gymnasiums nach wie vor maßgeblich durch die soziale Herkunft der Schülerinnen und Schüler bedingt wird (z. B. Arnold et al. 2007; Kleine et al. 2009; Maaz und Nagy 2009). Unterschiede im Gymnasialbesuch finden sich ebenfalls für Schülerinnen und Schüler mit Migrationshintergrund (vgl. z. B. Autorengruppe Bildungsberichterstattung 2006), wobei der alleinige Effekt des Migrationshintergrundes vergleichsweise gering ist – vielmehr ist dieser eng mit der Sozialschicht konfundiert, da viele Migrantenfamilien in Deutschland eher bildungsfernen Schichten zuzuordnen sind (vgl. Wagner et al. 2009, S. 185).

Hinsichtlich der Annahme eines sinkenden Leistungsniveaus am Gymnasium konnte eine *generelle* Niveauabsenkung empirisch *nicht* nachgewiesen werden. Allerdings konstatieren einschlägige Large-Scale-Studien substanzielle Leistungsdifferenzen innerhalb der Schulform Gymnasium (vgl. zusammenfassend Köller 2013), wenngleich die leistungsmäßige Zusammensetzung der Schülerschaft im Vergleich zu anderen Schulformen insgesamt recht homogen ist (vgl. Baumert et al. 2003, S. 279). Köller (2013, S. 47) weist einerseits unter Rückgriff auf die Daten einschlägiger Large-Scale-Studien darauf hin, dass auch ein stark expandiertes Gymnasium hohe Leistungsstände auf Seiten der Schülerinnen und Schüler erreichen kann.

Andererseits zeigen diese Studien übereinstimmend, dass nennenswerte Anteile an Gymnasiasten nur geringe Kompetenzstände erreichen und die für die jeweilige Schulstufe geltenden fachlichen Standards *nicht* erfüllen (z. B. Baumert et al. 2000; Köller et al. 2004; Pant et al. 2013, S.166; Trautwein et al. 2007, 2010). Baumert et al. (2003) konnten im Rahmen vertiefender Analysen der PISA 2000-Daten nachweisen, dass die teilweise beträchtlichen Differenzen im Leistungsniveau mitunter auch auf einzelschulische Unterschiede hinsichtlich der sozialen und leistungsmäßigen Zusammensetzung der Schülerinnen und Schüler zurückgeführt werden können: So finden sich Gymnasien, die durch eine äußerst homogene – leistungsstarke und sozial privilegierte – Schülerschaft gekennzeichnet sind (vgl. dazu auch Maaz et al. 2009), als auch Schulen mit einer heterogenen Schülerklientel.

Eine *generelle* leistungs- und herkunftsbezogene Heterogenität der Schülerschaft am Gymnasium lässt sich empirisch nicht belegen, vielmehr weisen die Befunde auf eine Leistungsbreite hin, die durch spezifische Kontextmarkmale der Einzelschule bedingt zu sein scheinen. Die größte Herausforderung dürfte somit die qualitative Fortentwicklung schulischer und unterrichtlicher Maßnahmen auf der Ebene der Einzelschule sein, um der Heterogenität der Schülerschaft, insbesondere mit Blick auf die skizzierte Leistungsbreite, gerecht zu werden. Köller (2007, S. 19) spricht gleichwohl in diesem Kontext vom „Umgang mit Heterogenität auf hohem Niveau".

Im Zuge der Diskurse um einen verbesserten Umgang mit Differenz wurden bundesweit Konzepte und Maßnahmen zur individuellen Förderung initiiert, die gewährleisten sollen, dass die Heterogenität von Schülerinnen und Schülern wertgeschätzt und – unter der Berücksichtigung personaler Lern- und Bildungsvoraussetzungen – eine bestmögliche Förderung von Kompetenzen ermöglicht wird (vgl. Glesemann und Porsch 2013; Klieme und Warwas 2011; Kunze 2008; Wischer und Trautmann 2014). Im Zuge der Suche nach empirischer Evidenz für die Umsetzung individualisierter Förderkonzepte weisen verschiedene Studien darauf hin, dass individuelle Förderung von Lehrkräften zwar als sinnvoll und notwendig erachtet wird, aber aus unterschiedlichen Gründen nicht umsetzbar erscheint und nicht umgesetzt wird (vgl. Götz et al. 2005; Lankes und Carstensen 2007; Solzbacher 2008). Ein Schulformvergleich hinsichtlich der Umsetzung von individueller Förderung macht deutlich, dass eine heterogenitätssensible Förderpraxis insbesondere am Gymnasium kaum verankert ist (vgl. Kühn und Racherbäumer 2013; Racherbäumer 2014). Die insgesamt unzureichende Praxis individueller Förderung begründen Lehrkräfte allgemein u. a. mit defizitären einzelschulischen Rahmenbedingungen, fehlenden Spezifikationen zur praktischen Umsetzung im Schulalltag, einem Mangel an materiellen und personellen Ressourcen zur Unterstützung einer veränderten Schul- und Unterrichtskultur im Sinne der individuellen Förderung sowie veränderten schulstrukturellen Rahmenbedingungen (vgl. Solzbacher 2008).

An Gymnasien wird auch die zeitliche Verdichtung in Folge der Schulzeitverkürzung als limitierender Faktor für die Umsetzung von Maßnahmen zur individuellen Förderung angesehen; allerdings findet sich für diese Annahme keine Evidenz, da Studien zu den Wirkungen der Schulzeitverkürzung auf Unterrichtsprozesse nicht vorliegen (zum Forschungsstand vgl. Kühn et al. 2013, S.124ff.). Im Zuge der Wiedereinführung des neunjährigen Bildungsganges wurde u. a. die Stärkung individualisierter Lehr-/Lernprozesse seitens der Bildungspolitik sowie der beteiligten Gymnasien als handlungsleitendes Paradigma formuliert (vgl. u.a. Ministerium für Schule und Weiterbildung des Landes Nordrhein-Westfalen 2010; Ministerium für Kultus, Jugend und Sport des Landes Baden-Württemberg 2011).

In der Unterrichtsforschung gilt *Zeit* in vielen theoretischen Modellen zum schulischen Lernen zwar als zentrale Variable, allerdings besteht in der nationalen und internationalen Forschung ein Konsens darüber, dass die quantitative Steigerung des Lernzeitangebots nicht automatisch zu einer qualitativen Weiterentwicklung des Unterrichts führt (vgl. zusammenfassend Hasselhorn und Gold 2009; Slavin 2011). Inwieweit die Gymnasien die Opportunität zusätzlicher Lernzeit für eine qualitative Weiterentwicklung der Unterrichtspraxis nutzen und inwiefern unter den veränderten zeitlichen Rahmenbedingungen (bei unveränderten curricularen Anforderungen) tatsächlich messbar stärkere Aktivitäten der individuellen Förderung im Unterricht umgesetzt werden, bedarf empirischer Klärung.

Ausgehend vom dargestellten Forschungsstand möchte der vorliegende Beitrag zunächst klären, wer einen neunjährigen Gymnasialzweig besucht. Somit lässt sich folgende Fragestellung ableiten:

1. *Wie lässt sich die G9-Schülerschaft hinsichtlich ihrer sozialen und leistungsbezogenen Komposition beschreiben?*

Vor dem Hintergrund einschlägiger Studien muss davon ausgegangen werden, dass die Zusammensetzung der Schülerschaft von Schule zu Schule variiert. Daher gilt es zu klären, ob sich Schultypen identifizieren lassen, die hinsichtlich der Komposition ihrer Schülerschaft möglichst kongruent sind. Daher wird folgender Forschungsfrage nachgegangen:

2. *Inwiefern können die G9-Gymnasien zu Schultypen zusammengefasst werden, die hinsichtlich der sozialen und leistungsbezogenen Zusammensetzung ihrer Schülerschaft möglichst homogen sind?*

Die skizzierten normativen Diskurse zur Wiedereinführung von G9 weisen auf eine teilweise von der klassischen Gymnasialklientel abweichende Schülerschaft hin. Daher gilt es zu klären, inwieweit Lehrkräfte die Opportunität zusätzlicher Lernzeit für einen produktiven Umgang mit Heterogenität nutzen. Somit sollen folgende Forschungsfragen beantwortet werden:

3. *Inwieweit werden einschlägige Maßnahmen zur individuellen Förderung im neuen neunjährigen Bildungsgang umgesetzt?*

4. *Welche Wirkungen hatte die Wiedereinführung eines neunjährigen Bildungsganges am Gymnasium auf das unterrichtliche Handeln von Lehrkräften im Hinblick auf die individuelle Förderung?*

3 Methode

Um die Schülerschaft an Gymnasien mit neunjährigem Bildungsgang charakterisieren zu können, wurden die Eltern der Fünftklässler ($N = 5241$) an allen 50 Gymnasien in Baden-Württemberg, Nordrhein-Westfalen und Schleswig-Holstein, die einen neunjährigen Gymnasialzweig anbieten, in der ersten Woche des Schuljahres 2012/13 u. a. zu familialen Hintergrundmerkmalen sowie zu den individuellen schulischen Voraussetzungen ihres Kindes befragt (im Folgenden: Studie 1)[1]. Die Studie stellt eine Erweiterung der wissenschaftlichen Begleitforschung des Schulversuchs „Abitur an Gymnasien nach 12 oder 13 Jahren" in NRW (vgl. Acht 2011; van Ackeren et al. 2013) dar. Aus diesem Forschungskontext wird auch bezogen auf die Frage nach dem Umgang mit Heterogenität im Kontext der erweiterten Bildungszeit berichtet (im Folgenden: Studie 2): Im Rahmen der Begleitforschung wurden alle Lehrkräfte zwei Jahre nach Beginn des Schulversuchs u. a. zu ihrer Unterrichtspraxis im Bildungsgang G9-neu (mit einem Fokus auf die Umsetzung von Maßnahmen zur individuellen Förderung) befragt.

3.1 Stichprobe

Studie 1. An der hier dokumentierten Elternbefragung haben sich insgesamt 3618 Personen beteiligt (Rücklaufquote 69.9 %). Dabei wurden sowohl die Eltern aller Schülerinnen und Schüler, die einen neunjährigen Bildungsgang besuchen ($N_{G9} = 3088$), als auch die Eltern der Schülerinnen und Schüler, die einen achtjährigen

1 Ein Gymnasium aus Schleswig-Holstein hat sich nicht an der Erhebung beteiligt.

Bildungsgang an einem Gymnasium mit parallelem G8/G9-Angebot besuchen (N_{G8} = 530), befragt (vgl. Tabelle 1). Die letztgenannte Elternpopulation ermöglicht einen Vergleich von Kompositionsmerkmalen der Schülerschaft acht- und neunjähriger Bildungsgänge; einschränkend sei angemerkt, dass auf Basis dieser Daten *keine* Rückschlüsse auf die Schülerschaft von regulären Gymnasien mit alleinigem achtjährigem Bildungsgang gezogen werden können.

Tab. 1 Beschreibung der Stichprobe (Studie 1: Elternbefragung)

	gesamt		BW		NW		SH	
	hin	rück	hin	rück	hin	rück	hin	rück
beteiligte Gymnasien	49		22		13		14	
Eltern gesamt	5241	3618	2681	1808	1162	864	1398	946
davon: G9-Eltern	4523	3088	2179	1412	1052	789	1292	887
davon: G8-Eltern	718	530	502	396	110	75	106	59
Rücklaufquote	69.9 %		67.5 %		74.4 %		67.7 %	

Anmerkung: In Baden-Württemberg haben sich alle 22 Gymnasien der ersten Staffel des G9-Modellversuchs an der hier dokumentierten Studie beteiligt – für den Befragungszeitpunkt (Beginn des Schuljahres 2012/13) liegt damit eine Vollerhebung vor. Im Folgejahr haben weitere 22 Schulen die Zusage für die Teilnahme am Modellversuch erhalten; auf Basis der hier präsentierten Daten können keine unmittelbaren Rückschlüsse auf diese Gymnasien der zweiten Staffel gezogen werden. ©

Studie 2. Insgesamt haben 187 Lehrerinnen und Lehrer, die zum Zeitpunkt der Befragung bereits im neuen neunjährigen Bildungsgang in Nordrhein-Westfalen unterrichtet haben, den Fragebogen ausgefüllt. Zusätzlich wurden auch Lehrkräfte befragt, die im achtjährigen Bildungsgang unterrichten (auf diese Befunde wird in diesem Beitrag jedoch nicht eingegangen); die Rücklaufquote aller Lehrkräfte (N = 285) beträgt 34.5 %, was den für Lehrerbefragungen üblichen Rücklaufquoten entspricht.

3.2 Instrumente

Als Befragungsinstrument wurde in beiden Studien ein papierbasierter Fragebogen verwendet. Im Folgenden werden ausschließlich die Fragen bzw. Items vorgestellt, die zur Beantwortung der o. g. Forschungsfragen von Bedeutung sind – gleichwohl waren die eingesetzten Eltern- bzw. Lehrerfragebögen deutlich umfangreicher, da weitere, hier nicht berichtete Fragestellungen (z. B. zu elterlichen Schulwahlstrategien oder Aspekten der Schulentwicklung) enthalten waren.

Insgesamt sei darauf hingewiesen, dass sich die Erhebungen vor dem Hintergrund der bildungspolitischen Brisanz der Wiedereinführung von G9 als sehr voraussetzungsreich erwiesen haben, sodass insbesondere bei der Analyse der herkunftsbedingten und leistungsbezogenen Zusammensetzung der Schülerschaft bestimmte Facetten nicht in der gängigen Forschungspraxis entsprechenden Weise erfasst werden konnten; dies gilt insbesondere für den Leistungsaspekt.

Studie 1. Zur Erfassung der sozialen und migrationsgeschichtlichen Herkunft der Schülerschaft wurde auf etablierte Erhebungsinstrumente zurückgegriffen: Die *Bildungsnähe bzw. -ferne* der Familie wurde über das elterliche Bildungsniveau (höchster Bildungsabschluss der Eltern) operationalisiert (vgl. Frey et al. 2009, S. 172f.). Der familiale Hintergrund der Schülerinnen und Schüler wurde – anknüpfend an einschlägige Studien – als bildungsnah (s. g. „Akademikerfamilie") bezeichnet, wenn mindestens ein Elternteil über einen akademischen Abschluss – entsprechend ISCED-Level 5 oder 6 – verfügt. Der *Migrationshintergrund* wurde über Angaben zum Geburtsland operationalisiert (vgl. Frey et al. 2009, S. 45, adaptiert). In Anlehnung an die übliche Forschungspraxis weisen nur Schülerinnen und Schüler, deren Eltern ebenfalls beide in Deutschland geboren sind, keinen Migrationshintergrund auf. Als leistungsrelevantes Merkmal wurde die *Grundschulempfehlung* (vgl. Frey et al. 2009, S. 179; modifiziert mit Blick auf die hier fokussierten Bundesländer) erfasst, die zwar keine Aussage zum tatsächlichen Lern- und Leistungspotenzial der Schülerinnen und Schüler zulässt, aber zumindest als näherungsweiser Indikator für das schulische Leistungsvermögen gilt.

Studie 2. In der Lehrerbefragung wurden die Lehrkräfte mit Hilfe etablierter Instrumente (vgl. Frey et al. 2009, S. 286f.) zunächst zur allgemeinen Unterrichtsgestaltung befragt. Dabei wurden „traditionelle Lehrverfahren" (z. B. Lehrervortrag, fragend-entwickelndes Unterrichtsgespräch) und „erweiterte Lehrverfahren" (z. B. Projektarbeit, Arbeit mit Portfolios) unterschieden (ebd.), wobei den letztgenannten im Allgemeinen ein hohes Potenzial zur Individualisierung von Lernprozessen zugesprochen wird. Ergänzend wurde ein von der Autorin mit entwickeltes Erhebungsinstrument eingesetzt, das unterschiedliche Verfahren der inneren und äußeren Differenzierung, Elemente einer konzeptionell geleiteten Förderung (insbes. Diagnostik, Dokumentation von Lernentwicklung und Förderung, Wirkungsanalyse) sowie die schülerorientierte Lernbegleitung und -beratung erfasst (vgl. Kühn und Racherbäumer 2013). Zudem wurden die Befragten gebeten, ihre derzeitige Unterrichtspraxis mit Blick auf mögliche Veränderungen einzuschätzen, die sich durch die Wiedereinführung des neunjährigen Bildungsganges ergeben haben.

3.3 Statistische Analysen

Studie 1. Im Fokus der Datenauswertung steht die Deskription der Befunde, um die G9-Schülerschaft hinsichtlich ihrer sozialen und leistungsbezogenen Komposition anhand einschlägiger Indikatoren zu beschreiben. Gruppenvergleiche zwischen acht- und neunjährigen Bildungsgängen ermöglichen dabei, potenzielle Unterschiede beider Schülerpopulationen im Hinblick auf die forschungsleitenden Dimensionen herauszuarbeiten. Um die Variabilität hinsichtlich der Zusammensetzung der G9-Schülerschaft an den hier betrachteten Gymnasien darstellen zu können, wurde eine hierarchisch-agglomerative Clusteranalyse nach Ward durchgeführt. Ziel dieser Analyse ist es, Schul-Cluster zu generieren, die sich hinsichtlich der Komposition ihrer Schülerschaft besonders ähnlich sind, wobei die Unterschiede zwischen den einzelnen Schul-Clustern möglichst groß sein sollen. Basis für die Analysen sind die auf Schulebene aggregierten Individualdaten der befragten Eltern zu den in Abschnitt 4.2 beschriebenen Indikatoren (Bildungsnähe/-ferne der Familie, Migrationshintergrund, Grundschulempfehlung[2]). Als Proximitätsmaß wurde aufgrund des gewählten Clusterverfahrens die Quadrierte Euklidische Distanz als Distanzmaß verwendet. Die Auswahl erfolgte heuristisch anhand der Iterationsprotokolle und der Dendogramme. Hinsichtlich der angestrebten Typenbildung (vgl. Forschungsfrage 2) erwies sich eine 3-Cluster-Lösung als besonders geeignet, um die Unterschiede hinsichtlich der Zusammensetzung der Schülerschaft im neunjährigen Bildungsgang am besten beschreiben zu können.

Studie 2. Die Befunde der Lehrerbefragung werden deskriptiv ausgewertet; die Analysen erfolgen dabei auf Einzelitemebene[3], um spezifische Handlungsmuster der Lehrerinnen und Lehrer detailliert betrachten zu können. Dabei werden sowohl die gegenwärtige Unterrichtspraxis als auch die Veränderungen, die sich durch die Wiedereinführung des neunjährigen Bildungsganges ergeben haben, betrachtet. Zudem wird geprüft, ob und inwieweit sich die Unterrichtspraxis zwischen den zuvor herausgearbeiteten Schulclustern unterscheidet.

---

2 Zum Zeitpunkt der Datenerhebung erhielten die Eltern in allen drei Bundesländern eine Empfehlung seitens der Grundschule für den weiteren Bildungsweg ihres Kindes; diese Empfehlung ist jedoch für die Eltern nicht bindend.

3 Wenngleich sich die meisten Items sowohl aus theoretischer Sicht als auch faktorenanalytisch zu Skalen zusammenfassen lassen, werden die Befunde in diesem Beitrag auf Einzelitemebene berichtet, um die gegenwärtige Unterrichtspraxis mit Blick auf Maßnahmen zur individuellen Förderung möglichst differenziert abbilden zu können.

4 Ergebnisse

4.1 Kompositionsmerkmale der Schülerschaft an Gymnasien mit neunjährigem Bildungsgang

Tabelle 2 gibt einen Überblick über die soziale und leistungsbezogene Komposition der Schülerschaft im Vergleich beider Bildungsgänge (N = 3618). Betrachtet man die soziale Herkunft differenziert nach Bildungsgang, so wird deutlich, dass der Anteil von Schülerinnen und Schülern aus bildungsfernen Familien im neunjährigen Bildungsgang (26.8 %) signifikant höher ist als in G8 (19.3 %), χ^2 (1, 3200) = 11.49, p = .001, φ = .06 – gleichwohl ist der Unterschied nicht besonders ausgeprägt. Tabelle 2 weist diesbezüglich jedoch auf länderspezifische Unterschiede hin.

Tab. 2 Soziale und leistungsbezogene Komposition der Schülerschaft an Gymnasien mit neunjährigem Bildungsgang

	keine Akademiker-familie		mit Migrations-hintergrund		ohne Gymnasial-empfehlung	
	G9	G8	G9	G8	G9	G8
gesamt	26.8 %	19.3 %	20.6 %	27.0 %	18.7 %	6.5 %
Baden-Württemberg	24.6 %	18.3 %	22.6 %	27.4 %	8.9 %	6.6 %
Nordrhein Westfalen	27.3 %	15.5 %	24.1 %	21.3 %	24.3 %	4.1 %
Schleswig-Holstein	29.6 %	33.3 %	14.3 %	31.6 %	28.8 %	8.6 %

Anmerkungen: im Vergleich zum achtjährigen Bildungsgang an Schulen mit parallelem G8/G9-Angebot; Angaben in Prozent. ©

Auch der Anteil von Schülerinnen und Schülern mit Migrationshintergrund differiert in Abhängigkeit der Bildungsgangzugehörigkeit. Deren Anteil ist mit 27.0 % im achtjährigen Bildungsgang signifikant höher als in G9 (20.6 %), χ^2 (1, 3518) = 10.48, p = .001, φ = .05, wobei dieser Unterschied insbesondere auf die schleswig-holsteinischen Befunde zurückzuführen sein dürfte (siehe Tabelle 2). In Baden-Württemberg und insbesondere in Nordrhein-Westfalen zeigen sich diesbezüglich nur geringe, nicht signifikante Unterschiede (beide p > .05) zwischen beiden Bildungsgängen. Für die Gruppe der Schülerinnen und Schüler mit Migrationshintergrund sei ergänzend darauf hingewiesen, dass es sich um sozial-privilegierte Migrantenfamilien handelt (zwei Drittel der Schülerinnen und Schüler mit Migrationshintergrund stammen aus Akademikerfamilien).

Hinsichtlich der leistungsbezogenen Komposition der Schülerschaft (operationalisiert durch die Grundschulempfehlungen) finden sich die auffälligsten Befunde: Der Anteil an Schülerinnen und Schülern *ohne* Gymnasialempfehlung ist im Bildungsgang G9 (18.7 %) knapp dreimal höher als im achtjährigen Bildungsgang (6.5 %), hier zeigt sich ein statistisch bedeutsamer Unterschied (χ^2 (1, 3523) = 46.33, $p < .001$, $\varphi = .12$). Interessant ist hier zudem der Vergleich mit den landesweiten Daten (über alle Gymnasien hinweg): In Baden-Württemberg ist der Unterschied zwischen beiden Bildungsgängen nicht signifikant; der Anteil an Schülerinnen und Schülern ohne Gymnasialempfehlung ist an den hier betrachteten Gymnasien insgesamt sogar geringer als im Landesdurchschnitt (11 %, vgl. Schwarz-Jung 2013, S.24). In Nordrhein-Westfalen hat im achtjährigen Bildungsgang nur knapp 4 % der Schülerinnen und Schüler, im neunjährigen Bildungsgang hat etwa ein Viertel der Schülerinnen und Schüler keine Gymnasialempfehlung. Für G9 liegt dieser Wert deutlich über dem Landesdurchschnitt (17.9 %, vgl. MSW 2012). Klare Unterschiede finden sich auch in Schleswig-Holstein (Anteil in G8: 8.6 %; Anteil in G9: 28.8 %) – hier liegt der Landesdurchschnitt bei 18.9 % (Statistikamt Nord: persönliche Mitteilung). Dabei zeigen Vergleiche auf einzelschulischer Ebene, dass an einzelnen Schulen mehr als die Hälfte der G9-Schülerinnen und -Schüler *nicht* über eine Gymnasialempfehlung verfügen. Welche Gründe seitens der Schulen dazu geführt haben, eine hohe Zahl an Schülerinnen und Schülern ohne Gymnasialempfehlung aufzunehmen, bedarf vertiefender Klärung.

Die Zusammenschau dieser Befunde weist im Vergleich beider Bildungsgänge insgesamt weniger auf herkunftsbedingte, sondern – gemessen an der Grundschulempfehlung – stärker auf leistungsbezogene Unterschiede der Schülerinnen und Schüler hin. Die leistungsmäßigen Voraussetzungen der Schülerschaft scheinen im achtjährigen Gymnasialzweig relativ homogen zu sein, während die Leistungsvoraussetzungen der Schülerinnen und Schüler im neunjährigen Bildungsgang offenbar differieren. Über welches tatsächliche Lern- und Leistungspotenzial die Schülerinnen und Schüler zu Beginn ihrer Gymnasialkarriere tatsächlich verfügen, müsste durch eine standardisierte Leistungsmessung überprüft werden, die vor dem Hintergrund der bildungspolitischen Brisanz der Wiedereinführung von G9 jedoch schwierig zu realisieren sein dürfte.

4.2 Typenbildung

Die Befunde weisen mit Blick auf den neunjährigen Gymnasialzweig auf eine Öffnung des Gymnasiums für eine nicht-traditionell gymnasiale Schülerklientel hin. Tabelle 3 macht allerdings deutlich, dass sich die hier betrachteten Gymnasien in dieser Hinsicht clusteranalytisch drei unterschiedlich großen Gruppen zuordnen lassen: Die Hälfte der Schulen ist der Gruppe der Traditionsgymnasien zuordnen (Cluster 1): Die Schülerinnen und Schüler stammen aus Familien mit hohem elterlichen Bildungsniveau und der Anteil an Schülerinnen und Schülern aus Migrationsfamilien ist eher gering. Eine große Mehrheit der Schülerinnen und Schüler verfügt über eine Gymnasialempfehlung, sodass günstige kognitive Leistungsvoraussetzungen angenommen werden können.

Tab. 3 Gruppierung der Gymnasien nach sozialen und leistungsbezogenen Kompositionsmerkmalen der G9-Schülerschaft

	Cluster 1[a] (n = 25)	Cluster 2[b] (n = 16)	Cluster 3[c] (n = 8)
Anteil von SuS aus Nicht-Akademikerfamilien	22.2 %	30.3 %	35.6 %
Anteil von SuS mit Migrationshintergrund	19.0 %	15.0 %	40.4 %
Anteil von SuS ohne Gymnasialempfehlung	10.6 %	27.9 %	26.6 %

Anmerkungen: SuS = Schülerinnen und Schüler; hierarchische Clusteranalyse; Anteile in Prozent; $N = 49$; [a]niedriger Migrantenanteil, sehr hohes Bildungsniveau der Eltern, sehr gute Lern- und Leistungsvoraussetzungen; [b]niedriger Migrantenanteil, relativ hohes Bildungsniveau der Eltern, differierende Lern- und Leistungsvoraussetzungen; [c]hoher Migrantenanteil, relativ hohes Bildungsniveau der Eltern, differierende Lern- und Leistungsvoraussetzungen. ©

Die Cluster 2 und 3 grenzen sich von diesem quantitativ bedeutsamen Cluster ab; dabei zeigen sich mit Blick auf alle erfassten Dimensionen signifikante Unterschiede (alle $p < .001$). Schülerinnen und Schüler an Schulen in Cluster 2 stammen mehrheitlich aus sozial begünstigten Familien mit hohem Bildungsniveau, gleichwohl ist der Anteil an Schülerinnen und Schülern aus nicht-akademischen Elternhäusern signifikant höher als an den Traditionsgymnasien. Der Anteil an Schülerinnen und Schüler mit Migrationshintergrund ist gering (noch geringer als in Cluster 1). Das primär differenzierende Merkmal ist jedoch die leistungsbezogene Zusammensetzung der Schülerschaft – der Anteil an Schülerinnen und Schülern ohne Gymnasialempfehlung ist an Schulen dieses Clusters fast dreimal höher als an den Traditionsgymnasien, sodass von heterogeneren Lern- und Leistungsvoraussetzungen ausgegangen werden kann. Dies gilt auch für Schulen des dritten Clusters, die einen vergleichbar hohen Anteil an Schülerinnen und Schülern ohne Gymnasialempfehlung aufweisen. Der einzige Unterschied liegt im Anteil an Schülerinnen und Schülern mit Migrationshintergrund, der signifikant höher ist als in den Clustern 1 und 2. Vertiefende Analysen (vgl. Kühn 2013) zeigen in diesem Zusammenhang, dass alle Schulen des dritten Clusters in Großstädten bzw. Ballungsgebieten liegen, was den höheren Anteil an Schülerinnen und Schülern mit Migrationshintergrund erklären dürfte.

Auffällig ist zudem die länderspezifische Verteilung der Cluster (vgl. Tabelle 4): Während fast alle der hier betrachteten Schulen in Baden-Württemberg dem Typus „Traditionsgymnasium" entsprechen, ist in Schleswig-Holstein die Mehrheit der Gymnasien dem zweiten Cluster zuzuordnen. Die nordrhein-westfälischen Gymnasien verteilen sich nahezu gleich auf die drei Cluster. Hier dürften möglicherweise länderspezifische Implementationsbedingungen der Wiedereinführung von G9 eine Rolle spielen.[4]

Tab. 4 Besetzung der Schulcluster nach Bundesland (absolute Häufigkeiten) ©

	Cluster 1	Cluster 2	Cluster 3
gesamt	25	16	8
Baden-Württemberg	19	1	2
Nordrhein-Westfalen	3	5	5
Schleswig-Holstein	3	10	1

Während fast alle G9-Schülerinnen und -Schüler in Baden-Württemberg über günstige Lern- und Leistungsvoraussetzungen verfügen, ist bei der G9-Schülerschaft in Nordrhein-Westfalen und Schleswig-Holstein eine deutlich größere leistungsbezogene Heterogenität festzustellen, da ein beträchtlicher Anteil der Schülerinnen und Schüler nicht über eine Gymnasialempfehlung verfügt. Ob und inwieweit Lehrkräfte die mit G9 verbundene Opportunität zusätzlicher Lernzeit für einen produktiven Umgang mit dieser Heterogenität nutzen, wird im nächsten Abschnitt – exemplarisch für Nordrhein-Westfalen – geprüft.

4 In Schleswig-Holstein liegt die Entscheidung hinsichtlich der Dauer der Schulzeit bis zum Abitur gemäß einer schulgesetzlichen Regelung in der Hand der Einzelschule, d. h. die Gymnasien können selbstständig entscheiden, ob sie den acht- oder neunjährigen Bildungsgang (oder beide Bildungsgänge parallel) anbieten. In Baden-Württemberg und Nordrhein-Westfalen hingegen wurde die Option zur Wiedereinführung von G9 im Rahmen von Modellversuchen für einen fest definierten Zeitraum realisiert; die Gymnasien mussten sich für eine Teilnahme an dem Schulversuch bewerben (die Zahl der teilnehmenden Schulen ist auf maximal zehn Prozent aller Gymnasien begrenzt). Während in NRW nur zwei Prozent der Gymnasien von dieser Option Gebrauch machten, überstieg die Anzahl der Bewerberschulen in Baden-Württemberg die Anzahl der zur Verfügung stehenden Plätze, sodass hier seitens des zuständigen Ministeriums eine Auswahl getroffen werden musste.

4.3 Umgang mit Heterogenität im Unterricht

Im Folgenden wird dargestellt, inwieweit Lehrerinnen und Lehrer im Kontext der längeren Schulzeitdauer schulische und unterrichtliche Maßnahmen initiieren, um der Heterogenität der Schülerinnen und Schüler adäquat zu begegnen. Ein angemessener Umgang mit Differenz erscheint nicht nur vor dem Hintergrund der hier nachgewiesenen unterschiedlichen Lern- und Leistungsvoraussetzungen, sondern auch mit Blick auf weitere Aspekte von Heterogenität (z.B. Geschlecht, kulturelle Herkunft, Sozialverhalten etc.) relevant. Abbildung 1 gibt einen Überblick über die gegenwärtige Unterrichtsgestaltung sowie den Einsatz von spezifischen Maßnahmen zur individuellen Förderung im Bildungsgang G9-neu an den nordrhein-westfälischen Gymnasien. Die statistischen Kennwerte können Tabelle 5 bis Tabelle 7 entnommen werden.

Die Abbildung macht deutlich, dass die lehrerzentrierte gegenüber einer individualisierenden Unterrichtsgestaltung überwiegt. Der nur marginale Einsatz individualisierender Lehr- und Lernarrangements sowie das Fehlen konzeptionell geleiteter Maßnahmen machen deutlich, dass die gezielte Förderung individueller Lernprozesse in der Unterstufe des neunjährigen Bildungsganges offensichtlich kaum stattfindet. Insbesondere der Bereich der Diagnostik, der zur Abklärung der Lern- und Leistungsvoraussetzungen und der Ableitung individueller Fördermaßnahmen unverzichtbar ist (vgl. z.B. Schrader 2013), findet nahezu keine Berücksichtigung. Positiv fallen insgesamt die Aspekte der schülerorientierten Lernbegleitung und -beratung sowie ein diesbezüglicher Austausch mit den Eltern auf.

Vertiefende Analysen zeigen zudem, dass sich dieses Befundmuster als sehr stabil erweist, was ein Hinweis auf relativ einheitliche Handlungsroutinen im traditionell-lehrerzentrierten Unterricht am Gymnasium ist (zur Unterrichtkultur am Gymnasium vgl. zusammenfassend Köller 2007, S. 14 und S. 30ff.): So konnten anhand der vorliegenden Stichprobe *keine* substanziellen fachspezifischen Unterschiede nachgewiesen werden. Auch mit Blick auf die zuvor identifizierten Schulcluster zeigen die Ergebnisse der Lehrerbefragung *keine* signifikanten Unterschiede in der Unterrichtsgestaltung sowie bezüglich der Umsetzung individueller Fördermaßnahmen.

Abschließend wurden die Lehrerinnen und Lehrer noch zu Veränderungen hinsichtlich der Unterrichtsgestaltung sowie des Einsatzes von Maßnahmen zur individuellen Förderung seit der Wiedereinführung des neuen neunjährigen Bildungsganges befragt (vgl. Tabelle 5 bis Tabelle 7). Die Mittelwerte in der ersten Spalte bilden dabei die in Abbildung 1 dokumentierte gegenwärtige Unterrichtspraxis ab. Die letzten Spalten spiegeln die Angaben der Befragten wider, ob sie die benannten Unterrichtsmethoden und Maßnahmen zur individuellen Förderung seit der Einführung von G9-neu häufiger (Symbol „↑"), unverändert (Symbol „=") oder seltener (Symbol „↓") verwenden.

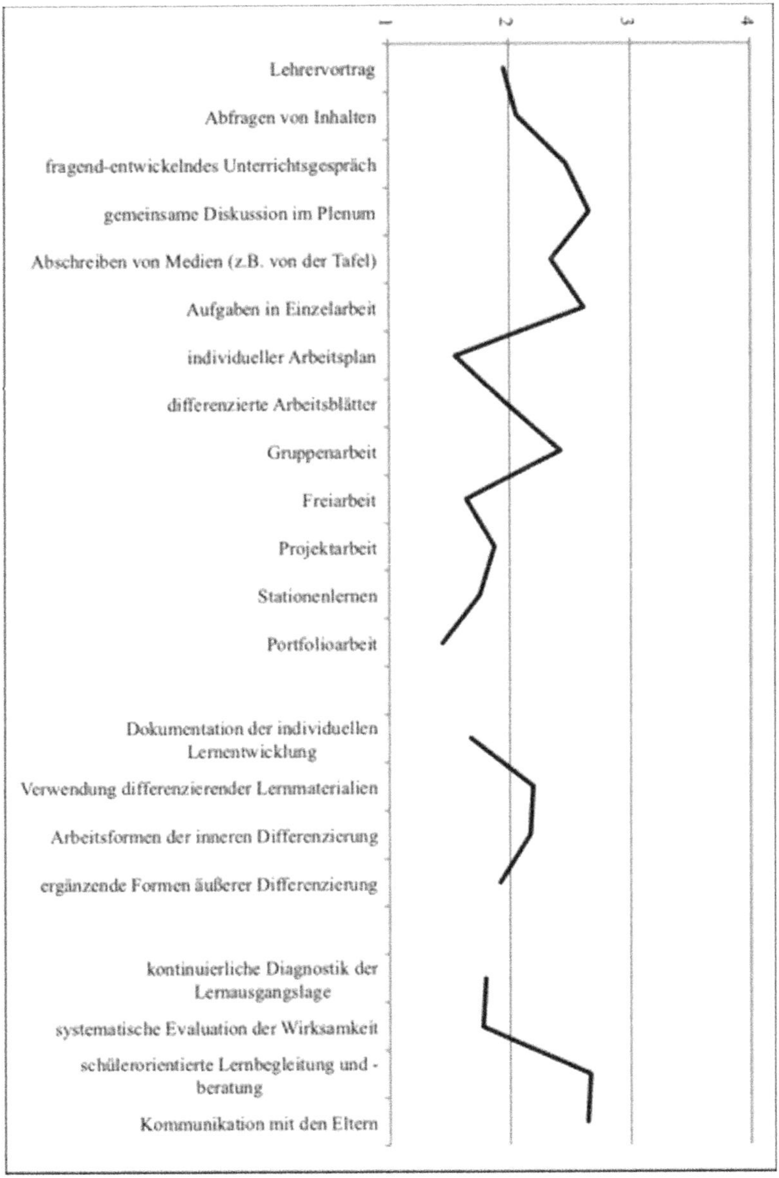

Abb. 1 Unterrichtsgestaltung

Anmerkung: vierstufige Likert-Skala; höhere Werte entsprechen einem häufigeren Einsatz ©

Tab. 5 Veränderungen hinsichtlich der Unterrichtsgestaltung durch die Wiedereinführung des neunjährigen Bildungsganges am Gymnasium (G9-neu)

	M	SD	Veränderung durch die Einführung von G9-neu[a]		
Vortragen von Fachinhalten	1.96	0.649	= (79.5 %)	↑ (1.2 %)	↓ (19.3 %)
Abfragen von Inhalten	2.07	0.640	= (85.5 %)	↑ (5.2 %)	↓ (9.2 %)
fragend-entwickelndes Unterrichtsgespräch	2.47	0.645	= (84.6 %)	↑ (5.7 %)	↓ (9.7 %)
Diskussion im Unterrichtgespräch	2.66	0.692	= (68.3 %)	↑ (28.5 %)	↓ (3.2 %)
Abschreiben von Medien (z. B. von der Tafel)	2.35	0.678	= (89.5 %)	↑ (3.6 %)	↓ (6.9 %)
Aufgaben in Einzelarbeit	2.61	0.686	= (75.8 %)	↑ (21.4 %)	↓ (2.8 %)
Individueller Arbeitsplan	1.55	0.678	= (72.7 %)	↑ (19.4 %)	↓ (7.9 %)
Differenzierte Arbeitsblätter	1.97	0.662	= (66.0 %)	↑ (31.6 %)	↓ (2.4 %)
Gruppenarbeit	2.42	0.594	= (61.7 %)	↑ (36.7 %)	↓ (1.6 %)
Freiarbeit	1.64	0.650	= (73.9 %)	↑ (19.9 %)	↓ (6.2 %)
Projektarbeit	1.88	0.545	= (70.0 %)	↑ (26.3 %)	↓ (3.7 %)
Lernen an Stationen	1.76	0.552	= (71.4 %)	↑ (24.1 %)	↓ (4.5 %)
Portfolioarbeit	1.45	0.617	= (82.6 %)	↑ (10.7 %)	↓ (6.6 %)

Anmerkungen: vierstufige Likert-Skala: 1 = *(fast) nie*, 2 = *in manchen Stunden*, 3 = *in den meisten Stunden*, 4 = *in jeder Stunde*; *N* = 187; [a] „↑" = häufiger, „=" = unverändert, „↓" = seltener. ©

Tab. 6 Veränderungen im Einsatz spezifischer Maßnahmen zur individuellen Förderung durch die Wiedereinführung des neunjährigen Bildungsganges am Gymnasium (G9-neu)

	M	SD	Veränderung durch die Einführung von G9-neu[a]		
Dokumentation der individuellen Lernentwicklung	1.68	0.643	= (79.8 %)	↑ (16.5 %)	↓ (3.6 %)
Verwendung differenzierender Lernmaterialien	2.20	0.642	= (56.1 %)	↑ (41.1 %)	↓ (2.8 %)
Arbeitsformen der inneren Differenzierung	2.17	0.565	= (61.5 %)	↑ (34.1 %)	↓ (4.4 %)
Ergänzende Formen äußerer Differenzierung	1.92	0.765	= (66.5 %)	↑ (29.5 %)	↓ (4.0 %)

Anmerkungen: vierstufige Likert-Skala: 1 = *(fast) nie*, 2 = *in manchen Stunden*, 3 = *in den meisten Stunden*, 4 = *in jeder Stunde*; *N* = 187; [a] „↑" = häufiger, „=" = unverändert, „↓" = seltener. ©

Tab. 7 Veränderungen im Einsatz spezifischer Maßnahmen zur individuellen Förderung durch die Wiedereinführung des neunjährigen Bildungsganges am Gymnasium (G9-neu)

	M	SD	Veränderung durch die Einführung von G9-neu[a]		
Kontinuierliche Diagnostik der Lernausgangslage der Schüler	1.80	0.827	= (79.2 %)	↑ (14.8 %)	↓ (6.0 %)
Systematische Evaluation der Wirksamkeit individueller Förderung	1.78	0.746	= (80.4 %)	↑ (13.2 %)	↓ (6.4 %)
Schülerorientierte Lernbegleitung und -beratung	2.67	0.795	= (63.1 %)	↑ (33.3 %)	↓ (3.6 %)
Kommunikation mit den Eltern	2.64	0.676	= (68.1 %)	↑ (29.5 %)	↓ (2.4 %)

Anmerkungen: vierstufige Likert-Skala: 1 = *(fast) nie*, 2 = *in manchen Stunden*, 3 = *in den meisten Stunden*, 4 = *in jeder Stunde*; *N* = 187; [a] „↑" = häufiger, „=" = unverändert, „↓" = seltener. ©

Zunächst ist grundsätzlich festzustellen, dass die Mehrheit der Lehrkräfte ihre Unterrichtspraxis durch die Einführung von G9-neu *nicht* verändert hat. Die im Folgenden dargelegten Befunde sind also vor dem Hintergrund einer insgesamt eher konstanten Unterrichtspraxis entsprechend den vorherigen Ausführungen zu beurteilen. Zum Teil ist eine Verbesserung hinsichtlich einer individualisierenden Unterrichtsgestaltung sowie der Umsetzung individueller Fördermaßnahmen zu konstatieren. Dies gilt insbesondere für den Einsatz von erweiterten Lehrverfahren (z.B. Projektarbeit) und den Einsatz von differenzierenden Lernmaterialien und Lernarrangements sowie die schülerorientierte Begleitung und Beratung. Auffällig ist, dass sich hinsichtlich der konzeptionell geleiteten Förderung (insbes. im Bereich Diagnostik) nahezu keine Änderungen ergeben haben. Damit wird eine notwendige Voraussetzung für das Gelingen individueller Förderung nicht erfüllt.

5 Diskussion

Die Entscheidung mehrerer Bundesländer, neben dem achtjährigen Bildungsgang in der Regelform auch einen neunjährigen Bildungsgang am Gymnasium zuzulassen, hat auch Kritiker auf den Plan gerufen, die eine Öffnung des Gymnasiums für eine erweiterte, nicht-traditionell gymnasiale Schülerklientel – verbunden mit der Annahme einer Niveauabsenkung – befürchten. Im Rahmen der hier dokumentierten Studie wurde die soziale und leistungsbezogene Komposition der Schülerschaft aller G9-Gymnasien untersucht, die 2012/13 einen neunjährigen Bildungsgang angeboten haben. Dabei gilt einschränkend zu beachten, dass sich die hier vorgelegten Befunde nur auf die Gymnasien beziehen, die sich im Rahmen von Modellversuchen oder auf Grund schulgesetzlicher Gestaltungsoptionen für die Wiedereinführung von G9 auf *einzelschulischer* Ebene entschieden haben – die Befunde dürfen daher nicht generalisiert werden (dies gilt insbesondere auch mit Blick auf die geplante bzw. bereits realisierten flächendeckende Wiedereinführung von G9 in einigen Bundesländern). Die seitens der Kritiker formulierte Annahme einer (weiteren) Öffnung des Gymnasiums durch die Wiedereinführung von G9 konnte auf Basis der vorliegenden Daten nur für einen Teil der Gymnasien bestätigt werden: Während die Hälfte der Gymnasien, die sich für die Wiedereinführung von G9 entschieden haben, den sog. „Traditionsgymnasien" – also Schulen mit einer homogenen, sozial und leistungsmäßig privilegierten Schülerklientel – zuzuordnen ist, lassen sich für die übrigen Gymnasien Hinweise finden, dass diese durch G9 eine erweiterte Schülerklientel erschließen. Mit Blick auf diese Gruppe finden sich weniger Unterschiede hinsichtlich der sozialen Herkunft, sondern vielmehr hinsichtlich der Lern- und Leistungsvoraussetzungen. So verfügen substanzielle Anteile der Schülerschaft *nicht* über eine Gymnasialempfehlung. Gymnasien mit einer – gemessen an den Grundschulempfehlungen – leistungsheterogeneren Schülerschaft finden sich primär in Nordrhein-Westfalen und Schleswig-Holstein (und kaum in Baden-Württemberg), wobei hier möglicherweise ein Zusammenhang zu den unterschiedlichen Implementationsbedingungen von G9 besteht (vgl. Kühn et al. 2013, S. 133f.). Inwiefern sich durch ein privilegiertes Lern- und Entwicklungsmilieu möglicherweise auch positive Wirkungen für die Schullaufbahnen potenziell „weniger geeigneter" Schülerinnen und Schüler ergeben (vgl. z. B. Baumert et al. 2003), muss sich für die neunjährigen Gymnasien noch zeigen. Letztlich bedarf es perspektivisch einer längsschnittlichen Erfassung der Kompetenzentwicklung von Schülerinnen und Schülern beider Bildungsgänge sowie ergänzende Daten zur horizontalen und vertikalen Durchlässigkeit an den betreffenden Schulen, um den weiteren Bildungsverlauf der hier fokussierten Schülerschaft angemessen beschreiben zu können. Es sei jedoch angemerkt, dass insbesondere eine standardisierte Leistungsmessung vor dem Hintergrund der bildungspolitischen Brisanz der Wiedereinführung von G9 schwierig zu realisieren sein dürfte.

Nicht nur vor dem Hintergrund der hier nachgewiesenen unterschiedlichen Lern- und Leistungsvoraussetzungen, sondern auch mit Blick auf die insgesamt zunehmend größer werdende Heterogenität am Gymnasium, gilt die qualitative Fortentwicklung schulischer und unterrichtlicher Maßnahmen zum produktiven Umgang mit Heterogenität als zentrale Herausforderung professionellen Handelns. Im Zuge der aktuellen bildungspolitischen Diskurse wird die individuelle

Förderung diesbezüglich als geeignete Maßnahme angesehen, die in mehreren Bundesländern – so auch in NRW – mittlerweile gesetzlich festgeschrieben ist. Durch die Bereitstellung zusätzlicher Zeitressourcen in G9 soll die optimale Förderung der individuellen Potenziale unterschiedlich lernender Schülerinnen und Schüler gewährleistet werden. Auf Basis der Daten einer Lehrerbefragung an den G9-Gymnasien in NRW konnte in diesem Beitrag jedoch gezeigt werden, dass diese Opportunität offenbar nicht genutzt wird – ein individualisiertes Lernen ermöglichender und fördernder Unterricht findet kaum statt. Auf Grund der eingeschränkten Aussagekraft von Lehrerselbstberichten im Rahmen einer schriftlichen Befragung sollten perspektivisch tiefergehende Analysen (z. B. strukturierte Unterrichtsbeobachtungen, bspw. im Rahmen von Videostudien) oder auch längsschnittliche Forschungsdesigns gewählt werden, um der Komplexität des Untersuchungsgegenstandes – insbesondere auch mit Blick auf die Unterrichtsentwicklung – gerecht zu werden. Wenngleich die Befunde nur explorativen Charakter haben, weist insbesondere das Fehlen konzeptionell geleiteter Fördermaßnahmen auf deutliche Entwicklungspotenziale im professionellen Umgang mit Heterogenität hin – die Gründe dafür müssten in weiterführenden Forschungsarbeiten herausgearbeitet werden. Dieser Befund gilt im Übrigen (auch fächerübergreifend) sowohl für die Traditionsgymnasien als auch für die Gymnasien mit erweiterter Schülerklientel. Die herausgearbeiteten Befunde sind anschlussfähig an bereits vorliegende Forschungsarbeiten zur defizitären Umsetzung von Maßnahmen zur individuellen Förderung im schulischen und unterrichtlichen Alltag (s. o.) sowie zur Unterrichtkultur am Gymnasium insgesamt (vgl. Köller 2007). Gleichwohl muss angemerkt werden, dass die Befunde lediglich für die (wenigen) G9-Gymnasien in Nordrhein-Westfalen gelten und keine unmittelbaren Rückschlüsse auf die Lehr-/Lernkultur in den G9-Gymnasien anderer Länder geschlossen werden können. Vor dem Hintergrund der bisherigen Forschungsbefunde dürften hier gleichwohl keine substanziell anderen Ergebnisse zu erwarten sein.

Literatur

Acht, R. (2011). Abitur an Gymnasien nach 12 oder 13 Jahren. Schulversuch startet zum kommenden Schuljahr. *Schule NRW, 7,* 353-354.

Ackeren, I. van, Bellenberg, G., Brahm, G. im, Kühn, S.M. & Reintjes, C. (2013). *Abitur an Gymnasien nach 12 oder 13 Jahren. Abschlussbericht zu ersten Förderphase der wissenschaftlichen Begleitung des Schulversuchs in Nordrhein-Westfalen.* Universität Duisburg-Essen und Ruhr-Universität Bochum.

Arnold, K.-H., Bos, W., Richert, P. & Stubbe, T.C. (2007). Schullaufbahnpräferenzen am Ende der vierten Klassenstufe. In W. Bos et al. (Hrsg.), *IGLU 2006. Lesekompetenzen von Grundschulkindern in Deutschland im internationalen Vergleich* (S. 271-297). Münster: Waxmann.

Autorengruppe Bildungsberichterstattung (2006). *Bildung in Deutschland. Ein indikatorengestützter Bericht mit einer Analyse zu Bildung und Migration.* Bielefeld: Bertelsmann.

Baumert, J., Bos, W. & Lehmann, R. (2000). *TIMSS III. Dritte Internationale Mathematik- und Naturwissenschaftsstudie – Mathematische und naturwissenschaftliche Bildung am Ende der Schullaufbahn.* Opladen: Leske + Budrich.

Baumert, J., Trautwein, U. & Artelt, C. (2003). Schulumwelten – institutionelle Bedingungen des Lehrens und Lernens. In J. Baumert et al. (Hrsg.), *PISA 2000 – Ein differenzierter Blick auf die Länder der Bundesrepublik Deutschland* (S. 261-332). Opladen: Leske + Budrich.

Beutel, S.-I., Bos, W. & Porsch, R. (2013). *Lernen in Vielfalt. Chance und Herausforderung für Schul- und Unterrichtsentwicklung.* Münster: Waxmann.

Glesemann, B. & Porsch, R. (2013). Individuelle Förderung: Eine Herausforderung der Schul- und Unterrichtsentwicklung. In S.-I. Beutel, W. Bos & R. Porsch (Hrsg.), *Lernen in Vielfalt. Chance und Herausforderung für Schul- und Unterrichtsentwicklung* (S. 35-54). Münster: Waxmann.

Götz, T., Lohrmann, K. & Ganser, B. (2005). Einsatz von Unterrichtsmethoden – Konstanz oder Wandel? *Empirische Pädagogik, 19,* 342-360.

Frey, A. et al. (2009). *PISA 2006 Skalenhandbuch. Dokumentation der Erhebungsinstrumente.* Münster (u. a.): Waxmann.

Hasselhorn, M. & Gold, A. (2009). Rahmenbedingungen des Lehrens. In ebd. (Hrsg.), *Pädagogische Psychologie.* Erfolgreiches Lernen und Lehren. 3. Auflage (S. 345-426). Stuttgart: Verlag W. Kohlhammer.

Hillebrand, A. (2014). *Selektion am Gymnasium. Eine Ursachenanalyse auf Grundlage amtlicher schulstatistischer Daten und einer Lehrerbefragung.* Münster: Waxmann.

Klein, M., Schindler, S., Pollak, R. & Müller, W. (2009). Soziale Disparitäten in der Sekundarstufe und ihre langfristige Entwicklung. In J. Baumert, K. Maaz & U. Trautwein (Hrsg.), *Bildungsentscheidungen* (Zeitschrift für Erziehungswissenschaft: Sonderheft 12, S. 47-73). Wiesbaden: VS.

Kleine, L., Paulus, W. & Blossfeld, H.-P. (2009). Die Formation elterlicher Bildungsentscheidungen beim Übergang von der Grundschule in die Sekundarstufe I. In J. Baumert, K. Maaz & U. Trautwein (Hrsg.), *Bildungsentscheidungen* (Zeitschrift für Erziehungswissenschaft: Sonderheft 12, S. 103-125). Wiesbaden: VS.

Klieme, E. & Warwas, J. (2011). Konzepte der individuellen Förderung. *Zeitschrift für Pädagogik, 57,* 805-818.

Köller, O. (2007). Das Gymnasium zwischen Elitebildung und Förderung der Vielen: Welche Pädagogik braucht das Gymnasium? In S. Jahnke-Klein, H. Kiper & L. Freisel (Hrsg.), *Gymnasium heute. Zwischen Elitebildung und Förderung der Vielen* (S. 13-35). Baltmannsweiler: Schneider.

Köller, O. (2013). Abitur und Studierfähigkeit. In J. Asdonk, S. Kuhnen & P. Bornkessel (Hrsg.), *Von der Schule zur Hochschule. Analysen, Konzeptionen und Gestaltungsperspektiven des Übergangs* (S. 25-49). Münster: Waxmann.

Köller, O., Watermann, R., Trautwein, U. & Lüdtke, O. (2004). *Wege zur Hochschulreife in Baden-Württemberg: TOSCA – eine Untersuchung an allgemein bildenden und beruflichen Gymnasien.* Opladen: Leske + Budrich.

Kühn, S.M. (2013). Schulzeit als wirksames Profilierungsmerkmal? Einzelschulische Profilierung und elterliche Schulwahlstrategien im Kontext der aktuellen Schulzeitdebatte. *Zeitschrift für Bildungsforschung, 3*, 235-252.

Kühn, S.M. & Racherbäumer, K. (2013). Standardisierung und/oder Individualisierung? Empirische Befunde zur Umsetzung von Maßnahmen zur individuellen Förderung im Kontext zentraler Abschlussprüfungen. *Unterrichtswissenschaft, 41*, 173-190.

Kühn, S.M., Ackeren, I. van, Bellenberg, G., Reintjes, C. & Brahm, G. im (2013). Wie viele Schuljahre bis zum Abitur? Eine multiperspektivische Standortbestimmung im Kontext der aktuellen Schulzeitdebatte. *Zeitschrift für Erziehungswissenschaft, 16*, 115-136.

Kunze, I. (2008). Begründungen und Problembereiche individueller Förderung in der Schule – Vorüberlegungen zu einer empirischen Untersuchung. In I. Kunze & C. Solzbacher (Hrsg.), *Individuelle Förderung in der Sekundarstufe I und II* (S. 13-25). Baltmannsweiler: Schneider.

Lankes, E.-M. & Carstensen, C. H. (2007). Der Leseunterricht aus der Sicht der Lehrkräfte. In W. Bos et al. (Hrsg.), IGLU 2006. *Lesekompetenzen von Grundschulkindern in Deutschland im internationalen Vergleich* (S. 161-193). Münster: Waxmann.

Maaz, K. & Nagy, G. (2009). Der Übergang von der Grundschule in die weiterführenden Schulen des Sekundarschulsystems: Definition, Spezifikation und Quantifizierung primärer und sekundärer Herkunftseffekte. In J. Baumert, K. Maaz & U. Trautwein (Hrsg.), *Bildungsentscheidungen* (Zeitschrift für Erziehungswissenschaft: Sonderheft 12, S. 153-182). Wiesbaden: VS.

Maaz, K., Nagy, G., Jonkmann, K. & Baumert, J. (2009). Eliteschulen in Deutschland. Eine Analyse zur Existenz von Exzellenz und Elite in der gymnasialen Bildungslandschaft aus einer institutionellen Perspektive. *Zeitschrift für Pädagogik, 55*(2), 211-227.

Meidinger, H.-P. (2012). Zwischen Quantität und Qualität – wird das Gymnasium zum Opfer des eigenen Erfolgs? In S. Lin-Klitzing, D. Di Fuccia & G. Müller-Frerich (Hrsg.), *Aspekte gymnasialer Bildung. Beiträge zu gymnasialer Bildungstheorie, Schul- und Unterrichtsentwicklung* (S. 16-28). Bad Heilbrunn: Klinkhardt.

Ministerium für Kultus, Jugend und Sport des Landes Baden-Württemberg (2011). *Schulversuch: „Zwei Geschwindigkeiten zum Abitur an den allgemein bildenden Gymnasien"*. Online unter: http://www.kultusportal-bw.de/site/pbs-bw/get/documents/KULTUS.Dachmandant/KULTUS/import/pb5start/pdf/Schulversuch.pdf. Zugegriffen: 14.01.2014.

Ministerium für Schule und Weiterbildung des Landes Nordrhein-Westfalen (2010). *Schulversuch „Abitur an Gymnasien nach 12 oder 13 Jahren"*. Online unter: http://www.schulministerium.nrw.de/SV/Schulmail/Archiv/2010/1009212/index.html. Zugegriffen: 14.01.2014.

Ministerium für Schule und Weiterbildung des Landes Nordrhein-Westfalen (2012). *Das Schulwesen in Nordrhein-Westfalen aus quantitativer Sicht 2011/12*. Düsseldorf: MSW.

Oelkers, J. (2009). Chancengleichheit, Integration und Schule: Ein Essay. *Recht der Jugend und des Bildungswesens, 57*, 190-199.

Pant, H.A., Stanat, P., Schroeders, U., Roppelt, A., Siegle, T. & Pöhlmann, C. (2013). *IQB-Ländervergleich 2012. Mathematische und naturwissenschaftliche Kompetenzen am Ende der Sekundarstufe I*. Münster: Waxmann.

Racherbäumer, K. (2014). Individualisiertes Lehren im Übergang?! Ergebnisse einer Lehrer/innenbefragung zur Unterrichtsgestaltung nach dem Übergang in die Primar- bzw. Sekundarstufe. In: Liegmann, A. B., Mammes, I. & Racherbäumer, K. (Hrsg.), *Facetten von Übergängen im Bildungssystem. Nationale und internationale Ergebnisse empirischer Forschung* (S. 65-78). Münster: Waxmann.

Ruberg, C. & Walczyk, J. (2013). Zwischen Individualisierung und Standardisierung. Heterogenität in der Schule. In S.-I. Beutel, W. Bos & R. Porsch (Hrsg.), *Lernen in Vielfalt. Chance und Herausforderung für Schul- und Unterrichtsentwicklung* (S. 13-34). Münster: Waxmann.

Schrader, F.-W. (2013). Diagnostische Kompetenz von Lehrpersonen. *Beiträge zur Lehrerbildung, 31*, 154-165.

Schwarz-Jung (2013). Nach dem Wegfall der verbindlichen Grundschulempfehlung: Übergänge auf weiterführende Schulen zum Schuljahr 2012/13. *Statistisches Monatsheft Baden-Württemberg, 4*, 22-27.

Slavin, R. (2011). What is the impact of time on learning? In R. Slavin (Hrsg.), *Educational Psychology. Theory and Practice* (S. 329-337). 10. Auflage. Needham Heights, MA: Allyn and Bacon.

Solzbacher, C. (2008). Positionen von Lehrerinnen und Lehrern zur individuellen Förderung in der Sekundarstufe I – Ergebnisse einer empirischen Untersuchung. In I. Kunze & C. Solzbacher (Hrsg.), *Individuelle Förderung in der Sekundarstufe I und II* (S. 27-42). Baltmannsweiler: Schneider.

Trautmann, M. & Wischer, B. (2011). *Heterogenität in der Schule. Eine kritische Einführung.* Wiesbaden: VS.

Trautwein, U., Köller, O., Lehmann, R. & Lüdtke, O. (2007). *Schulleistungen von Abiturienten: Regionale, schulformbezogene und soziale Disparitäten.* Münster: Waxmann.

Trautwein, U., Neumann, M., Nagy, G., Lüdtke, O. & Maaz, K. (2010). *Schulleistungen von Abiturienten: Die neu geordnete gymnasiale Oberstufe auf dem Prüfstand.* Wiesbaden: VS.

Wagner, W., Helmke, A. & Schrader, F.-W. (2009). Die Rekonstruktion der Übergangsempfehlung für die Sekundarstufe I und die Wahl des Bildungsgangs auf Basis des Migrationsstatus, der sozialen Herkunft, der Schulleistung und schulklassenspezifischer Merkmale. In J. Baumert, K. Maaz & U. Trautwein (Hrsg.), *Bildungsentscheidungen* (Zeitschrift für Erziehungswissenschaft: Sonderheft 12, S. 183-204). Wiesbaden: VS.

Wischer, B. & Trautmann, M. (2014). Individuelle Förderung als bildungspolitische Reformvorgabe und wissenschaftliche Herausforderung. *Die Deutsche Schule, 106*, 105-118.

Die Einführung zentraler Abiturprüfungen in Bremen und Hessen

Eine Bilanz nach fünf Jahren

Katharina Maag Merki

Zusammenfassung

Zentrale Abiturprüfungen sind in den letzten Jahren in vielen Bundesländern in Deutschland eingeführt worden. Dabei wurde das Ziel einer größeren Standardisierung der Abiturbeurteilungen und Verbesserung der schulischen Leistungen der Schülerinnen und Schüler verfolgt. Trotz einzelner empirischer Befunde zur Effektivität zentraler Abiturprüfungen fehlen insbesondere Studien, in denen die Auswirkungen des Wechsels des Prüfungssystems über eine längere Zeit untersucht worden sind. Die hier präsentierte Studie, die in den beiden Bundesländern Bremen und Hessen durchgeführt worden ist, setzt an diesen Forschungsdesiderata an, indem sie die Implementation zentraler Abiturprüfungen über fünf Jahre untersucht. In diesem Artikel werden zentrale Befunde im Überblick vorgestellt. Sie zeigen die Ambivalenz der Implementation zentraler Abiturprüfungen, da neben positiven Entwicklungen auch negative transintentionale Effekte deutlich werden.

1 Einleitung

Zentrale Abiturprüfungen sind in Deutschland in den letzten Jahren praktisch flächendeckend (Ausnahme: Rheinland-Pfalz) eingeführt worden. Damit wird das Ziel verfolgt, die in verschiedenen Studien (z. B. Köller et al. 2004) festgestellten großen Unterschiede zwischen Klassen oder Schulen in der Beurteilung der Leistungen der Schülerinnen und Schüler (SuS) und die damit verbundene Problematik der Nicht-Vergleichbarkeit von Abschlüssen zu reduzieren sowie die Leistungen der SuS zu verbessern.

Im Gegensatz zum dezentralen Abitur werden im Zentralabitur die fach- und kursspezifischen Prüfungsaufgaben nicht mehr von der einzelnen Lehrperson für ihren eigenen Fachkurs, sondern von auf Bundeslandebene eingesetzten Fachkommissionen entwickelt, wobei die Schwerpunktthemen ca. zwei Jahre vor dem Abitur veröffentlicht werden. Bezüglich der Korrektur der Prüfungsaufgaben ergeben sich weniger große Unterschiede zwischen den beiden Prüfungssystemen, da auch im Zentralabitur die Prüfungen der SuS durch die jeweiligen Klassenlehrpersonen korrigiert und bewertet werden. Allerdings haben die Bundesländer einzelne Standardisierungsinstrumente eingeführt, so beispielsweise ein für das ganze Bundesland gültiges fach- und kursspezifisches Kriterien- und Beurteilungsraster oder eine schulexterne, anonymisierte Zweit- oder Drittkorrektur. Dabei wird deutlich, dass trotz der auf der Oberfläche vergleichbaren Struktur zentraler Abiturprüfungen der jeweilige Modus in den einzelnen Bundesländern sowie zwischen den verschiedenen Fachkursen teilweise deutlich variiert (Kühn 2012). Zusätzlich weisen die zentralen Abiturprüfungen in Deutschland im internationalen Vergleich einen nur geringen Standardisierungsgrad auf und unterscheiden sich in bedeutsamen Aspekten (z. B. Bezug zu Curriculum, Korrekturverfahren, Konsequenzen für Schulen und Lehrpersonen) von Verfahren in anderen Ländern (Klein et al. 2009). „Zentralabitur" ist somit kein national und international einheitliches Prüfungssystem. Dies ist mit ein Grund, warum der Forschungsstand zur Analyse der Effektivität zentraler Abiturprüfungen lückenhaft ist und nur teilweise einheitliche Befunde sichtbar werden. Zudem fehlen im deutschsprachigen Raum Studien, die einen vertieften und längsschnittlichen Blick auf die Effektivität zentraler Abiturprüfungen legen. An diesem Forschungsdesiderat schließt die hier präsentierte fünfjährige Studie in den beiden Bundesländern Bremen und Hessen an. In beiden Bundesländern wurden 2007 zentrale Abiturprüfungen eingeführt, in Hessen in allen drei schriftlichen Prüfungsfächern zum selben Zeitpunkt, in Bremen zunächst im dritten Prüfungsfach (alle Grundkurse), in 2008 dann in ausgewählten Leistungskursen (Deutsch, Mathematik, Naturwissenschaften und fortgesetzte Fremdsprachen). Alle anderen Leistungskurse (z. B. Geschichte) wurden bzw. werden in Bremen nach wie vor dezentral geprüft. Wie Kühn (2012) in ihrem Artikel analysierte, weisen die Zentralabitursysteme in den beiden Bundesländern über den unterschiedlichen Implementationsmodus hinaus eine relativ große Überschneidung auf. Differenzen ergeben sich bei der Prüfungsdurchführung insbesondere in den Fächern Deutsch und Englisch, wobei in Bremen im Vergleich zu Hessen mehr Bearbeitungszeit, aber weniger Optionen bezüglich der Auswahl der Aufgaben geboten werden. Im Fach Mathematik wiederum unterscheiden sich die beiden Bundesländer nur hinsichtlich der Aufgabenauswahl, wobei in Bremen die Kurslehrkräfte, in Hessen die Prüflinge aus einem Aufgabenpool die Prüfungsaufgaben auswählen.

Die hier vorgestellte Studie, die von den beiden Bundesländern sowie von der Deutschen Forschungsgemeinschaft (DFG) unterstützt wurde, startete in Bremen in 2005 zu einem Zeitpunkt, als noch keine zentralen Abiturprüfungen implementiert waren. In diesem Bundesland ist es somit möglich, den Wechsel des Prüfungssystems zu untersuchen, wobei hierzu besonders die Leistungskurse im Fokus stehen, die erst ab 2008 zentral geprüft wurden. In Hessen konnte die Studie erst in 2007 mit der erstmaligen Durchführung zentraler Abiturprüfungen starten. Dies bedeutet, dass für Hessen keine direkten Vergleichsdaten aus dem dezentralen Abitur vorliegen. Hingegen konnten die Veränderungen nach Einführung des Zentralabiturs über einen Zeitraum von fünf Jahren untersucht werden, was insbesondere aus der Schulentwicklungsforschung von zentraler Bedeutung ist, da hinsichtlich der Nachhaltigkeit von Reformen zwischen kurzfristigen Effekten und langfristigen Veränderungen unterschieden werden muss (siehe z. B. Oelkers und Reusser, 2008).

In diesem Artikel werden nach der Darstellung des Forschungskontextes, der Fragestellungen und der Forschungsanlage ausgewählte Befunde zusammengefasst.[1] Dies erfolgt unter Rückgriff auf bereits publizierte Ergebnisse, die teilweise noch ergänzt werden. Eine themenübergreifende Zusammenfassung und Einordnung der Befunde unter Berücksichtigung der Limitationen der Studie erfolgt zum Abschluss dieses Artikels.

2 Forschungskontext und Fragestellungen der Studie

Zentrale Abschlussprüfungen sind in Deutschland im Vergleich zu anderen Ländern relativ spät eingeführt worden. Ein großer Teil der Literatur bezieht sich sodann auf Befunde in jenen Ländern, in denen zentrale Abschlussprüfungen schon länger implementiert sind (z. B. Hamilton et al. 2008; Stecher et al. 2010). Aufgrund der großen Unterschiede in den Testverfahren, insbesondere zwischen den high-stakes Prüfungssystemen in den anglo-amerikanischen Ländern mit einem hohen Standardisierungsgrad und jenen in den Bundesländern in Deutschland, die nur einen geringen Standardisierungsgrad aufweisen (Klein et al. 2009), können diese Befunde aber nur begrenzt für das Verstehen möglicher Veränderungen und Effekte der Implementation zentraler Abiturprüfungen in Deutschland herangezogen werden.

1 Ein herzlicher Dank geht dabei insbesondere an Prof. Dr. Eckhard Klieme, Dr. Monika Holmeier, Dr. Britta Oerke, Dr. Daniela J. Jäger, MA Elisabeth Maué und einer großen Zahl an studentischen, akademischen und administrativen Hilfskräften.

Im deutschsprachigen Raum liegen wiederum hauptsächlich Querschnittanalysen vor, dies meist auf der Basis von Daten aus international vergleichenden Studien wie PISA oder TIMSS am Ende der Sekundarstufe I (Bishop 1999; Jürges et al. 2005; Wössmann 2005; Birkenfeld und Hanafy 2008; Jürges und Schneider 2010). In diesen wurden die Vergleichsgruppen auf nationaler Ebene, innerhalb von Deutschland mit Vergleich verschiedener Bundesländer oder dann innerhalb eines Bundeslandes bestimmt, um Effekte zentraler Abschlussprüfungen zu identifizieren. Im Fokus stehen hauptsächlich mögliche Unterschiede von Fachleistungen zwischen dezentralen und zentralen Prüfungssystemen und einzelne Analysen bezüglich Interesse oder Lernfreude.

Für die Sekundarstufe II ist die Befundlage ebenfalls eingeschränkt. Sie dokumentiert vor allem Analysen auf der Basis von Querschnittstudien, wobei hauptsächlich die Notengebung (z. B. Baumert und Watermann 2000; Neumann et al. 2009, 2011), die Validität der Abiturprüfungen zur Messung von Kompetenzen (z. B. Lorenz 2013; Kahnert 2014) oder die Meinungen und Perspektiven von Lehrpersonen erfasst wurden (z. B. Van Ackeren et al. 2012; Kühn und Racherbäumer 2013; Racherbäumer und Kühn 2013). Befunde zur Qualität der Abituraufgaben und ihrer Veränderung über mehrere Jahre dokumentiert die Arbeit von Kühn (2010). Kaum im Fokus stehen Effekte auf den Unterricht, das schulische Lernen der SuS oder auf die Schule.

Insgesamt zeichnet sich der aktuelle Forschungsstand somit durch verschiedene Forschungsdesiderata aus (Maag Merki 2012b; Klein et al. 2014). Die größte Forschungslücke ergibt sich in Bezug auf die *Analyse des Wechsels des Prüfungssystems* und der *Veränderungen nach Einführung* des neuen Prüfungssystems unter Berücksichtigung eines mehrdimensionalen Kriterienrasters, welcher über die Fokussierung von Leistungen der SuS hinausgeht und das Lernen der SuS, das Handeln der Lehrpersonen sowie schulische und unterrichtliche Prozesse in den Blick nimmt.

In Anlehnung an diese Forschungsdesiderata wurden in der hier präsentierten Studie zwei übergeordnete Fragen untersucht. So ging es zum einen darum, die *Veränderungen aufgrund des Wechsels* von einem dezentralen zu einem zentralen Prüfungssystem in Bremen bei den SuS und Lehrpersonen sowie im Unterricht und in der Schule zu analysieren. Zum anderen wurden *Veränderungen des schulischen und unterrichtlichen Handelns und der schulischen Leistungen nach Implementation zentraler Abiturprüfungen* in beiden Bundesländern untersucht. Hierzu konnten jeweils die ersten fünf Jahre der Einführung zentraler Abiturprüfungen analysiert werden. Für den folgenden Artikel erfolgt eine Fokussierung auf die folgenden vier Themenbereiche, wobei zunächst kurz der entsprechende Forschungsstand und die Erwartungen bezüglich der Ergebnisse dargestellt werden:

a. Mathematikkompetenzen der SuS
b. Standardsicherung der Bewertungspraxis in den Schulen im Fach Mathematik
c. Unterricht
d. Emotionale Auseinandersetzung der Lehrpersonen und SuS mit zentralen Abiturprüfungen

a. Mathematikkompetenzen der Schülerinnen und Schüler

Bisherige Studien geben Hinweise auf keine oder tendenziell positive Effekte zentraler Abschlussprüfungen auf die Leistungen der SuS. Für Deutschland zeigen die Befunde von Baumert und Watermann (2000) auf der Basis der TIMSS/II-Daten am Ende des Gymnasiums nur für die Grundkurse in Mathematik einen positiven Leistungseffekt, nicht aber für die Mathematik-Leistungskurse oder für die Physikkurse. Geringe positive Effekte auf die Leistungen der SuS in einzelnen Fächern zeigen ebenfalls die Analysen von Jürges et al. (2005, 2010, 2012) auf der Basis von TIMSS- und PISA-Daten am Ende der Sekundarstufe I. Birkenfeld und Hanafy (2008) fanden hingegen unter Rückgriff auf PISA-Länderdurchschnitte 2000 und 2003 weder für das Gymnasium noch für die Realschule systematische Unterschiede zwischen dezentralen und zentralen Abschlussprüfungssystemen. In keiner der Studie gibt es Hinweise, dass zentrale Abschlussprüfungen mit negativen Effekten auf die Leistungen einhergehen. Insgesamt kann somit vermutet werden, dass Unterschiede zwischen dezentralen und zentralen Abiturprüfungen hinsichtlich der Leistungen der SuS fach- und kursspezifisch variieren. Für die in dieser Studie untersuchten Mathematikkompetenzen sind positive Jahresunterschiede zu erwarten, allerdings vor allem für die SuS, die Mathematik als drittes Prüfungsfach (Grundkurs) gewählt haben, weniger für die SuS mit Mathematik als Leistungskurs.

b. Standardsicherung der Bewertungspraxis in den Schulen im Fach Mathematik

Die Befunde bisheriger Studien (Baumert und Watermann 2000; Neumann et al. 2009, 2011) zeigen, dass zentrale Abiturprüfungen mit einer größeren Standardsicherung in der Beurteilung der Leistungen der SuS im Abitur, aber auch in der gymnasialen Oberstufe einhergehen, allerdings mit fach- und kursspezifischen Unterschieden. Für das in dieser Studie untersuchte Fach Mathematik ist somit zu vermuten, dass sich ein solcher Standardisierungseffekt ebenfalls zeigt. Diese Hypothese kann auch durch das in den Bundesländern realisierte Korrekturverfahren gestützt werden (z. B. einheitliche bundeslandspezifische Beurteilungs- und Kriterienraster; Erst-, Zweit, teilweise Drittkorrektur). Zusätzliche Monitoringsysteme haben zudem das Ziel, die Beurteilung kurs- und schulübergreifend anzupassen, so beispielsweise in Bremen, wo nach dem Abitur einzelne Abiturbeurteilungen von den verantwortlichen Fachreferenten auf Bundeslandebene reanalysiert werden, damit die Qualität der Korrektur- und Beurteilungsraster verbessert und den Lehrpersonen eine Rückmeldung gegeben werden kann. Damit kann zwar angenommen werden, dass sich der Standardisierungsgrad der Beurteilungspraxis im Abitur unmittelbar nach Einführung zentraler Abiturprüfungen von jenem im dezentralen Abitur positiv unterscheidet, dass sich gewisse Veränderungen aber erst verzögert einstellen werden. Aufgrund der in verschiedenen Studien dokumentierten Rückkoppelungsprozesse von zentralen Prüfungen auf den Unterricht (Stecher 2002; Cheng et al. 2004) sowie aufgrund einer erhöhten Sensibilität der Lehrpersonen und Schulen bezüglich der Thematik kann zudem erwartet werden, dass sich eine stärkere Standardisierung ebenfalls in der Beurteilung der Leistungen der SuS *in der gymnasialen Oberstufe* zeigen wird.

Inwiefern sich Unterschiede zwischen Leistungs- und Grundkursen ergeben werden, ist unklar. In der Studie von Baumert und Watermann (2000) gibt es Hinweise auf einen Standardisierungseffekt in den Grundkursen Mathematik, nicht aber in den Leistungskursen Mathematik. In der Studie von Neumann et al. (2011) scheinen die Beurteilungen der Mathematikleistungen im Abitur in Baden-Württemberg in beiden Kurstypen einen größeren Standardisierungsgrad aufzuweisen als jene in der gymnasialen Oberstufe ohne zentrale Prüfsysteme. Auch in der Studie von Neumann et al. (2009), in der die Fach- und Abiturnoten in Hamburg und Baden-Württemberg miteinander verglichen wurden, zeigen sich Standardisierungseffekte für die zentral geprüften Abiturleistungen im Leistungskurs Mathematik. Somit kann hier keine eindeutige Hypothese formuliert werden.

c. Unterricht

Zur Frage des Einflusses zentraler Abschlussprüfungen auf den Unterricht liegt eine große Anzahl an Befunden vor, dies insbesondere im Kontext von high- and low-stakes Verfahren im anglo-amerikanischen Bereich. Insgesamt ist die Befundlage ambivalent (Maag Merki 2010; Klein et al. 2014). Es gibt aber deutliche Hinweise, dass das Prüfungssystem in einem systematischen Zusammenhang mit dem unterrichtlichen Handeln der Lehrpersonen steht, wobei aber nicht nur die Existenz von zentral oder dezentral organisierten Prüfungssystemen bedeutsam ist, sondern auch, in welchem Rechenschaftssystem (low- vs. high-stakes) die Prüfungen eingebettet sind (z. B. Hamilton et al. 2008). Auch für den deutschsprachigen Raum gibt es einzelne Befunde, die auf einzelne geringe Unterschiede zwischen zentral und dezentral organisierten Prüfungssystemen hinweisen (z. B. Jürges und Schneider 2010; Van Ackeren et al. 2012).

Von besonderer Bedeutung für die Qualität des schulischen Lernangebotes ist der in anglo-amerikanischen Studien gut dokumentierte teaching-to-the-test-Effekt (z. B. Stecher 2002). Dabei zeigt sich, dass die Lehrpersonen in Abhängigkeit der Prüfungsformate, -inhalte oder -aufgabentypen ihren Unterricht anpassen. Dieser Effekt ist dann problematisch, wenn die entsprechenden Prüfungsaufgaben nicht curricular valide und anspruchsvoll sind und die Anpassungsprozesse der Lehrpersonen somit eine Reduktion der Unterrichtsinhalte oder des kognitiven Bearbeitungsniveaus zur Folge haben. Dieser Effekt ist zudem problematisch, wenn die Lehrpersonen, trotz „guter" Aufgaben, im Sinne einer Überkompensation eine zu rigide Eingrenzung der Unterrichtsinhalte auf die Schwerpunktthemen der Abiturprüfungen vornehmen oder Schülerinteressen im Unterricht weniger berücksichtigen, als dies möglich wäre. Im Rahmen der vorliegenden Studie wurde somit ein entsprechender transintentionaler Effekt untersucht. Untersuchungen im deutschsprachigen Raum (z. B. Van Ackeren et al. 2012), die Bekanntgabe der Abiturschwerpunktthemen ca. zwei Jahre vor dem Abitur, die im Vergleich zum dezentralen Abitur neu entstandene Unsicherheiten der Lehrpersonen bezüglich der konkreten Aufgabenstellungen und den Anforderungen im Zentralabitur sowie die mit dem Zentralabitur zusammenhängende zunehmende externe Kontrolle der Arbeit der Lehrpersonen und ihr Wunsch, ihre SuS erfolgreich auf das Abitur vorzubereiten (Oerke 2012), lassen eine entsprechende Eingrenzung der Unterrichtsinhalte oder sogar eine zu starke Fokussierung auf die im Zentralabitur vorgegebenen Schwerpunktthemen vermuten, auch wenn es sich beim Prüfungsverfahren um ein für die Lehrpersonen und Schulen low-stakes Verfahren handelt.

d. Emotionale Auseinandersetzung der Lehrpersonen, Schülerinnen und Schüler mit zentralen Abiturprüfungen

Theoretische Modelle der Bildungsökonomie (z. B. Bishop 1999; Jürges und Schneider 2010) gehen davon aus, dass SuS und Lehrpersonen in Systemen mit zentralen Abiturprüfungen eine höhere Lernanstrengung zeigen und sich stärker in schulischen Belangen engagieren, was sich letztlich in einem besseren Unterricht und besseren Leistungen der SuS niederschlagen sollte. Begründet wird dies durch die stärkere Signalwirkung zentraler Abiturprüfungsnoten für abnehmende Institutionen und den Arbeitsmarkt (Piopiunik et al. 2014). Motivationstheoretische Argumentationen (z. B. Baumert und Watermann, 2000; Ryan et al. 2007) hingegen gehen eher davon aus, dass zentrale Abiturprüfungen Fachinteresse und Lernengagement reduzieren und Unsicherheiten bei den SuS erhöhen. Begründet wird dies damit, dass zentrale Prüfungen extrinsische Anreize darstellen und im Unterricht interessante Themen, die nicht als Abiturschwerpunktthemen festgelegt sind, vernachlässigt werden könnten, was für die Entwicklung von Interesse und Lernengagement der SuS nicht förderlich ist.

Die empirische Befundlage ist ambivalent (Maag Merki 2010; Klein et al. 2014). Für die Sekundarstufe I in Deutschland zeigen beispielsweise die Ergebnisse von Jürges et al. (2010, 2012), dass die SuS in Kursen, die zentral geprüft werden, höhere Leistungsangst und Unsicherheit aufweisen als jene mit dezentral geprüften Kursen. Für die Sekundarstufe II hingegen dokumentieren die Ergebnisse von Baumert und Watermann (2000) keine systematischen Unterschiede in der Leistungsangst der SuS zwischen zentralen und dezentralen Abiturprüfungen, so dass keine eindeutigen Vermutungen hinsichtlich des emotionalen Erlebens der SuS formuliert werden können.

Bei den Lehrpersonen kann angenommen werden, dass die Einführung des Zentralabiturs mit einem erhöhten Druck und stärkerer Unsicherheit verbunden ist, da die Lehrpersonen mit zentral geprüften Kursen die Prüfungsaufgaben nicht kennen und somit die Effektivität der eigenen inhaltlichen Schwerpunkte und der eingesetzten Methoden im Unterricht nicht gut abschätzen können. Mit zunehmender Erfahrung der Lehrpersonen kann aber vermutet werden, dass sich diese Unsicherheiten reduzieren werden. Zudem sollte das Wegfallen der Entwicklung eigener Prüfungsaufgaben, was im dezentralen Abitur als beanspruchend erlebt wird (Böhm-Kaspar 2004), tendenziell zu einer Entlastung führen.

3 Forschungsdesign und methodisches Vorgehen

Die Analyse der Veränderungen im Zusammenhang mit der Einführung des Zentralabiturs erfolgt aus theoretischer Perspektive unter Rückgriff auf verschiedene Theoriemodelle, beispielsweise die standards-based accountability theory of action (Hamilton et al. 2008). Es wurde davon ausgegangen, dass die Effekte der Einführung zentraler Abiturprüfungen Ergebnisse komplexer Prozesse der verschiedenen Akteure und Akteurskonstellationen im Mehrebenensystem sind, die Analysen somit unter Berücksichtigung der unterrichtlichen, schulischen und Systemebene sowie mehrerer Perspektiven, insbesondere der Lehrpersonen und SuS, über mehrere Jahre erfolgen sollte (Maag Merki 2012b, 2014).

Aus methodischer Perspektive stellt sich die Frage, mit welchem Forschungsdesign Hinweise auf kausale Zusammenhänge gewonnen und beobachtete Jahresveränderungen auf die Einführung des Zentralabiturs zurückgeführt werden können. Einer Orientierung am experimentellen Design, dem „Königsweg" der empirischen Kausalforschung, sind im Rahmen der Überprüfung von bildungspolitischen

Reformwirkungen allerdings enge Grenzen gesetzt (Slavin 2010; Borman 2009). Aus diesem Grund erfolgte die Bearbeitung der Fragestellung auf der Basis eines mixed-method Designs, mit Erhebungen in den Jahren 2005, 2007, 2008, 2009 und 2011. Folgende Aspekte waren zentral für die Analyse möglicher Wirkungen (Maag Merki 2014):

In Bremen war es möglich, einzelne Erhebungen bereits zum Zeitpunkt vor der Reform zu realisieren und nach Einführung zentraler Abiturprüfungen vier oder fünf Jahre der Implementation in den Blick zu nehmen. Von besonderer Bedeutung waren hier die Leistungskurse Deutsch, Mathematik, Naturwissenschaften und fortgesetzte Fremdsprachen, da das Zentralabitur in Bremen in diesen Fachkursen erst in 2008 eingeführt wurde, die entsprechenden Daten somit mit jenen von 2007 verglichen werden konnten, in denen noch keine zentralen Abiturprüfungen durchgeführt wurden. Die entsprechenden Jahresveränderungen konnten zudem mit jenen in Hessen, wo bereits in 2007 zentrale Abiturprüfungen in allen schriftlich geprüften Kursen durchgeführt wurden, sowie mit den Grundkursen in Bremen, die ebenfalls seit 2007 zentral geprüft wurden, verglichen werden.

Die Analyse des Einflusses der Einführung zentraler Abiturprüfungen auf die unterschiedlichen Dimensionen erfolgte bei den Daten der SuS in Anlehnung an Jürges et al. (2010, 2012) mittels difference-in-differences-Analysen bzw. Jahresvergleiche (Kohortenvergleiche). Dabei kamen Vergleiche zwischen den beiden Bundesländern, zwischen Fächern oder zwischen Anforderungsniveaus (Grundkurs, Leistungskurs) zum Einsatz. Drittvariablen (z. B. Geschlecht oder kognitives Fähigkeitsniveau) wurden nach Möglichkeit kontrolliert.

Zu berücksichtigen ist, dass mit dem Jahr 2007 nur ein Jahr mit dezentralen Abiturprüfungen untersucht werden konnte, wobei es möglich sein könnte, dass auch schon in diesem Jahr das Unterrichtshandeln der Lehrpersonen zu einzelnen Modifikationen geführt haben mag. Mögliche Effekte des Wechsels könnten somit unterschätzt werden. Allerdings ist zu vermuten, dass der Bias nicht sehr groß sein wird, da Ergebnisse aus der Professionalisierungsforschung darauf hindeuten, dass das Unterrichtshandeln der Lehrpersonen relativ stabil ist und dieses nur durch sehr gezielte Maßnahmen tatsächlich bedeutsam verändert werden kann (Fussangel et al. 2010). Bei den SuS wiederum könnte die Tatsache, knapp „am Zentralabitur vorbei gekommen zu sein", tendenziell eher zu einer Überschätzung der Effekte führen, da das letzte Jahr mit dezentralem Abitur allenfalls eher mit „rosa Augen" betrachtet worden ist. Allerdings wird auch hier einzig ein kleiner Bias vermutet, da die SuS ihr Verhalten kaum in Abgrenzung zu einer Situation verändern, die für sie nicht mehr relevant werden wird. Zudem wurden die SuS hinsichtlich ihrer Wahrnehmungen zum Unterricht und zum eigenen Lernen direkt vor dem Abitur befragt, was der Fokus auf die eigene Situation vor dem Abitur gestärkt hat. Dennoch sind bei der Interpretation der Befunde diese möglichen Verzerrungen der Ergebnisse angemessen zu berücksichtigen.

Für die Lehrpersonen konnten zum einen Kohortenvergleiche realisiert werden. Darüber hinaus kamen längsschnittliche Analysen zum Einsatz, da dieselben Lehrpersonen über alle Jahre befragt wurden. Zudem war das Ziel, über verschiedene Gruppenvergleiche Hinweise auf mögliche Wirkungen zentraler Abiturprüfungen zu generieren. So konnten in Bremen die Einschätzungen der Lehrpersonen mit zentral geprüften Fachkursen mit jenen verglichen werden, die nach wie vor dezentral geprüfte Fachkurse unterrichteten. Des Weiteren war es in der letzten Erhebung in 2011 möglich, Unterschiede zwischen Lehrpersonen mit sehr geringer Zentralabiturerfahrung (ca. 10 %) mit jenen zu vergleichen, die drei bis fünf Jahre Erfahrung vorweisen konnten (Hessen: 29.5 %, Bremen: 20 %). Zu guter Letzt wurden die Lehrpersonen in der letzten Erhebung in 2011 danach gefragt, wie sie selber die Wirkungen der Einführung zentraler Abiturprüfungen einschätzen.

3.1 Zusammenstellung der qualitativen und quantitativen Erhebungen

Das Forschungsdesign integrierte qualitative und quantitative Erhebungen (vgl. Tabelle 1); folgende Teilerhebungen wurden durchgeführt:

Tab. 1 Zusammenstellung der Erhebungen in Bremen und Hessen

Zeitpunkt	Erhebungen	Bundesland	Abiturjahr				
			2006	2007	2008	2009	2011
Vor Abitur	*Standardisierte Befragungen Lehrpersonen, SuS*: Prozessmerkmale Schule u. Unterricht; emotional-motivationale Dimensionen, Abiturvorbereitung[a]	Bremen	–	✓	✓	✓	✓
		Hessen	–	✓	✓	✓	✓
	Leistungstests SuS: Mathematik (TIMSS/Sek II) Kognitiver Fähigkeitstest (KFT 4-12+R: Figurenanalogien)[b]	Bremen	–	✓	✓	✓	✓
		Hessen	–	–	–	–	–
	Leistungstests SuS: Englisch (C-Test DESI)[b]	Bremen	–	✓	✓	✓	–
		Hessen	–	–	–	–	–
Schriftliche Abiturprüfungen							

Zeitpunkt	Erhebungen	Bundesland	Abiturjahr				
			2006	2007	2008	2009	2011
Nach Abitur	*Standardisierte Befragungen bei Lehrpersonen, SuS*: Beurteilung Prozess, Inhalt, Aufgaben Zentralabitur[a]	Bremen	–	✓	✓	✓	–
		Hessen	–	✓	✓	✓	–
	Abiturnoten in den drei schriftlichen Prüfungsfächern	Bremen	–	✓	✓	✓	✓
		Hessen	–	✓	✓	✓	✓
	Halbjahresnoten der gymnasialen Oberstufe, Schuljahre 12 und 13 in den drei schriftlichen Prüfungsfächern	Bremen	–	✓	✓	✓	✓
		Hessen	–	–	–	–	–
	Qualitative Fallstudie Fokusgruppengespräche[c]	Bremen	✓	✓	✓	✓	–
		Hessen	–	–	–	–	–
	Leistungstests SuS Mathematik (TIMSS/Sek II) Kognitiver Fähigkeitstest (KFT 4-12+R: Figurenanalogien)[b]	Bremen	–	–	–	–	–
		Hessen	–	✓	✓	✓	✓
	Leistungstests SuS: Englisch (C-Test DESI)[b]	Bremen		–	–	–	–
		Hessen		✓	✓	✓	–

Anmerkungen: [a]Inhalte der Fragebogenerhebungen, vgl. Maag Merki und Oerke (2012); [b]Der Leistungstest sowie der Kognitive Fähigkeitstest (KFT 4-12+R: Figurenanalogien) wurde jeweils am Ende des offiziellen Schuljahres durchgeführt: in Bremen vor, in Hessen nach den schriftlichen Abiturprüfungen; [c]In 2005 fanden die Fokusgruppengespräche vor den schriftlichen Abiturprüfungen statt. ©

Qualitative Erhebungen 2005, 2007, 2008 und 2009:

- *Fokusgruppengespräche mit der Schulleitung, ausgewählten Lehrpersonen sowie mit SuS* (nur 2005) in einem Gymnasium in Bremen, das sich freiwillig zur Teilnahme entschlossen hatte.
- Fokusgruppengespräche mit *Vertreterinnen und Vertretern der zentralen Verbände* im Bundesland Bremen.

Die Erhebung in 2005 erfolgte noch im Kontext dezentraler Abiturprüfungen. Gegenstand dieser Gespräche waren insbesondere die möglichen (2005) bzw. die wahrgenommenen Veränderungen (2007-2009) hinsichtlich der Unterrichtsgestaltung, der Vorbereitung auf das Abitur, der Lernprozesse und der Leistungen der SuS sowie der Beurteilung der Leistungen der SuS im Abitur und in der gymnasialen Oberstufe (Maag Merki 2008).

Quantitative Erhebungen 2007, 2008, 2009, 2011:

- *Standardisierte Befragungen* in Bremen und Hessen von Lehrpersonen und SuS jeweils vor (alle Jahre) und nach dem schriftlichen Abitur (nur 2007-2009); vor dem Abitur wurden u. a. Indikatoren zu Unterrichtsqualität, Benotung und Beurteilung, Kooperation, Schulklima, Abiturvorbereitung sowie Motivationen und Emotionen gegenüber der Schule und dem Abitur erfasst; nach dem Abitur interessierten insbesondere die Einschätzungen der SuS und Lehrpersonen zur Qualität der durchgeführten Abituraufgaben im Zentralabitur und die Beurteilung des Prozesses;
- *Leistungstest* in Mathematik für SuS (TIMSS/III: Fachleistungen im voruniversitären Mathematikunterricht: Klieme 2000), Leistungstest in Englisch für SuS (nur 2007-2009; DESI-C-Test: Klieme et al. 2006);
- *Kognitiver Fähigkeitstest* (KFT 4-12+R: Figurenanalogien; Heller und Perleth 2000);
- Erfassung fachspezifischer *Abiturnoten* in den schriftlichen Prüfungsfächern; Erfassung der *Halbjahresnoten* der gymnasialen Oberstufe in den drei schriftlichen Prüfungsfächern (nur Bremen).

Die Erhebungen der SuS vor und nach dem Abitur wurden jeweils während zweier regulärer Schulstunden in vier Kursen pro Schule durchgeführt (je ein Grund- und Leistungskurs Mathematik und Englisch). Einzig in Bremen erfolgten die Erhebungen der SuS *nach* dem Abitur postalisch, da in Bremen nach dem schriftlichen Abitur kein Unterricht mehr stattfand. Damit fach- und kursspezifische Analysen realisiert werden konnten, haben die SuS die jeweiligen Aspekte zu Unterricht oder Vorbereitung *jeweils für ihre eigenen drei schriftlichen Prüfungsfächer* beantwortet, dies unabhängig davon, in welchem Kurs sie den Fragebogen ausgefüllt hatten. Dieses Vorgehen führte dazu, dass die einzelnen Prüfungsfächer in beiden Bundesländern relativ gut die Grundgesamtheit repräsentierten (vgl. z. B. für das Jahr 2011: Maag Merki et al. 2012a, 2012b).

Die Lehrpersonen füllten in einem vorgegebenen Zeitraum den schriftlichen Fragebogen individuell aus. Der erste Teil des Fragebogens (z. B. Schulklima, Kooperation) richtete sich an alle Lehrpersonen pro Schule. Der zweite Teil des Fragebogens (Fragen im Zusammenhang mit dem Abitur, z. B. Unterrichtsgestaltung, die Benotung und Beurteilung, Emotionen) wurde nur an Lehrpersonen adressiert, die zur Zeit der Erhebungen in den Jahrgangsstufen 12 und/oder 13 unterrichtet haben.

3.2 Stichprobe

Die Zusammensetzung der Stichprobe ist in Tabelle 2 überblicksartig präsentiert. In Bremen nahmen bis auf eine alle Schulen mit gymnasialer Oberstufe (19 Schulen) an der Studie über alle vier Erhebungszeitpunkte teil. In Hessen wurden 18 Schulen mit gymnasialem Angebot (verteilt auf die vier Großregionen des Bundeslandes) nach bestimmten Kriterien ausgesucht (Region, Stadt-Land, Größe der Schule, Profil des Gymnasiums), um eine möglichst repräsentative Stichprobe innerhalb des Bundeslandes zu erhalten. Konkret gehören zur hessischen Stichprobe zwölf Gymnasien, zwei Gymnasien mit gymnasialer Oberstufe (GOS), drei Kooperative Gesamtschulen (KGS) mit gymnasialer Oberstufe sowie eine Integrierte Gesamtschule (IGS) mit gymnasialer Oberstufe. In 2011 wurde den Schulen in Hessen frei gestellt, ob sie sich nochmals an den Erhebungen beteiligen möchten. Die Hälfte der Schulen konnte für eine erneute Teilnahme gewonnen werden. Aus diesem Grund ist die Stichprobe in Hessen in 2011 mit 8 bzw. 9 Schulen (Lehrpersonenbefragung; SuS-Befragung) geringer als in den vorherigen Jahren. Vergleichende Analysen zwischen jenen Schulen, die sich für eine erneute Teilnahme ausgesprochen haben und jenen, die nicht mehr teilgenommen haben, zeigen in den in dieser Studie interessierenden Themenbereichen nur wenige systematische, zudem einzig schwache Unterschiede. Zudem hat sich die Zusammensetzung der Stichprobe bezüglich individueller Merkmale der Lehrpersonen (z. B. Anteil Lehrerinnen: 2011: 50.9 %; 2009: 51.4 %; 2008: 51.3 %; 2007: 48.9 %) und SuS (z. B. Mathematik Leistungskurs: 2007: 16.7 %; 2008: 16.6 %; 2009: 17.4 %, 2011: 17.1 %) ebenfalls kaum verändert, so dass davon ausgegangen werden kann, dass die Stichproben größtenteils vergleichbar sind (Maag Merki et al. 2012b). Damit Fehlinterpretationen verhindert werden können, wurden längsschnittliche Analysen dennoch nur mit jenen Schulen vorgenommen, die an allen Erhebungen teilgenommen haben.

Tab. 2 Stichprobe für Bremen und Hessen

Lehrpersonen (LP)			Stichprobe vor dem Abitur (Rücklauf)				Stichprobe nach dem Abitur			
			2007	2008	2009	2011	2007	2008	2009	2011
alle LP in den Schulen	Hessen[a]	gesamt	1093 (72 %)	949 (59 %)	1005 (59 %)	–				
		reduziert	462 (78 %)	376 (59 %)	402 (59 %)	394 (66 %)				
	Bremen		641 (65 %)	577 (60 %)	424 (45 %)	427 (40 %)				
LP der Jahrgangsstufe 13	Hessen						529 (67 %)	430 (59 %)	479 (48 %)	–
	Bremen						213 (56 %)	298 (55 %)	230 (37 %)	–
SuS			2007	2008	2009	2011	2007	2008	2009	2011
	Hessen[a]	gesamt	973 (68 %)	975 (71 %)	1017 (74 %)	–	826 (57 %)	793 (58 %)	876 (64 %)	–
		reduziert	510 (65 %)	510 (77 %)	516 (76 %)	680 (81 %)				
	Bremen		751 (50 %)	977 (65 %)	1012 (71 %)	1157 (74 %)	570 (38 %)	479 (32 %)	481 (34 %)	–

Anmerkung: [a]Da in Hessen in 2011 nicht mehr alle Schule der Jahre 2007-2009 teilgenommen haben, wird die Stichprobe nicht nur insgesamt, sondern zusätzlich auch für die reduzierte Schulstichprobe ($N_{Lehrpersonen} = 8$; $N_{SuS} = 9$) dargestellt. ©

Zur Auswertung der Daten wurden deskriptive, bi- und multivariate sowie mehrebenenanalytische Verfahren verwendet. Fehlende Werte bei den SuS wurden nach eingehender Prüfung ihrer Ursachen in SPSS 18 mittels multipler Imputationen ergänzt (10 Datensätze; Graham 2009, Lüdtke et al. 2007). Bei den Lehrpersonen war dies nicht möglich. So variierte die Zusammensetzung der Längsschnittstichprobe systematisch, da nicht in jedem Jahr alle Lehrpersonen Kurse unterrichteten, die zentral geprüft wurden. Dies war aber Voraussetzung für die Beantwortung jener auf das Abitur bezogenen Items. Der Umgang mit fehlenden Werten bei den Lehrpersonen erfolgte aus diesem Grund in Abhängigkeit der gewählten methodischen Verfahren (z. B. EM/FIML-Algorithmus).

4 Ergebnisse

4.1 Mathematikkompetenzen der SuS

Die Analyse der Leistungen der SuS basierte auf den Ergebnissen des Mathematikleistungstests (Klieme 2000), welcher in jedem Jahr durchgeführt wurde. Der Leistungstest beinhaltete 15 verschiedene Aufgaben, aus denen aufgrund der zufriedenstellenden Reliabilität einen Summenscore gebildet wurde. Die Analysen erfolgten einzig für SuS, die Mathematik als Leistungskurs oder als drittes Prüfungsfach (Grundkurs) gewählt haben.

Die Analysen zeigen folgende Ergebnisse: In *Bremen* können für die SuS der *Leistungskurse Mathematik* in langfristiger Perspektive keine bedeutsamen Jahresunterschiede festgestellt werden (Maag Merki 2012a). Der signifikante Unterschied zwischen 2007 und 2008, der einhergeht mit dem Wechsel vom dezentralen zum zentralen Prüfungssystem (2007: $M = 8.58$, $SD = 3.31$, $N = 204$; 2008: $M = 7.82$, $SD = 2.69$, $N = 251$; $d = -0.25$, $p < .01$), ist im zweiten Jahr (Vergleich zwischen 2007 und 2009) nicht mehr sichtbar (2009: $M = 8.78$, $SD = 3.03$, $N = 278$). Auch die Leistungen der SuS in 2011 ($M = 8.98$, $SD = 2.80$, $N = 295$) sind vergleichbar mit jenen im dezentralen Abitur in 2007 ($d = 0.13$, n.s.; Maag Merki et al. 2012a). Mit Einführung des Zentralabiturs sind die Leistungen der SuS mit Leistungskurs Mathematik somit nicht besser geworden.

Hingegen können nach Einführung zentraler Prüfungen bessere Leistungen der SuS mit *Mathematik Grundkurs* als Prüfungsfach festgestellt werden (Maag Merki 2012a; Maag Merki et al. 2012a). Die Differenz ist in den ersten drei Jahren mit $d = 0.41$ ($p < .01$) etwas größer als zwischen 2007 und 2011 (2007 bis 2011: $d = 0.33$, $p < .12$), wobei der Fünfjahresunterschied aufgrund der geringen Stichprobe nur noch auf dem 12 %-Niveau signifikant ist (2007: $M = 4.38$, $SD = 2.36$, $N = 79$; 2008: $M = 3.92$, $SD = 1.80$, $N = 66$; 2009: $M = 5.39$, $SD = 2.60$, $N = 66$; 2011: $M = 5.21$, $SD = 2.59$, $N = 82$). Diese Ergebnisse sind somit in der Tendenz vergleichbar mit den Befunden von Baumert und Watermann (2000), die nur für die Grundkurse Mathematik, nicht aber für die Leistungskurse, systematische Differenzen zwischen dezentralen und zentralen Prüfungssystemen festgestellt haben.

In *Hessen* zeigen sich nach Einführung des Zentralabiturs weder für die SuS mit Mathematik als Leistungskurs (2007: $M = 9.68$, $SD = 2.96$, $N = 130$; 2008: $M = 10.44$, $SD = 2.90$, $N = 135$; 2009: $M = 9.43$, $SD = 2.90$, $N = 148$; 2011: $M = 9.38$, $SD = 3.21$, $N = 114$) noch für jene mit Mathematik als Grundkurs in der Langzeitperspektive systematische Jahresunterschiede (2007: $M = 6.06$, $SD = 2.94$, $N = 105$; 2008: $M = 6.69$, $SD = 2.52$, $N = 84$; 2009: $M = 6.70$, $SD = 2.45$, $N = 87$; 2011: $M = 5.94$, $SD = 2.63$, $N = 81$; Maag Merki et al. 2012b). Während für die Leistungskurse somit im Fünfjahresvergleich kein Unterschied zu Bremen festgestellt werden kann, ergibt sich ein solcher für die Grundkurse, wobei der entsprechende bundeslandspezifische Interaktionseffekt unter Kontrolle wesentlicher Drittvariablen signifikant ist[2]. Eine Erklärung dafür könnte in der unterschiedlichen Gewichtung des Mathematik Grundkurses in den beiden Bundesländern liegen, was in Zukunft aber genauer analysiert werden sollte.

4.2 Standardsicherung der Bewertungspraxis in den Schulen im Fach Mathematik

Für die Beantwortung der Fragen der Standardsicherung wurden verschiedene Analysen realisiert. In einem ersten Schritt ging es um die Analyse des Zusammenhangs zwischen den Testleistungen in Mathematik und den Beurteilungen der Lehrpersonen der Mathematikleistungen der SuS im schriftlichen Abitur (Bremen und Hessen) sowie in der gymnasialen Oberstufe (nur Bremen). Der in dieser Studie eingesetzte Leistungstest (Klieme 2000) weist für die Sekundarstufe II (Grund- und Leistungskurse) eine hohe curriculare Validität auf und misst die Fachleistungen im voruniversitären Mathematikunterricht (vgl. ebd., S. 128). Da er über die untersuchten Jahre hinweg konstant gehalten und nicht beeinflusst wurde durch schul- und kursspezifische Beurteilungspraktiken der Lehrpersonen, kann er als objektives Kriterium herangezogen werden. Ein größerer Standardisierungseffekt müsste sich in einem engeren Zusammenhang zwischen den beiden Indikatoren sowohl auf Individualebene wie auch kursübergreifend zwischen Schulen zeigen. Die entsprechenden Differenzen wurden mittels Fishers Z-Transformation auf Signifikanz hin überprüft. Da die Schwerpunktthemen und Aufgaben in den Abiturprüfungen schwanken können, muss allerdings berücksichtigt werden, dass Unterschiede in der Enge des Zusammenhangs durch jahresspezifische Gewichtungen mitbeeinflusst sein könnten. Da aber für beide Indikatoren dasselbe Referenzsystem besteht, nämlich der Lehrplan und die „Einheitlichen Prüfungsanforderungen in der Abiturprüfung" der Kultusministerkonferenz, kann angenommen werden, dass für das Fach Mathematik die Schwankungen nur begrenzt auftreten werden.

In einem zweiten Schritt wurde für Bremen untersucht, inwiefern der Einfluss leistungsfremder Merkmale wie Geschlecht oder familiärer Bildungshintergrund auf die Benotung im schriftlichen Abitur sowie in der gymnasialen Oberstufe im

2 Univariate Kovarianzanalyse, Interaktionseffekt Bundesland x Jahr: $F_{(3)} = 4.306$, $p < .01$, $Eta^2 = .022$, unter Kontrolle von Geschlecht, Geburtsland, Kognitives Fähigkeitsniveau, Anzahl Bücher.

Mathematik Leistungskurs durch die Einführung von zentralen Abiturprüfungen reduziert wurde. Diese Analysen erfolgten auf der Basis von hierarchischen Regressionsanalysen. Empirisch wurden Veränderungen über die Jahre als Interaktionseffekte zwischen den einzelnen unabhängigen Variablen (Geschlecht, Geburtsland und familiärer Hintergrund) und Jahres-Dummy-Variablen unter Berücksichtigung der Haupteffekte berechnet. Zudem wurde das Leistungsniveau der SuS (Mathematik-Leistungstest: Klieme 2000) auf Individual- sowie auf Klassenebene kontrolliert.

4.2.1 Zusammenhangs zwischen den Testleistungen in Mathematik und Beurteilungen der Lehrpersonen

Die Ergebnisse (vgl. Abbildung 1) zeigen in *Bremen* für den *Mathematik Grundkurs* in den ersten fünf Jahren nach Einführung zentraler Abiturprüfungen Hinweise auf eine größere Standardisierung der Beurteilungspraxis, sowohl bei den schriftlichen Abiturprüfungen (2007: $r = .20, p < .10, N = 79$; 2008: $r = .29, p < .05, N = 65$; 2009: $r = .55, p < .001, N = 65$; 2011: $r = .52, p < .001, N = 82$; Fisher-$Z_{(2007\text{-}2011)} = -2.333$, $p < .05$) wie auch in den Beurteilungen in der gymnasialen Oberstufe (z. B. Halbjahr 13-1: 2007: $r = .20, p < .10, N = 79$; 2008: $r = .25, p < .05, N = 65$; 2009: $r = .39$, $p < .001, N = 65$; 2011: $r = .54, p < .001, N = 82$; Fisher-$Z_{(2007\text{-}2011)} = -2.507, p < .05$; Maag Merki und Holmeier 2015).

Im *Leistungskurs Mathematik* in Bremen wurden die Beurteilungen der Abiturprüfungen im schriftlichen Abitur Mathematik über die Jahre auf Individualebene nicht vergleichbarer. Hingegen gibt es Hinweise auf eine stärkere schul- bzw. kursübergreifende Standardisierung der Beurteilungspraxis. So scheinen die durchschnittlichen Abiturleistungen auf Schulebene 2011 in einem engeren Zusammenhang mit den entsprechenden durchschnittlichen Testleistungen zu stehen als noch in 2007 mit einem dezentralen Prüfungssystem. Allerdings ist der Unterschied zwischen 2007 und 2011 aufgrund der geringen Schulstichprobe nicht signifikant (2007: $r = .34$, n.s.; 2008: $r = .73, p < .01$; 2009: $r = .54, p < .10$; 2011: $r = .59, p < .05$; $N = 13$ Schulen; Fisher-$Z_{(2007\text{-}2011)} = -0.724$, n.s.). Hingegen ist auf Individualebene eher ein Standardisierungseffekt in den Beurteilungen der gymnasialen Oberstufe (Halbjahresnoten) zu beobachten. So sind die Halbjahresnoten in den Leistungskursen Mathematik in 2011 teilweise stärker an einem kurs- und schulübergreifenden Referenzmaß orientiert als in 2007, als noch keine zentralen Prüfungen durchgeführt wurden (z. B. Halbjahr 13-1: 2007: $r = .27$, $p < .001, N = 200$; 2008: $r = .43, p < .001, N = 244$; 2009: $r = .39, p < .001, N = 263$; 2011: $r = 46, p < .001, N = 291$; Fisher-$Z_{(2007\text{-}2011)} = -2.384, p < .01$). Allerdings ist zu berücksichtigen, dass sich im Zeitverlauf Schwankungen ergeben (insbesondere in 2009 kann keine Differenz zu 2007 festgestellt werden), so dass zukünftig zu unter

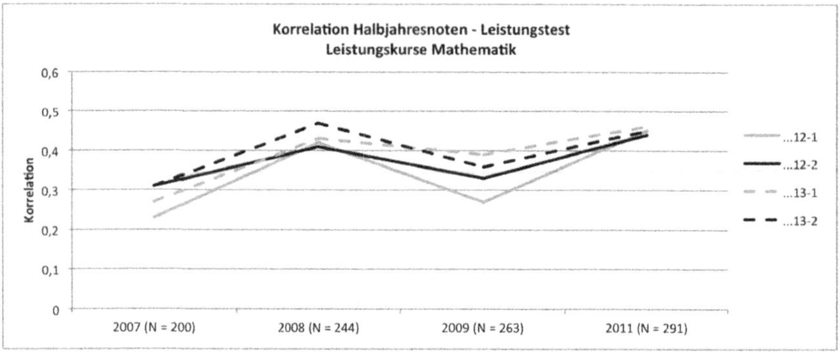

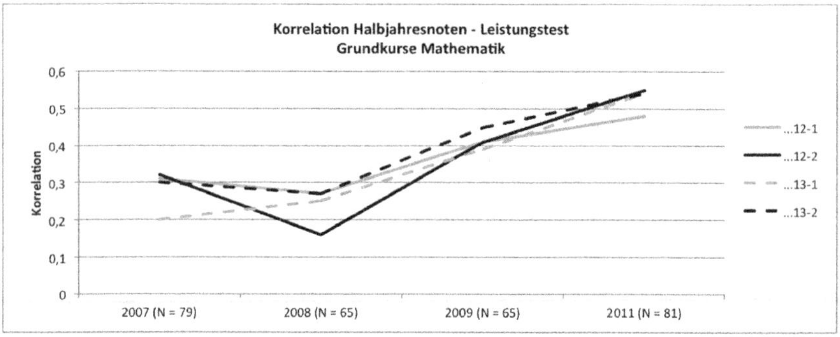

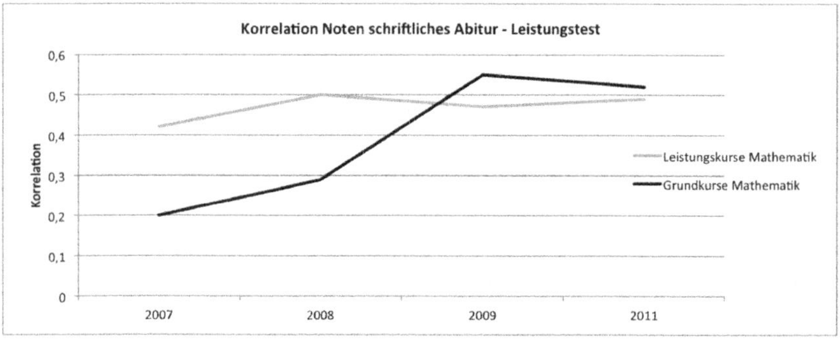

Abb. 1 Korrelationen zwischen Leistungstest und Noten im Fach Mathematik in der gymnasialen Oberstufe pro Halbjahr sowie im schriftlichen Abitur in Abhängigkeit des Kurstyps; Analyseebene Individuum; 12-1 = 1. Halbjahr Klasse 12, 12-2 = 2. Halbjahr Klasse 12, 13-1 = 1. Halbjahr Klasse 13, 13-2 = 2. Halbjahr Klasse 13. ©

suchen ist, wie stabil der Effekt ist und inwiefern er mit möglicherweise wechselnden Lehrpersonen, die die Kurse unterrichtet haben, erklärt werden kann. Zudem sind zukünftig mehrebenenanalytische Untersuchungen notwendig, um die Varianz im Zusammenhang zwischen den Beurteilungen in der gymnasialen Oberstufe und dem externen Leistungstest sowie diesbezügliche Veränderungen über die Jahre zu identifizieren.

Der fehlende Effekt auf Individualebene in der Beurteilung der Abiturprüfungen im Leistungskurs Mathematik könnte damit erklärt werden, dass bereits im dezentralen Prüfungssystem vor den Abiturprüfungen relativ klare „Erwartungshorizonte" definiert werden mussten und diese aufgrund der Formalisierung des Faches auch formuliert werden konnten. Damit war der Spielraum für differenzielle Gewichtungen von Aufgabenlösungen der SuS im Fach Mathematik auch schon im dezentralen Abitur relativ gering. Innerhalb der Klassen haben die Lehrpersonen somit auch im dezentralen Abitur relativ fair beurteilt. Wie die Analysen allerdings kongruent mit bisherigen Studien (Baumert et al. 2003) zeigen, gelang es den Lehrpersonen unter dezentralen Prüfungsbedingungen nicht sehr gut, das Leistungsniveau ihrer SuS schul- und kursübergreifend vergleichbar einzuschätzen. Mit Einführung zentraler Abiturprüfungen scheint dies in der Tendenz eher zu gelingen. Aufgrund der geringen Stichprobe können diese Ergebnisse allerdings einzig als explorativ betrachtet werden.

In Hessen können die Veränderungen nach Einführung des Zentralabiturs untersucht werden (Maag Merki et al. 2012b). Die Ergebnisse zeigen, dass sich bei den SuS mit Mathematik als drittem Prüfungsfach die Abiturbeurteilungen im Fünfjahresvergleich eher stärker an ein schulübergreifendes Leistungskriterium angeglichen haben (2007: $r = .43$, $p < .001$, $N = 105$; 2008: $r = .48$, $p < .001$, $N = 75$; 2009: $r = .54$, $p < .001$, $N = 87$; 2011: $r = .65$, $p < .001$, $N = 62$), wobei der Vergleich 2007 und 2011 knapp das 5%-Signifikanzniveau verfehlt (Fisher-Z = -1.928, $p = .054$). Im Leistungskurs Mathematik zeigt sich kein klares Bild. Zudem hat sich der Zusammenhang über die Jahre eher reduziert. Signifikant unterschiedlich sind aber einzig die Jahre 2007 und 2008 (Fisher-Z = -2.187, $p < .05$). Der Unterschied zwischen 2007 und 2009 ist nicht und zwischen 2007 und 2011 nur tendenziell signifikant (Fisher-Z = -1.378, $p < .10$), (2007: $r = .67$, $p < .001$, $N = 119$; 2008: $r = .48$, $p < .001$, $N = 118$; 2009: $r = .59$, $p < .001$, $N = 148$; 2011: $r = .55$, $p < .001$, $N = 95$).

Damit zeigt sich auf Individualebene für die Grundkurse ein vergleichbares Bild wie in Bremen. Für die Leistungskurse gibt es wie in Bremen keinen Hinweis auf eine stärkere Standardisierung der Beurteilung im schriftlichen Abitur. Auf Schulebene können in Hessen aufgrund der geringen Stichprobenzahl keine Analysen realisiert werden.

4.2.2 Einfluss leistungsfremder Merkmale auf die Benotung

In *Bremen* konnte auf der Basis von multivariaten Regressionsanalysen unter Berücksichtigung der Mehrebenenstruktur (HLM) untersucht werden, inwiefern die benoteten Abiturleistungen im schriftlichen Abitur in den Leistungskursen Mathematik unter Kontrolle des Leistungsniveaus der SuS (Klieme 2000) auf Individual- und Klassenebene beeinflusst sind von leistungsfremden Kriterien (Geschlecht, Geburtsland, familiärer Bildungshintergrund), und inwiefern sich der Einfluss dieser Kriterien über die Jahre verändert hat (erfasst über Interaktionseffekte Jahr x Merkmal).

Die Ergebnisse zeigen für den Mathematik Leistungskurs keine bedeutsamen Interaktionseffekte bzw. Veränderungen (Holmeier 2013; Maué 2013b). Ein negativer Effekt aufgrund des Geburtslands zeigt sich sowohl im dezentralen Abitur in 2007 wie auch in 2011 mit zentralen Abiturprüfungen. Unter Kontrolle der Mathematik-Testleistung (Klieme 2000) erzielten SuS mit „Geburtsland außerhalb Deutschland" bei dezentralen Prüfungen signifikant weniger Punkte in der schriftlichen Abiturprüfung in Mathematik als SuS mit „Geburtsland Deutschland". Die Einführung zentraler Prüfungen trug zwar kurzfristig zur Verringerung der Benachteiligung zugewanderter Jugendlicher bei (2008). Langfristig (2011) zeigt sich allerdings wiederum ein vergleichbarer Benachteiligungseffekt wie in 2007.

Das Ergebnis ist bezüglich des Einflusses des familiären Hintergrundes gerade umgekehrt (Maué 2013b): Während bei dezentraler Prüfungsorganisation kein Effekt des familiären Bildungshintergrundes auszumachen ist, tritt dieser mit Einführung des Zentralabiturs tendenziell auf. Abiturientinnen und Abiturienten aus bildungsferneren Familien erhalten bei gleichen Leistungen im Leistungstest im Jahr 2008 weniger Punkte im schriftlichen Mathematik-Abitur. Allerdings scheint es sich lediglich um einen kurzfristigen Effekt zu handeln, da 2011 kein Unterschied mehr zu beobachten ist. Geschlechtsspezifische Effekte auf die Beurteilung zeigen sich weder im dezentralen noch zentralen Prüfungssystem.

Auch die Analysen bezüglich der Effekte auf die Beurteilungen im Leistungskurs Mathematik in der gymnasialen Oberstufe in Bremen (Halbjahresnoten) lassen keine Veränderung der Effekte leistungsfremder Merkmale feststellen (Maué 2013a). Insgesamt zeigen sie aber, dass die Beurteilungen in der gymnasialen Oberstufe stärker von leistungsfremden Merkmalen beeinflusst sind als die Beurteilungen im schriftlichen Abitur. Zudem kann in den Beurteilungen in der gymnasialen Oberstufe ein Referenzgruppeneffekt beobachtet werden ($\beta = -0.32$, $p < .05$), dies analog zu Neumann et al. (2009). Im Gegensatz zu Neumann et al. (2009) zeigt sich dieser aber nicht in den Beurteilungen im schriftlichen Abitur. Der entsprechende Effekt ist zwar ebenfalls negativ und damit kongruent mit den Erwartungen, nicht aber signifikant (β = -0.14, n.s.). Zu berücksichtigen ist dabei, dass die Stichprobe in der Studie von Neumann et al. (2009) sehr viel grösser ist als in dieser Studie.

4.3 Unterricht – Teaching-to-the-test-Effekt

Die Bearbeitung der Frage nach einem möglichen *teaching-to-the-test-Effekt* erfolgt auf der Basis der jährlichen standardisierten Befragungen der Lehrpersonen, die Kurse in den Schuljahrgangsstufen 12 und 13 unterrichteten. Als Indikator für die Erfassung eines möglichen Effektes diente die Skala „Themenvarianz" mit fünf verschiedenen Items (z. B. „Ich habe bei der Auswahl der Themen/Inhalte die Wünsche und Interessen der Schülerinnen und Schüler berücksichtigt", „Ich habe auch Themen gewählt, die nicht zum Prüfungsgebiet des (Zentral-)abiturs gehören"; vgl. Oerke et al. 2013). Die Lehrpersonen nahmen die Einschätzungen für den Unterricht im letzten Schulhalbjahr vor. In Bremen wurden die Lehrpersonen zudem gebeten, die Einschätzungen getrennt für dezentral bzw. zentral geprüfte Kurse vorzunehmen, falls sie solche unterrichteten. Die Art der Operationalisierung orientierte sich dabei nicht nur an einer möglichen Fokussierung auf die Abiturschwerpunktthemen, sondern ebenso an einer dabei vorgenommenen Nicht-Berücksichtigung wesentlicher weiterer Aspekte bei der Themenauswahl, so beispielsweise Interessen der SuS oder Tagesaktualitäten. In dem Sinne wurde mit der Art der Operationalisierung ein nicht-intendierter Effekt zentraler Abiturprüfungen erfasst.

Die Analysen ergaben für beide Bundesländern deutliche Hinweise auf eine verstärkte Fokussierung auf die Abiturschwerpunktthemen im Unterricht mit geringerer Berücksichtigung der Interessen der SuS, weiterer Themen oder fachbezogener Alltagsaktualitäten (vgl. Abbildung 2; Oerke und Maag Merki 2013; Oerke et al. 2013). So zeigen sich innerhalb von Bremen systematische Unterschiede zwischen Lehrpersonen, die zentral und dezentral geprüfte Kurse unterrichtet haben ($d > 0.60$). Dies ist auch der Fall, wenn nur jene Lehrpersonen berücksichtigt werden, die entweder zentral oder dezentral geprüfte Kurse unterrichtet haben. Damit scheinen die Ergebnisse weniger beeinflusst zu sein durch mögliche Antizipationseffekte, die sich dadurch ergeben könnten, dass in 2007 nur ein Jahr mit dezentralen Prüfungen untersucht werden konnte. Werden nur jene Lehrpersonen berücksichtigt, die seit 2007 zentral geprüfte Kurse unterrichtet haben und für die längsschnittliche Daten vorliegen, dann zeigen die Analysen zudem keine Veränderungen. In Hessen können hingegen kurzfristige Veränderungen beobachtet werden: so hat sich die Themenvarianz von 2007 bis 2009 vergrößert ($d = 0.25, p < .01$), bis 2011 aber wieder verringert ($d = -0.29, p < .001$), wobei zwischen 2007 und 2011 kein Unterschied mehr ausgemacht werden kann (Maag Merki et al. 2012b).

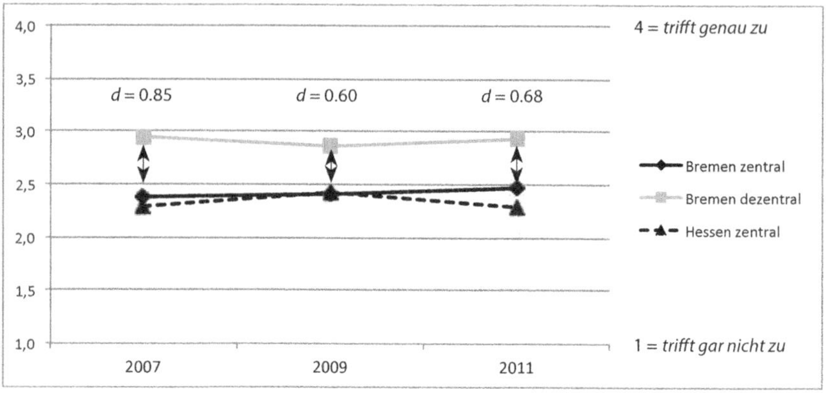

Abb. 2 Themenvarianz, Perspektive Lehrpersonen (Oerke und Maag Merki 2013): 1 = *geringe Themenvarianz* bis 4 = *hohe Themenvarianz*. ©

Die durchgeführten Analysen (Oerke et al. 2013) zeigen zudem für Bremen, dass die Beschränkung auf abiturrelevante Themen zur Vorbereitung auf das Zentralabitur zumindest auf motivationaler Ebene für die SuS ein Risikofaktor darstellt, da sich ein negativer Effekt auf das Interesse am Fach zeigt. In Hessen zeigt sich dieser Zusammenhang nicht. Hingegen schlägt sich eine solche Beschränkung der Themen in beiden Bundesländern nicht in besseren Abiturleistungen nieder. Im Gegenteil: eine hohe Themenvarianz ist für SuS, die in Deutschland geboren sind und einen günstigeren familiären Bildungshintergrund aufweisen, positiv korreliert mit der Punktzahl im schriftlichen Prüfungsfach (bei den anderen SuS-Gruppen zeigen sich keine Zusammenhänge).

Eine verstärkte Einschränkung der Unterrichtsinhalte auf die Abiturschwerpunktthemen scheint sich somit leitungsmäßig nicht zu lohnen, was damit erklärt werden könnte, dass für Lehrpersonen vor dem Abitur trotz Angaben der Abiturschwerpunktthemen nicht eindeutig klar ist, was sie im Unterricht durchnehmen sollen. Weitere Analysen (Jäger 2012) zeigen sodann auch, dass Erfahrungen mit dem Zentralabitur kaum zu einer Vergrößerung der Themenvarianz führen. Wesentlicher sind die Wahrnehmung der kollektiven Selbstwirksamkeit sowie die Kooperation zu curricularen Fragen im Lehrerteam und, als Risikofaktor, die Unsicherheit gegenüber den Anforderungen im Zentralabitur.

4.4 Emotionale Auseinandersetzung der Lehrpersonen und SuS mit zentralen Abiturprüfungen

Um zu untersuchen, inwiefern die Einführung zentraler Abiturprüfungen in einem Zusammenhang mit emotionalen Dimensionen bei den SuS und Lehrpersonen steht, wurden jeweils in den standardisierten Erhebungen vor dem Abitur verschiedene Skalen erfasst, wobei die SuS die einzelnen Aspekte jeweils für ihre drei schriftlichen Prüfungsfächer beurteilt hatten. Für den vorliegenden Artikel interessiert insbesondere das Konstrukt „Unsicherheit", welches bei den Lehrpersonen und SuS je mit einer Skala erfasst wurde (Beispielitem SuS: „Ich bin besorgt, dass etwas im Abitur schief laufen könnte"; Lehrpersonen: „Ich weiß nicht genau, was im Zentralabitur verlangt werden wird"). Für die Erfassung des Belastungs- und Entlastungserlebens der Lehrpersonen dienten Einzelitems („Das Zentralabitur hat mich in meiner bisherigen Arbeit entlastet"; „Seit das Zentralabitur/Landesabitur eingeführt ist, fühle ich einen größeren Leistungsdruck").

Belastung und Entlastung der Lehrpersonen: Sowohl in Bremen wie auch in Hessen lassen sich vergleichbare Entwicklungen beobachten: Die Lehrpersonen berichten über die Jahre über eine abnehmende Belastung (Leistungsdruck, Unsicherheit) bzw. eine zunehmende Entlastung durch das Zentralabitur (für Bremen vgl. Maué et al. 2012). Die Effektstärken sind über die fünf Jahre substanziell (z. B. für Hessen: $d = -0.52$ bis $d = -0.88$). Diese Ergebnisse zeigen sich nicht nur im Kohortenvergleich, sondern auch in der Längsschnittstichprobe. Je häufiger die Lehrpersonen am Zentralabitur teilgenommen haben, desto stärker sind die positiven Effekte.

Unsicherheit der SuS: In beiden Bundesländern ist gut die Hälfte der SuS zumindest teilweise besorgt, im Abitur eventuell nicht gut abzuschneiden (Maag Merki et al. 2012a, 2012b). In Bremen zeigt der Jahresvergleich, dass diese Unsicherheit in 2009 stärker ausgeprägt ist als in 2007 ($d = 0.20$, $p < .001$), was kongruent ist mit bisherigen Studien (z. B. Pedulla et al. 2003; Ryan et al. 2007). In 2011 ist die Unsicherheit hingegen wieder geringer, so dass in 2011 nur noch eine leicht größere Unsicherheit als in 2007 besteht ($d = 0.07$, $p < .05$).

Die größere Unsicherheit in Bremen in 2009 im Vergleich zu 2007 ist sowohl in den Leistungskursen mit einem Wechsel des Prüfsystems, als auch in den Grundkursen und den durchgehend dezentral geprüften Leistungskursen sichtbar (Maag Merki et al. 2012a). Jedoch ist die Unsicherheit in den dezentral geprüften Leistungskursen in 2011 wiederum vergleichbar mit 2007, so dass die Unsicherheit in 2011, mit fachspezifischer Varianz, nur in den zentral geprüften Leistungskursen noch geringfügig gegenüber 2007 erhöht ist ($d = 0.10$, $p < .05$). In den Grundkursen kann längerfristig nur in Mathematik eine Differenz beobachtet werden und zwar eine geringere Unsicherheit in 2011 im Vergleich zu 2007 ($d = -0.28$, $p < .05$).

In *Hessen* zeigt sich bei den SuS in 2011 eine geringere Unsicherheit als bei jenen in 2007 ($d = -0.15$, $p < .001$; Maag Merki et al. 2012b). Dabei ist die Differenz in den Grundkursen ($d = -0.21$, $p < .01$) stärker als in den Leistungskursen ($d = -0.12$, $p < .05$). Allerdings ist in den Grundkursen die Unsicherheit etwas größer als in den Leistungskursen. In keinem Fach ist in 2011 eine größere Unsicherheit zu beobachten als in 2007.

Der Vergleich zwischen Bremen und Hessen lässt vermuten, dass der Wechsel von einem dezentralen zu einem zentralen Abiturprüfungssystem kurzfristig zu einer tendenziell größeren Unsicherheit führt, diese sich aber in den Folgejahren wieder reduziert (ein entsprechender Interaktionseffekt ist für den Leistungskurs Englisch tendenziell signifikant; $B = -0.200$, $p < .10$).

5 Gesamtfazit

Die Analysen über die beobachteten fünf Jahre zeigen, dass im Zusammenhang mit der Einführung des Zentralabiturs in den beiden Bundesländern kaum generelle, für alle Fächer, Fachkurse oder Gruppen von SuS und Lehrpersonen feststellbare Veränderungen, sondern vielmehr differenzielle Ergebnisse zu verzeichnen sind. Zudem lassen die Befunde vermuten, dass zumindest „zwei Seiten einer Medaille" unterschieden werden müssen: eine positive und eine negative oder zumindest ambivalente, was kongruent ist mit den Befunden in anderen Ländern (Maag Merki 2010; Klein et al. 2014). Zudem können neben den bundeslandspezifischen Befunden auch vergleichbare Veränderungen in beiden Bundesländern festgestellt werden.

Zu diesen *bundeslandunspezifischen Veränderungen* zählen, dass nach Einführung zentraler Abiturprüfungen eine Reduktion der Belastungen und Unsicherheiten bei den Lehrpersonen sichtbar wird, auch wenn diese zu Beginn bzw. mit dem Wechsel zugenommen haben. Der in vielen Studien dokumentierte Befund, dass bei Lehrpersonen zentrale Abiturprüfungen zu erhöhtem Stress und Belastungen führen (z. B. Van Ackeren et al. 2012), kann somit zwar bestätigt werden, ist aber aus längsschnittlicher Perspektive zu ergänzen mit dem Befund, dass diese Belastungen in beiden Bundesländern mit der Zeit wieder abnehmen. Auch bei den SuS zeigen sich emotionale Belastungen, die sich, analog zu den Ergebnissen von Van Ackeren et al. (2012) im direkten Wechsel des Prüfungssystems besonders artikulieren, in späteren Jahren aber kaum mehr zu beobachten sind.

Kongruent mit den deutlichen Washback-Effekten im Rahmen von high-stakes Testsystemen auf den Unterricht (Cheng et al. 2004; Stecher 2002) zeigt sich auch im low-stakes Verfahren in den beiden Bundesländern im Unterricht eine stärkere

Fokussierung auf die Abiturschwerpunktthemen. Der Umstand, *dass überhaupt* kurs- und schulübergreifende Prüfungen eingeführt werden, führt somit zu einer Verstärkung der Fokussierung auf die vorgegebenen Themen, auch wenn es sich dabei, zumindest für Lehrpersonen und Schulen, um low-stakes Verfahren handelt. Problematisch ist dies nicht nur, weil andere curricular relevante Themen weniger Beachtung finden. Vielmehr zeigen die Ergebnisse, dass sich diese Fokussierung nicht lohnt, da sie nicht mit besseren Leistungen bei den SuS einhergehen und das Fachinteresse zumindest teilweise beeinträchtigen. Die Analysen geben auch Hinweise, dass gezielte Maßnahmen auf Schul- und Fachkollegiumsebene, z. B. der Aufbau von Kooperation zwischen Lehrpersonen, einen Beitrag zur Reduktion des negativen Effektes führen können. „Capacity building" in der Einzelschule sowie Professionalisierung sind damit wesentliche Schutzfaktoren gegenüber einer zu starken Eingrenzung der Unterrichtsinhalte.

In beiden Bundesländern gibt es Hinweise auf eine größere Standardisierung der Beurteilungspraxis in den Grundkursen Mathematik auf individueller Ebene, weniger aber bei den Leistungskursen Mathematik. Dort kann in Bremen am ehesten eine stärkere Vergleichbarkeit der Beurteilungsmaßstäbe in der gymnasialen Oberstufe (nicht aber im Abitur) sowie bei den Abiturprüfungen über die verschiedenen Kurse/Schulen hinweg beobachtet werden, wobei der zweite Befund aufgrund der geringen Stichprobe nicht gegen den Zufall abgesichert werden kann. Unklar ist bei diesen Befunden, inwiefern sie durch die pro Jahr variierenden Lehrpersonen in zentral geprüften Mathematikkursen zustande gekommen sind. Es wäre somit bedeutsam, die individuelle Beurteilungspraxis einzelner Lehrpersonen im Längsschnitt zu untersuchen, damit die Ergebnisse nicht beeinflusst werden durch Schwankungen in der Zusammensetzung der Stichprobe.

Im Gegensatz zu den international vergleichenden Analysen (z. B. Wössmann 2008), kongruent allerdings mit Befunden in Deutschland (z. B. Baumert und Watermann 2000; Birkenfeld und Hanafy 2008), zeigt sich in dieser Studie in beiden Bundesländern kein Zusammenhang zwischen der Einführung zentraler Abiturprüfungen und den Mathematikleistungen der SuS, die Mathematik als Leistungskurs gewählt haben. Hingegen kann angenommen werden, dass für SuS, die in Bremen Mathematik als drittes Prüfungsfach gewählt haben, die Leistungen nach Einführung des Zentralabiturs über die Jahre besser geworden sind, wobei der Jahresunterschied nach drei Jahren am stärksten ist. Allerdings ist zu berücksichtigen, dass für diesen Fachkurs die Stichprobe gering ist. Für Hessen zeigt sich für die Grundkurse Mathematik kein ähnlicher Befund, was die Annahme bestärkt, dass mit der Einführung zentraler Abiturprüfungen nur in spezifischen Kontexten eine Leistungssteigerung erreicht werden kann. Welches zentrale Effektivitätsmerkmale sind, ist in Zukunft genauer zu untersuchen.

Um die Befunde zur Leistungsentwicklung in Abhängigkeit der Einführung zentraler Abiturprüfungen noch zu ergänzen, sollen hier zusätzlich kurz die Ergebnisse der von 2007 bis 2009 erfassten Englischkompetenzen der SuS präsentiert werden (Maag Merki 2012a). Zu berücksichtigen ist, dass in diesem Fach keine Daten für 2011 vorliegen.

Im Gegensatz zum Mathematik Leistungskurs zeigen sich für die SuS des Englisch Leistungskurses in Bremen positive Veränderungen, die insbesondere beim unmittelbaren Wechsel des Testsystems ($d = 0.31$, $p < .01$), mit einem geringeren Effekt nach Kontrolle individueller Merkmale auch noch im zweiten Jahr der Durchführung zentraler Abiturprüfungen tendenziell sichtbar sind ($d = 0.19$, $p < .10$). Auch in Hessen konnten nach Einführung des Zentralabiturs positive Effekte beobachtet werden, dies vom zweiten zum dritten Jahr des Zentralabiturs ($d = 0.30$, $p < .001$), wobei bis 2009, analog zu Bremen, immer noch ein geringer positiver Effekt zu beobachten ist ($d = 0.18$, $p < .001$). Die fachspezifischen Unterschiede zu Mathematik könnten dadurch erklärt werden, dass mit den eingesetzten DESI-Testaufgaben (C-Test; Klieme et al. 2006) im Gegensatz zum Mathematiktest (TIMSS: Fachleistungen im voruniversitären Mathematikunterricht; Klieme 2000), keine curricular validen Aufgaben, sondern Basiskenntnisse erfasst worden sind, die in Leistungskursen für Effekte des Zentralabiturs sensitiver sein könnten. Hierzu sind allerdings weiterführende Analysen notwendig, um diese These zu überprüfen. Ebenso ist zu klären, inwiefern unterschiedliche Fachtraditionen die unterschiedlichen Ergebnisse erklären könnten. Die erfassten Veränderungen in Hessen im zweiten und dritten Jahr des Zentralabiturs könnten zudem darauf hinweisen, dass nicht nur im unmittelbaren Wechsel, sondern auch in den nachfolgenden Jahren Leistungsveränderungen möglich sind, in diesem Fall allerdings eher bedingt durch mögliche Unterrichtsentwicklungen oder Professionalisierungsstrategien der Lehrpersonen, die, allenfalls im Zuge der Einführung zentraler Abiturprüfungen, verstärkt eingesetzt wurden. Da Daten aus 2011 nicht vorliegen, ist allerdings unklar, ob sich dieser beobachtete positive Trend fortsetzt und durch welche Faktoren diese Entwicklung bedingt sein könnte (Maag Merki 2012a, S. 279ff.).

Im Englisch Grundkurs in Bremen (in Hessen war die entsprechende Stichprobe zu klein, um vergleichbare Analysen durchzuführen) zeigt sich zwar vom ersten zum zweiten Jahr zentraler Abiturprüfungen eine tendenziell positive Leistungsdifferenz ($d = 0.39$, $p < .10$). Vom zweiten zum dritten Jahr hingegen erfolgt eine Reduktion der Leistungen ($d = -0.47$, $p < .01$), so dass von 2007 bis 2009 keine Leistungsveränderungen erkennbar sind (Maag Merki 2012a, S. 281ff.). Im Gegensatz zum Mathematik Grundkurs zeigt sich somit kein klares Bild der Leistungsveränderung. Um die Relevanz zentraler Prüfungen für diesen Fachkurs abschätzen zu können, wäre es somit notwendig, längerfristig die Leistungen zu erfassen.

Insgesamt verweisen die präsentierten Befunde auf ein eher heterogenes Ergebnisbild, wobei die verschiedenen bundeslandspezifischen Befunde zumindest teilweise auch mit dem unterschiedlichen Forschungsdesign in den beiden Bundesländern zu tun haben (z. B. Erfassung von Halbjahresnoten oder Analyse der Effekte leistungsfremder Kriterien auf Benotung nur in Bremen). Zudem konnten nicht alle Analysen für alle Fächer realisiert werden (z. B. Leistungstest). Des Weiteren bleibt die Interpretation einzelner Befunde, die auf keine Jahresunterschiede hinweisen, unklar, da diese allenfalls mit der teilweise geringen Stichprobengröße in einzelnen Fachkursen zusammenhängen. Des Weiteren liegen Vergleichswerte für das dezentrale Abitur nur für einzelne Fachkurse in Bremen vor, und in diesen zudem einzig in einem Jahr. Für die Interpretation der Befunde wäre ergiebiger gewesen, wenn eine längere Zeitperiode im dezentralen Abitur hätte untersucht werden können. Zudem konnten bis auf wenige Ausnahmen einzig Einschätzungen der Lehrpersonen und SuS analysiert werden, wobei performanznahe Analysen, z. B. in Bezug auf die Unterrichtsgestaltung oder die Nutzung von Lernstrategien bei der Vorbereitung auf das Abitur, fehlen. Zu guter Letzt zeigte sich für diese Studie das Problem, dass eine systematische Prozess- und Wirkungsanalyse im realen Politikfeld immer mit Kompromissen methodischer Art verknüpft ist und im letzten Jahr in Hessen nicht mehr alle Schulen zur Teilnahme gewonnen werden konnten. Dies war letztlich auch mit dem Umstand verbunden, dass nicht nur das Zentralabitur eingeführt wurde, sondern die Gymnasien gleichzeitig weitere Reformen, beispielsweise die Umstellung auf G8, zu bearbeiten hatten (Maag Merki 2014).

Insgesamt können somit die vorliegenden Befunde zu Veränderungen, die im Zusammenhang mit der Einführung zentraler Abiturprüfungen stehen, nur im Lichte der methodischen Limitationen betrachtet werden. Insbesondere ist zu berücksichtigen, dass einzelne Ergebnisse einzig explorativen Charakter aufweisen und nicht über den hier untersuchten Forschungskontext hinaus generalisiert werden können.

In Zukunft wird es besonders bedeutsam sein, den fachspezifischen Veränderungen an einer größeren Stichprobe systematisch nachzugehen. Ebenso ist genauer zu analysieren, wie Lehrpersonen die Leistungen von SuS beurteilen und welche Faktoren und Prozesse zu einer größeren bzw. geringeren Vergleichbarkeit der Benotungspraxis in der gymnasialen Oberstufe und dem Abitur führen. Zudem ist besonders zu untersuchen, welche „Schutzfaktoren" eine zu starke Eingrenzung auf die Abiturschwerpunktthemen verhindern könnten, wobei hier nicht nur die einzelne Lehrperson, sondern insbesondere das Fachteam, die Schule und die Bildungspolitik in den Blick genommen werden müssten. Des Weiteren wäre es interessant, mit Blick auf die Vorbereitungsstrategien der SuS auf das Abitur, Interventionsprogramme zu implementieren, die die SuS in einer effektiven Vorbereitung auf das Abitur, unabhängig der familiären Ressourcen, unterstützen. Die entsprechenden Ergebnisse werden helfen, die Belastbarkeit der Befunde dieser Studie zu überprüfen und ein vertieftes Verständnis darüber zu gewinnen, was passiert, wenn zentrale Abschlussprüfungen eingeführt werden.

Literatur

Baumert, J., Trautwein, U. & Artelt, C. (2003). Schulumwelten – institutionelle Bedingungen des Lehrens und Lernens. In J. Baumert, C. Artelt, E. Klieme, M. Neubrand, M. Prenzel, U. Schiefele, W. Schneider, K.-J. Tillmann & M. Weiss (Hrsg.), *PISA 2000 – Ein differenzierter Blick auf die Länder der Bundesrepublik Deutschland* (S. 259-330). Opladen: Leske+Budrich.

Baumert, J. & Watermann, R. (2000). Institutionelle und regionale Variabilität und die Sicherung gemeinsamer Standards in der gymnasialen Oberstufe. In J. Baumert, W. Bos & R. Lehmann (Hrsg.), *TIMSS/III. Dritte Internationale Mathematik- und Naturwissenschaftsstudie – Mathematische und naturwissenschaftliche Bildung am Ende der Schullaufbahn. Band 2. Mathematische und physikalische Kompetenzen am Ende der gymnasialen Oberstufe* (S. 317-372). Opladen: Leske+Budrich.

Birkenfeld, F. & Hanafy, S. (2008). *Was macht eine zentrale Abschlussprüfung aus? Leading House Working Paper Nr. 33.* Zürich, Bern: Swiss Leading House. Economics of Education, Firm Behaviour, Training Policies.

Bishop, J. H. (1999). Are national exit examinations important for educational efficiency. *Swedish Economic Policy Review, 6*, 349-398.

Böhm-Kasper, O. (2004). *Schulische Belastung und Beanspruchung. Eine Untersuchung von Lehrern und Schülern am Gymnasium.* Münster: Waxmann.

Borman, G. D. (2009). The use of randomized trials to inform education policy. In G. Sykes, B. Schneider & D. N. Plank (Hrsg.), *Handbook of policy research* (S. 129-138). New York, London: Routledge.

Cheng, L., Watanabe, Y. & Curtis, A. (2004). *Washback in Language Testing. Research Contexts and Methods.* Mahwah, N.J.: Lawrence Erlbaum.

Fussangel, K., Rürup, M. & Gräsel, C. (2010). Lehrerfortbildung als Unterstützungssystem. In H. Altrichter & K. Maag Merki (Hrsg.), *Handbuch Neue Steuerung im Schulsystem* (S. 327-354). Wiesbaden: VS Verlag für Sozialwissenschaften.

Graham, J. W. (2009). Missing Data Analysis: Making It Work in the Real World. *Annual Review of Psychology, 60*, 549-576.

Hamilton, L. S., Stecher, B. M., Russell, J. L., Marsh, J. A. & Miles, J. (2008). Accountability and Teaching Practices: School-Level Actions and Teacher Responses. In B. Fuller, M. K. Henne & E. Hannum (Hrsg.), *Strong Stakes, Weak Schools: The Benefits and Dilemmas of Centralized Accountability* (S. 31-66). Bingley: Emerald Group Publishing Limited.

Heller, K. & Perleth, C. (2000). *Kognitiver Fähigkeitstest KFT 4-12+ R (für 4. bis 12. Klassen, Revision).* Göttingen: Beltz.

Holmeier, M. (2013). *Leistungsbeurteilung im Zentralabitur.* Wiesbaden: Springer VS.

Jäger, D. J. (2012). Herausforderung Zentralabitur: Unterrichtsinhalte variieren und an Prüfungsthemen anpassen. In K. Maag Merki (Hrsg.), *Zentralabitur. Die längsschnittliche Analyse der Wirkungen der Einführung zentraler Abiturprüfungen in Deutschland* (S. 179-205). Wiesbaden: Springer VS.

Jürges, H. & Schneider, K. (2010). Central exit examinations increase performance, but take the fun out of mathematics. *Journal of Population Economics, 23*, 497-517.

Jürges, H., Schneider, K. & Büchel, F. (2005). The Effect of central exit examinations on student achievement: Quasi-experimental evidence from TIMSS Germany. *Journal of European Economic Association, 3*, 1134-1155.

Jürges, H., Schneider, K., Senkbeil, M. & Carstensen, C., H. (2012). Assessment drives learning: The effect of central exit exams on curricular knowledge and mathematical literacy. *Economics of Education Review, 31*, 56-65.

Kahnert, J. (2014). *Das Zentralabitur im Fach Mathematik. Eine empirische Analyse von Abitur- und TIMSS-Daten im Vergleich*. Münster: Waxmann.

Klein, E. D., Krüger, M., Kühn, S. M. & Van Ackeren, I. (2014). Wirkungen zentraler Abschlussprüfungen im Mehrebenensystem Schule. Eine Zwischenbilanz internationaler und nationaler Befunde. *Zeitschrift für Erziehungswissenschaft, 17*, 7-33.

Klein, E. D., Kühn, S. M., Van Ackeren, I. & Block, R. (2009). Wie zentral sind zentrale Prüfungen? – Abschlussprüfungen am Ende der Sekundarstufe II im nationalen und internationalen Vergleich *Zeitschrift für Pädagogik, 55*, 596-621.

Klieme, E. (2000). Fachleistungen im voruniversitären Mathematik- und Physikunterricht: Theoretische Grundlagen, Kompetenzstufen und Unterrichtsschwerpunkte. In J. Baumert, W. Bos & R. Lehmann (Hrsg.), *TIMSS/III. Dritte Internationale Mathematik- und Naturwissenschaftsstudie. Mathematische und naturwissenschaftliche Bildung am Ende der Schullaufbahn. Band 2: Mathematische und physikalische Kompetenzen am Ende der gymnasialen Oberstufe* (S. 57-128). Opladen: Leske+Budrich.

Klieme, E., Eichler, W., Helmke, A., Lehmann, R. H., Nold, G., Rolff, H.-G., Schröder, K., Thomé, G. & Willenberg, H. (2006). *Unterricht und Kompetenzerwerb in Deutsch und Englisch. Zentrale Befunde der Studie Deutsch-Englisch-Schülerleistungen-international (DESI)*. Frankfurt/Main: Deutsches Institut für Internationale Pädagogische Forschung.

Köller, O., Baumert, J., Cortina, K. S., Trautwein, U. & Watermann, R. (2004). Öffnung von Bildungswegen in der Sekundarstufe II und die Wahrung von Standards. *Zeitschrift für Pädagogik, 50*, 679-700.

Kühn, S. M. (2010). *Steuerung und Innovation durch Abschlussprüfungen?* Wiesbaden: VS Verlag für Sozialwissenschaften.

Kühn, S. M. (2012). Zentrale Abiturprüfungen im nationalen und internationalen Vergleich mit besonderer Perspektive auf Bremen und Hessen. In K. Maag Merki (Hrsg.), *Zentralabitur. Die längsschnittliche Analyse der Wirkungen der Einführung zentraler Abiturprüfungen in Deutschland* (S. 27-44). Wiesbaden: Springer VS.

Kühn, S. M. & Racherbäumer, K. (2013). Standardisierung und/oder Individualisierung? Empirische Befunde zur Umsetzungn von Massnahmen zur individuellen Förderung im Kontext zentraler Abschlussprüfungen. *Unterrichtswissenschaft, 41*, 172-189.

Lorenz, R. (2013). *Das Zentralabitur im Kontext der Bildungsgerechtigkeit*. Münster: Waxmann.

Lüdtke, O., Robitzsch, A., Trautwein, U. & Köller, O. (2007). Umgang mit fehlenden Werten in der psychologischen Forschung. Probleme und Lösungen. *Psychologische Rundschau, 58*, 103-117.

Maag Merki, K. (2008). Die Einführung des Zentralabiturs in Bremen – Eine Fallanalyse. *Die Deutsche Schule, 100,* 357-368.

Maag Merki, K. (2010). Theoretische und empirische Analysen der Effektivität von Bildungsstandards, standardbezogenen Lernstandserhebungen und zentralen Abschlussprüfungen. In H. Altrichter & K. Maag Merki (Hrsg.), *Handbuch Neue Steuerung im Schulsystem* (S. 145-170). Wiesbaden: VS Verlag für Sozialwissenschaften.

Maag Merki, K. (2012a). Die Leistungen der Gymnasiastinnen und Gymnasiasten in Mathematik und Englisch. In K. Maag Merki (Hrsg.), *Zentralabitur. Die längsschnittliche Analyse der Wirkungen der Einführung zentraler Abiturprüfungen in Deutschland* (S. 263-292). Wiesbaden: Springer VS.

Maag Merki, K. (2012b). Forschungsfragen und theoretisches Rahmenmodell. In K. Maag Merki (Hrsg.), *Zentralabitur. Die längsschnittliche Analyse der Wirkungen der Einführung zentraler Abiturprüfungen in Deutschland* (S. 11-25). Wiesbaden: Springer VS.

Maag Merki, K. (2014). Das quasi-experimentelle Design in der Educational Governance-Forschung? Herausforderungen, Möglichkeiten und Grenzen am Beispiel der Analyse der Wirksamkeit der Einführung zentraler Abiturprüfungen. In K. Maag Merki, R. Langer & H. Altrichter (Hrsg.), *Educational Governance als Forschungsperspektive. Strategien, Methoden, Ansätze. 2. Auflage* (S. 51-83). Wiesbaden: Springer VS.

Maag Merki, K. & Holmeier, M. (2015). Comparability of semester and exit exams grades: Long-term effect of the implementation of state-wide exit exams. *School Effectiveness and School Improvement, 26,* 57-74.

Maag Merki, K. & Oerke, B. (2012). Methodische Grundlagen der Studie. In K. Maag Merki (Hrsg.), *Zentralabitur. Die längsschnittliche Analyse der Wirkungen der Einführung zentraler Abiturprüfungen in Deutschland* (S. 45-61). Wiesbaden: Springer VS.

Maag Merki, K., Oerke, B., Maué, E., Holmeier, M. & Klieme, E. (2012a). *Das Abitur aus Sicht der Lehrer/-innen und Schüler/-innen in Bremen. Ergebnisse der Erhebungen in 2011 im Vergleich zu 2007 und 2009.* Zürich, Frankfurt: Universität Zürich, DIPF Frankfurt.

Maag Merki, K., Oerke, B., Maué, E., Holmeier, M. & Klieme, E. (2012b). *Das Abitur aus Sicht der Lehrer/-innen und Schüler/-innen in Hessen. Ergebnisse der Erhebungen in 2011 im Vergleich zu 2007 und 2009.* Zürich, Frankfurt: Universität Zürich, DIPF Frankfurt.

Maué, E. (2013a). *Comparability of grades. Does this vision become reality by means of state-wide exit exams?* Paper presented at the AERA Annual Meeting 2013, San Francisco, CA.

Maué, E. (2013b). Vergleichbarkeit von Abiturnoten – eine Fiktion? Längerfristige Effekte der Implementation zentraler Abiturprüfungen in Bremen. In J. Asdonk, S. U. Kuhnen & P. Bornkessel (Hrsg.), *Übergang Schule – Hochschule. Analysen – Konzeptionen – Gestaltungsperspektiven* (S. 114-128). Münster: Waxmann.

Maué, E., Maag Merki, K. & Oerke, B. (2012). Emotionales Erleben des Zentralabiturs von Lehrpersonen in Bremen. Längerfristige Effekte der Implementation zentraler Abiturprüfungen. In S. Hornberg & M. Parreira do Amaral (Hrsg.), *Deregulierung im Bildungswesen* (S. 109-130). Münster: Waxmann.

Neumann, M., Nagy, G., Trautwein, U. & Lüdtke, O. (2009). Vergleichbarkeit von Abiturleistungen. Leistungs- und Bewertungsunterschiede zwischen Hamburger und Baden-Württemberger Abiturienten und die Rolle zentraler Abiturprüfungen. *Zeitschrift für Erziehungswissenschaft, 12,* 691-714.

Neumann, M., Trautwein, U. & Nagy, G. (2011). Do central examinations lead to greater grading comparability? A study of frame-of-references effects on the University entrance qualification in Germany. *Studies in Educational Evaluation, 37,* 206-217.

Oelkers, J. & Reusser, K. (2008). *Qualität entwickeln – Standards sichern – mit Differenz umgehen. Bildungsforschung Band 27.* Berlin: Bundesministerium für Bildung und Forschung (BMBF).

Oerke, B. (2012). Auseinandersetzung der Lehrpersonen mit der Einführung des Zentralabiturs: Stages of concern. In K. Maag Merki (Hrsg.), *Zentralabitur. Die längsschnittliche Analyse der Wirkungen der Einführung zentraler Abiturprüfungen in Deutschland* (S. 207-236). Wiesbaden: Springer VS.

Oerke, B. & Maag Merki, K. (2013). Teaching-to-the-test infolge des Zentralabiturs – gut für die Abiturleistung, schlecht für das Fachinteresse? *SchulVerwaltung, 2*, 48-51.

Oerke, B., Maag Merki, K., Maué, E. & Jäger, D. J. (2013). Zentralabitur und Themenvarianz: Lohnt sich Teaching-to-the-Test? In D. Bosse, F. Eberle & S.-T. Barbara (Hrsg.), *Standardisierung in der gymnasialen Oberstufe* (S. 27-50). Wiesbaden: Springer VS.

Pedulla, J., Abrams, L. M., Madaus, G., Russell, M., Ramos, M. & Miao, J. (2003). *Perceived effects of state-mandated testing programs on teaching and learning: Findings from a national survey of teachers.* Chestnut Hill, MA: National Board on Educational Testing and Public Policy, Lynch School of Education, Boston College.

Piopiunik, M., Schwerdt, G. & Wössmann, L. (2014). Zentrale Abschlussprüfungen, Signalwirkung von Abiturnoten und Arbeitsmarkterfolg in Deutschland. *Zeitschrift für Erziehungswissenschaft, 17*, 35-60.

Racherbäumer, K. & Kühn, S. M. (2013). Zentrale Prüfungen und individuelle Förderung. *Zeitschrift für Bildungsforschung, 3*, 27-45.

Ryan, K. E., Ryan, A. M., Arbuthnot, K. & Samuels, M. (2007). Students' Motivation for Standardized Math Exams. *Educational Researcher, 36*, 5-13.

Slavin, R. E. (2010). Experimental studies in education. In B. P. M. Creemers, L. Kyriakides & P. Sammons (Hrsg.), *Methodological advances in educational effectiveness research* (S. 102-114). London, New York: Routledge,

Stecher, B. M. (2002). Consequences of large-scale, high-stakes testing on school and classroom practice. In L. S. Hamilton, B. M. Stecher & S. P. Klein (Hrsg.), *Making sense of test-based accountability in education* (S. 79-100). Santa Monica, CA: Rand Corporation.

Stecher, B. M., Vernez, G. & Steinberg, P. (2010). *Reauthorizing No Child Left Behind. Facts and recommendations.* Santa Monica, CA: RAND Cooperation.

Van Ackeren, I., Block, R., Klein, E. D. & Kühn, S. M. (2012). The impact of statewide exit exams: A descriptive case study of three German states with differing low stakes exam regimes. *Education Policy Analysis Archives, 20*, 1-28.

Wössmann, L. (2005). The effect heterogeneity of central examinations: evidence from TIMSS, TIMSS-Repeat and PISA. *Education Economics, 13*, 143-169.

Wössmann, L. (2008). Zentrale Abschlussprüfungen und Schülerleistungen. Individualanalysen anhand von vier internationalen Tests. *Zeitschrift für Pädagogik, 54*, 810-826.

Mathematische Kompetenzen in unterschiedlichen Profilen der gymnasialen Oberstufe

Nele Kampa, Michael Leucht und Olaf Köller

Zusammenfassung

Infolge der *Husumer Beschlüsse* der Kultusministerkonferenz haben viele Bundesländer in der Sekundarstufe II das Kurssystem mit Grund- und Leistungskursen zugunsten von Profiloberstufen und einer allgemeinen Stärkung der Kernfächer aufgegeben. Schülerinnen und Schüler wählen in der Sekundarstufe II inhaltliche Schwerpunkte (Profile), müssen allerdings die Kernfächer Deutsch, Mathematik und eine Fremdsprache bis zum Abitur auf erhöhtem Anforderungsniveau belegen. Ob solch eine Ausrichtung auf Kernfächer standardsichernd ist, ist eine offene Frage, die der vorliegende Beitrag zu beantworten versucht. Dazu analysieren wir die Mathematikleistungen von $N = 1360$ Abiturientinnen und Abiturienten in Schleswig-Holstein. Der eingesetzte Mathematiktest erlaubt die Definition eines Leistungsbereichs, in dem standardbasierte Erwartungen der gymnasialen Oberstufe (im Sinne von Regelstandards) erfüllt werden. Die Analysen zeigen, dass allein im naturwissenschaftlichen Profil substanzielle Zahlen von Schülerinnen und Schülern diesen Standard im Fach Mathematik erfüllen. In den übrigen Profilen werden teilweise nicht einmal die Erwartungen der Sekundarstufe I erfüllt. Die Ergebnisse werden vor dem Hintergrund der Bildungsstandards für die Abiturprüfung diskutiert.

1 Einleitung

Mit der Veröffentlichung der Oberstufenbefunde der *Third International Mathematics and Science Study* (TIMSS; Baumert et al. 2000) wurden erstmalig national repräsentative Befunde über Erträge der gymnasialen Oberstufe im vereinten Deutschland publiziert. Die damals vorgestellten Ergebnisse für Mathematik und Physik wiesen auf verschiedene Herausforderungen hin. So erreichten lediglich 30 % der getesteten Schülerinnen und Schüler mathematische Leistungen auf dem Niveau voruniversitärer mathematischer Bildung. Mehr als ein Fünftel der jungen Erwachsenen zeigte ein Leistungsniveau, welches sogar unterhalb der Ziele der Sekundarstufe I lag. Vor bzw. parallel zu TIMSS hatten die Länder damit begonnen, Reformen in der gymnasialen Oberstufe zur Sicherung fachlicher Standards in den Kernfächern Deutsch, Mathematik und fortgeführter (bzw. neu begonnener) Fremdsprache auf den Weg zu bringen. So hatte die Kultusministerkonferenz (KMK) in dem *Mainzer Beschluss* von 1995 festgehalten, dass die Fächer Deutsch, Mathematik und eine Fremdsprache in der Qualifikationsphase – also in den letzten beiden Schuljahren der Sekundarstufe II – wieder bindend zu belegen und in die Abiturdurchschnittsnote einzubringen sind (KMK 1995). Nur vier Jahre später wurde in den *Husumer Beschlüssen* ein erneuter Reformprozess der gymnasialen Oberstufe angestoßen, der den Rückbau des Kurssystems zugunsten von Kernfächern vorsah, die in Klassenverbänden unterrichtet werden (KMK 1999). Die *Husumer Beschlüsse* enthielten u. a. die folgenden Regelungen (vgl. Trautwein et al. 2010, S.20):

- Die Fächer Deutsch, Mathematik und Fremdsprache werden mindestens vierstündig unterrichtet. Wenigstens zwei der Fächer sind Gegenstand der Abiturprüfung.
- Ein weiteres Prüfungsfach muss vierstündig unterrichtet werden.
- Die Abiturprüfung kann fünf Prüfungsfächer (anstelle von vier) umfassen.

Als Folge haben viele Bundesländer – u. a. Schleswig-Holstein – Profiloberstufen und somit Klassenverbände eingeführt oder eine Stärkung der Kernfächer vorangetrieben. Die Wahl unterschiedlicher Profile soll den Schülerinnen und Schülern die Möglichkeit geben, bei gleichzeitiger Vertiefung der Kernfächer Deutsch, Mathematik und Fremdsprache weiterhin Schwerpunkte in der gymnasialen Oberstufe setzen zu können.

Am Beispiel Schleswig-Holsteins gehen wir der Frage nach, ob die Einrichtung von Profiloberstufen Schülerinnen und Schülern erlaubt, bei inhaltlicher Flexibilität Ziele voruniversitärer Bildungsprozesse in den Kernfächern zu erreichen. Dabei beschränken wir uns auf das Fach Mathematik und analysieren Daten einer repräsentativen Abiturientenstichprobe an allgemeinbildenden Gymnasien Schleswig-Holsteins. Die untersuchten Schülerinnen und Schüler verteilen sich auf fünf Profile und haben im Jahr 2013 die Allgemeine Hochschulreife erworben. Die weiteren bildungstheoretischen, -politischen und empirischen Rahmenbedingungen unserer Studie legen wir im Folgenden dar.

2 Theoretischer Rahmen, Forschungslage und Entwicklung der Fragestellungen

Mit den Beschlüssen von 1972 hat die KMK eine Neuordnung der gymnasialen Oberstufe vorgenommen, welche die Gliederung in unterschiedliche Gymnasialtypen aufgab und spätestens in der Qualifikationsphase ein flexibles Kurssystem mit wechselnden Lerngruppen einführte (Neumann 2010). Neben zwei auf erhöhtem Anforderungsniveau unterrichteten Leistungskursen (i. d. R. fünf Wochenstunden) sollten die übrigen Fächer auf grundlegendem Niveau (zwei- bis dreistündig) unterrichtet werden. Die Abiturprüfung wurde auf vier Fächer (zwei Leistungskurse plus zwei Grundkurse) beschränkt. Mit dieser Reform sollte den Schülerinnen und Schülern die Möglichkeit gegeben werden, bei gleichzeitiger Sicherung einer vertieften Allgemeinbildung, vor allem in den Fächern Deutsch, Mathematik und Fremdsprache, an zwei den eigenen Neigungen entsprechenden Fächern das wissenschaftliche Arbeiten anzubahnen. Die daraufhin einsetzende Kritik an der reformierten Oberstufe bezog sich vor allem auf die empirisch kaum belegte Sorge, dass eine vertiefte Allgemeinbildung in den Kernbereichen Deutsch, Mathematik und Fremdsprache nicht mehr gewährleistet sei. Kritisiert wurde auch die Reduktion auf zwei auf erhöhtem Anforderungsniveau unterrichtete Fächer (vgl. u. a. Führ 1982). Der *Mainzer Beschluss* der KMK sah daher zunächst vor, dass die Fächer Deutsch, Mathematik und eine Fremdsprache in der Qualifikationsphase wieder bindend belegt werden und in die Abiturdurchschnittsnote einzubringen sind (KMK 1995). Vier Jahre später wurde auf Initiative von Bayern und Baden-Württemberg ein erneuter Reformprozess der gymnasialen Oberstufe angestoßen, der im Wesentlichen den Rückbau des Kurssystems zugunsten der Stärkung von Kernfächern vorsah, die in Klassenverbänden unterrichtet werden. Auf diese sogenannten *Husumer Beschlüsse* der KMK von 1999 sind wir oben bereits eingegangen.

Als Folge haben viele Bundesländer das Kurssystem zugunsten von Profiloberstufen oder anderen Systemen zur Stärkung der Kernfächer aufgegeben. Die Wahl unterschiedlicher Profile soll den Schülerinnen und Schülern die Möglichkeit geben, auch weiterhin Schwerpunkte in der gymnasialen Oberstufe setzen zu können. Eine ausführliche Beschreibung des Reformprozesses sowie über den damit einhergehenden Rückbau des Kurssystems ist Neumann (2010) zu entnehmen.

2.1 Die Profiloberstufe in Schleswig-Holstein

Schleswig-Holstein hat die Profiloberstufe mit Beginn des Schuljahres 2008/09 eingeführt. Je nach Größe und Angebot der allgemeinbildenden Gymnasien werden bis zu fünf Profile angeboten: (1) naturwissenschaftlich, (2) sprachlich, (3) gesellschaftswissenschaftlich, (4) ästhetisch und (5) sportlich. Unabhängig vom Profil müssen die Fächer Deutsch, Mathematik sowie eine Fremdsprache in den letzten beiden Schuljahren (d.h. in der Qualifikationsphase) vierstündig – also auf erhöhtem Anforderungsniveau – belegt und in die Abiturdurchschnittsnote eingebracht werden. Zwei der drei Kernfächer müssen als Prüfungsfächer im Abitur gewählt werden.

Neben den Kernfächern wird ein weiteres, profilgebendes Fach vierstündig auf erhöhtem Anforderungsniveau unterrichtet, das als drittes Prüfungsfach in die Abiturprüfung eingeht. So werden etwa im naturwissenschaftlichen Profil eine Naturwissenschaft (z.B. Biologie) als Profilfach vierstündig und zwei weitere profilergänzende Fächer (z.B. Physik und Chemie) dreistündig bis zum Abitur unterrichtet. In den übrigen Profilen muss neben den drei Kernfächern lediglich eine weitere Naturwissenschaft belegt werden. Der Mathematikunterricht in der Profiloberstufe erfolgt in der Regel im Klassenverband. Schülerinnen und Schüler einer Klasse weisen üblicherweise dasselbe Profil auf. Unabhängig vom Profil sehen die Vorgaben vor, dass Mathematik vierstündig auf erhöhtem Anforderungsniveau unterrichtet werden sollte. Da Schülerinnen und Schüler aller Profile zumindest potenziell an den zentralen Abschlussprüfungen teilnehmen, sind die Lerngelegenheiten in der Qualifikationsphase der Oberstufe harmonisiert.

Für den vorliegenden Beitrag ist festzuhalten, dass das Fach Mathematik unabhängig vom Profil vierstündig auf erhöhtem Anforderungsniveau in der Qualifikationsphase unterrichtet wird und die Leistungen in die Abiturdurchschnittsnote einzubringen sind. In keinem der Profile, auch nicht im naturwissenschaftlichen, besteht allerdings die Verpflichtung, eine Abiturprüfung im Fach Mathematik abzulegen.

2.2 Ziele des voruniversitären Mathematikunterrichts

Weder werden die Bedeutung einer mathematischen Grundbildung für die Partizipation am gesellschaftlichen und beruflichen Leben (z.B. Prenzel et al. 2013) noch die voruniversitären mathematischen Kompetenzen als wichtige Voraussetzungen einer vertieften Allgemeinbildung und Studierfähigkeit in Zweifel gezogen (Watermann et al. 2004). Dies wurde u.a. im Rahmen der Konzeption eines Kerncurriculums Oberstufe (Tenorth 2001) und durch zwei Expertisen zur Verbesserung des Mathematikunterrichts in der gymnasialen Oberstufe nachhaltig zum Ausdruck gebracht (Baptist und Winter 2001; Borneleit et al. 2001).

In ihren Beschlüssen von 2002 hat die KMK die *Einheitlichen Prüfungsanforderungen der Abiturprüfungen* (EPA) revidiert, um auch zukünftig die Qualität der allgemeinen Hochschulreife als schulische Abschlussqualifikation zu sichern und die allgemeine Studierfähigkeit sowie den Übergang in eine berufliche Ausbildung zu gewährleisten. Die EPA sollen für den gesamten Fächerkanon der gymnasialen Oberstufe ein zwischen den Ländern vergleichbares Orientierungswissen, fachliche Standards und Grundkompetenzen sichern, die über den Auftrag des jeweiligen Faches hinausgehen. „Als für die Studierfähigkeit grundlegende Kompetenzen werden … der sichere Umgang mit mathematischen Symbolen und Modellen hervorgehoben." (KMK 2002, S. 1f.). In den vor kurzem eingeführten und auf den EPA beruhenden Bildungsstandards im Fach Mathematik für die Allgemeine Hochschulreife 2015 betonen die Autoren:

> „Das Fach Mathematik leistet einen grundlegenden Beitrag zu den Bildungszielen der gymnasialen Oberstufe und der Kompetenzentwicklung der Schülerinnen und Schüler bis zur Allgemeinen Hochschulreife. Vermittelt werden eine vertiefte Allgemeinbildung, allgemeine Studierfähigkeit sowie wissenschaftspropädeutische Bildung. So werden die Grundlagen für fachliches und überfachliches Handeln mit Blick auf Anforderungen von Wissenschaft und beruflicher Bildung geschaffen." (S. 11)

Die Bildungsstandards in Mathematik für die Allgemeine Hochschulreife umfassen zunächst die bereits in den Standards für den Mittleren Schulabschluss (MSA) explizierten fünf Leitideen (Algorithmus und Zahl, Messen, Raum und Form, funktionaler Zusammenhang sowie Daten und Zufall) und sechs prozessbezogene Kompetenzen (mathematisch argumentieren, Probleme mathematisch lösen, mathematisch modellieren, mathematische Darstellungen verwenden, mit symbolischen, formalen und technischen Elementen der Mathematik umgehen sowie mathematisch kommunizieren). Hinzu kommen noch drei Anforderungsbereiche, die unterschiedliche kognitive Ansprüche von mathematischen Aktivitäten beschreiben. So müssen die Schülerinnen und Schüler im Anforderungsbereich I Sachverhalte und Wissen wiedergegeben sowie Techniken und Verfahren anwenden und beschreiben. Im Anforderungsbereich II müssen sie selbstständig bekannte Sachverhalte auswählen, anordnen, erklären und darstellen sowie diese auf vergleichbare Sachverhalte übertragen und anwenden; im Anforderungsbereich III müssen sie komplexe Sachverhalte verarbeiten. Schließlich wird in den Standards zwischen dem grundlegenden und erhöhten Anforderungsniveau unterschieden. Das grundlegende Anforderungsniveau ist vor allem in Grundkursen vorgesehen. Das erhöhte Anforderungsniveau soll durch das Unterrichten mit mindestens vier Wochenstunden erreicht werden (KMK 2015). Fächer auf grundlegendem Anforderungsniveau werden in der Regel mit geringerem Stundenumfang unterrichtet.

Prüfungsleistungen auf erhöhtem Niveau sollen im Schwerpunkt Aufgaben der Anforderungsbereiche II und III berücksichtigen, Prüfungsleistungen auf grundlegendem Niveau primär die Anforderungsbereiche I und II.

Jenseits der auf schulischer Seite formulierten Ziele des Mathematikunterrichts messen auch Hochschullehrerinnen und -lehrer voruniversitären Mathematikkenntnissen eine hohe Relevanz für viele nachfolgende Studiengänge bei. So wurden im Rahmen von TIMSS voruniversitäre Mathematikaufgaben hinsichtlich ihrer Relevanz für unterschiedliche Studienfächer (Physik, Mathematik, Informatik, Betriebswirtschaftslehre, Soziologie, Bauingenieurswesen, Elektrotechnik und Psychologie) durch Hochschullehrerinnen und -lehrer eingeschätzt (Klieme 2000). Abgesehen von wenigen fachlichen Besonderheiten wurde von den Vertreterinnen und Vertretern aller befragten Fächer die erfolgreiche Lösung dieser Aufgaben als sehr wichtige Voraussetzung für das jeweilige Studienfach eingeschätzt.

2.3 Bisherige Studien zu voruniversitären Mathematikleistungen am Ende der gymnasialen Oberstufe

Mittlerweile liegen einige empirische Studien vor, die über die Mathematikleistungen am Ende der gymnasialen Oberstufe Auskunft geben. Im Rahmen der TIMS-Studie (Baumert et al. 2000) wurde eine repräsentative Stichprobe von deutschen Schülerinnen und Schülern aus Grund- und Leistungskursen Mathematik am Ende der gymnasialen Oberstufe in Mathematik getestet. Der eingesetzte Test enthielt überwiegend Aufgaben, welche die curricularen Inhalte der Oberstufe abdeckten. Mit Hilfe eines *Proficiency Scalings* (Klieme 2000) wurden vier Kompetenzstufen definiert. Eine erste Stufe umfasste Aufgaben, die man typischerweise bis zum Ende der sechsten Jahrgangsstufe lösen sollte. Die Stufe II beinhaltete im Wesentlichen Aufgaben, die den Stoff bis zum Ende der Sekundarstufe I abbildeten. Niveaus voruniversitärer Kompetenzen waren auf den Stufen III und IV angesiedelt. In TIMSS zeigte sich, dass 22 % der Abiturientinnen und Abiturienten Leistungen auf Stufe I erreichten, 48 % auf Stufe II, 23 % auf Stufe III und 7 % auf Stufe IV. Mit anderen Worten verfehlten rund 70 % der getesteten Schülerinnen und Schüler die Lernziele des voruniversitären Mathematikunterrichts.

Im Rahmen des Projekts *Transformation des Sekundarschulsystems und akademische Karrieren* (TOSCA; Köller et al. 2004) wurden Schülerinnen und Schüler allgemeinbildender und beruflicher Gymnasien in Baden-Württemberg am Ende der gymnasialen Oberstufe mit dem TIMSS-Instrument zur Erfassung voruniversitärer mathematischer Kompetenzen getestet. Die Schülerinnen und Schüler besuchten das neunjährige Gymnasium; alle Oberstufen waren noch nach dem Kurssystem mit Grund- und Leistungskursen organisiert. An allgemeinbildenden Gymnasien erreichten rund 49 % der Schülerinnen und Schüler die Stufen III und IV (Oberstufenniveau), wobei Kompetenzstufe III als Mindeststandard für Leistungskurse festgesetzt wurde. Selbst im allgemeinbildenden Gymnasium in Baden-Württemberg verpassten damit gut die Hälfte der Schülerinnen und Schüler die Ziele voruniversitärer mathematischer Bildung.

Nagy et al. (2010) haben in einer Nachfolgeuntersuchung in Baden-Württemberg (TOSCA-Repeat Projekt) erneut die voruniversitären Mathematikleistungen von Abiturientinnen und Abiturienten an allgemeinbildenden Gymnasien mit dem gleichen Mathematiktest untersucht, die nach einer Gymnasialreform die neugeordnete Oberstufe mit Stärkung der Kernfächer besuchten. Alle Schülerinnen und Schüler wurden in Mathematik auf erhöhtem Anforderungsniveau (vier Wochenstunden) unterrichtet. In der Tat zeigte sich, dass die mittleren Leistungen der im Klassenverband unterrichteten Schülerinnen und Schüler (TOSCA-Repeat) etwas über den mittleren Leistungen der im Kurssystem unterrichteten Jugendlichen (TOSCA) lagen ($d = .16$); Auch wenn die Autoren von TOSCA-Repeat nicht die Verteilung auf Kompetenzstufen berichten, kann aufgrund des geringen Mittelwertunterschieds zu TOSCA geschlussfolgert werden, dass der Anteil von Schülerinnen und Schülern, die Standards voruniversitärer Bildung verfehlten und somit unter Kompetenzstufe III angesiedelt sind, auch hier bei fast 50 % lag.

Der in TOSCA verwendete Test zur voruniversitären mathematischen Bildung wurde auch in der Untersuchung *Aspekte der Lernausgangslage und der Lernentwicklung* (LAU-13) eingesetzt. In LAU-13 wurde der gesamte Hamburger Abiturjahrgang am Ende der 13. Jahrgangsstufe im Schuljahr 2004/05 hinsichtlich erreichter Fachleistungen untersucht (Trautwein et al. 2007) und mit dem in TOSCA untersuchten Abiturjahrgang des Jahres 2002 verglichen. Die leitende Fragestellung der Analysen betraf die Vergleichbarkeit der Abschlüsse zwischen unterschiedlichen Ländern. Dazu definierten die Autoren unterschiedliche Zielerwartungen für Grundkurse – sichere Beherrschung des Mittelstufenstoffes (Curriculum bis Klasse 10, Stufe II im TIMSS-Test) – und Leistungskurse – Beherrschung des Oberstufenstoffes (Stufen III und IV). Im Leistungskurs erreichten in Baden-Württemberg 83 %, in Hamburg 55 % den definierten Standard. In Grundkursen lagen die entsprechenden Anteile bei 86 % (Baden-Württemberg) bzw. 52 % (Hamburg).

Fasst man die vier referierten Studien zusammen, so zeigten sich folgende Ergebnisse:

- Generell verfehlen erhebliche Anteile der Abiturientinnen und Abiturienten standardbasierte Ziele voruniversitärer mathematischer Bildung.

- Der Anteil der Schülerinnen und Schüler, welche diese Ziele verfehlen, wird nicht substanziell durch die Rückkehr vom Kurssystem zum Klassenverband reduziert.
- Hinsichtlich der Quoten, die Ziele voruniversitärer mathematischer Bildung verfehlen, zeigen sich markante Unterschiede zwischen Ländern.

2.4 Fragestellungen der vorliegenden Studie

Durch die Rückkehr vom Kurssystem zum Klassenverband in der Sekundarstufe II wird in vielen Ländern eine größere Verbindlichkeit der Kernfächer hergestellt, gleichzeitig bleibt die Idee der Vertiefung ausgewählter Fächer durch die Einrichtung unterschiedlicher Profile erhalten. Jedoch zeigt die Literatur, dass Schwerpunktsetzungen in der gymnasialen Oberstufe eng an die am Ende der Sekundarstufe I erreichten Leistungsstände gekoppelt sind (z. B. Köller et al. 2000). Zudem zeigen Arbeiten zur intellektuellen Hochbegabung (u. a. Sparfeldt 2007; Vock et al. 2013), dass Schülerinnen und Schüler mit sehr hohen kognitiven Grundfähigkeiten vergleichsweise hohe naturwissenschaftliche Interessen aufweisen und sich damit auch gehäuft in naturwissenschaftlichen Profilen gymnasialer Oberstufen finden sollten.

Wir nutzen die strukturellen Veränderungen der letzten Jahre, um der Frage nachzugehen, ob durch die verpflichtende Belegung des Faches Mathematik auf erhöhtem Anforderungsniveau substanzielle Anteile von Schülerinnen und Schüler am Ende der Sekundarstufe II unabhängig vom Profil die Ziele voruniversitärer mathematischer Bildung erreichen.

Im Einklang mit der Literatur erwarten wir (a) signifikant höhere kognitive Grundfähigkeiten und Mathematikleistungen von Schülerinnen und Schülern, die ein naturwissenschaftliches Profil gewählt haben. Daran gekoppelt ist (b) die Erwartung, dass in dieser Gruppe auch der prozentuale Anteil der Jugendlichen höher ist, der die Ziele des voruniversitären Mathematikunterrichts erreicht. Auch gehen wir (c) der Frage nach, inwieweit die vorgefundenen Leistungsunterschiede zwischen Profilen möglicherweise durch Eingangsmerkmale (Geschlecht und kognitive Grundfähigkeiten) vermittelt werden. Hier ist die Erwartung, dass nach Kontrolle von Geschlecht und kognitiven Grundfähigkeiten mögliche Leistungsunterschiede zwischen den Profilen abnehmen. Neben dem Einbezug eines weiteren Bundeslandes (Schleswig-Holstein) in den Forschungsstand beziehen sich unsere Fragestellungen erstmalig auf profilbezogene Unterschiede und erweitern damit bisherige Befunde zu Unterschieden zwischen gymnasialen Oberstufen mit unterschiedlichen fachlichen Ausrichtungen.

3 Methode

Die empirische Grundlage für die vorliegende Arbeit bildet ein Teildatensatz aus dem Projekt *Lernergebnisse an beruflichen und allgemeinbildenden Gymnasien in Schleswig-Holstein* (LISA-6; s. Leucht et al. 2015). Im Rahmen dieses Projekts wurde eine Abiturientenstichprobe der 13. Jahrgangsstufe von insgesamt $N = 3775$ Schülerinnen und Schülern an allgemeinbildenden und beruflichen Gymnasien am Ende des Schuljahres 2012/13 in verschiedenen Leistungsbereichen (u.a. kognitive Grundfähigkeiten, Naturwissenschaften und Mathematik) getestet. Für die Tests wurde durchgängig eine Beteiligungsquote von über 80 % erreicht. Von den Schulen wurden das Profil, belegte Fächer, Stundenzahlen und Noten der Schülerinnen und Schüler in den naturwissenschaftlichen Fächern, Deutsch und Mathematik erfragt. Die bereitgestellten Informationen lagen für die komplette Stichprobe vor. Die Datenerfassung erfolgte durch das IEA *Data Processing and Research Center* (DPC) in Hamburg. Die Testungen und Fragebogenerhebungen fanden an einem Vormittag im Frühjahr 2013 durch vorher geschulte Testleitungen des DPC im Klassenverband statt. Getestet wurden jeweils alle Schülerinnen und Schüler der 13. Jahrgangsstufe.

3.1 Stichprobe

Für die Beantwortung unserer Fragestellungen berücksichtigen wir nur die Daten aller $N = 1360$ Abiturientinnen (51.2 %) und Abiturienten (48.8 %), die allgemeinbildende Gymnasien in Schleswig-Holstein besucht haben und valide Angaben zu den Wochenstunden in Mathematik gemacht haben. Analysen zu Geschlechteranteilen und Abiturdurchschnittsnote der teilgenommenen versus der nicht teilgenommenen Schülerinnen und Schülern zeigen für das Geschlecht eine Effektstärke von $d = 0.11$, d.h. bei Schülerinnen war die Teilnahmebereitschaft etwas höher als bei Schülern. Der Effekt bei der Abiturdurchschnittsnote entspricht einer Effektstärke von $d = -0.16$, d.h. nicht-teilnehmende Schülerinnen und Schüler wiesen eine etwas schlechtere Abiturdurchschnittsnote als teilnehmende Schülerinnen und Schüler auf.

Die 17 berücksichtigten allgemeinbildenden Gymnasien sind Teil der längsschnittlichen LISA-Untersuchung und wurden bereits im Schuljahr 2004/05 (5. Jahrgangsstufe) als mehrstufig stratifizierte Klumpenstichprobe (Bortz und Döring 2006; Lohr 1999) gezogen (für weitere Informationen zur initialen Stichprobenziehung siehe Retelsdorf und Möller 2013). Ab dem fünften Messzeitpunkt wurde die Untersuchung (statt in einer Klasse) auf die kompletten Jahrgangsstufen an den gymnasialen Oberstufen ausgeweitet.

Die Schülerinnen und Schüler der Stichprobe legten alle ihr Abitur nach neun Jahren (G9) ab. Zum Zeitpunkt der Datenerhebung waren die Studienteilnehmerinnen und -teilnehmer im Mittel 19.6 Jahre alt. Sie besuchten entweder das (1) naturwissenschaftliche, (2) sprachliche, (3) gesellschaftswissenschaftliche, (4) ästhetische oder (5) sportliche Profil. Um repräsentative Aussagen für die Population der Abiturientinnen und Abiturienten an allgemeinbildenden Gymnasien in Schleswig-Holstein treffen zu können, wurden die Daten für die Analysen entsprechend den Populationsverteilungen gewichtet. Tabelle 1 zeigt die Verteilung der untersuchten Schülerinnen und Schüler auf die Profiloberstufen in absoluten und prozentualen Häufigkeiten für die ungewichteten und gewichteten Daten. Am häufigsten wurden das naturwissenschaftliche und gesellschaftswissenschaftliche Profil gewählt, gefolgt vom sprachlichen. Die beiden übrigen Profile wurden nur von einzelnen Gymnasien angeboten und konnten daher nur selten gewählt werden.

Tab. 1 Verteilung der Schülerinnen und Schüler auf die Profile an allgemeinbildenden Gymnasien

Profil	ungewichtete Stichprobe		nach Gewichtung	
	absolut	Prozent	absolut	Prozent
Naturwissenschaftlich	452	33.2	2377	32.4
Sprachlich	276	20.3	1476	20.1
Gesellschaftswissenschaftlich	430	31.6	2314	31.5
Ästhetisch	122	9.0	739	10.1
Sportlich	80	5.9	434	5.9
Gesamt	1360	100.0	7340	100.0

Anmerkung: Es handelt sich um eine Teilstichprobe der 1433 insgesamt in LISA-6 untersuchten Schülerinnen und Schüler an allgemeinbildenden Gymnasien in Schleswig-Holstein.©

Erwartungskonform sind die Geschlechter ungleich in den Profilen verteilt (ohne Tabelle); Schülerinnen wählten seltener ein gesellschaftswissenschaftliches (37.3 %), sportliches (35.0 %) oder naturwissenschaftliches Profil (38.5 %). Das sprachliche (84.8 %) und ästhetische Profil (81.8 %) waren demgegenüber von Schülerinnen dominiert.

3.2 Instrumente

Mathematiktest. Bei dem eingesetzten Mathematiktest handelt es sich um einen Studierendentest des *Nationalen Bildungspanels* (NEPS), der mathematische Kompetenzen zu Beginn eines Hochschulstudiums erfassen soll (Ehmke et al. 2009). Der Test beruht auf dem *Literacy*-Konzept (ebd.), umfasst 20 *Multiple-Choice* (MC) Aufgaben und orientiert sich in seiner Konzeption an den Bildungsstandards der KMK (MSA und Abiturprüfung) im Fach Mathematik[1]. Die Aufgaben können dementsprechend Leitideen (Inhaltsbereichen) und prozessbezogenen mathematischen Kompetenzen zugeordnet werden. Konkret existieren Aufgaben zu den Inhaltsbereichen Quantität (4 Aufgaben), Raum und Form (3), Veränderung und Beziehungen (6) sowie Daten und Zufall (7). Bei den prozessbezogenen Kompetenzen decken die Aufgaben technische Fertigkeiten (9 Aufgaben), Modellieren (1), Problemlösen (4), Darstellen (5) und Kommunizieren (1) ab. Die weitere Kombination von Inhalten der Sekundarstufe I und II trägt dem Konzept einer vertieften Allgemeinbildung Rechnung, die nicht ausschließlich in der Oberstufe aufgebaut wurde (Dettmers et al. 2010). Analog zu anderen großen Schulleistungsstudien wurden auf der Basis der Testleistungen und Hintergrundinformationen der Schülerinnen und Schüler *Plausible Values* (PVs; insgesamt 5 pro Person) berechnet. Dieses geschah in mehreren Schritten. Die initiale Gewinnung von Itemparametern erfolgte im eindimensionalen Rasch-Modell im Softwarepaket *ConQuest* (Version 2.0; Wu et al. 2007). Zur Schätzung der PVs dienten neben den Antwortvektoren weitere Personenmerkmale in einem Hintergrundmodell, welches Angaben zu Geschlecht, Alter, Noten des Abschlusszeugnisses, Anzahl der belegten Wochenstunden, Abiturdurchschnittsnote sowie Leistungstestergebnisse in anderen Fächern (so genannte *Expected A-posteriori Scores*; EAPs) beinhaltete. Hinzu kam die auf Klassenebene aggregierte Mathematikleistung (Klassenmittelwert der individuellen EAPs). Als Konsequenz dieses Vorgehens bei der Personenparameterschätzung resultierten vollständige Daten für die Mathematikleistungen (PV-Reliabilität = .92). Die Metrik der PVs wurde analog zu den großen Schulleistungsuntersuchungen auf Grundlage der gewichteten Gesamtstichprobe auf einen Mittelwert von $M = 500$ und eine Standardabweichung von $SD = 100$ gesetzt. Die Anteile fehlender Werte der Items liegen zwischen 1.0 % und 8.8 %. Eine Ausnahme bildet die schwerste Mathematikaufgabe. Diese hat 20.5 % fehlende Werte.

1 Aufgabenbeispiele können nicht gezeigt werden, da die NEPS-Aufgaben für zukünftige Erhebungen geschützt werden.

Definition von Kompetenzstufen. Die Frage der vorliegenden Untersuchung, ob und in welchem Umfang Schülerinnen und Schüler am Ende der gymnasialen Oberstufe Ziele des voruniversitären Mathematikunterrichts erreichen, lässt sich durch die Setzung von Kompetenzstufen (*Standard-Setting*, vgl. Cizek 2012) beantworten. Im Rahmen der TIMS-Studie (Baumert et al. 2000) wurden vier Kompetenzstufen definiert. Die Zugehörigkeit von Schülerinnen und Schülern zu den Stufen III und IV signalisierte, dass diese mathematische Kompetenzen im Sinne der curricularen Erwartungen der Sekundarstufe II aufgebaut hatten. Leistungen auf Stufe II bildeten die Beherrschung des Stoffes am Ende der Sekundarstufe I ab, Stufe I repräsentierte Kompetenzen, die in der ersten Hälfte der Sekundarstufe I erreicht werden sollten.

Für den von uns verwendeten Test lag kein vergleichbares Kompetenzstufenmodell vor. Daher wurde mit Hilfe eines *Standard-Settings* (Cizek 2012) ein entsprechendes Modell entwickelt. Fachdidaktische Expertinnen und Experten sowie ministerielle Vertreterinnen und Vertreter aus den Bereichen der allgemeinen und beruflichen Bildung setzten während eines zweitägigen Workshops auf dem Leistungskontinuum sogenannte *Cut-Scores*, welche die Grenzen zwischen zwei Kompetenzstufen markieren. Dies geschah nach der so genannten *Yes/No Methode* (Cizek et al. 2004; Impara und Plake 1997). Dem Verfahren liegt ein iteratives Vorgehen zu Grunde, bei dem sich die Teilnehmerinnen und Teilnehmer erst individuell und anschließend als Gruppe auf konsensuelle *Cut-Scores* verständigen. In einem zweiten Schritt werden anhand der Aufgaben Kompetenzstufenbeschreibungen vorgenommen. Dabei analysieren die Expertinnen und Experten die Aufgaben dahingehend, welche kognitiven Operationen zur erfolgreichen Lösung nötig sind und beschreiben diese.

In unserer Studie wurden die Expertinnen und Experten gebeten, vier *Cut-Scores* zu setzen und die so resultierenden fünf Kompetenzstufen anhand der sechs prozessbezogenen Kompetenzen der KMK Bildungsstandards (Argumentieren K1, Problemlösen K2, Modellieren K3, mathematische Darstellungen verwendenden K4, technisch arbeiten K5 und mathematisch Kommunizieren K6) zu beschreiben. Diese Prozedur führte zu den in Tabelle 2 dargestellten Kompetenzstufen und -beschreibungen. Legt man die Beschreibung neben die Bildungsstandards im Fach Mathematik für die Allgemeine Hochschulreife (vgl. KMK 2015), so erkennt man, dass sich die Beschreibungen auf der Kompetenzstufe II eng am Anforderungsbereich I der Standards orientieren, die auf Stufe III am Anforderungsbereich II und die der Stufe IV am Anforderungsbereich III.

Tab. 2 Befunde des *Standard-Settings*; Wertebereiche und Beschreibungen der Kompetenzstufen in Mathematik

Kompetenzstufe	Benötigte prozessbezogene mathematische Kompetenzen
Stufe IV > 675 Punkte	K1: komplexe Argumentationen entwickeln und bewerten K2: anspruchsvolle Problemlösestrategien anwenden und reflektieren K3: mehrschrittige komplexe Modellierungen vornehmen und beurteilen K4: komplexe Darstellungen anfertigen bzw. kritisch beurteilen K5: komplexe innermathematische Verfahren anwenden und kritisch hinterfragen K6: Sinn entnehmend Informationen aus komplexen Texten gewinnen
Stufe III 561-675 Punkte	K1: mehrschrittige Argumentationen selbst entwickeln K2: selbst entwickelte Problemlösestrategien anwenden K3: mehrschrittige Modellierungen vornehmen K4: eigene Darstellungen erstellen K5: mehrschrittige Operationen mit Variablen ausführen K6: Sinn entnehmend Informationen aus Texten gewinnen
Stufe II 461-560 Punkte	K1: überschaubare eigene Argumentationen durchführen K2: naheliegende Problemlösestrategien anwenden K3: wenigschrittige Modellierungen in vertrauten Kontexten vornehmen K4: Beziehungen zwischen unterschiedlichen Darstellungen herstellen K5: mehrschrittige Standardverfahren und einschrittige Verfahren mit Variablen anwenden K6: aus längeren Texten mehrere Informationen entnehmen
Stufe I 290-460 Punkte	K1: einfachste Standardargumentationen durchführen K2: einfache vertraute Problemlösestrategien anwenden K3: direkt umsetzbare Modellierungen vornehmen K4: einfache Darstellungen verwenden und Beziehungen zwischen zwei solchen herstellen K5: wenigschrittige Standardverfahren anwenden K6: aus Texten/Tabellen Informationen entnehmen

Aufgaben mit curricularen Inhalten der Oberstufe (Analysis und Stochastik) sind auf den Stufen III und IV verankert. Am Übergang von der Stufe II zu Stufe III liegt eine Aufgabe zu bedingten Wahrscheinlichkeiten, die schwerste Aufgabe (auf Stufe IV) ist eine komplexe Modellierungsaufgabe, die zudem Oberstufenkenntnisse im Bereich der Analysis erfordert. Wie schon im TIMSS-Kompetenzstufenmodell finden sich auf den Stufen III und IV auch komplexe außermathematische Problem-

und Modellierungsaufgaben, deren Lösung curriculare Inhalte der Sekundarstufe I verlangen. Typische Aufgaben der Stufe II thematisieren Stoff der Sekundarstufe I (u. a. Satz des Pythagoras; Proportionalität), die im Einklang mit den Standards der KMK für den MSA stehen (vgl. Pant et al. 2013) und mit dem TIMSS-Kompetenzstufenmodell vergleichbar sind. Aufgaben der Stufe I und unter Stufe I erfordern elementare Kompetenzen, so müssen bspw. aus einer 4-Felder-Tafel zwei Werte im Zahlenraum bis 20 abgelesen und addiert werden.

Fasst man die Befunde der Kompetenzstufensetzung zusammen, so ließen sich fünf Niveaus identifizieren, von denen die beiden oberen typische Inhalte der gymnasialen Oberstufe berücksichtigen, die den Anforderungsbereichen II und III der länderübergreifenden Bildungsstandards zuzuordnen sind. Als curricularer Standard für das Abitur wurde kongruent zu den Bildungsstandards im Fach Mathematik für die Allgemeine Hochschulreife und zum TIMSS-Kompetenzstufenmodell die Stufe III festgelegt (curriculare Inhalte der Oberstufe mit den Anforderungsbereichen II und III der Bildungsstandards).

Kognitive Grundfähigkeiten. Zur Erfassung der kognitiven Grundfähigkeiten der Schülerinnen und Schüler wurden zwei Untertests (Wortanalogien mit 20 Items und Figurenanalogien mit 25 Items) aus dem Kognitiven Fähigkeitstest (KFT 4-12+, Revision; Heller und Perleth 2000) eingesetzt. Zur Gewinnung von Leistungswerten der Schülerinnen und Schüler wurde analog zum Mathematiktest vorgegangen. Die 45 Items wurden eindimensional im Sinne des Raschmodells skaliert, anschließend wurden PVs unter Nutzung des oben beschriebenen Hintergrundmodells generiert. Die so gewonnenen Werte wurden ebenfalls auf einen Mittelwert (in der gewichteten Gesamtstichprobe) von $M = 500$ und $SD = 100$ gesetzt. Die Reliabilität der PVs lag bei .80. Die *Missing*-Anteile der Items liegen zwischen 0.2 % und 5.7 % für die Wortanalogien sowie zwischen 0.3 % und 20.2 % für die Figurenanalogien. Die hohen *Missing*-Werte ergeben sich jedoch aus der *Speed*-Komponente des KFT, d. h. aufgrund der Zeitbeschränkungen wurden hintere Items nicht mehr bearbeitet.

3.3 Statistische Analysen

Die erhobenen Daten stammen aus einer geschachtelten Stichprobe (Personen innerhalb von Klassen innerhalb von Schulen). Bleibt diese Datenstruktur bei statistischen Analysen unberücksichtigt, können die Standardfehler statistischer Parameter unterschätzt werden (z. B. Hox 2010). Darüber hinaus liegt mit der Profilvariable ein Merkmal vor, dass in der Regel auf Klassenebene liegt, in seltenen Fällen (14 % der Klassen) existierten auch unterschiedliche Profile innerhalb von Klassen. Die

Datenstruktur liegt hierarchisch vor; Profilzugehörigkeit ist eine Gruppenvariable, kognitive Grundfähigkeit und Geschlecht sind individuelle Merkmale. Daher werden die Regressionskoeffizienten in der berichteten multiplen Regressionsanalyse als Individualmerkmale und Profilmerkmale berichtet. In Klassen mit mehr als einem Profil wurde die Profil- und nicht die Klassenvariable als Gruppenzugehörigkeit verwendet. Alle Analysen wurden in *Mplus* (Version 7, Muthén und Muthén 1998-2012) durchgeführt. Da in der Stichprobe eine geschachtelte Datenstruktur vorliegt (Schülerinnen und Schüler geschachtelt in Klassen geschachtelt in Schulen), wurde zur Korrektur der Standardfehler die Analyseoption TYPE = COMPLEX in *Mplus* verwendet.

Die berichteten Mittelwerte und Befunde beruhen auf fünf PVs. Dementsprechend wurde jede Analyse in *Mplus* fünfmal wiederholt und die Ergebnisse entsprechend den Vorschlägen bei Rubin (1987) gemittelt. Den fehlenden Werten in der Variable Geschlecht (0.1 %) wurde in *Mplus* durch die Anwendung des *Full Information Maximum Likelihood* Algorithmus (FIML) Rechnung getragen.

4 Ergebnisse

Im Folgenden werden die fünf Profile hinsichtlich ihrer kognitiven Grundfähigkeiten und Mathematikleistungen verglichen. Anschließend analysieren wir, wie sich die Schülerinnen und Schüler in Abhängigkeit vom besuchten Profil auf die fünf Stufen mathematischer Kompetenz verteilen. Schließlich werden wir die Frage beantworten, ob Leistungsunterschiede im Fach Mathematik zwischen den Profilen zurückgehen, wenn das Geschlecht und die kognitiven Grundfähigkeiten kontrolliert werden.

4.1 Unterschiede zwischen den Profilen in den kognitiven Grundfähigkeiten

Die Tabelle 3 zeigt für die kognitiven Grundfähigkeiten Mittelwerte, Standardabweichungen und Standardfehler, getrennt für die fünf Oberstufenprofile. Der durch die Profilzugehörigkeit aufgeklärte Varianzanteil liegt bei 5 %. Die inferenzstatistische Absicherung der Mittelwertunterschiede erfolgte in *Mplus* 7.0 über paarweise Mittelwertvergleiche, in denen die jeweiligen Differenzen gegen Null getestet wurden. Dementsprechend zeigen die Hochzahlen in der ersten Spalte der Tabelle 3 an, von welchen anderen Profilen sich das jeweilige Profil signifikant ($p < .05$) unterscheidet.

Tab. 3 Kognitive Grundfähigkeiten und Mathematikleistungen nach Profilen: Mittelwerte (*M*), Standardabweichungen (*SD*) und Standardfehler (*SE*)

Profil	Kognitive Grundfähigkeiten			Mathematikleistungen		
	M	SD	SE	M	SD	SE
1) Naturwissenschaftlich	544[2,3,4]	93	5.7	566[2,3,4,5]	92	7.7
2) Sprachlich	520[1,3]	85	7.2	499[1,4]	79	5.9
3) Gesellschaftswissenschaftlich	492[1,2]	96	7.0	493[1,4,5]	88	7.4
4) Ästhetisch	517[1]	93	12.2	464[1,2,3,5]	82	10.3
5) Sportlich	515	93	16.2	509[1,4]	83	15.7
Eta²	.05			.15		

Anmerkungen: Ergebnisse aus M*plus* 7 gemittelt über die jeweils fünf *PVs*; hochgestellte Ziffern bei den Mittelwerten zeigen an, von welchen anderen Profilen sich das jeweilige Profil signifikant ($p < .05$) unterscheidet.©

Bezogen auf die kognitiven Grundfähigkeiten zeigen sich erhebliche Unterschiede zwischen den Schülerinnen und Schülern der verschiedenen Profile. So wird im naturwissenschaftlichen Profil der höchste Wert von 544 Punkten erreicht, Schülerinnen und Schüler des gesellschaftswissenschaftlichen Profils schneiden am schwächsten ab und liegen 52 Punkte darunter ($d = 0.56$). Schülerinnen und Schüler des naturwissenschaftlichen Profils liegen mit ihren kognitiven Grundfähigkeiten weiterhin signifikant höher als Schülerinnen und Schüler des sprachlichen ($d = 0.27$) und des ästhetischen Profils ($d = 0.30$). Der Unterschied zum sportlichen Profil ($d = 0.33$) wird allein aufgrund des großen Standardfehlers ($SE = 16.2$), der aus der geringen Fallzahl im sportlichen Profil resultiert, nicht signifikant.

Weiterhin wird noch die Differenz zwischen dem sprachlichen und gesellschaftswissenschaftlichen Profil signifikant ($d = 0.30$). Die Abstände des gesellschaftlichen zum sportlichen ($d = 0.24$) und ästhetischen Profil ($d = 0.26$) verfehlen wiederum aufgrund der hohen Standardfehler das Signifikanzniveau von 5 %.

Insgesamt unterstützen die Ergebnisse unsere Hypothese, dass es sich bei den Schülerinnen und Schülern mit einer Schwerpunktsetzung im naturwissenschaftlichen Bereich um eine kognitiv positiv selegierte Gruppe handelt. Umgekehrt zeigt sich auch, dass vor allem die Schülerinnen und Schüler im gesellschaftswissenschaftlichen Profil eine kognitiv negativ selegierte Gruppe darstellen.

4.2 Unterschiede zwischen den Profilen in den mathematischen Kompetenzen

Ebenfalls in Tabelle 3 finden sich die Mittelwerte, Standardabweichungen und Standardfehler für die Mathematikleistungen in den unterschiedlichen Profilen. Bei den mathematischen Kompetenzen werden 15 % der Leistungsvarianz durch die Profilzugehörigkeit aufgeklärt, Profil- und Schulzugehörigkeit sind hier allerdings konfundiert, da nicht alle Profile an allen Schulen angeboten werden. Eine entsprechende Varianzzerlegung ergibt, dass die Varianz der mathematischen Kompetenzen zwischen den Schulen 6 % beträgt, Unterschiede zwischen den Profilen (innerhalb von Schulen) erklären 9 % der Varianz.

Im Vergleich zu den kognitiven Grundfähigkeiten sind die Unterschiede zwischen den Profilen in Tabelle 3 prägnanter. So liegt zwischen dem naturwissenschaftlichen und dem ästhetischen Profil eine Mittelwertdifferenz, die einer Effektstärke $d = 1.13$ entspricht. Schülerinnen und Schüler, die ein naturwissenschaftliches Profil besuchen, liegen mit ihren Leistungen auch deutlich über den Mittelwerten des sprachlichen ($d = 0.76$), gesellschaftlichen ($d = 0.81$) und sportlichen Profils ($d = 0.62$). Die Unterschiede zwischen dem sprachlichen, sportlichen und gesellschaftswissenschaftlichen Profil sind nicht signifikant, sehr wohl aber liegen alle drei Profile signifikant über dem ästhetischen Profil (*d*s zwischen 0.33 und 0.55). Zusammenfassend zeigt sich für die Mathematikleistungen der erwartete substanzielle Vorteil im naturwissenschaftlichen Profil.

Im Laufe eines Schuljahres werden für die Jahrgangsstufen unterschiedliche Leistungsfortschritte in mathematischen Fähigkeiten berichtet, die Effektstärken zwischen $d = 1.03$ (1. Jahrgangsstufe) und 0.01 (11. und 12. Jahrgangsstufe) entsprechen (vgl. Bloom et al. 2008). Dies macht deutlich, dass in Mathematik die Abstände des naturwissenschaftlichen Profils zu den übrigen Profilen einem Leistungszuwachs von mehreren Schuljahren entsprechen.

4.3 Standarderreichung in der gymnasialen Oberstufe

Im Methodenteil konnten wir bereits die Erreichung der Stufen III und IV auf unserem Kompetenzstufenmodell mit den Bildungsstandards der KMK für die Abiturprüfung und dem TIMSS-Kompetenzstufenmodell verknüpfen. Leistungen auf Stufe II korrespondieren mit den Zielen, welche die Bildungsstandards der KMK am Ende der 10. Jahrgangsstufe für den MSA vorgeben. Leistungen darunter können im Sinne elementarer mathematischer Kompetenzen zu Beginn der Sekundarstufe I interpretiert werden.

Von den untersuchten Schülerinnen und Schülern liegen in der gewichteten Stichprobe 6 % auf Stufe IV, 26 % auf Stufe III, 41 % auf Stufe II und 28 % auf Stufe I oder darunter. Folgt man der strengen Logik, dass alle Schülerinnen und Schüler auf erhöhtem Anforderungsniveau unterrichtet wurden und dementsprechend die Erreichung der Stufen III und IV den mit diesem Anforderungsniveau zu verknüpfenden Standard definiert, so verfehlen 69 % die standardbasierten Ziele voruniversitärer mathematischer Bildung.

Die Abbildung 1 macht allerdings deutlich, dass die Verteilung auf die Kompetenzstufen erheblich in Abhängigkeit von der Profilzughörigkeit in der gymnasialen Oberstufe variieren. Im naturwissenschaftlichen Profil zeigt sich, dass 52 % der Schülerinnen und Schüler auf den Stufen III und IV liegen und damit den standardbezogenen Erwartungen der gymnasialen Oberstufe genügen. Ein weiteres Drittel der Schülerinnen und Schüler dieses Profils (34 %) erreicht wenigstens noch Leistungen, die man typischerweise am Ende der Sekundarstufe I erwarten würde, rund 14 % liegen auf Stufe I und darunter und verfehlen damit Minimalziele voruniversitärer mathematischer Bildung.

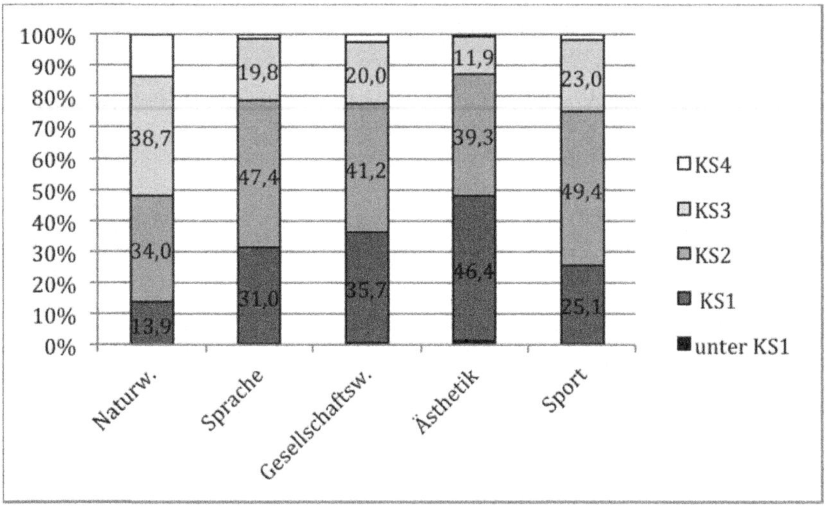

Abb. 1 Verteilung der Schülerinnen und Schüler auf die Kompetenzstufen (KS) getrennt nach Profilen; Naturw. = Naturwissenschaften, Gesellschaftsw. = Gesellschaftswissenschaften

Für die übrigen Profile weist die Abbildung 1 deutlich ungünstigere Verteilungen auf die Stufen aus. Im sprachlichen, sportlichen und gesellschaftswissenschaftlichen Profil erreichen jeweils etwas mehr als 20 % der Schülerinnen und Schüler die Stufen III und IV, im ästhetischen Profil sind es lediglich 12 %. Umgekehrt bedeutet dies, dass hier deutlich über 80 % der getesteten Schülerinnen und Schüler unmittelbar vor dem Abschluss der gymnasialen Oberstufe die standardbasierten Ziele voruniversitären Mathematikunterrichts verfehlen, und dies, obwohl alle Jugendlichen auf erhöhtem Anforderungsniveau unterrichtet wurden. Zwischen 25 % (sportliches Profil) und 46 % (ästhetisches Profil) der Jugendlichen erreichen nicht einmal Ziele der Sekundarstufe I; damit erreicht ein Großteil der Schülerinnen und Schüler in den nicht-naturwissenschaftlichen Profilen nicht die Ziele des mathematischen Unterrichts am Ende der Oberstufe.

Zusammenfassend weisen die Ergebnisse darauf hin, dass auch die Einführung eines flächendeckenden Mathematikunterrichts auf erhöhtem Anforderungsniveau keineswegs sicherstellt, dass breite Teile eines Abiturjahrgangs die standardbezogenen Erwartungen der gymnasialen Oberstufe erfüllen.

4.4 Effekte der Eingangsselektivität auf die Mathematikleistungen

Die Befunde in Tabelle 3 weisen auf Unterschiede in den kognitiven Grundfähigkeiten zwischen den Profilen hin. Im Methodenteil wurde darüber hinaus deutlich, dass die Geschlechter sehr unterschiedlich in den Profilen vertreten sind. In abschließenden multiplen Regressionsanalysen gingen wir daher der Frage nach, inwieweit Profilunterschiede in den Mathematikleistungen durch die Eingangsvoraussetzungen vermittelt werden. Erwartet wurde, dass nach Kontrolle der kognitiven Grundfähigkeiten und des Geschlechts die Leistungsunterschiede zwischen den Profilen zurückgehen. Die dazu spezifizierten drei Modelle mit den entsprechenden Regressionskoeffizienten finden sich in Tabelle 4.

Tab. 4 Mathematikleistungen in Abhängigkeit vom Oberstufenprofil, den kognitiven Grundfähigkeiten und dem Geschlecht; Befunde aus multiplen Regressionsanalysen in *Mplus* (unstandardisierte Regressionskoeffizienten)

	Modell 1		Modell 2		Modell 3	
	B	(*SE*)	B	(*SE*)	B	(*SE*)
Intercept	566.2	(7.8)	540.7	(5.6)	559.3	(6.6)
Individualmerkmale						
kognitive Grundfähigkeiten[a]	-		57.6**	(3.2)	55.1**	(3.1)
Geschlecht (Referenz: männlich)	-		-		-45.8**	(9.8)
Profilmerkmale (Referenz: Naturwissenschaftlich)						
Sprachlich	-67.0**	(9.8)	-53.3**	(7.5)	-33.8**	(8.2)
Gesellschaftswissenschaftlich	-73.5**	(11.2)	-43.7**	(8.9)	-44.9**	(8.4)
Ästhetisch	-101.9**	(12.0)	-86.3**	(10.3)	-64.2**	(12.6)
Sportlich	-56.7**	(17.4)	-39.6**	(11.3)	-41.9**	(11.0)
R^2	.15		.46		.52	

Anmerkungen: [a]*z*-standardisiert ($M = 0$; $SD = 1$). Die 14 % Klassen, in denen mehrere Profile im gleichen Klassenverband angeboten werden, wurden in die Analysen aufgenommen. Daher wurden in den multiplen Regressionsanalysen die Variablen entweder als Individual- oder Profil- (nicht Klassen-)merkmal modelliert. $^{**}p < .01$. ©

Im Modell 1 werden noch einmal die Leistungsunterschiede zwischen Profilen dargestellt. Die Regressionskoeffizienten entsprechen den Mittelwertdifferenzen zur Referenzgruppe „naturwissenschaftliches Profil" und damit den Befunden in Tabelle 3.

In Modell 2 werden diese Differenzen um die kognitive Grundfähigkeiten kontrolliert, indem diese als weiterer Prädiktor in das Regressionsmodell aufgenommen werden. Der Anteil aufgeklärter Varianz steigt deutlich an ($\Delta R^2 = .31$), was die kognitiven Grundfähigkeiten als erklärungsmächtigen Prädiktor ausweist. Für die Prüfung eines Mediationseffekts sind allerdings die Veränderungen der Mittelwertdifferenzen zwischen den Profilen zentraler. In der Tat sinken die Abstände zum naturwissenschaftlichen Profil deutlich ab (zwischen 14 [sprachlich] und 30 [gesellschaftswissenschaftlich] Punkten). Nach Einführung der Geschlechtervariable in Modell 3 reduzieren sich noch einmal die Mittelwertunterschiede zwischen dem naturwissenschaftlichen Profil auf der einen Seite und dem sprachlichen und ästhetischen Profil auf der anderen Seite. Darüber hinaus bedeutet der Regressionskoeffizient der Geschlechtervariable ($b = -45.8$), dass Schülerinnen nach Kontrolle der kognitiven Grundfähigkeiten und des Oberstufenprofils im Mittel 46 Punkte weniger im Mathematiktest erreichen als Schüler. Diese Differenz weist auf einen Leistungsrückstand hin, der mit dem Lernfortschritt von mehr als einem Schuljahr korrespondiert.

In zusätzlichen Mehrgruppen-Analysen wurde der Frage nachgegangen, ob die in Tabelle 4 berichteten Befunde zu den Modellen 1 und 2 durch das Geschlecht moderiert werden. Dazu wurde zunächst ein Modell spezifiziert, in dem die Regressionskoeffizienten des Profils und der kognitiven Grundfähigkeiten für Schülerinnen und Schüler frei geschätzt wurden. In einem zweiten Modell wurden alle Regressionskoeffizienten invariant über die Geschlechter gesetzt. Zum Modellvergleich wurde der BIC (Bayesian Information Criterion, vgl. Kuha 2004) herangezogen. Modelle mit kleinerem BIC weisen eine bessere Passung auf empirische Daten auf als die mit einem größeren BIC. In unseren Analysen zeigte sich in der Tat, dass die Modelle mit geschlechterinvarianten Regressionskoeffizienten den niedrigeren BIC aufwiesen. ($\Delta BIC_{Modell1} = 24.63$, $\Delta BIC_{Modell2} = 31.60$). Somit liegt weder ein Interaktionseffekt Geschlecht *x* Profil noch ein Interaktionseffekt Geschlecht *x* kognitive Grundfähigkeiten vor[2].

5 Diskussion

Mit dem vorliegenden Beitrag präsentieren wir Befunde, die im Zusammenhang mit den bildungspolitischen Änderungen in der Sekundarstufe II stehen. Die Bildungsreformen in vielen Bundesländern kennzeichnen eine Entwicklung von einem Kurssystem hin zu einem Profilsystem (KMK 1999), in dem Schülerinnen und Schüler bei gleicher Beschulung in den Kernfächern neigungsbezogene Schwerpunkte setzen können. In den Fächern Mathematik, Deutsch und einer Fremdsprache erhalten die Schülerinnen und Schüler die gleiche Anzahl an Unterrichtsstunden. Offen blieb bisher die Frage, ob durch den Wechsel zum Profilsystem – wie von politischer Seite gewünscht – eine Standardsicherung von Kompetenzen in Kernfächern gewährleistet ist. Dieser Frage konnten wir mit dem vorliegenden Beitrag für das Land Schleswig-Holstein am Beispiel des Faches Mathematik nachgehen. Unsere Ergebnisse erweitern damit den bisherigen Kenntnisstand zu Kompetenzen von Schülerinnen und Schülern am Ende der Schullaufbahn. Während TIMSS übergreifend Befunde für Abiturientinnen und Abiturienten (Baumert et al. 2000)

2 Laut Raftery (1995) können die Unterschiede der BIC von zwei Modellen als schwach bei einer Differenz von null bis zwei, als positiv bei einer Differenz von zwei bis sechs, als stark bei einer Differenz von sechs bis zehn und als sehr stark bei einer Differenz größer als zehn angesehen werden.

und TOSCA Befunde getrennt für allgemeinbildende und berufliche Gymnasien (Köller et al. 2004) lieferten, konnten wir differenzierte Analysen für die Profile an allgemeinbildenden Gymnasien beisteuern. Im Zusammenhang mit der Beantwortung dieser Frage ist es uns gelungen, unser Kompetenzstufenmodell für mathematische Kompetenzen konzeptionell mit dem Kompetenzstufenmodell auf Grundlage des TIMSS-Tests (Klieme 2000) zu verknüpfen.

Einschränkend müssen wir jedoch darauf hinweisen, dass wir die Überprüfung der Reform anhand einer Einmalmessung ohne Kontrollgruppe, die im alten System beschult wurde, vorgenommen haben. Wir konnten somit nur zeigen, welche Diskrepanzen zwischen den Profilen nach Einführung der Profilstufe vorliegen. Eine reformbegleitende Studie mit zwei Gruppen (vor und nach der Reform) wäre noch aussagekräftiger gewesen.

Trotz gleicher Stundenzahlen und curricularer Anforderungen in Mathematik in den unterschiedlichen Profilen konnten wir zum Teil große Unterschiede in den Mathematikleistungen je nach besuchtem Profil ausmachen. Die verpflichtende Belegung des Faches Mathematik auf erhöhtem Anforderungsniveau in allen Profilen führt demnach nicht dazu, dass Schülerinnen und Schüler aller Profile am Ende der Sekundarstufe II zu gleichen Anteilen Ziele voruniversitärer mathematischer Bildung erreichen. Vielmehr zeigte sich, dass das naturwissenschaftliche Profil mit Abstand die höchsten mathematischen Leistungen hervorbringt (566 Kompetenzpunkte und 52 % auf den Kompetenzstufen III und IV) und dass die standardbezogenen Erwartungen sehr unterschiedlich erfüllt werden. Im ästhetischen Profil erreichen die Schülerinnen und Schüler gerade einmal 464 Kompetenzpunkte und nur 12 % die Erwartungen der Bildungsstandards. Die Schülerinnen und Schüler an allgemeinbildenden Gymnasien in Baden-Württemberg konnten zu fast 50 % die standardbezogenen Erwartungen an Leistungskurse erfüllen. In Schleswig-Holstein liegt der entsprechende Prozentsatz nur bei 31 %.

Mit Blick auf die Bildungsstandards für die Allgemeine Hochschulreife (KMK 2015), welche fachliche Standards und Grundkompetenzen am Ende der Sekundarstufe II vorgeben sollen, zeigt sich, dass Schülerinnen und Schüler trotz Beschulung in Mathematik auf erhöhtem Niveau nicht durchgehend die Anforderungsbereiche II und III erreichen. Beide Anforderungsbereiche liegen jedoch in der Bewertung von Prüfungsleistungen von Schülerinnen und Schülern im Fokus, die auf erhöhtem Niveau unterrichtet wurden. Nur ca. 1/5 der Schülerinnen und Schüler in nicht-naturwissenschaftlichen Profilen erreichen diesen Anforderungsbereich. Die von uns aufgezeigten Unterschiede zwischen den Profilen scheinen somit auch Konsequenzen auf die Erreichung von standardbasierten Vorgaben zu haben.

Unsere Analysen zeigen weiterhin, dass Leistungsunterschiede zwischen den Oberstufenprofilen und somit Unterschiede in der Erfüllung der Erwartungen unter anderem durch Effekte differenzieller Eingangsmerkmale entstehen. Die Unterschiede zwischen den Profilen können zu einem großen Teil durch Diskrepanzen in den kognitiven Grundfähigkeiten der Schülerinnen und Schüler erklärt werden und zu einem geringeren Anteil durch die Geschlechterverteilung auf die Profile. Der hohe prozentuale Anteil der Jugendlichen im naturwissenschaftlichen Profil, der einen Mindeststandard in den mathematischen Kompetenzen erreicht, ist an diese Eingangsselektivität gekoppelt.

Einschränkend bleibt zu erwähnen, dass aufgrund unserer querschnittlichen Analysen die kognitiven Grundfähigkeiten nur als Annäherung für jegliche kognitiven Eingangsvoraussetzungen und daraus entstehende Vorteile der Schülerinnen und Schüler stehen können (z. B. mathematisches Vorwissen). Wünschenswert wäre ohne Frage die simultane Modellierung von Vorwissen und kognitiven Grundfähigkeiten gewesen, weisen existierende Arbeiten doch auf die große Bedeutung des Vorwissens hin (vgl. Renkl 1996). In diesem Zusammenhang beschreibt der Matthäus-Effekt, dass jeglicher Vorteil aber auch Nachteil (z. B. vor der Beschulung in einem Unterrichtsfach) zu kumulativen Unterschieden führt und damit bereits bestehende (Leistungs-)unterschiede sich vergrößern (Baumert et al. 2012; Stanovich 1986).

Des Weiteren haben wir uns auf zwei Selektionsvariablen beschränken müssen. Da davon auszugehen ist, dass die Wahl eines Profils auf Grundlage weiterer Variablen getroffen wird, sollten zukünftige Studien detaillierter der Frage nach der Eingangsselektivität nachgehen (s. aber Leucht et al. 2015).

Die Verknüpfung beider Ergebnisse führt zu der Schlussfolgerung, dass sich in den Profilen Schülerinnen und Schüler mit unterschiedlichen Voraussetzungen bezüglich des Erlernens mathematischer Fähigkeiten befinden. Gleichzeitig ist ein bildungspolitisches Ziel, dass die Schülerinnen und Schüler mit diesen unterschiedlichen Voraussetzungen gleiche Erwartungen bezüglich mathematischer Kompetenzen erfüllen sollen. Die Bildungsstandards wurden mit dem Ziel eingeführt, in den Fächern Mathematik, Deutsch und fortgeführte (bzw. neu begonnene) Fremdsprache einen normativ gesetzten Standard für das Abitur zu sichern. Für die Mathematik scheint dies in den allgemeinbildenden Gymnasien nicht zu gelingen.

Neben den von uns untersuchten Eingangsvoraussetzungen lassen sich weitere Gründe für die Diskrepanzen zwischen den Profilen nennen. Die Schülerinnen und Schüler erhalten den Mathematikunterricht im Klassenverband. Schülerinnen und Schüler des naturwissenschaftlichen Profils werden somit in der Regel getrennt von z. B. Schülerinnen und Schülern des ästhetischen Profils unterrichtet. Diese Segregation während der Oberstufe könnte zu unterschiedlichen Vergleichsprozessen und Erwartungshaltungen führen. So könnten z. B. Lehrkräfte von Klassen mit ästhetischem Profil geringere Erwartungen an deren mathematische Fähigkeiten als an Klassen mit naturwissenschaftlichem Profil haben und ihren Unterricht dementsprechend anpassen. Des Weiteren wäre es möglich, dass weniger erfahrene und engagierte Lehrerinnen und Lehrer zu Klassen mit ästhetischem und erfahrene und engagierte Lehrkräfte zu Klassen mit naturwissenschaftlichem Profil verteilt werden. Nicht zuletzt dürften durch die Segregation auch die Erwartungen der Schülerinnen und Schüler in den homogeneren Klassen anders gelagert sein als im Kurssystem. Es wäre vorstellbar, dass Schülerinnen und Schüler im ästhetischen Profil vermuten, dass von dem gesamten Klassenverband weniger Motivation, Engagement und Leistungen in der Mathematik erwartet werden als von einem Klassenverband mit naturwissenschaftlichem Profil. Diese individuellen Prozesse auf Seiten der Schülerinnen und Schüler bzw. der Lehrkräfte sowie die Ausgestaltung dieser Profile durch die Schulen (z. B. Selektion der Lehrkräfte) wurden bisher noch nicht untersucht und sollten Gegenstand zukünftiger Forschungsbemühungen sein.

Es bleibt zu klären, welche Maßnahmen dazu führen könnten, dass Schülerinnen und Schüler der unterschiedlichen Profile die gleichen bildungspolitischen Erwartungen erfüllen. In der vorliegenden Gruppe von Abiturientinnen und Abiturienten war die Teilnahme an der zentralen Abiturprüfung im Fach Mathematik nicht verpflichtend. Ein höherer Verpflichtungsgrad könnte hier zur Folge haben, dass in den nicht-naturwissenschaftlichen Profilen die Leistungserwartungen angezogen werden müssten, was leistungssteigernd sein könnte. Alternativ könnte erwogen werden, curriculare Vorgaben und Stundenzahlen an die Eingangsvoraussetzungen in den unterschiedlichen Profilen anzupassen. Ob dies allerdings schulorganisatorisch umsetzbar und bildungspolitisch wünschenswert ist, ist zu bezweifeln.

Die aufgedeckten Defizite bezüglich standardbezogener Erwartungen haben Implikationen für die tertiäre Bildung und damit rückwirkend auf das Abitur. Für die drei Kernfächer Deutsch, Mathematik und die fortgeführte (bzw. neu begonnene) Fremdsprache ist aufgrund der gleichen Beschulung davon auszugehen, dass alle Schülerinnen und Schüler einen Mindeststandard erreichen sollten, bevor sie in den tertiären Bildungssektor übergeben werden. Wir konnten für das Fach Mathematik zeigen, dass diese gleichen Kompetenzen nicht gewährleistet werden können. Universitäten und Fachhochschulen müssten im Falle Mathematik-intensiver Studiengänge folgerichtig daran interessiert sein, diese Diskrepanzen zu minimieren, um die potenziellen Studienabbrüche zu verringern. Aktuell ist jedoch aufgrund des Matthäus-Effekts eher davon auszugehen, dass die Kompetenzunterschiede während der weiterführenden Bildungslaufbahn eher zu- als abnehmen.

Fazit. Vor dem Hintergrund der Bildungsstandards im Fach Mathematik für die Allgemeine Hochschulreife zeigen unsere Ergebnisse, dass die Reform zur Profiloberstufe in Schleswig-Holstein nicht den gewünschten Effekt hat, dass Schülerinnen und Schüler gleichermaßen Standards der Sekundarstufe II erreichen.

Gleiches könnte für die generelle Fokussierung auf die Kernfächer in weiteren Bundesländern zutreffen. Ein wichtiger, allerdings nicht suffizienter Grund für diese unterschiedlichen Leistungsstände der Schülerinnen und Schüler ist die Eingangsselektivität. Es bedarf somit weiterer bildungspolitischer Instrumente, um einer standardbezogenen Sicherung mathematischer Kompetenzen am Ende der Schullaufbahn näher zu kommen. In zukünftigen Diskussionen über die Ziele voruniversitärer Bildung muss demnach die Frage gestellt werden, welche Maßnahmen geeignet sind, um das Erreichte zu überprüfen und zu verbessern.

Literatur

Baptist, P. & Winter, H. (2001). Überlegungen zur Weiterentwicklung des Mathematikunterrichts in der Oberstufe des Gymnasiums. In H-.E. Tenorth (Hrsg.), *Kerncurriculum Oberstufe* (S. 54-76). Weinheim: Beltz.

Baumert, J., Bos, W. & Lehmann, R. (2000). *TIMSS/III. Dritte internationale Mathematik- und Naturwissenschaftsstudie. Mathematische und naturwissenschaftliche Bildung am Ende der gymnasialen Oberstufe* (S. 57-128). Opladen: Leske u. Budrich.

Baumert, J., Nagy, G. & Lehmann, R. (2012). Cumulative advantages and the emergence of social and ethnic inequality: Matthew effects in reading and mathematics development within elementary schools? *Child Development, 83*, 1347-1367.

Bloom, H. S., Hill, C. J., Black, A. R. & Lipsey, M. W. (2008). Performance trajectories and performance gaps as achievement effect-size benchmarks for educational interventions. MDRC Working Papers on Research Methodology. Oakland: MDRC. Retrieved from http://files.eric.ed.gov/fulltext/ED503202.pdf. Zugegriffen: 13.09.2015.

Borneleit, P., Danckwerts, R., Henn, H.-W. & Weigand, H.-G. (2001). Expertise zum Mathematikunterricht in der gymnasialen Oberstufe. *Journal für Mathematik-Didaktik, 22*, 73-90.

Bortz, J. & Döring, N. (2006). *Forschungsmethoden und Evaluation für Human- und Sozialwissenschaftler* (4. Auflage). Berlin: Springer.

Cizek, G. J. (2012). *Setting performance standards. Foundations, methods, and innovations.* New York, NY: Routledge.

Cizek, G.J., Bunch, M. B. & Koons, H. (2004). Setting performance standards: Contemporary methods. *Educational Measurement: Issues and Practice, 23*, 31-50.

Dettmers, S., Trautwein, U., Neumann, M. & Lüdtke, O. (2010). Aspekte von Wissenschaftspropädeutik. In U. Trautwein, M. Neumann, G. Nagy, O. Lüdtke & K. Maaz (Hrsg.), *Schulleistungen von Abiturienten: Die neu geordnete gymnasiale Oberstufe auf dem Prüfstand* (S. 243-266). Wiesbaden: VS Verlag für Sozialwissenschaften.

Ehmke, T., Duchhardt, C., Geiser, H., Grüßing, M. Heinze, M. & Marschik, F. (2009). Kompetenzentwicklung über die Lebensspanne – Erhebung von mathematischer Kompetenz im Nationalen Bildungspanel. In A. Heinze & M. Grüßing, (Hrsg.), *Mathematiklernen vom Kindergarten bis zum Studium: Kontinuität und Kohärenz als Herausforderung für den Mathematikunterricht* (S. 313-327). Münster: Waxmann.

Führ, C. (1982). Oberstufenreform vor einer Kurskorrektur? Zum Urteil des Hessischen Staatsgerichtshofs vom 30. Dezember 1981. *Bildung und Erziehung, 35*, 208-219.

Heller, K. & Perleth, C. (2000). *Kognitiver Fähigkeitstest für 4. bis 12. Klassen, Revision: KFT 4-12+R*. Göttingen: Beltz Test.

Hox. J. J. (2010). *Multilevel analysis. Techniques and applications* (2. Auflage). New York: Routledge.

Impara, J. C. & Plake, B. S. (1997). Standard setting: An alternative approach. *Journal of Educational Measurement, 34*, 353-366.

Klieme, E. (2000). Fachleistungen im voruniversitären Mathematik- und Physikunterricht. Theoretische Grundlagen, Kompetenzstufen und Unterrichtsschwerpunkte. In J. Baumert, W. Bos & R. Lehmann, (Hrsg.), *TIMSS/III. Dritte internationale Mathematik- und Naturwissenschaftsstudie. Mathematische und naturwissenschaftliche Bildung am Ende der gymnasialen Oberstufe* (S. 57-128). Opladen: Leske u. Budrich.

KMK = Kultusministerkonferenz (1972). Vereinbarung zur Gestaltung der gymnasialen Oberstufe in der Sekundarstufe II. http://www.kmk.org/fileadmin/ veroeffentlichungen_beschluesse/1972/1972_07_07-Vereinbarung-Gestaltung-Sek2.pdf. Zugegriffen: 13.05.2014.

KMK = Kultusministerkonferenz (1995). *Weiterentwicklung der Prinzipien der gymnasialen Oberstufe und des Abiturs – Abschlußbericht der von der Kultusministerkonferenz eingesetzten Expertenkommission*. Bonn: Sekretariat der Ständigen Konferenz der Kultusminister der Länder in der Bundesrepublik Deutschland.

KMK = Kultusministerkonferenz (1999). 287. Plenarsitzung der Kultusministerkonferenz am 21. und 22. Oktober 1999 in Husum. http://www.kmk.org/index.php?id=1136&type=123. Zugegriffen: 13.05.2014.

KMK = Kultusministerkonferenz (2002). *Vereinbarung über Einheitliche Prüfungsanforderungen in der Abiturprüfung*. (Beschluss der Kultusministerkonferenz vom 01.06.1979 i.d.F. vom 24.05.2002). Bonn: Sekretariat der Ständigen Konferenz der Kultusminister der Länder in der Bundesrepublik Deutschland. http://db2.nibis.de/1db/cuvo/datei/eparahme.pdf. Zugegriffen: 13.09.2015.

KMK = Kultusministerkonferenz (2015). *Bildungsstandards im Fach Mathematik für die Allgemeine Hochschulreife. Beschluss der Kultusministerkonferenz vom 18.10.2012*. Köln: Wolters.

Köller, O., Daniels, Z., Schnabel, K. U. & Baumert, J. (2000). Kurswahlen von Mädchen und Jungen im Fach Mathematik: Zur Rolle von fachspezifischem Selbstkonzept und Interesse. *Zeitschrift für Pädagogische Psychologie, 14*, 26-37.

Köller, O., Watermann, R., Trautwein, U. & Lüdtke, O. (2004). *Wege zur Hochschulreife in Baden-Württemberg: TOSCA – Eine Untersuchung an allgemeinbildenden und beruflichen Gymnasien*. Wiesbaden: VS Verlag.

Kuha, J. (2004). AIC and BIC: Comparisons of assumptions and performance. *Sociological Methods and Research, 33*, 188-229.

Leucht, M., Retelsdorf, J., Pant, H. A., Möller, J. & Köller, O. (2015). Effekte der Gymnasialprofilzugehörigkeit auf Leistungsentwicklungen im Fach Englisch. *Zeitschrift für Pädagogische Psychologie*, 29, 77-88.

Lohr, S. (1999). *Sampling and Design*. Pacific Grove, CA: Duxbury.

Muthén, L. K. & Muthén, B. O. (1998-2012). *Mplus User's Guide*. Seventh Edition. Los Angeles, CA: Muthén & Muthén.

Nagy, G., Neumann, M., Trautwein, U. & Lüdtke, O. (2010). Voruniversitäre Mathematikleistungen vor und nach der Neuordnung der gymnasialen Oberstufe in Baden-Württemberg. In U. Trautwein, M. Neumann, G. Nagy, O., Lüdtke & K. Maaz (Hrsg.), *Schulleistungen von Abiturienten. Die neu geordnete gymnasiale Oberstufe auf dem Prüfstand* (S. 147-180). Wiesbaden: VS Verlag.
Neumann, M. (2010). Innovation oder Restauration – Die (Rück-?)Reform der gymnasialen Oberstufe in Baden-Württemberg. In U. Trautwein, M. Neumann, G. Nagy, O., Lüdtke & K. Maaz (Hrsg.), *Schulleistungen von Abiturienten. Die neu geordnete gymnasiale Oberstufe auf dem Prüfstand* (S. 37-90). Wiesbaden: VS Verlag.
Pant, H. A., Stanat, P., Schroeders, U., Roppelt, A., Siegle, T. & Pöhlmann, C. (Hrsg.) (2013). *IQB-Ländervergleich 2012. Mathematische und naturwissenschaftliche Kompetenzen am Ende der Sekundarstufe I.* Münster: Waxmann.
Prenzel, M., Sälzer, C., Klieme, E. & Köller, O. (2013). *PISA 2012. Fortschritte und Herausforderungen in Deutschland.* Münster: Waxmann.
Raftery, A. E. (1995). Bayesian Model Selection in Social Research. *Sociological Methodology, 25*, 111-163.
Renkl, A. (1996). Vorwissen und Schulleitung. In J. Möller & O. Köller (Hrsg.), *Emotionen, Kognitionen und Schulleistung* (S. 175-190). Weinheim: Beltz.
Retelsdorf, J. & Möller, J. (2013). Lesemotivation und Lesekompetenz in der Sekundarstufe I: Zentrale Ergebnisse der LISA-Studie. In C. Rosebrock & A. Bertschi-Kaufmann (Hrsg.), *Literalität erfassen: bildungspolitisch, kulturell, individuell* (S. 219-230). Weinheim: Beltz Juventa.
Rubin, D. B. (1987). *Multiple Imputation for Nonresponse in Surveys.* J.Wiley & Sons: New York.
Sparfeldt, J. R. (2007). Vocational interests of gifted adolescents. *Personality and Individual Differences, 42*, 1011-1021.
Stanovich, K. (1986). Matthew effects in reading: Some consequences of individual differences in the acquisition of literacy. *Reading Research Quarterly, 21*, 127-144.
Tenorth, H. E. (2001). *Kerncurriculum Oberstufe. [1]. Mathematik, Deutsch, Englisch, Expertisen.* Weinheim: Beltz.
Trautwein, U., Köller, O., Lehmann, R. & Lüdtke, O. (2007). *Schulleistungen von Abiturienten. Regionale, schulformbezogene und soziale Disparitäten.* Münster: Waxmann.
Trautwein, U., Neumann, M., Nagy, G., Lüdtke, O. & Maaz, K. (2010). *Schulleistungen von Abiturienten. Die neu geordnete gymnasiale Oberstufe auf dem Prüfstand.* Wiesbaden: VS Verlag.
Vock, M., Köller, O. & Nagy, G. (2013). Vocational interests of intellectually gifted and highly achieving young adults. *British Journal of Educational Psychology, 83*, 305-328.
Watermann, R., Nagy, G. & Köller, O. (2004). Mathematikleistungen in allgemein bildenden und beruflichen Gymnasien. In O. Köller, R. Watermann, U. Trautwein & O. Lüdtke (Hrsg.), *Wege zur Hochschulreife in Baden-Württemberg: TOSCA – Eine Untersuchung an allgemeinbildenden und beruflichen Gymnasien* (S. 205-283). Wiesbaden: VS Verlag.
Wu, M. L., Adams, R. J., Wilson, M. R. & Haldane, S. A. (2007). *ACER ConQuest 2.0.* Camberwell: ACER Press.

Hochschultypen als differenzielle Lern- und Entwicklungsmilieus?

Zentrale Befunde aus dem TOSCA-Projekt in Baden-Württemberg

Jochen Kramer und Ulrich Trautwein

Zusammenfassung

Studiengänge in den Fachbereichen Technik, Wirtschaft, Sozialwissenschaften und Informatik werden in Baden-Württemberg von Universitäten, Hochschulen für angewandte Wissenschaften (HaW) und der Duale Hochschule Baden-Württemberg (DHBW) angeboten. Abiturientinnen und Abiturienten stehen damit vor der Wahl: Welche Hochschulart sollen sie für ihr Studium wählen? Macht diese Wahl einen Unterschied für die persönliche Entwicklung während des Studiums und wie gut gelingt es den Hochschultypen, die Studierenden auf ihr Berufsleben vorzubereiten? Um Antworten auf diese Fragen zu finden, wurden mehrere Studien mit den Daten des TOSCA-Projektes durchgeführt. In diesem Beitrag werden die zentralen Befunde dieser Studien zusammengefasst: Kramer et al. (2011) untersuchten, inwiefern sich die Eingangsvoraussetzungen der Studierenden an den drei Hochschultypen voneinander unterscheiden. Sie konnten zeigen, dass Eingangsunterschiede in allen betrachteten Merkmalsbereichen (soziale Hintergrundmerkmale, Leistungsvoraussetzungen, berufliche Interessen, berufliche Motive und basale Persönlichkeitseigenschaften) bestanden. Ob sich nach Kontrolle dieser Selektionsunterschiede differenzielle Effekte je nach besuchtem Hochschultyp nachweisen lassen, prüften Kramer et al. (2012) im Hinblick auf berufliche Interessen, Motive und basale Persönlichkeitseigenschaften während des Studiums und Berufseintritts sowie Zettler, Kramer, Thoemmes, Nagy und Trautwein (2013) im Hinblick auf beruflichen Erfolg in den ersten Berufsjahren. Die Ergebnisse dieser Studien sprechen dafür, dass die Unterschiede in den Persönlichkeitsmerkmalen und dem beruflichen Erfolg *nicht* maßgeblich auf die Hochschultypwahl zurückzuführen sind, sondern Fortschreibungen der Selektionsunterschiede darstellen.

Die Hochschullandschaft in Deutschland besteht aus unterschiedlichen Hochschultypen: Universitäten und Fachhochschulen/Hochschulen für angewandte Wissenschaften (HaW) sind deutschlandweit verbreitet. Dazu kommen in den meisten Bundesländern weitere Hochschultypen. In Baden-Württemberg beispielsweise stehen den Studierenden auch Pädagogische Hochschulen, Kunsthochschulen und die Duale Hochschule Baden-Württemberg (DHBW) zur Verfügung. Einige Fächer werden von verschiedenen Hochschultypen angeboten. Dies gilt insbesondere für wirtschaftswissenschaftliche, technische, sozialwissenschaftliche Fächer und Informatik, die in Baden-Württemberg an Universitäten, HaW und der DHBW studiert werden können. Die Hochschultypen unterscheiden sich in mehrerlei Hinsicht voneinander. Ein wesentliches Unterscheidungsmerkmal ist ihr unterschiedliches Verhältnis von Theorie- und Praxisbezug in der Ausbildung. Angehende Studierende stehen vor der Wahl: Welche Hochschulart wollen sie für ihr Studium wählen? Macht diese Wahl einen Unterschied für die persönliche Entwicklung während des Studiums? Wie gut gelingt es den Hochschultypen, die Studierenden auf ihr Berufsleben vorzubereiten? Um Antworten darauf zu finden, sind Studien erforderlich, mit denen geprüft werden kann, ob die Hochschultypen den Studierenden unterschiedliche Entwicklungsmöglichkeiten bieten.

Für die Untersuchung dieser Fragen liefert das Projekt *Transformation des Sekundarschulsystems und akademische Karrieren* (TOSCA; Köller, Watermann, Trautwein & Lüdtke, 2004; Trautwein, Neumann, Nagy, Lüdtke & Maaz, 2010) eine Fülle von Informationen und eine breite empirische Basis, mit der untersucht werden kann, ob verschiedene Hochschultypen *differenzielle Lern- und Entwicklungsmilieus* darstellen. In Anlehnung an Baumert, Stanat und Watermann (2006) ist damit gemeint, dass die Studierenden je nach besuchtem Hochschultyp unterschiedliche Lern- und Entwicklungschancen erhalten, die durch die Hochschultypmilieus bedingt sind – und nicht allein durch unterschiedliche persönliche, intellektuelle, kulturelle, soziale und ökonomische Ressourcen der Studierenden bei Studienbeginn erklärt werden können.

In diesem Beitrag werden zunächst die Hochschultypen Baden-Württembergs vorgestellt und dargelegt, weshalb es für die persönliche und berufliche Entwicklung einen Unterschied machen könnte, welchen Hochschultyp man wählt. Daran anschließend werden die zentralen Befunde einer TOSCA-Studie vorgestellt, die sich mit unterschiedlichen Eingangsvoraussetzungen der Studierenden an verschiedenen Hochschultypen befasst (Kramer et al., 2011). Als relevante Merkmale wurden in dieser Studie der soziale Hintergrund, Leistungsvoraussetzungen, berufliche Interessen, berufliche Motive und basale Persönlichkeitseigenschaften betrachtet. Anschließend werden TOSCA-Befunde vorgestellt, die die Fragen beantworten, ob es auch von der Hochschultypwahl abhängt, wie sich die beruflichen Interessen, beruflichen Motive und basalen Persönlichkeitseigenschaften der Studierenden entwickeln (Kramer et al., 2012) bzw. ob sie sich je nach gewähltem Hochschultyp darin unterscheiden, wie erfolgreich sie im Beruf zurechtkommen (Zettler et al., 2013).

1 Die Hochschultypen in Baden-Württemberg

Bis in die 1970er Jahre fand die Hochschulausbildung in Deutschland traditionell an Universitäten statt. Um den Bedarf an gut ausgebildeten Fachkräften zu dekken, wurden in den 70er Jahren Fachhochschulen gegründet, die praxisnähere Studiengänge vor allem in Ingenieur- und Wirtschaftswissenschaften sowie in Sozialpädagogik anboten (Mayer, 2008). In Baden-Württemberg wurden außerdem Berufsakademien gegründet, die ein Studium mit einer Berufsausbildung in der Privatwirtschaft kombinieren und damit eine duale Ausbildung im tertiären Bildungsbereich ermöglichen. Berufsakademien und Fachhochschulen wurden auch mit dem Ziel geschaffen, talentierten Jugendlichen aus nicht gymnasialen Schulzweigen mehr Ausbildungs- und Berufswege zu ermöglichen (Wissenschaftsrat, 1981). Die Studiengänge an Berufsakademien, Fachhochschulen und Universitäten unterschieden sich u.a. im Ausmaß ihrer Praxis- bzw. Theorieorientierung und in der Regelstudienzeit (i.d.R. 8 bis 10 Semester an Universitäten, 8 Semester an Fachhochschulen, 6 Semester an Berufsakademien), wobei die erworbenen Abschlüsse nicht gleichgestellt waren. Das Fächerangebot an Fachhochschulen und Berufsakademien war zunächst auf ingenieurwissenschaftliche Studiengänge eingeschränkt und wurde im Laufe der Zeit um wirtschaftswissenschaftliche und sozialwissenschaftliche Fächer sowie Informatik erweitert.

Die Berufsakademien in Baden-Württemberg hatten zunächst nicht den Status von Hochschulen. Bei der Gestaltung der Bildungsgänge an Berufsakademien hat sich Baden-Württemberg jedoch an den Studiengängen orientiert, die an Fachhochschulen angeboten wurden, um eine berufsrechtliche Gleichstellungen von Berufsakademieabsolventinnen und -absolventen zu erreichen. Einen entsprechenden – zunächst nur für die Berufsakademien Baden-Württembergs gültigen – Beschluss fasste die Kultusministerkonferenz 1995. Als Hochschulabschlüsse staatlich anerkannt wurden die Abschlüsse von Berufsakademien erst im Zuge der Bologna-Reform (vgl. Kultusministerkonferenz, 2004). Im Zuge dieser zunehmenden Angleichung haben sich die Fachhochschulen Baden-Württembergs in *Hochschulen für angewandte Wissenschaften* (HaW) umbenannt und die acht bis 2009 eigenständigen Berufsakademien Baden-Württembergs haben sich zur *Dualen Hochschule Baden-Württemberg* (DHBW) zusammengeschlossen, die nun auch den Status einer Hochschule hat. Für Absolventinnen und Absolventen der Berufsakademien wurde eine Nachgraduierung ermöglicht, mit der die staatlich anerkannten Diplom (BA)-Abschlüsse in den akademischen Grad Diplom (DH) umgewandelt werden können (vgl. §7 des Gesetzes zur Errichtung der DHBW, DH-ErrichtG). Wenn wir im folgenden von Hochschultypen sprechen, meinen wir Berufsakademien/DHBW, Fachhochschulen/HaW und Universitäten.

Trotz dieser zunehmenden Angleichung blieben strukturelle Unterschiede in einigen Bereichen erhalten. Insbesondere die Ausgestaltung von Forschung und Lehre unterscheidet sich: laut Landeshochschulgesetz Baden-Württemberg (LHG 2014 §2 (1)) beinhaltet der Forschungsauftrag für Universitäten Grundlagenforschung, der Forschungsauftrag von HaW liegt auf anwendungsbezogener Forschung und die DHBW ist mit Auftragsforschung in Zusammenarbeit mit den Kooperationspartnern betraut. In der Lehre sind Universitäten mit wissenschaftsbezogener Ausbildung betraut, während HaW und DHBW stärker anwendungsbezogen ausbilden sollen. Weitere Unterschiede betreffen die stärkere regionale Vernetzung von DHBW und HaW mit privatwirtschaftlichen Unternehmen vor Ort, die unterschiedliche Ausgestaltung der Auswahlverfahren (bei der DHBW: Auswahl durch privatwirtschaftliche Partnerunternehmen) und die unterschiedliche Finanzierung des Studiums (DHBW-Studierende erhalten eine Ausbildungsvergütung). Auch das Fächerangebot der Hochschultypen unterscheidet sich: An Universitäten wird eine größere Breite an Studienfächern angeboten. Universitäre Studiengänge sind zudem stärker an wissenschaftlichen Disziplinen ausgerichtet, Studiengänge an HaW und DHBW stärker an Berufsbildern (vgl. Jansen, 1987; Würmseer, 2010).

2 Hochschultypen als differenzielle Lern- und Entwicklungsmilieus?

In Anbetracht dieser Unterschiede zwischen den Hochschultypen stellt sich die Frage, ob die Studierenden je nach besuchtem Hochschultyp unterschiedliche Lern- und Entwicklungschancen erhalten, die nicht einfach Fortschreibungen der unterschiedlichen Merkmale der Studierenden zu Studienbeginn sind, sondern sich *unabhängig und zusätzlich dazu* unterschiedliche Resultate je nach Hochschultypwahl nachweisen lassen – ob die verschiedenen Hochschultypen also *differenzielle Lern- und Entwicklungsmilieus* darstellen (vgl. Baumert et al., 2006).

Bildungsstätten als differenzielle Lern- und Entwicklungsmilieus zu betrachten, ist keinesfalls neu, sondern hat spätestens mit den zahlreichen empirischen Arbeiten im Bereich der Sekundarstufe Aufmerksamkeit gewonnen. Differenzielle

Lern- und Entwicklungsmilieus können als ein Wechselspiel zwischen leistungsmäßiger, sozialer und kultureller Zusammensetzung der Schülerschaft einerseits (Kompositionseffekte) und curricularen und didaktischen Traditionen sowie unterschiedlichen Formen der Lehrerbildung andererseits (institutionelle Effekte; Baumert et al., 2006) betrachtet werden. Kompositionseffekte und institutionelle Effekte sind Einflüsse auf die Entwicklung verschiedener Personenmerkmale (z. B. Leistungsfähigkeit, psychosoziale Voraussetzungen), die *zusätzlich* zu den Eingangsunterschieden in diesen Merkmalen auftreten. Inzwischen findet sich zumindest für den Sekundarschulbereich zunehmend Evidenz für eine differenzielle Entwicklung von Lernenden in Sekundarschulformen auch unter Kontrolle unterschiedlicher Eingangsvoraussetzungen (vgl. z. B. Baumert et al., 2006; Neumann et al., 2007).

Zur Frage, inwieweit auch Hochschultypen differenzielle Lern- und Entwicklungsmilieus darstellen, liegen bislang kaum belastbare Befunde vor. In zwei Studien (Hillmert & Jacob, 2003; Zabeck & Zimmermann, 1995) wurden Hinweise darauf gefunden, dass sich die Absolventinnen und Absolventen verschiedener Hochschultypen Baden-Württembergs in einigen Persönlichkeitsmerkmalen und Aspekten beruflichen Erfolgs unterscheiden (s. u.). In diesen Studien war es aber nicht möglich, die unterschiedlichen Eingangsvoraussetzungen der Studierenden zu kontrollieren. Die Frage, ob die Hochschultypen Baden-Württembergs differenzielle Lern- und Entwicklungsmilieus darstellen, war damit noch unbeantwortet. Um diese Frage zu klären, wurden die TOSCA-Studien zum Hochschultypvergleich durchgeführt. Zu klären, welche Faktoren für die Eingangsunterschiede und differenziellen Entwicklungen verantwortlich waren, war nicht Gegenstand der TOSCA-Studien. Dennoch werden in den folgenden Kapiteln einige potentielle Einflussfaktoren aufgezeigt, um zu verdeutlichen, weshalb Unterschiede zwischen den Hochschultypen von Bedeutung sein können.

3 Eingangsunterschiede

Eingangsunterschiede können durch Selbst- und Fremdselektionseffekte verursacht sein. Gemäß der Attraction-Selection-Attrition-Theorie (ASA-Theorie; vgl. Schneider, 1987; Schneider, Goldstein & Smith, 1995) können sie zum einen dadurch zustande kommen, dass die Hochschultypen unterschiedlich attraktiv auf Abiturientinnen und Abiturienten wirken (Attraktions- oder Selbstselektionsprozess). Dabei wird beispielsweise angenommen, dass eine Organisation als umso attraktiver wahrgenommen wird, je stärker die Übereinstimmung zwischen persönlichen Merkmalen und Merkmalen der Organisation (bzw. ihrer Mitglieder) eingeschätzt wird. Zum anderen unterscheiden sich die Selektionsprozesse mit denen die Hochschultypen bzw. ihre Partnerorganisationen ihre Studierenden auswählen (Fremdselektionsprozess).

In der Studie von Zabeck und Zimmermann (1995) wurde die Attraktion der Hochschultypen untersucht. Sie befragten eine Stichprobe von 333 baden-württembergischen Schülerinnen und Schüler der gymnasialen Oberstufe dazu, welchen Hochschultyp (Berufsakademie, Fachhochschule oder Universität) sie bevorzugen und fanden Unterschiede in der sozialen Schichtzugehörigkeit: In allen Schichten waren Universitäten am gefragtesten, bei Angehörigen höherer Schichten waren jedoch Berufsakademien beliebter als Fachhochschulen, bei Angehörigen weniger privilegierter Schichten war es umgekehrt. Lörz (2013) konnte zeigen, dass herkunftsspezifische Unterschiede auch bei der tatsächlichen Aufnahme eines Universitätsstudiums bestehen und diese sogar in den letzten 30 Jahren zugenommen haben (vgl. zu möglichen Ursachen für Eingangsunterschiede im sozialen Hintergrund Lörz, 2012; Lörz & Schindler, 2011; Schindler & Reimer, 2010).

Auch Leistungsunterschiede sind für die Hochschultypwahl relevant, da leistungsstarke Studienberechtigte die Aufnahme eines Universitätsstudiums präferierten – dies galt zumindest für Diplomstudiengänge, die sich an Universitäten durch ein höheres Abbruchrisiko auszeichneten (Heublein & Wolter, 2011). Auch Zabeck und Zimmermann (1995) zeigten in der bereits erwähnten Studie, dass Universitäten attraktiver für leistungsstarke Studienberechtigte waren als Fachhochschulen und Berufsakademien. In unteren Sozialgruppen stehen zudem weniger Unterstützungsmöglichkeiten zur Leistungsförderung zur Verfügung (Lörz, 2013). Für Leistungsunterschiede können auch verschiedene Fremdselektionsmechanismen verantwortlich sein. So sind die Partnerunternehmen der DHBW (also der Nachfolgeorganisation der Berufsakademien) größere Unternehmen, die eine stark professionalisierte Personalauswahl betreiben, bei der verschiedene Leistungsindikatoren als Auswahlkriterien berücksichtigt werden.

Ebenso möglich sind Eingangsunterschiede im Hinblick auf berufliche Interessen. Da Universitäten eine stark wissenschaftsbezogene und weniger stark praxisbezogene Ausbildung anbieten als HaW und die DHBW, ist davon auszugehen, dass ein Universitätsstudium besonders für Studienberechtigte attraktiv ist, die sich stark für untersuchend-forschende Berufstätigkeiten interessieren. Ebenso ist von Unterschieden in den beruflichen Motiven der Studienberechtigten auszugehen, je nachdem welchen Hochschultyp sie bevorzugen. Ein Besuch der DHBW befriedigt stärker extrinsische berufliche Bedürfnisse – beispielsweise nach finanzieller Unabhängigkeit und Arbeitsplatzsicherheit – als ein Besuch an HaW und Universitäten (Zabeck & Zimmermann, 1995). Schließlich könnten sich die Studienberechtigten auch in basalen Persönlichkeitseigenschaften (*big five*) unterscheiden, z. B. darin, wie offen sie neuen Erfahrungen gegenüberstehen. Offenheit für Neues ist mit kognitiven Grundfähigkeiten positiv korreliert. Hogan und Hogan (2007) beschreiben Personen, die offen für Neues sind, als Personen, die intellektuelle Stimulation, Abwechslung und Vielfalt benötigen. Möglicherweise äußert sich dieses „intellektuelle Interesse" ebenfalls in einer Bevorzugung stärker wissenschaftsbezogener Studiengänge, wie sie Universitäten anbieten.

4 Differenzielle Entwicklungseffekte

Weshalb sollten sich in Abhängigkeit von der Hochschultypwahl *differenzielle Entwicklungen* während des Studiums und Berufseintritts zeigen? Zunächst betrachten wir einige Wirkmechanismen, die Persönlichkeitsmerkmale – wie berufliche Interessen, berufliche Motive und basale Persönlichkeitseigenschaften – während des Studiums beeinflussen können und anschließend einige Erklärungsmöglichkeiten für differenzielle Effekte im Hinblick auf beruflichen Erfolg.

4-1 Differenzielle Entwicklung von Persönlichkeitsmerkmalen während des Studiums

Hochschulen sind nicht nur Orte der Kompetenzentwicklung im Sinne akademischer Zielkriterien, sondern auch Orte des sozialen Lebens und Miteinanders. Fraglos stellt die Phase des Studiums eine entscheidende Entwicklungsphase im Leben junger Menschen dar. Die Ablösung vom Elternhaus wird vollzogen und die teils engen Strukturen des Schullebens endgültig durch eine eigenverantwortliche Gestaltung des „Ausbildungsalltags" ersetzt. Verbunden mit dieser Phase des Lebens sind zumeist auch tiefgreifende und langfristige Veränderungen der Persönlichkeit möglich (vgl. Roberts, Wood & Caspi, 2008), die mit Veränderungen im Lebensumfeld der jungen Erwachsenen einhergehen (beispielsweise mit dem Berufseintritt oder mit der ersten längerfristigen intimen Partnerschaft). Es ist eine offene Frage, ob auch die Wahl des Hochschultypes einen Einfluss auf die Persönlichkeitsmerkmale nimmt. Von Roberts et al. (2008) wurden zwei Prinzipien beschrieben, die diesen differenziellen Einfluss der Hochschultypen bewirken könnten: das *corresponsive principle* und das *social investment principle*.

Das *corresponsive principle* besagt, dass gerade die Persönlichkeitsmerkmale gestärkt werden können, die bei der Wahl einer Umwelt eine Rolle spielen. Sollten sich also beispielsweise Eingangsunterschiede in Offenheit zugunsten der Universitätsstudierenden zeigen, wäre gemäß des corresponsive principles zu erwarten, dass dies bei Universitätsstudierenden einen stärkeren Offenheitszuwachs bewirkt als bei Studierenden an HaW und der DHBW. Als Gründe für das corresponsive principle können zweierlei angenommen werden: Zum einen könnten Studierende versuchen ihren *person-environment fit* zu erhöhen, sich also im genannten Beispiel einer stark durch Offenheit für Neues geprägten Gruppe anzupassen. Zum anderen könnten in dieser Gruppe Verhaltensweisen stärker belohnt werden, die auf Offenheit für Neues schließen lassen. Das corresponsive principle kann somit einen Kompositionseffekt bewirken.

Das *social investment principle* hingegen kann als institutioneller Effekt differenziell auf die Persönlichkeitsentwicklung einwirken. Diesem Prinzip gemäß sollten dann differenzielle Lern- und Entwicklungsverläufe resultieren, wenn sich die verschiedenen Umwelten im Hinblick auf die zu übernehmenden Rollen unterscheiden. Dies trifft auf die Umwelten zu, die die Hochschultypen bereitstellen. Studierende an der DHBW beispielsweise sind auch Mitarbeiterinnen und Mitarbeiter in Partnerorganisationen der DHBW. Sie nehmen bereits zum Studienbeginn berufliche Verantwortung war (Mayer, 2008) und werden dazu angehalten auch den Rollenerwartungen gerecht zu werden, die als Mitarbeiterin/Mitarbeiter bzw. Kollegin/Kollegen in einem Unternehmen an sie gestellt werden. Lüdtke, Roberts, Trautwein und Nagy (2011) konnten mit Daten von Studienberechtigten aus TOSCA zeigen, dass sich die Entscheidung für eine Ausbildung und gegen ein Studium nach dem Abitur in einer stärkeren Zunahme der Gewissenhaftigkeit und einer geringeren Zunahme der Verträglichkeit auswirkt. Möglicherweise zeigen sich diese – durch das social investment principle erklärbaren – Unterschiede auch im Vergleich der unterschiedlich „ausbildungsnahen" Hochschultypen.

Außer den genannten Einflüssen, die differenzielle Effekte bewirken können, sind zahlreiche weitere denkbar. Auslandsaufenthalte beispielsweise sind je nach Hochschultyp unterschiedlich beliebt: Laut Auskunft des Deutschen Akademischen Austauschdienstes (DAAD) waren im Studienjahr 2012/13 in Baden-Württemberg 2.6 % der Studierenden an staatlichen Universitäten, 1.3 % derjenigen an staatlichen HaW und 1.0 % derjenigen an der DHBW im Rahmen des Erasmusprogrammes zum Studieren oder für Praktika im Ausland (J. Kercher, persönliche Kommunikation, 23. Januar 2015). Auslandsaufenthalte können Persönlichkeitsveränderungen bewirken: Zimmermann und Neyer (2013) konnten zeigen, dass Studierenden, die einen Teil des Studiums im Ausland verbrachten nach Kontrolle der Eingangsunterschiede sowohl einen Anstieg im Faktor Offenheit als auch eine Verringerung im Faktor Neurotizismus aufwiesen.

Empirische Hinweise darauf, dass sich die Studierenden der verschiedenen Hochschultypen in Persönlichkeitsmerkmalen unterscheiden, können der Studie von Zabeck und Zimmermann (1995) entnommen werden. Sie untersuchten eine Stichprobe von ca. 7000 Absolventinnen und Absolventen der drei Hochschultypen. Die Gruppe der DHBW-Studierenden fiel im Vergleich zu den Universitäts- und HaW-Studierenden durch höheres Engagement, höhere Selbständigkeit und ausgeprägtere extrinsische Motive auf. Außerdem war das Interesse an wissenschaftlichen Tätigkeiten in der DHBW-Gruppe geringer. Diese Unterschiede könnten jedoch schon zu Studienbeginn bestanden haben. Sie wären dann nicht als differenzielle Effekte der Hochschultypwahl anzusehen.

4.2 Differenzielle Effekte auf beruflichen Erfolg

Der Studie von Zabeck und Zimmermann (1995) lassen sich auch Hinweise darauf entnehmen, wie erfolgreich den Absolventinnen und Absolventen der verschiedenen Hochschultypen der Berufseinstieg gelang: Absolventinnen und Absolventen der DHBW scheinen weniger lange für die Arbeitssuche zu benötigen und sich schneller in die Berufstätigkeit einzuarbeiten. Dass der Arbeitgeberwechsel für diese Gruppe erschwert sei, konnte nicht gezeigt werden. Diese Einschätzung konnte Müller (1995) anhand der Daten von 119 Absolventinnen und Absolventen wirtschaftswissenschaftlicher Studiengänge bestätigen. Seine Ergebnisse zeigen allerdings, dass diejenigen, die an der DHBW studiert hatten, geringere Einstiegsgehälter erhielten. Auch fünf Jahre nach ihrem Berufseintritt lag ihr Gehalt unter dem der HaW- und Universitätsabsolventinnen und -absolventen. Zudem hatten sie weniger häufig Leitungsfunktionen inne. Die Autoren beider Studien wiesen darauf hin, dass ihre Ergebnisse mit Vorsicht interpretiert werden müssen, da die Stichproben der verschiedenen Hochschultypen nicht direkt miteinander vergleichbar waren (bei Hillmert & Kröhnert, 2003) bzw. auf kleinen Stichproben in einem Fachbereich basierten (bei Zabeck & Zimmermann, 1995). Außerdem war es in beiden Studien nicht möglich, Eingangsunterschiede der Studienanfängerinnen und Studienanfänger zu kontrollieren.

Mit einer Panelstudie – wie sie TOSCA darstellt – können diese Befunde auf einer aussagekräftigeren Datenbasis überprüft werden. Der TOSCA-Datensatz erlaubt es zu prüfen, ob der Besuch unterschiedlicher Hochschultypen Auswirkungen auf den Erfolg in den ersten Berufsjahren hat. Dabei können nicht nur objektive Berufserfolgsmaße wie das Einkommen oder die erreichte Hierarchiestufe betrachtet werden, sondern auch subjektive Erfolgskriterien: die von Vorgesetzten und Kollegen eingeschätzte Leistung, die Arbeitszufriedenheit, das Commitment mit dem Unternehmen und der eigenen Karriere sowie die Güte der Arbeitsplatzmerkmale.

5 Befunde aus dem TOSCA-Projekt

Das TOSCA-Projekt (vgl. Köller et al., 2004; Trautwein et al., 2010) erlaubte es, die Hochschultypen Universität, HaW und DHBW im Hinblick auf die Eingangsvoraussetzungen, Persönlichkeitsentwicklung und den Erfolg beim Berufseinstieg derjenigen Studierenden, die ihre Hochschulzugangsberechtigung (HZB) an einem Gymnasium erworben haben, zu vergleichen. Zur Teilnahme eingeladen wurden Abiturientinnen und Abiturienten beruflicher und allgemeinbildender Gymnasien in Baden-Württemberg (Abschlussjahrgänge 2002 und 2006). Eine Übersicht über die Erhebungszeitpunkte enthält Tabelle 1. Teilnahmequoten und Stichprobengrößen können Tabelle 2 entnommen werden. Bei den TOSCA-Analysen konnten mehrere Fachbereiche, die an allen Hochschultypen studiert werden können, berücksichtigt werden und bei den Fragen zur Persönlichkeitsentwicklung und zum beruflichen Erfolg konnten die Eingangsvoraussetzungen der Studierenden kontrolliert werden. Durch diese Kontrolle – die in den einzelnen Studien jeweils etwas unterschiedlich erfolgte (s. u.) – wurde es möglich, zunächst die Eingangseffekte bei der Hochschultypwahl zu prüfen und anschließend zu bestimmen, welche differenziellen Entwicklungseffekte durch die Hochschultypwahl bedingt sind. Zu klären, wie diese Effekte zustande kommen (ob durch Kompositions-, institutionelle Effekte oder die Interaktion beider) war nicht Gegenstand der Studien.

Tab. 1 Stichprobendesign TOSCA-Panel, Kohorten 2002 und 2006

	2002	2004	2006	2008	2010	2012
Kohorte 2002	**T1 (Abitur)**	**T2**	**T3**	**T4**	**T5**	T6
Kohorte 2006			**T1 (Abitur)**	**T2**	**T3**	**T4**

Anmerkung: **fett** = Daten für Hochschultyp-Vergleich-Studien verwendet ©

Tab. 2 Teilnahmequoten TOSCA-Panel, Kohorten 2002 und 2006

	T1		T2		T3		T4		T5		T6	
	abs.	%	abs.	%	abs.	%	abs.	%	abs.	%	abs.	%
Kohorte 2002												
n gesamt	4730	100.0	2314	48.9	1908	40.3	1866	39.5	1686	35.6	1406	29.7
n Studierende[a]	–	–	1763	91.9	1464	76.3	1406	73.3	1278	66.6	1073	55.9
n Kramer et al. 2011	523	100.0	523	100.0	–	–	–	–	–	–	–	–
n Kramer et al. 2012	1568	100.0	1568	100.0	1193	76.1	1173	74.8	–	–	–	–
n Zettler et al. 2013	604	100.0	575	95.2	460	76.2	413	68.4	281	46.5	–	–
Kohorte 2006												
n gesamt	5016	100.0	2858	57.0	2355	46.9	2091	41.7	–	–	–	–
n Studierende[a]	–	–	2125	91.6	1783	76.8	1568	67.6	–	–	–	–
n Kramer et al. 2011	707	100.0	707	100.0	–	–	–	–	–	–	–	–
beide Kohorten												
n gesamt	9746	100.0	5172	53.1	4263	43.7	3957	40.6	–	–	–	–
n Studierende[a]	–	–	3888	91.7	3247	76.6	2974	70.1	–	–	–	–
n Kramer et al. 2011	1230	100.0	1230	100.0	–	–	–	–	–	–	–	–
n Kramer et al. 2012	1568	100.0	1568	100.0	1193	76.1	1173	74.8	–	–	–	–
n Zettler et al. 2013	604	100.0	575	95.2	460	76.2	413	68.4	281	46.5	–	–

Anmerkung: [a]100 % = Studierende zu T2 nach Auswertung aller Messzeitpunkte: Kohorte 2002 $n = 1\,919$, Kohorte 2006 $n = 2\,321$, beide Kohorten $n = 4\,240$. ©

6 Datengrundlage

Um die Eingangsvoraussetzungen zu untersuchen, analysierten Kramer et al. (2011) diejenigen Teilnehmerinnen und Teilnehmer aus TOSCA-2002 und -2006, die bis zum zweiten Erhebungszeitpunkt (2 Jahre nach dem Abitur) ein wirtschaftswissenschaftliches oder technisches Studium an einer Universität, HaW (bzw. Fachhochschule) oder der DHBW (bzw. Berufsakademie) begonnen hatten[1]. Zur Prüfung der Fragestellung, ob sich die Hochschultypwahl auf die Persönlichkeitsentwicklung auswirkt, wurden zusätzlich Daten der Wiederholungsbefragungen vier (T3) bzw. sechs (T4) Jahre nach dem Abitur genutzt und alle Fachrichtungen betrachtet. Da die Daten zu T4 nur von der Kohorte 2002 vorlagen, wurden nur die Teilnehmerinnen und Teilnehmer dieser Kohorte betrachtet, unabhängig jedoch davon, ob sie zu den Zeitpunkten der Wiederholungsbefragungen noch studierten oder nicht.

Für die Studie, die die Effekte der Hochschultypwahl auf den beruflichen Erfolg thematisiert, wurden die TOSCA-Teilnehmerinnen und Teilnehmer der Kohorte 2002 befragt, die acht Jahre nach dem Abitur (T5, 2010) bereits ein Studium an einer Universität, der HaW oder der DHBW abgeschlossen hatten und angegeben haben, erwerbstätig zu sein. Die Stichprobe wurde auf Fachbereiche eingeschränkt, die an allen Hochschultypen studiert werden konnten (Wirtschaftswissenschaft, Technik, Sozialwissenschaft, Informatik). Außerdem wurden Vorgesetzte sowie Kolleginnen und Kollegen dieser Zielpersonen um Einschätzungen zum beruflichen Erfolg der Zielpersonen befragt. In den Analysen wurden die 605 TOSCA-Teilnehmenden berücksichtigt, auf die die beschriebenen Auswahlkriterien zutrafen und für die sowohl Selbst- als auch mindestens zwei Fremdeinschätzungen vorlagen.

7 Befunde zu Eingangsvoraussetzungen

Um die Frage zu beantworten, ob sich die Eingangsvoraussetzungen der Studienanfängerinnen und Studienanfänger je nach gewähltem Hochschultyp (Universität, HaW, DHBW) unterscheiden, betrachteten Kramer et al. (2011) folgende Unterscheidungsmerkmale: sozialer Hintergrund (höchsten sozioökonomischen Status der Eltern und, als Indikator für die Bildungsnähe der Eltern, die Anzahl

1 Die Berücksichtigung der Kohorte 2006 erlaubte es, Befunde von Trautwein, Lüdtke, Nagy, Husemann & Köller, 2010, die die Frage nach Eingangsunterschieden bei Studierenden der Wirtschaftswissenschaften aus der TOSCA-Kohorte 2002 untersuchten, kohorten- und fächerübergreifend abzusichern.

der Bücher im elterlichen Haushalt), Leistungsindikatoren (Abiturgesamtnote, Mathematik- und Englischtestleistung sowie zwei Indikatoren für kognitive Grundfähigkeiten), sechs berufliche Interessenorientierungen nach Holland (1997: handwerklich-technisch, untersuchend-forschend, künstlerisch-sprachlich, sozial, führend-verkaufend und ordnend-verwaltend), drei berufliche Motive (extrinsisch, intrinsisches und soziales, am Gemeinwohl orientiertes Motiv) sowie die sogenannten Big-Five-Persönlichkeitsmerkmale Neurotizismus, Extraversion, Offenheit, Gewissenhaftigkeit und Verträglichkeit. Diese Merkmale wurden am Ende der Schulzeit, also vor Studienbeginn erhoben.

Tatsächlich zeigten sich in den TOSCA-Daten im Hinblick auf alle untersuchten Merkmalsbereiche (sozialer Hintergund, Leistungsvoraussetzungen, berufliche Motive, berufliche Interessen und basale Persönlichkeitseigenschaften) bedeutsame Unterschiede zwischen den Studienanfängerinnen und Studienanfängern der verschiedenen Hochschultypen (Abb. 1.), die aber fachspezifisch unterschiedlich ausfielen. Die Höhe der in Abb. 1 dargestellten *sheaf coefficients*[2] kann als Effektstärke interpretiert werden. Diese variierten zwischen den Merkmalsbereichen und auch innerhalb einzelner Merkmalsbereiche bei Technikstudierenden stärker als bei Wirtschaftsstudierenden.

Für Technikstudierende fanden sich bedeutsame Unterschiede in den Merkmalsbereichen Leistungsfähigkeit, den beruflichen Interessen, beruflichen Motiven und den *big five* zwischen allen untersuchten Hochschultypen sowie in der sozialen Herkunft zwischen Studierenden, die Universitäten und HaW wählten. Der Anteil der aufgeklärten Varianz betrug für alle Merkmalsgruppen bei den Technikstudierenden insgesamt $R^2 = .22$ (Universitäten vs. DHBW), $R^2 = .36$ (Universitäten vs. HaW) bzw. $R^2 = .42$ (DHBW vs. HaW). Für Wirtschaftsstudierende waren die Merkmalsbereiche Leistungsfähigkeit und berufliche Interessen für die Unterscheidung zwischen allen untersuchten Hochschultypen bedeutsam, berufliche Motive für die Unterscheidung zwischen Universitäten und HaW/DHBW sowie die soziale Herkunft für die Unterscheidung zwischen DHBW und

2 *Sheaf coefficients* (SCs; Heise, 1972) sind standardisierte multivariate Effektstärkemaße, die den Effekt einer Gruppe von Prädiktorvariablen auf eine Kriteriumsvariable bei Kontrolle weiterer Kovariaten angeben. Die Metrik der SCs entspricht der einer multiplen Korrelation. SCs können Werte zwischen 0 (d.h. kein Zusammenhang) und 1 (d.h. perfekter Zusammenhang) annehmen. Sie unterscheiden sich von der häufig verwendeten ΔR^2-Statistik dadurch, dass sie nicht den *inkrementellen*, sondern den *simultanen* Effekt einer Variablengruppe angeben.

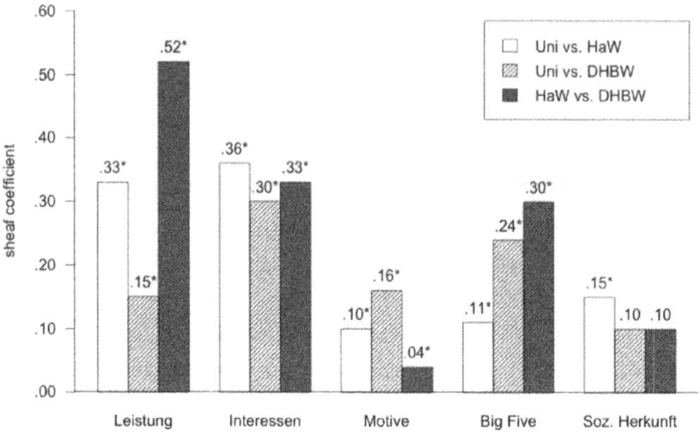

a) Technikstudierende

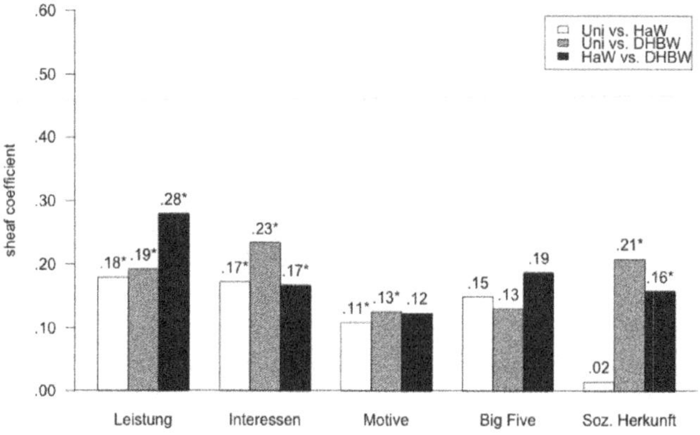

b) Wirtschaftsstudierende

Abb. 1 Bedeutung verschiedener Merkmalsgruppen für die Unterschiede zwischen den Hochschultypen (sheaf coefficients; vgl. Heise, 1972) nach Kontrolle von Kohorte und Geschlecht; *$p < .05$. Quelle: nach Kramer et al., 2011. ©

HaW/Universitäten. Der Anteil der aufgeklärten Varianz betrug für alle Merkmalsgruppen bei den Wirtschaftsstudierenden insgesamt $R^2 = .27$ (Universitäten vs. DHBW), $R^2 = .16$ (Universitäten vs. HaW) bzw. $R^2 = .17$ (DHBW vs. HaW).

Um die Richtung der Unterschiede zu bestimmen, wurden univariate Regressionsanalysen für die einzelnen Variablen und Paarvergleiche zwischen den Hochschultypen berechnet. Technikstudierende aus höheren Sozialschichten wählten eher eine Universität, für Wirtschaftsstudierende aus höheren Sozialschichten war eine HaW eine ebenso attraktive Alternative. Im Hinblick auf die kognitiven Leistungsvoraussetzungen scheint es der DHBW ebenso gut wie Universitäten zu gelingen, leistungsstarke Studierende zu rekrutieren. Die Leistungsunterschiede zwischen den Hochschultypen waren bei den Technikstudierenden ausgeprägter als bei den Wirtschaftsstudierenden. Persönlichkeitsunterschiede zeigten sich hauptsächlich bei Technikstudierenden: wählten sie eine Universität, hatten sie geringere soziale Berufsinteressen waren aber offener für neue Erfahrungen; wählten sie eine HaW, hatten sie geringere untersuchend-forschende aber stärkere künstlerisch-sprachliche und soziale Berufsinteressen; wählten sie die DHBW, hatten sie höhere handwerklich-technische und geringe künstlerisch-sprachliche Berufsinteressen. Bei den Wirtschaftsstudierenden waren lediglich diejenigen, die eine DHBW wählten, stärker an ordnend-verwaltenden Berufstätigkeiten interessiert als diejenigen an Universitäten bzw. HaW. Die Hochschultypen unterschieden sich also nicht nur in institutionellen Merkmalen voneinander, sondern auch in den persönlichen Merkmalen ihrer Studienanfängerinnen und Studienanfänger.

8 Differenzielle Entwicklung von Persönlichkeitsmerkmalen während des Studiums und Berufseintritts

Ob mit der Wahl eines Hochschultyps spezifische Entwicklungsmöglichkeiten verbunden sind (unabhängig davon, ob sie durch Kompositions- oder institutionelle Effekte bedingt sind) untersuchten Kramer et al. (2012). Sie beschäftigten sich mit dieser Fragestellung im Hinblick auf die Entwicklung der Persönlichkeitsmerkmale der Studierenden, die auch in der Studie zu den Eingangsunterschieden Verwendung fanden: dem handwerklich-technischen, untersuchend-forschenden, künstlerisch-sprachlichen, sozialen, führend-verkaufenden und ordnend-verwaltenden beruflichen Interessenorientierungen, extrinsischen, intrinsischen und sozialen beruflichen Motiven sowie den basalen Persönlichkeitsmerkmalen Neurotizismus, Extraversion, Offenheit, Gewissenhaftigkeit und Verträglichkeit.

Zur Prüfung der Fragestellung wurden Regressionsanalysen berechnet. Dabei wurde die Zugehörigkeit zu verschiedenen Fachbereichen durch dummy-Indikatoren für die zwei größten Fachbereiche (Wirtschaft und Technik) kontrolliert. Die Hochschultypen wurden ebenfalls dummy-kodiert als unabhängige Variablen berücksichtigt. Alle Analysen wurden einmal mit den Daten der Gesamtgruppen und zum anderen mit den Daten gematchter Teilgruppen (Propensity-Score-Matching, PSM; vgl. Rosenbaum & Rubin, 1983; Thoemmes & Kim, 2011) durchgeführt. Die gematchten Gruppen unterscheiden sich untereinander nicht bedeutsam im Hinblick auf soziale Herkunft, kognitive Leistungsfähigkeit, berufliche Motive, berufliche Interessen, basale Persönlichkeitsmerkmale, Geschlecht, Alter und besuchtem Schulzweig (allgemeinbildendes, technisches, wirtschaftswissenschaftliches oder anderes berufliches Gymnasium). Die Ergebnisse auf Basis der gematchten Teilgruppen geben Auskunft über die Unterschiede zwischen den Hochschultypgruppen, die mit der Hochschultypwahl zusammenhängen (differenzielle Effekte). Die Ergebnisse auf Basis der Gesamtgruppen sind zusätzlich von den Unterschieden beeinflusst, die bereits vor der Hochschultypwahl zwischen den Gruppen bestanden (Eingangsunterschiede).

Mit diesem Vorgehen konnten für die beruflichen Motive in den gematchten Gruppen signifikante differenzielle Effekte nachgewiesen werden, allerdings nur für einzelne Erhebungszeitpunkte: Das intrinsische Berufsmotiv war erwartungskonträr bei der Uni-Gruppe geringer als bei der DHBW-Gruppe zwei Jahre nach dem Abitur und als bei der HaW-Gruppe vier Jahre nach dem Abitur. Das extrinsische Berufsmotiv war zwei Jahre nach dem Abitur bei der HaW-Gruppe stärker ausgeprägt als bei der Uni-Gruppe und vier Jahre nach dem Abitur bei DHW-Gruppe stärker ausgeprägt als bei der HaW-Gruppe und der Uni-Gruppe. Der letzte Befund war erwartungskonform. Zum sozialen Berufsmotiv wurden keine Hypothesen formuliert, es zeigten sich jedoch sechs Jahre nach dem Abitur signifikante Unterschiede zwischen der DHBW-Gruppe einerseits und der HaW-Gruppe bzw. Uni-Gruppe andererseits. Betrachtet man sich die Entwicklung der beruflichen Motive grafisch (Abbildung 2), zeigt sich nur für das soziale Motiv ein klarer Trend (Abbildung 2c): das Motiv, mit der gewünschten Berufstätigkeit zum Gemeinwohl beitragen zu wollen, nimmt in der DHBW-Gruppe zwischen dem zweiten und sechsten Jahr nach dem Abitur kontinuierlich ab. Dies ist in den HaW- und Uni-Gruppen nicht der Fall. Möglicherweise liegt ein Grund für diese Abnahme darin, dass ein größerer Teil der DHBW-Gruppe vier und sechs Jahre nach dem Abitur schon ins Berufsleben eingetreten war und dadurch die Gemeinwohlorientierung in den Hintergrund trat. In der Tendenz ist eine ausgeprägtere extrinsische Orientierung bei der DHBW-Gruppe im Vergleich zur Uni-Gruppe auszumachen (Abbildung 2b). Die Uni-Gruppe holt aber sechs Jahre nach dem Abitur etwas auf.

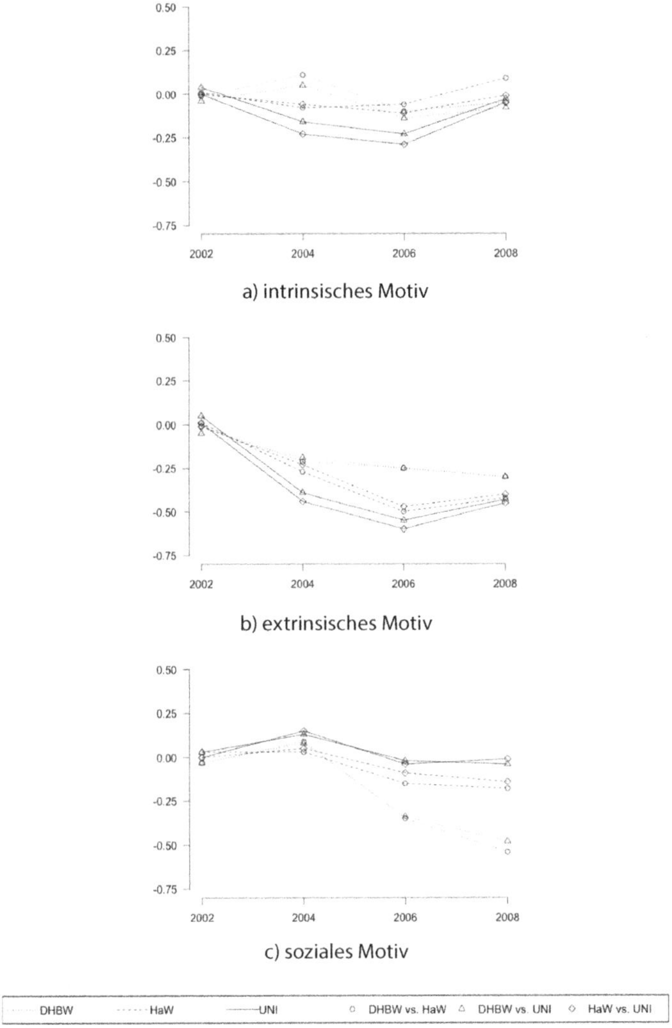

Abb. 2 Entwicklung beruflicher Motive nach Kontrolle von Eingangsunterschieden vor Studienbeginn (2002).

Die adjustierten Ergebnisse basieren auf unterschiedlichen Subgruppen, je nach Hochschultypvergleich (○ DHBW vs. HaW, Δ DHBW vs. UNI und ◊ HaW vs. UNI). Berufliche Motive (Y-Achse) standardisiert. Quelle: Kramer et al., 2012.©

Möglicherweise spielt hier auch eine Rolle, dass der Anteil derjenigen in der Uni-Gruppe, die ihr Studium erfolgreich absolviert hatten, zu diesem Zeitpunkt größer war als zu den Messzeitpunkten zuvor. Es zeigten sich zu keinem Messzeitpunkt differenzielle Effekte des untersuchend-forschenden Berufsinteresses, der Offenheit für Neues, Verträglichkeit und Gewissenhaftigkeit. Es kann insgesamt das Fazit gezogen werden, dass sich die erwarteten differenziellen Effekte im Hinblick auf die gemessenen Persönlichkeitsmerkmale *nicht* konsistent nachweisen ließen. Die Befunde aus diesen Analysen sprechen eher dafür, dass nicht die Hochschultypwahl, sondern der Berufseintritt einen Einfluss auf die untersuchten Aspekte der Persönlichkeitsentwicklung nimmt. Auch andere Variablen, die nicht im Fokus der hier berichteten Analysen standen, können natürlich einen Einfluss haben. Dies dürfte vor allem für den gewählten Studienfachbereich gelten. Hill et al. (2015) zeigten beispielsweise ebenfalls mit den TOSCA-Daten, dass sich Lebensziele der Studierenden je nach gewähltem Fachbereich unterscheiden und sich die Fachwahl auf die Lebensziele auswirken kann.

9 Differenzielle Effekte auf beruflichen Erfolg

Der Frage, ob sich der berufliche Erfolg von Absolventinnen und Absolventen verschiedener Hochschultypen unterscheidet, sind Zettler et al. (2013) in einer explorativen Studie nachgegangen. Da beruflicher Erfolg an einer Vielzahl von Kriterien festgemacht werden kann, wurde darauf geachtet, beruflichen Erfolg möglichst umfassend, anhand vieler unterschiedlicher personaler und situationaler Kriterien zu erfassen (Cascio & Aguinis, 2008): die Güte der Arbeitsplatzmerkmale, die Arbeits- und Lebenszufriedenheit, die Verbundenheit mit Organisation und Karriere, Leistungsbeurteilungen durch Vorgesetzte und Kollegen (Erfüllung aufgaben-, organisations-, team-, innovations-, kunden- und karrierebezogener Rollenerwartungen) sowie objektive Berufserfolgskriterien (Anzahl der Beförderungen und der unterstellten Mitarbeiterinnen und Mitarbeiter, erreichte Hierarchiestufe, Gehalt). Insgesamt wurden 27 Berufserfolgskriterien (vgl. Tabelle 3) erhoben.

Die Ergebnisse dieser Studie (vgl. Tabelle 3) lassen sich kurz und bündig zusammenfassen: Für keines der 27 Erfolgskriterien konnte ein signifikanter differenzieller Einfluss der Hochschultypzugehörigkeit ausgemacht werden. Die Signifikanzwerte von ΔR^2 für den Einfluss der Hochschultypen über alle drei Gruppen hinweg betrug jeweils $p > .98$, auch die Einzelgruppenvergleiche zwischen Hochschultyp-Paaren waren durchweg nicht signifikant. Dieser Befund zeigte sich mit und ohne Kontrolle der Eingangsunterschiede. Bedeutet dies, dass es *keine* Unterschiede zwischen den

Tab. 3 Arbeitsplatzmerkmale, Aspekte der Zufriedenheit, Commitment, berufliche Leistung und objektiver Berufserfolg nach Hochschultyp

Kriterien	DHBW	HaW	Universität	$\Delta R^{2\,h}$
	M (*SD*)	*M* (*SD*)	*M* (*SD*)	
Arbeitsplatzmerkmale[a]				
Aufgabenmerkmale	2.96 (0.32)	2.95 (0.30)	2.95 (0.33)	.003
Wissensmerkmale	3.23 (0.34)	3.22 (0.34)	3.23 (0.37)	.002
Soziale Merkmale	2.93 (0.34)	2.87 (0.36)	2.83 (0.38)	.013
Kontextuelle Merkmale	2.70 (0.29)	2.72 (0.28)	2.72 (0.27)	.003
Arbeitsplatzmerk. gesamt	2.98 (0.24)	2.96 (0.24)	2.95 (0.25)	.005
Aspekte der Zufriedenheit				
Arbeitszufriedenheit[b]	3.18 (0.61)	3.15 (0.61)	3.18 (0.63)	.004
Lebenszufriedenheit[c]	3.00 (0.56)	2.96 (0.56)	2.97 (0.59)	.002
Commitment[d]				
organisationales, affektiv	2.90 (0.70)	2.86 (0.69)	2.84 (0.75)	.005
karrierebezogenes, affektiv	3.01 (0.49)	3.03 (0.47)	3.00 (0.49)	.004
Leistungseinschätzungen durch Vorgesetzte[e]				
aufgabenbezogene Rolle	3.49 (0.41)	3.48 (0.43)	3.56 (0.42)	.004
organisationsbezogene Rolle	3.45 (0.42)	3.43 (0.44)	3.49 (0.45)	.007
teambezogene Rolle	3.47 (0.48)	3.51 (0.49)	3.59 (0.50)	.003
innovationsbezogene Rolle	3.22 (0.49)	3.25 (0.52)	3.27 (0.54)	.005
kundenbezogene Rolle	3.36 (0.53)	3.33 (0.56)	3.24 (0.60)	.014
karrierebezogene Rolle	3.39 (0.39)	3.44 (0.43)	3.49 (0.43)	.005
Leistung gesamt	3.40 (0.33)	3.41 (0.37)	3.44 (0.37)	.004
Leistungseinschätzungen durch Kolleginnen und Kollegen[e]				
aufgabenbezogene Rolle	3.54 (0.50)	3.50 (0.51)	3.50 (0.49)	.008
organisationsbezogene Rolle	3.49 (0.48)	3.46 (0.48)	3.45 (0.48)	.014
teambezogene Rolle	3.53 (0.50)	3.50 (0.52)	3.48 (0.51)	.006
innovationsbezogene Rolle	3.33 (0.55)	3.26 (0.58)	3.34 (0.55)	.009
kundenbezogene Rolle	3.39 (0.59)	3.32 (0.62)	3.28 (0.67)	.012
karrierebezogene Rolle	3.26 (0.47)	3.31 (0.50)	3.33 (0.48)	.006
Leistung gesamt	3.42 (0.40)	3.39 (0.42)	3.40 (0.40)	.011
objektiver Berufserfolg				
Bruttoeinkommen[f]	5.16 (1.60)	5.00 (1.57)	4.81 (1.70)	.011
Beförderungen insgesamt	0.92 (1.12)	0.77 (1.02)	0.63 (1.00)	.013
Hierarchiestufe relativ[g]	0.80 (6.66)	0.43 (1.04)	0.10 (4.32)	.009
Anzahl Mitarbeitende	1.85 (4.70)	1.27 (4.49)	2.21 (7.92)	.003

Anmerkungen: $n_{DHBW} = 210$, $n_{HaW} = 201$, $n_{Uni} = 193$; [a]Work Design Questionnaire (WDQ; Morgeson & Humphrey, 2006), deutsche Version von Stegmann et al. (2010). [b]Skala von Judge, Locke, Durham und Kluger (1998). [c]Skala von Diener, Emmons, Larsen und Griffin (1985). [d]Skalen von Felfe, Schmook und Six (2006). [e]deutsche Übersetzung der Role-Based Performance Scale (RBPS; Welbourne, Johnson & Erez, 1998). [f]Jahresbruttoeinkommen: 13 Antwortkategorien von 0 bis 120 000 € in 10 000 €-Schritten und > *120 000 €*. [g]relativ erreichte Hierarchiestufe: Quotient aus absoluter Hierarchiestufe und Anzahl der Hierarchiestufen beim Arbeitgeber. [h]ΔR^2 des Hochschultyps nach Kontrolle von Studienfachgruppe (Technik vs. nicht Technik), Geschlecht, Alter, sozioökonomischem Status (höchster ISEI der Eltern), Abiturnote, Big Five, beruflichen Interessen und kognitiven Fähigkeiten (Wort- und Figurenanalogien), gemessen 2002; Signifikanz der Omnibustests jeweils $p > .98$. Quelle: nach Zettler et al., 2013.©

Hochschultyp-Gruppen gibt? Im Hinblick auf diese Schlussfolgerung ist Vorsicht geboten, da davon ausgegangen werden muss, dass sich eher die Erfolgreichen an der Befragung zum Berufserfolg beteiligten, die Stichprobe eher klein war, nur der *frühe* berufliche Erfolg betrachtet wurde und nur globale Erfolgskriterien genutzt wurden, die über unterschiedliche Organisationen, Berufe und Branchen hinweg eingesetzt werden konnten. Dennoch ist bemerkenswert, dass sich in keinem der zahlreichen Berufserfolgskriterien auch nur ein tendenzieller Einfluss der Hochschultypwahl nachweisen ließ. Dies legt insgesamt betrachtet den Schluss nahe, dass die Hochschultypwahl den frühen beruflichen Erfolg nicht differenziell beeinflusst, sondern es allen Hochschultypen (über die verschiedenen Fachbereiche und Brachen hinweg betrachtet) gleichermaßen gut gelingt, ihre Studierenden auf einen erfolgreichen Einstieg in das Berufsleben vorzubereiten.

10 Diskussion

Insgesamt betrachtet machen die Befunde aus TOSCA deutlich, dass den Eingangsunterschieden der Studienberechtigten, die verschiedene Hochschultypen wählten, eine große Bedeutung zu kam: bei der Wahl des Hochschultyps machten sich Unterschiede in den Leistungsvoraussetzungen, beruflichen Interessen und beruflichen Motiven sowie basalen Persönlichkeitseigenschaften bemerkbar. Auch zeigten sich bei Analyse der TOSCA-Daten, dass Unterschiede in der sozialen Herkunft bedeutsam sind, nicht nur bei früheren Übergängen im Bildungsverlauf (z. B. dem von der Primar- in die Sekundarstufe; vgl. Maaz, Baumert & Trautwein, 2011), sondern auch beim Übergang vom Gymnasium ins Studium. Die Befunde zur sozialen Herkunft passen auch zu Ergebnissen einer Analyse der Daten des Studienberechtigtenpanels des Deutschen Zentrums für Hochschul- und Wissenschaftsforschung (DZHW), die Lörz (2013) durchführte. Er konnte zeigen, dass bei der Wahl des Hochschultypes (Universitäten vs. Fachhochschulen) über dreißig Jahre hinweg (1976-2006) Unterschiede je nach Bildungsherkunft (Akademikeranteil bei den Eltern) nachweisbar waren. Im Unterschied zu den TOSCA-Daten, berücksichtigt das Studienberechtigtenpanel alle Personen mit HZB, unabhängig davon, ob diese an Gymnasien, Gesamtschulen, Waldorfschulen oder beruflichen Schulen erworben wurde. Selektionsunterschiede zeigen sich trotz der Heterogenität der einzelnen Hochschulen innerhalb eines Types (beispielsweise im Hinblick auf Tradition, Größe, Studiengangsangeboten, Schwerpunkten, regionalem Umfeld etc.) und über verschiedene Fachbereiche hinweg.

Nach Kontrolle der Eingangsunterschiede fanden sich bei Analyse der TOSCA-Daten nur wenige Hinweise darauf, dass – nach Berücksichtigung der Wahl bestimmter Fächer – die Hochschultypwahl die Persönlichkeitsentwicklung und den Erfolg in den ersten Berufsjahren differenziell beeinflusst. Dies gilt, obwohl sich die Hochschultypen – wie dargestellt – in zahlreichen Merkmalen unterscheiden, beispielsweise in den unterschiedlichen Eingangsvoraussetzungen der Studierenden, den unterschiedlichen Rollenerwartungen, die an die Studierenden gestellt werden oder der unterschiedlichen Gewichtung von Theorie- und Praxisanteilen im Studium. Betrachtet wurden zahlreiche Berufserfolgskriterien: Arbeitsplatzmerkmale, Zufriedenheitseinschätzungen, Commitment gegenüber Arbeitsplatz und Karriere, Leistungseinschätzungen durch Vorgesetzte und Kolleginnen und Kollegen in Bezug auf sechs Leistungsdimensionen und objektive Berufserfolgsmaße, wie Einkommen und Hierarchiestufe. Diese Ergebnisse machen deutlich, dass aus Befunden von Absolventinnen- und Absolventen-Studien nicht auf differenzielle Effekte der Hochschultypwahl geschlossen werden kann.

Bei der Interpretation der Befunde aus TOSCA sind einige Einschränkungen zu beachten. So veränderten sich die Rahmenbedingungen und Inhalte der Studiengänge zwischen beiden Kohorten. Beispielsweise durch die Einführung der Bachelorstudiengänge, die nicht nur inhaltliche Änderungen an den Studieninhalten mit sich brachte, sondern auch die Gleichstellung der Studienabschlüsse zwischen den untersuchten Hochschultypen erst zum Abschluss brachte.

In den vorgestellten TOSCA-Studien konnte die Leistungsentwicklung während des Studiums nicht betrachtet werden. Die Frage, ob sich der Besuch unterschiedlicher Hochschultypen differenziell auf die Studienleistung auswirkt, kann erst dann beantwortet werden, wenn Kompetenztests für möglichst viele Studienfachgebiete vorliegen. Die OECD bemüht sich derzeit darum, solch ein „Studenten-PISA" zu erstellen (Assessment of Higher Education Learning Outcomes, AHELO; Tremblay, Lalancette & Roseveare, 2013) und auch das Bundesministerium für Bildung und Forschung hat ein Förderprogramm zur Kompetenzmodellierung und -erfassung im Hochschulsektor aufgelegt (KoKoHs; vgl. Blömeke, Zlatkin-Troitschanskaia, Kuhn & Fege, 2013).

Außerdem ist bei der Interpretation der Ergebnisse zu den differenziellen Effekten zu beachten, dass die Studiendauer je nach Hochschultyp unterschiedlich ausfiel, da in der Stichprobe besonders bei der Universitätsgruppe noch zahlreiche Diplomstudierende enthalten waren, deren Studiengänge sich durch vergleichsweise lange Regelstudienzeiten von 8-10 Semestern auszeichneten. Zeigten sich differenzielle Effekte, war deshalb inhaltlich zu prüfen, ob diese vermutlich durch den Hochschultyp oder die Studiendauer verursacht wurden. Die unerwartete Abnahme der Gemeinwohlorientierung (soziales Berufsmotiv) bei den DHBW-Studierenden, die sich als einziger über mehrere Messzeitpunkte hinweg konsistenter differenzieller Effekt zeigte, ist womöglich nicht primär durch den Hochschultyp, sondern durch die stark zunehmende Absolventinnen- und Absolventen-Rate in dieser Gruppe erklärbar.

Ungeklärt bleibt auch die Frage, welche Auswirkungen die Hochschultypwahl auf den späteren Berufserfolg und die spätere Lebensgestaltung hat. Die Ergebnisse der Absolventenbefragung von Hillmert und Kröhnert (2003) beispielsweise deuten darauf hin, dass Absolventinnen und Absolventen von Universitäten und HaW fünf Jahre nach dem Berufseintritt häufiger höhere Leitungsfunktionen und höhere Gehälter erreichten als Absolventinnen und Absolventen von Berufsakademien bzw. der DHBW – ob das auch nach Kontrolle von Studieneingangsunterschieden zutrifft, können erst weitere Analysen mit Paneldaten zeigen. Das TOSCA-Panel könnte bei Fortführung der Erhebungen und Erfassung der relevanten Renditen in Zukunft dazu genutzt werden.

Der Fokus des vorgestellten TOSCA-Projektes liegt auf Baden-Württemberg, da nur Abiturientinnen und Abiturienten dieses Bundeslandes am Projekt teilnehmen konnten und überwiegend baden-württembergische Hochschulen untersucht wurden. Die prinzipielle Unterscheidung von Universitäten und Fachhochschulen ist jedoch in allen Bundesländern vorzufinden. Der Fokus auf Baden-Württemberg bedeutet aber: berücksichtigt wurden insbesondere Universitäten und HaW *ohne* duale Studiengänge (in anderen Bundesländern bieten Universitäten und Fachhochschulen duale Studiengänge an, beispielsweise HaW in Bayern) und mit relativ wenig restriktiver Festschreibung der Theorie- bzw. Praxisorientierung in Forschung und Lehre. Dies ist beispielsweise in Bayern strikter geregelt: HaW sind dort stärker dazu angehalten, sich auf Auftragsforschung zu beschränken. Für eine deutschlandweite Betrachtung differenzieller Effekte der Hochschultypwahl stehen bald auch Daten des Nationalen Bildungspanels (NEPS; vgl. Blossfeld, Roßbach & von Maurice, 2011) zur Verfügung.

Unter Berücksichtigung der genannten Einschränkungen haben die vorgestellten Befunde für Hochschulen und Abiturientinnen und Abiturienten Bedeutung: Für Universitäten stellt sich möglicherweise die Frage, ob sie Abiturientinnen und Abiturienten aus bildungsfernen Schichten gezielter ansprechen wollen. Für HaW stellt sich hingegen möglicherweise die Frage, wie sie für leistungsstarke Abiturientinnen und Abiturienten noch attraktiver sein können. Dies scheint Universitäten besser als HaW zu gelingen, möglicherweise auch weil sie höhere akademische Grade verleihen können und sie damit für leistungsstarke Abiturientinnen und Abiturienten, die eine wissenschaftliche Karriere anstreben, attraktiver sind. Auch die Studienplätze an der DHBW sind begehrt. Die Partnerorganisationen der DHBW können aus einem Bewerberpool auswählen, der leistungsstarke Bewerberinnen und Bewerber enthält. Für Abiturientinnen und Abiturienten hingegen scheint es im Hinblick auf ihre Persönlichkeitsentwicklung und ihren Berufserfolg in den ersten Berufsjahren nach dem Studium keine „bessere" oder „schlechtere" Hochschultypwahl zu geben. Für die Wahl an welcher Art von Hochschule studiert werden soll, können sie deshalb getrost andere Kriterien anlegen, beispielsweise wie sehr die inhaltliche Ausgestaltung der Studiengänge und die Berufstätigkeiten, auf die sie vorbereiten, ihren Interessen entsprechen.

Literatur

Baumert, J., Stanat, P. & Watermann, R. (2006). Schulstruktur und die Entstehung differentieller Lern- und Entwicklungsmilieus. In J. Baumert, P. Stanat & R. Watermann (Hrsg.), *Herkunftsbedingte Disparitäten im Bildungswesen: Differenzielle Bildungsprozesse und Probleme der Verteilungsgerechtigkeit* (S. 95-188). Wiesbaden: VS Verlag für Sozialwissenschaften.

Blömeke, S., Zlatkin-Troitschanskaia, O., Kuhn, C. & Fege, J. (Eds.). (2013). *Modeling and Measuring Competencies in Higher Education*. Rotterdam: Sense Publishers.

Blossfeld, H.-P., Roßbach, H.-G., & von Maurice, J. (Hrsg.). (2011). Education as a Lifelong Process. The German National Educational Panel Study (NEPS). *Zeitschrift für Erziehungswissenschaft, 14 (Special Issue 14).*

Cascio, W. F. & Aguinis, H. (2008). Research in industrial and organizational psychology from 1963 to 2007: Changes, choices, and trends. *Journal of Applied Psychology, 93*(5), 1062-1081.

Diener, E., Emmons, R. A., Larsen, R. J. & Griffin, S. (1985). The Satisfaction With Life Scale. *Journal of Personality Assessment, 49*(1), 71.

Felfe, J., Schmook, R. & Six, B. (2006). Die Bedeutung kultureller Wertorientierungen für das Commitment gegenüber der Organisation, dem Vorgesetzten, der Arbeitsgruppe und der eigenen Karriere. *Zeitschrift für Personalpsychologie, 5*(3), 94-107.

Heise, D. R. (1972). Employing nominal variables, induced variables, and block variables in path analysis. *Sociological Methods & Research, 1*(2), 147-173.

Heublein, U. & Wolter, A. (2011). Studienabbruch in Deutschland. Definition, Häufigkeit, Ursachen, Maßnahmen. *Zeitschrift für Pädagogik, 57*(2), 214-236.

Hill, P. L., Jackson, J. J., Nagy, N., Nagy, G., Roberts, B. W., Lüdtke, O. et al. (2015), Majoring in selection, and minoring in socialization: The role of the college experience in goal change post–high school. *Journal of Personality*. doi: 10.1111/jopy.12151

Hillmert, S. & Jacob, M. (2003). Social inequality in higher education. Is vocational training a pathway leading to or away from university? *European Sociological Review, 19*(3), 319-334.

Hillmert, S. & Kröhnert, S. (2003). Differenzierung und Erfolg tertiärer Ausbildungen: die Berufsakademie im Vergleich. *Zeitschrift für Personalforschung, 17*(2), 195-214.

Hogan, R. & Hogan, J. (2007). *Hogan Personality Inventory Manual*. Tulsa: Hogan Assessment Systems.

Holland, J. L. (1997). *Making vocational choices, A theory of vocational personalities and work environments* (3rd). Odessa, FL: Psychological Assessment Resources.

Jansen, R. (1987). *Individuelles und kollektives Erleben universitärer Umwelt. Eine mehrebenenanalytische Überprüfung von Kausalmodellen zur Beziehung zwischen erlebter Hochschulumwelt und persönlichen Merkmalen der Studierenden*. Frankfurt a. M.: Lang.

Judge, T. A., Locke, E. A., Durham, C. C. & Kluger, A. N. (1998). Dispositional Effects on Job and Life Satisfaction: The Role of Core Evaluations. *Journal of Applied Psychology, 83*(1), 17-34.

Köller, O., Watermann, R., Trautwein, U. & Lüdtke, O. (Hrsg.). (2004). *Wege zur Hochschulreife in Baden-Württemberg*. Opladen: Leske + Buderich.

Kramer, J., Nagy, G., Trautwein, U., Lüdtke, O., Jonkmann, K., Maaz, K. et al. (2011). Die Klasse an die Universität, die Masse an die anderen Hochschulen? Wie sich Studierende unterschiedlicher Hochschultypen unterscheiden. *Zeitschrift für Erziehungswissenschaft, 14*(3), 465-487.

Kramer, J., Zettler, I., Thoemmes, F., Nagy, G., Trautwein, U. & Lüdtke, O. (2012). Stellen Hochschultypen differenzielle Entwicklungsmilieus dar? Eine Propensity-Score-Analyse zu den Effekten des Hochschulbesuchs. *Zeitschrift für Erziehungswissenschaft, 15*(4), 847-874.

Kultusministerkonferenz (1995). *Berufsakademien im tertiären Bereich (Beschluß der Kultusministerkonferenz vom 29.9.1995)*. Bonn: Sekretariat der Ständigen Konferenz der Kultusminister der Länder in der Bundesrepublik Deutschland.

Kultusministerkonferenz (2004). *Einordnung der Bachelorausbildungsgänge an Berufsakademien in die konsekutive Studienstruktur (Beschluss der Kultusministerkonferenz vom 15.10.2004)*. Bonn: Sekretariat der Ständigen Konferenz der Kultusminister der Länder in der Bundesrepublik Deutschland.

Lörz, M. (2012). Mechanismen sozialer Ungleichheit beim Übergang ins Studium: Prozesse der Status- und Kulturreproduktion. In R. Becker & H. Solga (Hrsg.), *Soziologische Bildungsforschung* (S. 302-324). Wiesbaden: Springer Fachmedien.

Lörz, M. (2013). Differenzierung des Bildungssystems und soziale Ungleichheit: Haben sich mit dem Ausbau der beruflichen Bildungswege die Ungleichheitsmechanismen verändert? *Zeitschrift für Soziologie, 42* (2), 118-137.

Lörz, M. & Schindler, S. (2011). Bildungsexpansion und soziale Ungleichheit: Zunahme, Abnahme oder Persistenz ungleicher Chancenverhältnisse — eine Frage der Perspektive? *Zeitschrift für Soziologie, 40*, 458-477. doi: 10.2307/23773121

Lüdtke, O., Roberts, B. W., Trautwein, U. & Nagy, G. (2011). A random walk down university avenue: Life paths, life events, and personality trait change at the transition to university life. *Journal of Personality and Social Psychology, 101*(3), 620-637.

Maaz, K., Baumert, J. & Trautwein, U. (2011). Genese sozialer Ungleichheit im institutionellen Kontext der Schule: Wo entsteht und vergrößert sich soziale Ungleichheit? In H.-H. Krüger, U. Rabe-Kleberg, R.-T. Kramer & J. Budde (Hrsg.), *Bildungsungleichheit revisited. Bildung und soziale Ungleichheit vom Kindergarten bis zur Hochschule* (2. Aufl., S. 69-102). Wiesbaden: VS Verlag für Sozialwissenschaften.

Mayer, K. U. (2008). Das Hochschulwesen. In K. S. Cortina, J. Baumert, A. Leschinsky, K. U. Mayer & L. Trommer (Hrsg.), *Das Bildungswesen in der Bundesrepublik Deutschland* (vollst. überarb. Neuausgabe, S. 599-645). Hamburg: Rowohlt.

Ministerium für Wissenschaft, F. u. K. B.-W. (2014). LHG (Landeshochschulgesetz).

Morgeson, F. P. & Humphrey, S. E. (2006). The Work Design Questionnaire (WDQ): Developing and validating a comprehensive measure for assessing job design and the nature of work. *Journal of Applied Psychology, 91*(6), 1321-1339.

Müller, W. (1995). Zur beruflichen Identität und beruflichen Zufriedenheit von Studierenden und Absolventen. In J. Zabeck & M. Zimmermann (Hrsg.), *Anspruch und Wirklichkeit der Berufsakademie in Baden-Württemberg. Eine Evaluationsstudie* (S. 247-278). Weinheim: Deutscher Studien Verlag.

Neumann, M., Schnyder, I., Trautwein, U., Niggli, A., Lüdtke, O. & Cathomas, R. (2007). Schulformen als differenzielle Lernmilieus. *Zeitschrift für Erziehungswissenschaft, 10*(3), 399-420.

Roberts, B. W., Wood, D. & Caspi, A. (2008). The development of personality traits in adulthood. In O. P. John, R. W. Robins & L. A. Pervin (Hrsg.), *Handbook of personality: Theory and research* (3rd ed.). New York, NY: Guilford Press.

Rosenbaum, P. R. & Rubin, D. B. (1983). The central role of the propensity score in observational studies for causal effects Biometrika. *Biometrika, 70*(1), 41-55.

Schindler, S., & Reimer, D. (2010). Primäre und sekundäre Effekte der sozialen Herkunft beim Übergang in die Hochschulbildung. *Kölner Zeitschrift für Soziologie und Sozialpsychologie, 62*, 623-653. doi: 10.1007/s11577-010-0119-9

Schneider, B. (1987). The people make the place. *Personnel Psychology, 40*, 437-454.

Schneider, B., Goldstein, H. W. & Smith, D. B. (1995). The ASA framework: An update. *Personnel Psychology, 48*, 747-773.

Stegmann, S., van Dick, R., Ullrich, J., Charalambous, J., Menzel, B., Egold, N.et al. (2010). Der Work Design Questionnaire. Vorstellung und erste Validierung einer deutschen Version. *Zeitschrift für Arbeits- und Organisationspsychologie, 54*(1), 1-28.

Thoemmes, F. J. & Kim, E. S. (2011). A systematic review of propensity score methods in the social sciences. *Multivariate Behavioral Research, 46*, 90-118.

Trautwein, U., Lüdtke, O., Nagy, G., Husemann, N. & Köller, O. (2010). Hochschulen und Studienfächer als differenzielle Entwicklungsmilieus. In C. Spiel, R. Reimann, B. Schober & P. Wagner (Hrsg.), *Bildungspsychologie: ein Fach positioniert sich* (S. 154-157). Göttingen: Hogrefe.

Trautwein, U., Neumann, M., Nagy, G., Lüdtke, O. & Maaz, K. (Hrsg.). (2010). *Schulleistungen von Abiturienten: Die neu geordnete gymnasiale Oberstufe auf dem Prüfstand.* Wiesbaden: VS Verlag für Sozialwissenschaften.

Tremblay, K., Lalancette, D. & Roseveare, D. (2013). *AHELO. Feasibility Study Report.* Paris: OECD.

Welbourne, T. M., Johnson, D. E. & Erez, A. (1998). The Role-based Performance Scale: Validity analysis of a theory-based measure. *Academy of Management Journal, 41*(5), 540-555.

Wissenschaftsrat. (1981). *Empfehlungen zu Aufgaben und Stellung der Fachhochschulen.* Köln.

Würmseer, G. (2010). *Auf dem Weg zu neuen Hochschultypen : Eine organisationssoziologische Analyse vor dem Hintergrund hochschulpolitischer Reformen.* Wiesbaden: VS Verlag für Sozialwissenschaften.

Zabeck, J. & Zimmermann, M. (Hrsg.). (1995). *Anspruch und Wirklichkeit der Berufsakademie in Baden-Württemberg. Eine Evaluationsstudie.* Weinheim.

Zettler, I., Kramer, J., Thoemmes, F., Nagy, G. & Trautwein, U. (2013). Welchen Einfluss hat der Besuch unterschiedlicher Hochschultypen auf den frühen beruflichen Erfolg? Eine explorative Untersuchung. *Zeitschrift für Pädagogische Psychologie, 27*(1), 51-62.

Zimmermann, J. & Neyer, F. J. (2013). Do we become a different person when hitting the road? Personality development of sojourners. *Journal of Personality and Social Psychology, 105*(3), 515-530.

Deutsch- und Mathematikkompetenzen – wichtig für die (allgemeine) Studierfähigkeit?

Maren Oepke und Franz Eberle

Zusammenfassung

Eines der beiden Hauptziele des Schweizer Gymnasiums ist der Erwerb der allgemeinen Studierfähigkeit. Bei der inhaltlichen Bestimmung von Studierfähigkeit wird häufig auf Studienerfolg als einer Folge von Studierfähigkeit Bezug genommen. Der vorliegende Beitrag untersucht anhand längsschnittlicher Daten, welche Bedeutung Deutsch- und Mathematikkompetenzen, die als basal für die allgemeine Studierfähigkeit gelten, für Studienerfolg haben. Es zeigt sich, dass diese zwei Bereiche über alle Studienfächer hinweg von den Studierenden insgesamt als für ihr Hauptfach als wichtig eingeschätzt werden. Allerdings variiert die Bedeutung je nach Studienrichtung. Während die beiden Kompetenzbereiche für die Gesamtstichprobe über die Matura-Durchschnittsnote hinaus zur Varianzaufklärung einiger Studienerfolgsindikatoren beitragen können, stellen sich die Zusammenhänge auf der Ebene der einzelnen Studienrichtungen unterschiedlich dar. Einfluss auf die Zusammenhangsmuster nehmen dabei einerseits die fachlichen Anforderungen, die im jeweiligen Studium gelten, und andererseits der Kompetenzstand, den die jeweiligen Studierenden der Fachrichtungen mitbringen. Die Befunde verweisen insgesamt auf eine hohe Bedeutsamkeit von Deutsch- und Mathematikkompetenzen für Studienerfolg und damit auch für die allgemeine Studierfähigkeit.

1 Einleitung

In vorliegendem Beitrag untersuchen wir die Bedeutung von Deutsch- und Mathematikkompetenzen für den Studienerfolg als einer Folge von Studierfähigkeit. Damit soll ein Beitrag geleistet werden zur Beantwortung der übergreifenden Frage, welche Kompetenzen am Gymnasium zu vermitteln sind, um die Studierfähigkeit der Absolventinnen und Absolventen zu sichern – und damit eines der Hauptziele des Gymnasiums in Deutschland (KMK 1977/1978; KMK 1995; Huber 1997) wie auch in der Schweiz (MAR 1995; Eberle und Brüggenbrock 2013) zu erreichen. Den Deutsch- und Mathematikkompetenzen wird im Zusammenhang mit der Diskussion um die allgemeine Studierfähigkeit neben Englisch- und Informatikanwendungskompetenzen der Stellenwert von fachlichen Basiskompetenzen zugewiesen, ohne die eine allgemeine Studierfähigkeit nicht gewährleistet sei und die daher zum Kerncurriculum der Oberstufe zählen (Huber 2009; KMK 1995; KMK 2002).

Im Folgenden skizzieren wir zunächst die rechtliche und inhaltliche Bedeutung der „allgemeinen Studierfähigkeit" und stellen einige aktuelle Befunde zur Studierfähigkeit vor, bevor die Forschungslage zur Rolle von Schulwissen in unterschiedlichen Studiengängen und für Studienerfolg dargestellt wird. Anschließend werden die Fragestellungen des Beitrags beschrieben und diese anhand der empirischen Ergebnisse beantwortet.

2 Allgemeine Studierfähigkeit und schulisches Wissen

2.1 Allgemeine Studierfähigkeit als Ziel des Schweizer Gymnasiums

„Die Schülerinnen und Schüler gelangen zu jener persönlichen Reife, die Voraussetzung für ein Hochschulstudium ist und die sie auf anspruchsvolle Aufgaben in der Gesellschaft vorbereitet" – so lautet gemäß Maturitätsanerkennungsreglement das finale Ziel des Schweizer Gymnasiums (MAR 1995, Artikel 5, Satz 3). Maturandinnen und Maturanden sollen demnach am Ende ihrer Gymnasialzeit die Studierfähigkeit sowie eine vertiefte Gesellschaftsreife erlangt haben (Eberle und Brüggenbrock 2013, S. 10ff.). Dabei bescheinigt Artikel 2 (MAR 1995) explizit, dass die „anerkannten Maturitätsausweise (…) als Ausweise für die allgemeine Hochschulreife" gelten, es sich danach nicht um eine zu erreichende *spezifische* Studierfähigkeit handelt. Dem Nachweis der allgemeinen Studierfähigkeit kommt in der Schweiz besondere Bedeutung zu, da die Schweiz eines der wenigen industrialisierten Länder ist, welches den Gymnasiastinnen und Gymnasiasten mit dem Bestehen der Matura den prüfungs- und numerus-clausus-freien Zutritt zu nahezu allen universitären Studiengängen ermöglicht (SKBF 2010; Eberle und Brüggenbrock 2013). Lediglich für medizinische Studiengänge muss in der Deutschschweiz ergänzend ein Eignungstest absolviert werden. Vor diesem Hintergrund bedeutet *allgemeine* Studierfähigkeit im Sinne der Ziele des MAR 95, dass das Schweizer Gymnasium für *jedes* Studium zu qualifizieren hat.

Um die allgemeine Studierfähigkeit in diesem Sinne zu gewährleisten, erfolgte mit der Gymnasialreform 1995 (MAR 1995) eine Systemumstellung von sogenannten Maturitätstypen zur Einheitsmatura, indem der Besuch obligatorischer Grundlagenfächer für alle Maturandinnen und Maturanden verstärkt wurde. Neben dieser Vereinheitlichung im Grundlagenbereich wird eine Individualisierung der Ausbildung weiterhin mit der Wahl je eines Schwerpunkt- und Ergänzungsfaches gewährleistet. Dieses ermöglicht den Gymnasiastinnen und Gymnasiasten, Vertiefungen und Hinzufügungen gemäß ihren Interessen und Neigungen zu setzen. Ein wichtiges Ziel der Reform bestand aber – nach durchaus kontroversen Diskussionen – darin, dass die Allgemeingültigkeit des Maturaausweises als Zulassung zu einem frei wählbaren Hochschulstudium gewahrt blieb (vgl. Eberle und Brüggenbrock 2013; Eberle 2014).

Während mit dem Vorgängersystem (Maturitätstypen) systemimmanent eine fachspezifische Niveau-Differenzierung verbunden war, sollte die Reform von 1995 zu einem einheitlichen Anforderungs- und Leistungsniveau in allen Grundlagenfächern führen (Criblez 2011). Diese Erwartung konnte allerdings nicht erfüllt werden, wie die Befunde einer schweizweiten Studie zur Evaluation der Maturitätsreform von 1995 lauten, deren Daten auch für die Berechnungen des vorliegenden Beitrages verwendet wurden (EVAMAR II vgl. Eberle et al. 2008). Es zeigten sich bei den im Zusammenhang mit der Studierfähigkeit als basal geltenden Deutsch- und Mathematikkompetenzen sowie bei weiteren Kompetenzen große Unterschiede nicht nur auf Individualebene der getesteten Maturandinnen und Maturanden des Maturajahrgangs 2007, sondern auch zwischen ganzen Klassen sowie den Schwerpunktfachgruppen.

Diese Befundlage großer Leistungsdifferenzen ähnelt der Situation in Deutschland, wo sich mit dem Abitur ebenfalls ganz unterschiedliche Kenntnisse verbinden. Mehrere diesbezügliche Studien zeigen, dass sich einerseits Abiturientinnen und Abiturienten unterschiedlicher Schulformen, die alle zur allgemeinen Hochschulreife führen, voneinander im Leistungsniveau unterscheiden (Untersuchung BIJU: vgl. Köller et al. 1999; sowie TOSCA, vgl. Köller et al. 2004). Zum anderen erreichen Abiturientinnen und Abiturienten unterschiedlicher Bundesländer nicht das gleiche durchschnittliche Leistungsniveau, insbesondere in Mathematik (LAU 13, vgl. Trautwein et al. 2007; zusammenfassend siehe Köller 2013).

Angesichts dieser Befunde und der damit im Zusammenhang stehenden Diskussionen um Zulassungsbeschränkungen (Köller 2013; Neumann et al. 2009) und Zulassungsprüfungen an Universitäten (Criblez 2011) stellt sich die bisher wenig untersuchte Frage, welche Bedeutung solche unterschiedlichen und zum Teil schwach ausgeprägten Deutsch- und Mathematikkompetenzen faktisch für ein Studium an einer Hochschule, für Studienerfolg und damit auch für die allgemeine Studierfähigkeit haben (vgl. SKBF 2010; Wolter et al. 2013). Dieser Frage wird in vorliegendem Beitrag vor dem Hintergrund nachgegangen, dass sich Anforderungen an Wissen und Können in verschiedenen Studiengängen sehr stark voneinander unterscheiden können (vgl. Amelang 1997; Deidesheimer Kreis 1997).

Die Untersuchung der Frage erfolgt anhand von Längsschnittdaten, die im Rahmen der bereits genannten EVAMAR-II-Studie und einer Nachfolgestudie zu EVAMAR II erhoben wurden. Der Schwerpunkt von EVAMAR II lag bei der Überprüfung, ob das Ziel der Studierfähigkeit von Schweizer Gymnasiastinnen und Gymnasiasten erreicht werde (vgl. Eberle et al. 2008).

2.2 Inhaltliche Bestimmung des Konstrukts der allgemeinen Studierfähigkeit

Es gibt keine allgemein gültige Definition des hochkomplexen Konstruktes „Studierfähigkeit" (Konegen-Grenier 2002). Inhaltliche Definitionen der Studierfähigkeit nehmen häufig Bezug auf den Studienerfolg. Danach soll Studierfähigkeit „Studienerfolg ermöglichen und diesen erwartbar werden lassen" (Konegen-Grenier 2002, S. 29). Oder Studierfähigkeit wird als Ensemble von Fähigkeiten verstanden, „ein Studium erfolgreich zu beginnen, durchzuführen und abzuschließen" (Huber 2009, S. 108). Studierfähigkeit kann und muss sich in diesem umfassenden Sinn auch erst im Verlauf des Studiums voll entwickeln (vgl. Huber 2013). Zu Beginn muss sie aber mindestens die Befähigung zur erfolgreichen Aufnahme des gewählten Studiums umfassen.

Für die Bestimmung von Studierfähigkeit kommen für Huber (2009) folgende Quellen in Frage: Einschätzungen seitens der Hochschullehrenden, Selbsteinschätzung der Studierenden, Untersuchung von Curricula der abnehmenden Institutionen oder Faktoren des Studienerfolgs. Die meisten explizit zur Studierfähigkeit durchgeführten empirischen Analysen stellen Befragungen der Hochschullehrenden (z. B. Heldmann 1984; Kazemzadeh et al. 1987; Konegen-Grenier 2002; Eberle et al. 2008) oder der Studierenden dar (regelmäßige HIS-bzw. DZHW-Erhebungen, z. B.

Schreiber und Sommer 2005; für die Schweiz: Gnos und Ramseier 2008; Notter und Arnold 2003, 2006; Zürcher Absolventenbefragungen, siehe zsfd. Oelkers 2008). Seltener dagegen wurden bisher die Curricula der Hochschulen untersucht. Eine der wenigen Ausnahmen stellt die EVAMAR-II-Studie dar. Im Rahmen dieser Studie wurde für die Schweiz versucht, allgemeine Studierfähigkeit auch empirisch näher zu bestimmen. Dazu wurde – ergänzend zu einer Befragung von Dozierenden – eine Inhaltsanalyse von Lehrmaterialien und Prüfungen durchgeführt, um das in den Lehrveranstaltungen des ersten und zweiten Semesters vorausgesetzte Wissen und Können zu ermitteln (siehe die ausführliche Beschreibung in Eberle et al. 2008).

In Übereinstimmung mit und ergänzend zu anderen Analysen (z. B. Huber 2009) ergaben die theoretischen und empirischen Untersuchungen der Studie EVAMAR II, dass allgemeine Studierfähigkeit, verstanden als die Befähigung, *jedes* Studium erfolgreich zumindest aufnehmen zu können, in einer groben Aufteilung die folgenden Komponenten umfasst (vgl. Eberle und Brüggenbrock 2013, S. 97; ferner Heldmann 1984; Kazemzadeh et al. 1987; KMK 1995; Konegen-Grenier 2002):

1. Überfachliche kognitive und nicht-kognitive Kompetenzen, wie z. B. allgemeine kognitive Leistungsfähigkeit, analytisches und schlussfolgerndes Denken, Lesefähigkeit (Lesefertigkeit, Lesestrategien und -techniken), Lerntechniken, Prüfungstechniken, Arbeitstechniken (Informationssuche, Ressourcennutzung), Faktoren der Persönlichkeit (Leistungsstreben, Selbstdisziplin, Pflichtbewusstsein, Belastbarkeit, Freizeiteinschränkung), Motivation und Interessen, Selbstorganisation, Selbstständigkeit, sozialitätsbezogene Kompetenzen (Komponentengruppe 1). In der Studieneignungsdiagnostik wird zuweilen das Konstrukt der „allgemeinen Studierfähigkeit" mit diesen allgemeinen, überfachlichen kognitiven und nicht kognitiven Studierkompetenzen gleichgesetzt (z. B. Trost und Haase 2005).
2. Fachliches Spezialwissen und Fachkönnen, das nur in einzelnen Studienfächern vorausgesetzt wird. So bauen z. B. die wirtschaftswissenschaftlichen Studiengänge – und nur diese – stark auf ein bereits überraschend umfangreich vorausgesetztes wirtschaftliches Begriffsrepertoire auf (vgl. Eberle et al. 2008, S. 44). Auch Notter und Arnold (2003, 2006) berichten von einer breiten Streuung dessen, was Schweizer Studierende in den ersten beiden Semestern als wichtig einschätzen. Um im Sinne der allgemeinen Studierfähigkeit auf das Studium aller Studienfächer vorbereitet zu sein, braucht es das in allen Studienfächern vorausgesetzte Spezialwissen und -können (Komponentengruppe 2).
3. Fachwissen und Fachkönnen, das nicht nur von einzelnen, sondern von vielen Studienfächern vorausgesetzt wird. Es handelt sich um basale fachliche Kompetenzen für die allgemeine Studierfähigkeit (siehe dazu auch Huber 2009, S.

118ff.). Dazu gehören insbesondere Wissen und Können aus Erstsprache, Englisch und Mathematik sowie Informatikanwenderkompetenzen (Komponentengruppe 3). Sowohl in EVAMAR II (vgl. auch Oepke 2007) als auch in zahlreichen Anforderungsanalysen verschiedener Studienrichtungen zeigten sich allerdings auch hier fachspezifische Besonderheiten und damit eine unterschiedliche Gewichtung mathematischer, räumlicher und sprachlicher Studieninhalte (z. B. Zimmerhofer 2008, S. 28).

Auf Basis dieser Voruntersuchungen wurden in einem weiteren Schritt der EVAMAR-II-Studie Leistungstests in Erstsprache, Mathematik (zu Komponentengruppe 3 gehörend) und Biologie (zu Komponentengruppe 2 gehörend) entwickelt und beim Maturajahrgang 2007 kurz vor der Matura eingesetzt. Zusätzlich wurden allgemeine kognitive Fähigkeiten und mittels Fragebogen Selbsteinschätzungen weiterer hochschulrelevanter überfachlicher Kompetenzen erhoben (vgl. Eberle et al. 2008). Insgesamt wurden ausgewählte Bestandteile aller drei Komponenten der allgemeinen Studierfähigkeit erfasst.

Bei den verschiedenen Leistungstestresultaten zeigten sich die bereits erwähnten großen Unterschiede (Eberle et al. 2008), die auf eine große Streubreite der allgemeinen Studierfähigkeit deuten: So lösten die Maturandinnen und Maturanden der bezüglich der Erstspracheleistung stärksten Schulklasse im Mittel etwa doppelt so viele Aufgaben richtig wie die Maturandinnen und Maturanden der leistungsschwächsten Klasse. Beim Mathematikleistungstest war das Klassenmittel der leistungsstärksten Klasse ca. dreimal so hoch wie das Klassenmittel der leistungsschwächsten Klasse. Bei insgesamt zufriedenstellenden Befunden bezüglich des Leistungsstands dieses Maturajahrgangs erwies sich jedoch ein nicht geringer Anteil an Maturandinnen und Maturanden insbesondere in Mathematik als recht schwach: So war der Beste aus der schlechtesten Gruppe in Erstsprache (die insgesamt 20 % der Maturandinnen und Maturanden umfasste) nur gerade in der Lage, 25 % der leichtesten Testaufgaben zu lösen. In Mathematik waren es nur noch deren 16 % (vgl. Eberle 2013).

Mit Bezug zu diesen Befunden wird in vorliegendem Beitrag nun untersucht, wie die Ergebnisse des Deutsch- und des Mathematikleistungstests mit dem Studienerfolg zusammenhängen. Im Folgenden wird zunächst die Befundlage zur Bedeutung schulischen Wissens für den Studienerfolg dargelegt.

2.3 Befunde zur Relevanz schulischen Wissens für den Studienerfolg

Studienerfolg kann sehr unterschiedlich operationalisiert werden. Im allgemeinen Sprachgebrauch lässt sich unter dem „Erreichen des Studienziels" verstehen, dass ein einmal angefangenes Studium mit einem Hauptexamen abgeschlossen wird (vgl. Hell et al. 2007). Als Gegenpol dazu kann ein Studienabbruch bzw. ein Fachwechsel als Indikator für mangelnden Studienerfolg dienen. In den meisten empirischen Studien wird der Studienerfolg durch die von den Studierenden erworbenen Zensuren definiert (Trapmann 2008; Zimmerhofer 2008), wobei zum einen die Abschlussnote als Indikator der globalen Studienleistung, zum anderen die auf einzelne Studienabschnitte beschränkten Prüfungsleistungen betrachtet werden können (Nagy 2005). Als weitere Indikatoren werden häufig die Studiendauer, die Studienzufriedenheit, allgemeine (berufsqualifizierende) Kompetenzen und der Berufserfolg betrachtet (Rindermann und Oubaid 1999).

In vorliegendem Beitrag wird der Studienerfolg über Studienleistungen operationalisiert. Dementsprechend wird im Folgenden nur auf Forschungsarbeiten zur Vorhersage von Studienerfolg eingegangen, die ebenfalls auf Studienleistungen fokussieren.

Trotz Validitäts- und Reliabilitätsvorbehalten (vgl. dazu den Nachweis in der Studie LAU 13; Neumann et al. 2009) geben *Schulnoten* doch Anhaltspunkte auf das Vorhandensein von Wissen im entsprechenden Fach. Sie gehören zu den am häufigsten untersuchten Prädiktoren für Studienerfolg, wobei meist Studiennoten als Kriterium betrachtet werden (Trapmann 2008). Schulnoten wird in fast allen Primärstudien und zahlreichen Metaanalysen eine gute bis hervorragende Voraussagekraft für Studienerfolg bescheinigt, die von .28 für Noten aus dem angelsächsischen bis .53 für Noten aus dem deutschen Sprachraum reichen (z. B. Linn und Hastings 1984; Baron-Boldt et al. 1988; Burton und Ramist 2001; Robbins et al. 2004; Trapmann et al. 2007). Die meisten Metaanalysen berichten mittlere korrigierte Korrelationen der durchschnittlichen Schulnoten zu den Studiennoten über .40. Damit stellen sie trotz methodischer und inhaltlicher Probleme den besten Einzelprädiktor zur Vorhersage späterer Studiennoten dar (Trapmann 2008). Dabei erweist sich die Abiturgesamtnote bei den meisten Studien der besonderen Gewichtung von bestimmten Einzelnoten als überlegen (Deidesheimer Kreis 1997; Rindermann und Oubaid 1999). Einzelnoten weisen nur in wenigen Ausnahmen – je nach Studien- und Schulfach – eine inkrementelle Validität über die Abiturdurchschnittsnote hinaus auf, wobei die Mathematiknote häufig der beste Einzelprädiktor ist (Gold und Souvignier 2005; Trapmann et al. 2007). Die diagnostischen Grenzen von Noten bleiben aber offensichtlich, so lange unklar ist, welche konkreten Kompetenzen sich hinter ihnen verbergen (vgl. Köller 2004, S. 188).

Während allgemeine *Studierfähigkeitstests* über eine Erfassung kognitiver Fähigkeiten und Fertigkeiten, die mehr oder minder für alle akademischen Ausbildungsgänge wichtig sind (z. B. schlussfolgerndes Denken), die allgemeine Studierfähigkeit im Sinne der Studieneignungsdiagnostik feststellen wollen, versuchen spezielle Studierfähigkeitstests meist aufgrund vorgängiger Anforderungsanalysen die Studieneignung für bestimmte Studienfächer oder Studierfelder zu erfassen (Deidesheimer Kreis 1997; Trost 2003). Insgesamt verzeichnen Metaanalysen zufolge allgemeine und fachspezifische Studierfähigkeitstest günstige Validitätswerte für die Vorhersage von Studiennoten: Für den deutschen Sprachraum siehe Hell et al. (2007); Gold und Souvignier (2005); für den amerikanischen allgemeinen Studierfähigkeitstest SAT siehe zsfd. Zimmerhofer (2008); für den allgemeinen Studierfähigkeitstest GRE General Test siehe Formazin et al. (2011). So zeigte sich für die amerikanischen speziellen Studierfähigkeitstests *SAT II: Subject Tests und GRE Subject Tests* ebenfalls eine hohe Vorhersagegüte (SAT II: $r = .58$, Ramist et al. 2001; GRE Subject Tests: $r = .41$, Kuncel und Hezlett 2007). Diese spezifischen Tests erfassen domänenspezifisches voruniversitäres Wissen, bspw. in Geschichte oder in einer Fremdsprache (SAT II) bzw. in einem spezifischen Fach aus dem 1. Studienabschnitt, z. B. Chemie oder Psychologie (GRE Subject Tests; Köller 2013). In Deutschland entwickelten Formazin et al. (2011) zur Auswahl von Studierenden der Psychologie einen Test mit einerseits globalen Indikatoren der Studierfähigkeit (schlussfolgerndes Denken) und andererseits Indikatoren voruniversitären Wissens (Textverständnis, Mathematik, Englisch, Biologie). Sie konnten zeigen, dass voruniversitärem Wissen bzw. den voruniversitären Kompetenzen, die in der gymnasialen Oberstufe erworben wurden, eine erhebliche Vorhersagekraft für Studienleistungen zukam (standardisierter Regressionskoeffizient $\beta = .59$), die den Effekt des schlussfolgernden Denkens noch überstieg ($\beta = .32$).

Neben Studierfähigkeitstests werden für die Studierendenauswahl weiterhin sog. *Kenntnistests* eingesetzt, die zum Teil Schulwissen, aber auch studienspezifisches Wissen zum Testgegenstand haben (Deidesheimer Kreis 1997; Uthmann 2008). Die prognostische Validität von Kenntnistests gilt allgemein als zufriedenstellend, wenngleich sie deutlich geringer ausfällt als die von Schulnoten oder Studierfähigkeitstests (z. B. Deidesheimer Kreis 1997; Wissenschaftsrat 2004).

3 Fragestellungen

Im vorliegenden Beitrag werden Ergebnisse eines Deutsch- und eines Mathematik-Leistungstests aus dem Jahre 2007 zu Kriterien des Studienerfolgs in Beziehung gesetzt, die rund dreieinhalb Jahre später erhoben wurden. Dabei soll geprüft werden, ob die Bedeutung von Deutsch- und Mathematikkompetenzen für Studienerfolg über Studienrichtungen mit unterschiedlichen Anforderungen an das schulische Wissen variiert. Konkret werden folgende Fragestellungen untersucht:

1. Mit der allgemeinen Studierfähigkeit ist der Anspruch der Qualifizierung für alle Studienrichtungen an Schweizer Hochschulen verbunden. Wie bereits beschrieben, unterscheiden sich jedoch Anforderungen an Kenntnisse und Wissen zwischen Studienrichtungen. In einem ersten Schritt wird untersucht, wie weit dies auch für Wissen und Können aus den beiden Bereichen Deutsch und Mathematik aus Sicht der Studierenden gilt: Wie schätzen Studierende die Bedeutung der als basal geltenden Bereiche der Deutsch- und der Mathematikkompetenzen im gewählten Studium ein?
2. Die zweite Fragestellung widmet sich dem Zusammenhang zwischen den Deutsch- sowie Mathematikkompetenzen und den Indikatoren des Studienerfolgs. Der Literaturüberblick zur Prädiktion von Studienleistungen hat gezeigt, dass ein hohes Vorwissen die Chance steigert, im Studium erfolgreich zu sein. Dieser Zusammenhang soll für die vorliegende Stichprobe geprüft werden: Zeigen sich Effekte der Deutschkompetenz und der mathematischen Kenntnisse auf die Indikatoren des Studienerfolgs?
3. Bei der dritten Fragestellung verknüpfen wir die Ergebnisse der beiden vorangegangenen Fragen, in dem wir die zweite Frage für verschiedene Studienrichtungen, für welche die Bedeutung der Deutsch- und der Mathematikkompetenzen variiert, nochmals getrennt untersuchen: Zeigen mathematische Kenntnisse in Studienrichtungen, in denen der Mathematik eine insgesamt aus Sicht der Studierenden und aufgrund weiterer Befunde hohe Bedeutung zukommt, höhere Effekte auf den Studienerfolg als in der Gesamtstichprobe? Und analog: Weisen gute Deutschkenntnisse eine höhere Bedeutung für den Studienerfolg in solchen Studienrichtungen auf, in denen Deutschkompetenzen als wichtig eingeschätzt werden?

4 Methode

4.1 Datengrundlage

Wie bereits beschrieben, werden für den vorliegenden Beitrag Daten von Teilnehmenden der EVAMAR-II-Studie verwendet, ergänzt mit weiteren Daten einer vom Schweizerischen Nationalfonds geförderten Nachfolgestudie: Bei der Deutschschweizer Teilstichprobe wurden drei weitere Erhebungen nach Beginn des Studiums durchgeführt. Dabei wurde unter anderem längsschnittlich analysiert, wie verschiedene individuelle Merkmale und strukturelle schulische Faktoren mit Studienerfolg in Zusammenhang stehen (zur Anlage der Studie vgl. den SNF-Antrag von Oepke und Eberle 2010).

Insgesamt liegen somit Daten von vier Befragungszeitpunkten vor. Die erste Befragung mit der Durchführung der Leistungstests fand 2007 kurz vor der Matura statt ($N_{Deutschschweiz} = 2670$). Die zweite, postalisch durchgeführte (Rücklaufquote ca. 60 %), und die dritte Befragung per Onlinefragebogen (Rücklaufquote ca. 75 %) erfolgten dreieinhalb bzw. vier Jahre später. Die vierte Befragung wurde im Winter 2012/13 wiederum online durchgeführt (Rücklaufquote ca. 85 %). Insgesamt liegen von 1026 Personen Daten für alle vier Messzeitpunkte vor. Die vorliegenden Analysen beziehen sich entweder auf diejenigen 1607 Personen, für die Daten des ersten und des zweiten Messzeitpunktes (so genannte Statuserhebung; 62 % weiblich) vorhanden sind, oder auf die 1202 Personen, für die zusätzlich Daten der dritten Erhebungswelle zur Verfügung stehen (65 % weiblich). Während zum Zeitpunkt der Statuserhebung etwa 94 % der Teilnehmerinnen und Teilnehmer studierten, betrug der Anteil Studierender zum dritten Erhebungszeitpunkt nur noch ca. 71 %, da bereits ein entsprechender Teil das Studium abgeschlossen hatte.

Der Anteil an Studierenden, die den Studiengang gewechselt haben, beträgt zum Zeitpunkt der Statuserhebung ca. 17 % und rund 24 % zum dritten Messzeitpunkt. Weitere Analysen zeigen, dass diese Wechsel zum Messzeitpunkt der Statusbefragung meistens bereits erfolgt waren. In der Interpretation der Ergebnisse wird daher zu beachten sein, dass sich die Variablen des Studiengangs auf bereits gewechselte Studiengänge beziehen.

Ein wichtiger Aspekt, der bei der Interpretation der Ergebnisse ebenfalls zu berücksichtigen ist, betrifft die Selektivität der Stichprobe. Diesbezügliche Analysen zeigen, dass sich in der Stichprobe sehr wenige Studienabbrecherinnen und -abbrecher befinden: Neusten gesamtschweizerischen Zahlen zufolge liegt der Anteil an Studienabbrecherinnen und -abbrechern bei ca. 28 % (vgl. Wolter et al. 2013), in unserer Stichprobe jedoch bei lediglich rund 10 % zum Zeitpunkt der ersten Online-Befragung. Es ist daher davon auszugehen, dass bereits zum Zeitpunkt der

Statusbefragung eine starke Selektion nach diesem Kriterium stattgefunden hatte und Studienabbrecherinnen und -abbrecher schon den Fragebogen der Statuserhebung nicht ausgefüllt haben.

4.2 Erhebungsinstrumente

Studienrichtungen. Die Versuchspersonen wurden zu allen Messzeitpunkten der Nachfolgeerhebungen nach ihren Studienfächern gefragt. Diese wurden auf Grundlage des „SHIS-Fächerkatalogs für Universitäre Hochschulen" sowie der „Offiziellen Klassierung der Studiengänge FH-PH", herausgegeben vom Bundesamt für Statistik (BfS), insgesamt zehn Kategorien zugeordnet. Analysen auf der Basis von Zahlen des BfS und einer etwas detaillierteren Aufteilung der Studienrichtungen zeigen, dass die Stichprobe – mit Ausnahme des überproportional vertretenen Anteils an Naturwissenschaftsstudierenden und des etwas geringeren Anteils an Studierenden des Bauwesens – recht gut die gesamtschweizerische Verteilung widerspiegelt. Die Verteilung der Studierenden auf die verschiedenen zehn Studienrichtungen ist aus *Tabelle 2* ersichtlich.

Wichtigkeit von Deutsch- und Mathematikkenntnissen. Die Studierenden wurden zum dritten Erhebungszeitpunkt der Nachfolgeuntersuchung innerhalb eines Frageblocks „Sie und Ihr Gymnasium" um ihre Einschätzung gebeten, wie wichtig in ihrem Hauptfach Wissen und Fertigkeiten aus einem vorgelegten Katalog der gymnasialen Grundlagenfächer, darunter Deutsch und Mathematik, seien. Die Frage lautete: „Wie wichtig sind in Ihrem Hauptfach Wissen und Fertigkeiten aus dem Gymnasium? Wissen/Fertigkeiten aus diesem Fach/Bereich wird benötigt ...". In der anschließend aufgeführten Liste der Grundlagenfächer war jedes Fach anhand einer vierstufigen Antwortskala (1 = *gar nicht wichtig*, 2 = *wenig wichtig*, 3 = *eher wichtig* und 4 = *sehr wichtig*) zu beurteilen.

Standardisierte Mathematik- und Deutschtests. Die Tests wurden in der Studie EVAMAR II entwickelt, Details zur Entwicklung und zur Durchführung der Tests können im Schlussbericht des Projekts (Eberle et al. 2008) nachgelesen werden. Die Anforderungen wurden aus den Studienmaterialien und ersten Zwischenprüfungen der 16 gemessen an den Studierendenzahlen größten universitären Studienfächer der Schweiz abgeleitet. Insgesamt wurden für alle Tests Aufgaben entwickelt, die von einem Schüler in 720 Minuten gelöst werden konnten. Da für die Evaluation jedoch nicht so viel Zeit zur Verfügung stand, wurde ein rotierendes Testdesign gewählt, bei dem die Aufgaben untereinander verlinkt sind (Rasch Common Item Equating; Wright und Stone 1979). Der *Mathematiktest* enthält vor allem Aufgaben zu Inhalten, die für eine breite Anzahl an Studienfächern und nicht speziell für das Studienfach Mathematik von Bedeutung sind. Er prüft Wissen, welches an

Schweizer Universitäten vorausgesetzt und in der Schule vermittelt wird sowie mathematisches Verständnis. Inhaltlich lassen sich die Items den vier Bereichen „Analysis“, „Geometrie“, „Stochastik“ und „Vermischtes“ zuordnen. Für jeden Bereich wurden Subskalen berechnet (vgl. *Abbildung 1*). Im Haupttest kamen insgesamt 175 Items zum Einsatz, von denen 117 Items in die Auswertung übernommen wurden. Die Items des Haupttests wurden im Rahmen des Multi-Matrix-Designs auf sechs Testhefte mit rotierenden Aufgabenblöcken verteilt. Dabei wurden folgende Aufgabenformate verwendet: Multiple-Choice-Aufgaben, Aufgaben mit mehreren Behauptungen und offene Aufgaben mit eindeutigen Lösungen. Auf den ersten Blick deutete der Modellvergleich zwischen dem eindimensionalen und dem vierdimensionalen Modell aufgrund der besseren Fit-Werte auf eine Annahme des eindimensionalen Modells hin (mit einer Reliabilität von EAP/PV = .81). Nach dem Einbezug weiterer deskriptiver Werte (z. B. Korrelationen) entschieden wir uns aber bei den Analysen auf latenter Ebene ein vierdimensionales Modell zu verwenden, da diese Werte das eindimensionale Modell nicht eindeutig bestätigten und uns das vierdimensionale Modell auch aus inhaltlichen Gründen sinnvoll erscheint.

Das Hauptgewicht des *Deutschtests* liegt auf übergreifenden, für alle Studienrichtungen wesentlichen Sprachkompetenzen, die nur im Grammatikteil einem Schulwissenstest entsprechen. Der Test verfolgt vor allem mit den Komponenten „allgemeines Leseverständnis“ und „detailliertes Leseverstehen“ das Ziel, Sprachverständnis anhand von Texten auf universitärer Ebene zu erfassen. Neben den beiden Dimensionen bezüglich des Leseverstehens umfasst der Test zwei weitere Dimensionen, „Grammatik“ und „Wortschatz“, für die jeweils Subskalen gebildet wurden (vgl. *Abbildung 1*). Die insgesamt 168 im Test eingesetzten Items waren im Rahmen des Multi-Matrix-Designs auf fünf Testhefte mit rotierenden Aufgabenblöcken verteilt. Es wurden sowohl geschlossene als auch offene Formate entwikkelt, um den unterschiedlichen Teilkompetenzen in Deutsch gerecht zu werden. Von den insgesamt 124 in die Hauptauswertung übernommenen Test-Items sind 74 Items im offenen Format konstruiert und 50 Items im geschlossenen Multiple-Choice-Format (MC) mit vier Antwortoptionen mit einer richtigen Antwort. Auch für den Deutschtest zeigten die Kennzahlen der Modellgüte, dass die Verwendung einer eindimensionalen Lösung gegenüber der mehrdimensionalen Lösung leicht zu bevorzugen wäre (bei einer EAP/PV-Reliabilität von dann .73). Wiederum sprachen aber der sorgfältige Vergleich weiterer deskriptiver Werte sowie die inhaltlich sinnvolle Repräsentation der Dimensionen durch die Subskalen für die fallweise Anwendung eines mehrdimensionalen Modells.

Kognitive Fähigkeiten. Der eingesetzte Test misst vor allem die quantitativ-formale Problemlösefähigkeit. Er besteht aus ausgewählten Untertests aus dem in der Schweiz als Zulassungsprüfung zum Medizinstudium eingesetzten Medizin-Eignungstest

(EMS; Hänsgen und Spicher 2007): „Quantitative und formale Probleme", „Diagramme und Tabellen", „Textverstehen" und „Naturwissenschaftliches Grundverständnis". Der Test enthält Aufgaben etwa in der Art des Aufgabentyps K des Berliner Intelligenzstruktur-Tests (Jäger et al. 1997). Dieser misst die Kapazität, komplexe Informationen verarbeiten zu können, und zwar bei Aufgaben, welche die Probandinnen und Probanden nicht auf Anhieb lösen können, sondern bei denen sie zuerst gezielt relevante Informationen aus den Aufgaben ziehen müssen, um diese dann vielfältig in Beziehung setzen und formallogisch exakt verarbeiten zu können. Trost (2003) berichtet für das Pendant des EMS, den deutschen TMS, eine unkorrigierte Korrelation von $r = .70$ mit einem allgemeinen Intelligenztest, so dass davon ausgegangen werden kann, dass mit dem Test große Teile einer kognitiven Grundfähigkeit „g" erfasst werden. Der Test besteht aus insgesamt 42 Items, verteilt auf vier Testhefte. Bei einer eindimensionalen Lösung beträgt die EAP/PV-Reliabilität des Tests .77, in vorliegendem Beitrag kommt auch die gemäß den Kennzahlen der Modellgüte ebenfalls empirisch und inhaltlich sinnvolle vierdimensionale Lösung zum Einsatz.

Die *Matura-Durchschnittsnote* wurde per Selbstauskunft zum 3. und 4. Messzeitpunkt erhoben. Um die Fallzahl zu erhöhen, wurden die beiden Auskünfte zusammengefasst. Bei einem Auseinanderfallen der Angaben der beiden Messzeitpunkte ging der Mittelwert in die Analysen ein. Im Schweizer Notensystem markiert die Note 6 die beste und 1 die schlechteste Leistung.

Im vorliegenden Beitrag dienen Studienleistungen und Studiennoten als Indikatoren für die abhängige Variable des *Studienerfolgs*. Mit der Skala „Leistung im Vergleich" wurden einerseits subjektive Wahrnehmungen, mit den weiteren Indikatoren andererseits objektive Kriterien erfasst.

Leistung im Vergleich. Bei dieser Variablen handelt es sich um eine Skala mit 5 Items, die aus der TOSCA-Studie (Trautwein et al. 2006) übernommen wurde. Ein Beispielitem lautet: „Verglichen mit anderen Studierenden bin ich im Studium sehr erfolgreich". Die Antwortmöglichkeiten reichten von 1 = *trifft überhaupt nicht zu* bis 4 = *trifft völlig zu*. Ein hoher Wert auf der Skala bedeutet hohen Studienerfolg. Cronbachs-Alpha beträgt .79 (3. Mzp.) und .81 (4. Mzp.).

Durchschnittliche Note der Studienleistungen im aktuellen Studium. Studierende, die zum Zeitpunkt der dritten Erhebung noch keinen Bachelorabschluss vorweisen konnten, wurden gebeten, ihre bisherigen Studienleistungen auf einer vorgegebenen 6-stufigen Skala (1 = *Noten 5.5 bis 6.0*, 2 = *5.0 bis 5.4*, 3 = *4.5 bis 4.9*, 4 = *4.0 bis 4.4*, 5 = *3.5 bis 3.9*, 6 = *Noten 3.0 bis 3.4*) einzuschätzen. Studienerfolg ist bei dieser Variablen mit niedrigen Werten verbunden.

Bachelornote. Studierende, die zum Zeitpunkt der dritten und vierten Erhebung bereits über einen Bachelorabschluss verfügten, gaben bei dieser Variablen ihre Gesamtbachelornote an (offene Frage). Je höher die Note ausfällt, umso höher ist der Studienerfolg. Von den Teilnehmenden wurde je nach Stand des Studiums alternativ die durchschnittliche Leistung im aktuellen Studium oder die Bachelornote erfragt. Aufgrund dieser Filterung ergeben sich zum Teil leere Zellen, wenn beide Indikatoren gemeinsam analysiert werden sollen.

Anzahl Prüfungen, die nicht im 1. Anlauf bestanden wurden auf Bachelorstufe. Die Studierenden wurden gebeten, auf einer Skala von 1 = *0 Prüfungen oder Arbeiten nicht im ersten Anlauf bestanden* bis 5 = > *3 Prüfungen oder Arbeiten nicht bestanden* Auskunft über die Zahl nicht bestandener Leistungen in ihrem abgeschlossenen Bachelorstudium zu geben. Ein höherer Wert auf dieser Variablen ist mit tieferem Studienerfolg verbunden.

Z-Standardisierung der Studienerfolgsvariablen. Es ist bekannt, dass Noten sehr unterschiedlichen Bewertungsmaßstäben unterliegen und damit auch von der Studienrichtung abhängen können (vgl. Schiefele et al. 2003; Huber 2013). Eine Bachelornote, die in einem geisteswissenschaftlichen oder künstlerischen Studium erworben wurde, lässt sich nicht ohne weiteres mit einer im Rahmen von technischen oder naturwissenschaftlichen Studiengängen erzielten Note vergleichen. Auch wenn bei den subjektiven Einschätzungen der Leistung die Vergleichsbasis die Kommilitonen des gleichen Studiengangs bilden und daher nicht unbedingt Unterschiede zwischen den Studienrichtungen zu erwarten sind, wurden für alle Indikatoren des Studienerfolgs überprüft, inwieweit sie sich für die verschiedenen Studienrichtungen unterscheiden. Dabei zeigten sich für alle Studienerfolgsindikatoren signifikante Haupteffekte für die Studienrichtungen. Aufgrund dieser Abhängigkeit der Studienleistungen und Studiennoten von der gewählten Studienrichtung wurden für alle Indikatoren des Studienerfolgs jeweils eine am Mittelwert der jeweiligen Studienrichtung z-standardisierte Variable gebildet, um Berechnungen für die Gesamtstichprobe durchführen zu können.

4.3 Statistische Analysen

Skalierung der Leistungstests. Die Daten der drei Tests wurden im Rahmen der EVAMAR-II-Analysen auf der Basis der Item-Response-Theorie (IRT, Masters 1982) mit ConQuest Version 2 (Wu et al. 2007) ausgewertet. Die Analyse-Software ConQuest eignet sich bei Vorliegen eines Multi-Matrix-Designs und für die Analyse polynomer Items (vgl. Maier und Hatzinger 2010). Für alle Kompetenzskalen erfolgte eine Itemanalyse im Hinblick auf die psychometrischen Mindestanforderungen (z.B. Trennschärfe, wMNSQ-Werte, *T*-Werte). Items, die diesen Anforderungen nicht genügten, wurden nach einer Beurteilung durch Fachdidaktiker des jeweiligen Fachbereichs, ob ein Ausschluss auch inhaltlich sinnvoll sei, für die nachfolgenden

Analysen (einparametrisches Modell, ordinales Raschmodell[1], siehe Masters 1982) ausgeschlossen. Zur Berechnung der Personenparameter wurden mithilfe eines latenten Regressionsmodells mit den Hintergrundmerkmalen Geschlecht, Stratum und Kanton als Prädiktoren für die latenten Kompetenzvariablen *Plausible Values (PVs)* generiert und aus einer individuellen Wahrscheinlichkeitsverteilung der Personenparameter fünf zufällig ausgewählt (Wu et al. 1998). Die Parameter wurden jeweils in den Nullpunkten zentriert und auf eine Skala mit einem Mittelwert von $M = 500$ und einer Standardabweichung $SD = 100$ transformiert.

Behandlung fehlender Werte. Bezogen auf die Stichprobe der dritten Welle (N = 1202) beträgt der Anteil der fehlenden Werte bei der Deutschleistung 6.3 %, bei der Mathematikleistung 3.8 % und bei der Maturanote 31 %. Der hohe Ausfall bei der Angabe der Maturanote erklärt sich vermutlich daraus, dass die Studierenden ihre Durchschnittsnote auf eine Kommastelle genau angeben sollten, diese aber häufig gar nicht im Maturitätszeugnis explizit aufgeführt wird, so dass sie vielen Befragten nicht präsent sein dürfte. Darüber hinaus war vielen das Maturitätszeugnis vermutlich zum Zeitpunkt der Befragung nicht zur Hand. Die fehlenden Werte bei den Leistungstests erklären sich aus Abwesenheiten der Maturandinnen und Maturanden an den Testtagen.

Von den Bachelor-Absolventen liegt von 8.1 % keine Bachelornote vor. Möglicherweise hatte eine Reihe der Befragten ebenfalls das Bachelor-Zeugnis zum Zeitpunkt der Befragung nicht zur Verfügung. Allerdings kann sowohl bei den Matura-Durchschnittsnoten als auch bei den Bachelornoten nicht ausgeschlossen werden, dass vor allem Leistungsschwächere ihre Noten nicht angeben. Damit fehlten die Daten nicht im Sinne von *missing at random (MAR)* gemäß der Definition von Little und Rubin (2002). Gemäß Graham et al. (2003, S. 89) kann man jedoch den Bias des Fehlens korrigieren, wenn in das Modell für die fehlenden Werte solche Daten aufgenommen werden, die diese Ursache ebenfalls erfassen. Im konkreten Fall erfüllen die Personenparameter diese Funktion, sodass von der Annahme fehlender Daten im Sinne von MAR ausgegangen werden kann. MAR bedeutet im vorliegenden Fall, dass das Fehlen der Matura-Durchschnittsnote bei einzelnen Studierenden nach Kontrolle der Personenparameter der beiden Leistungstests weder von der Maturanote selbst noch von anderen Variablen abhängt. Aufgrund dieser Annahme des MAR ist es möglich, beim Umgang mit den fehlenden Werten auf das Verfahren der Full-Information-Maximum-Likelihood (FIML-Methode, Arbuckle 1996) zurückzugreifen (Lüdtke et al. 2007, S. 112). In Programmen zur Analyse von Strukturgleichungsmodellen stellt diese Methode eine implementierte Option dar, Modelle auch bei fehlenden Beobachtungen mit dem ML-Verfahren

1 Aufgrund der polynomen Items wurde ein ordinales Raschmodell (Partical-Credit-Modell, Masters 1982) berechnet.

zu schätzen. In vorliegendem Beitrag wird diese Methode bei der Berechnung von Strukturgleichungsmodellen mit dem Programm AMOS Version 20 verwendet.

Geringere Ausfallquoten als bei Matura- und Bachelornote sind bei der Selbsteinschätzung der eigenen Leistung im Vergleich zu den Kommilitoninnen und Kommilitonen (2.8 %), dem Indikator der nicht im ersten Anlauf bestandenen Prüfungen bei den BA-Absolventinnen und -Absolventen (0.5 %), sowie der Einschätzung der aktuellen Studienleistungen zu verzeichnen (2.7 %).

Auswertungsmethoden. Für die Beantwortung der ersten Fragestellung werden Varianzanalysen berechnet. Für die Beantwortung der weiteren zwei Fragestellungen kommen Strukturgleichungsmodelle zur Anwendung, im Fall der dritten Fragestellung zusätzlich multiple Gruppenvergleiche.

5 Ergebnisse

5.1 Deskriptive Befunde zu Testleistungen und Interkorrelationen der Studienerfolgskriterien

Die Mittelwerte der Rasch-skalierten Personenfähigkeiten in Deutsch und Mathematik liegen mit 508 bzw. 510 Punkten über den Mittelwerten der EVAMAR-II-Stichprobe, die 501 bzw. 499 betragen. Weitere Analysen bestätigen, dass es sich bei der Teilstichprobe der Nachfolgeuntersuchung tatsächlich um eine signifikant selegierte Gruppe in Bezug auf die Leistungsstärke in den Fächern Deutsch und Mathematik handelt. Jene Personen der EVAMAR-II-Gesamtstichprobe, die sich an unserer Statuserhebung und der Online-Befragung ein Jahr später beteiligten, hatten im Mittel signifikant bessere Ergebnisse in den Leistungstests für Deutsch und Mathematik erzielt als jene Personen, die nicht mehr teilnahmen und unter denen sich der überwiegende Teil der Studienabbrecher befindet ($t_{\text{Deutsch}} = -3.127$, $p = .002$, d [Cohen 1988] $= 0.11$; $t_{\text{Mathematik}} = -5.212$, $p = .000$; $d = 0.19$).

Die bivariate Korrelation zwischen den beiden Leistungstestergebnissen beträgt moderate $r = .16$ (p = .000, $N = 1465$), das Mathematikleistungstestergebnis korreliert zu $r = .30$ ($p = .000$, $N = 797$) mit der Maturadurchschnittsnote und zu $r = .43$ ($p = .000$, $N = 1465$) mit den kognitiven Fähigkeiten, und in ähnlicher Weise verfügen auch Maturandinnen und Maturanden mit eher guten Deutschfähigkeiten tendenziell über ein eher gutes Abitur ($r = .29$, $p = .000$, $N = 735$) sowie über eher gute kognitive Fähigkeiten ($r = .30$, $p = .000$, $N = 1414$). Die Zusammenhänge lassen sich – aufgrund der SEM-Methode in leicht veränderten Größen – in *Abbildung 1* ablesen.

Ebenfalls wurden die Zusammenhänge der Indikatoren des Studienerfolgs untereinander berechnet. *Tabelle 1* enthält die Ergebnisse der bivariaten Korrelationsanalyse. Die Variable der „aktuellen Studienleistung" sowie der „Zahl der nicht bestandenen Prüfungen im ersten Anlauf" wurden zu diesem Zweck recodiert.

Tab. 1 Interkorrelationen der Indikatoren des Studienerfolgs

	(1) Leistung im Vergleich 3. Mzp.		(2) akt. Studienleistung 3. Mzp. (rec.)		(3) Bachelornote 3. Mzp.	
	r[a]	n	r[a]	n	r[a]	n
(2) akt. Studienleistung 3. Mzp. (rec.)	.67***	526				
(3) Bachelornote 3. bzw. 4. Mzp.	.53***	543	.79***	201		
(4) Anzahl nicht best. Prüfungen 3. Mzp. (rec.)	.37***	586	–	–	.45***	485

Anmerkung: [a]Korrelation nach Pearson; *** = $p < .001$. ©

Es zeigen sich insgesamt durchweg signifikante und erwartungskonforme Korrelationen in mittlerer bis hoher Größenordnung zwischen den verschiedenen Indikatoren für den Studienerfolg, die damit durchaus unterschiedliche Aspekte abbilden. Die leere Zelle erklärt sich daraus, dass Personen ohne Bachelor-Abschluss zum 3. Messzeitpunkt die Variable der „Anzahl nicht bestandener Prüfungen" nicht bearbeitet hatten. Im Jahr darauf verfügten 201 Personen dieser Teilstichprobe ebenfalls über einen BA-Abschluss, so dass ihre subjektiv eingeschätzte aktuelle Studienleistung zum 3. Messzeitpunkt mit ihrer BA-Note zum 4. Messzeitpunkt in Beziehung gesetzt werden kann. Die hohe Korrelation von $r = .79$ weist darauf hin, dass es sich bei der Variable der „aktuellen Studienleistung" im Durchschnitt um eine realistische Einschätzung der Studienleistung zum 3. Messzeitpunkt handelt.

5.2 Studienrichtungen und die subjektive Wichtigkeit von Deutsch- und Mathematikkenntnissen

In der ersten Fragestellung wird untersucht, welche Bedeutung Deutsch- und Mathematikkompetenzen aus Sicht der Studierenden in verschiedenen Studiengängen zukommt. Die Ergebnisse sind in der *Tabelle 2* und *Tabelle 3* ablesbar.

Tab. 2 Mittelwerte, Standardabweichung, *T*-Werte der Mittelwertspaarvergleiche, *F*-Wert und Eta²-Wert der subjektiven Wichtigkeit von Deutschkenntnissen in verschiedenen Studienrichtungen zum 3. Mzp.

Studien-richtungen	N	Wichtigk. Deutsch *M* (*SD*)	*T*-Werte (Studienrichtungen wie 1. Spalte)								
			(2) G.	(3) L.	(4) S.	(5) Mu.	(6) W.	(7) Me.	(8) T.	(9) N.	(10) I.
1. Rechtswissenschaft	100	3.78 (0.50)	2.517*	3.989***	5.417***	3.627**	8.301***	14.375***	12.185***	15.446***	9.421***
2. Geisteswissenschaften	100	3.54 (0.81)	–	0.929	1.900	1.333	4.388***	9.902***	8.823***	10.674***	7.290***
3. Lehrerbildung	122	3.44 (0.75)		–	1.066	0.763	3.856***	9.803***	8.579***	10.652***	7.322***
4. Sozialwissenschaften	185	3.34 (0.87)			–	0.046	3.042**	9.201***	7.900***	9.938***	6.100***
5. Musik und Kunst	32	3.33 (0.65)				–	1.688	6.704***	6.219***	7.282***	5.953***
6. Wirtschaftswissen-schaften	163	3.05 (0.92)					–	5.936***	5.277***	6.691***	4.248***
7. Medizin u. Pharmazie	134	2.40 (0.94)						–	0.122	0.612	0.954
8. Technische Wissen-schaften	93	2.39 (0.99)							–	0.416	0.945
9. Naturwissenschaften mit Mathematik und Informatik	156	2.33 (0.99)								–	0.704
10. Interdisziplinäre	24	2.21 (0.78)									–
Gesamt	1109	3.01 (1.01)									
F-Wert		45.70***									
Eta²-Wert		.27									

Anmerkungen: Interdisziplinäre = Sportwissenschaften und Ökologie; *** = $p < .001$, ** = $p < .01$, * = $p < .05$. ©

Tab. 3 Mittelwerte, Standardabweichung, T-Werte der Mittelwertspaarvergleiche, *F*-Wert und Eta²-Wert der subjektiven Wichtigkeit von Mathematikkenntnissen in verschiedenen Studienrichtungen zum 3. Mzp.

Studienrichtungen	N	Wichtigk. Mathe *M* (*SD*)	*T*-Werte (Studienrichtungen wie 1. Spalte)								
			(2) N.	(3) W.	(4) I.	(5) L.	(6) S.	(7) Me.	(8) Mu.	(9) G.	(10) R.
1. Technische Wissenschaften	93	3.68 (0.68)	0.213	2.105*	3.628**	6.808***	11.630***	12.883***	12.022***	22.171***	23.287***
2. Naturwissenschaften mit Mathematik und Informatik	156	3.66 (0.57)	–	2.358*	3.676**	7.974***	13.634***	15.084***	11.115***	26.087***	28.546***
3. Wirtschaftswissenschaften	163	3.48 (0.75)		–	3.127**	5.648***	10.527***	11.977***	10.822***	21.685***	22.519***
4. Interdisziplinäre	24	2.96 (0.91)			–	0.039	2.098*	3.051**	4.524***	7.509***	7.723***
5. Lehrerbildung	122	2.95(0.84)				–	4.055***	5.321***	6.390***	14.034***	14.664***
6. Sozialwissenschaften	185	2.54 (0.93)					–	1.353	3.732***	10.848***	11.539***
7. Medizin und Pharmazie	134	2.40 (0.81)						–	3.280**	9.250***	10.069***
8. Musik und Kunst	32	1.88 (0.87)							–	2.672**	3.003**
9. Geisteswissenschaften	100	1.47 (0.70)								–	0.312
10. Rechtswissenschaft	100	1.44 (0.66)									–
Gesamt	1109	2.75 (1.10)									
F-Wert		129.21***									
Eta²-Wert		.51									

Anmerkungen: Interdisziplinäre = Sportwissenschaften und Ökologie; *** = $p < .001$, ** = $p < .01$, * = $p < .05$. ©

Insgesamt weisen sowohl die Deutsch- als auch die Mathematikkompetenzen (Mittelwerte der Wichtigkeiten für Deutsch 3.01 bzw. für Mathematik 2.75) über alle Studienrichtungen hinweg eine durchschnittlich eher hohe Bedeutsamkeit aus Sicht der Studierenden auf. Dabei erweisen sich die beiden Wissens- und Könnensbereiche für die Studierenden der verschiedenen Studienrichtungen als unterschiedlich wichtig, wobei die Effektstärken auf eine hohe praktische Bedeutsamkeit der Unterschiede deuten, vor allem bei der Mathematik. Deutschkompetenzen spielen danach insbesondere für die Studierenden der Rechtswissenschaft, der Geisteswissenschaften und in der Lehrerbildung sowie für die Studierenden der Musik und Kunst und der Sozialwissenschaften eine besonders wichtige Rolle.

Ein hoher Bedarf an Mathematikkompetenzen wird von den Befragten für die Studienrichtungen der Technischen Wissenschaften, der Naturwissenschaften mit Mathematik und Informatik und der Wirtschaftswissenschaften konstatiert. Dagegen müssen Studierende der Rechtswissenschaft und der Geisteswissenschaften im Rahmen ihres Studiums ihrer Ansicht nach kaum auf mathematische Kenntnisse zurückgreifen. Die Befunde bestätigen im Wesentlichen die Ergebnisse der Befragung von Hochschullehrenden von Konegen-Grenier (2002).

5.3 Deutsch- und Mathematikkenntnisse und Studienerfolg

Zur Beantwortung der zweiten Fragestellung, ob sich Effekte der schulisch vermittelten Kenntnisse in Deutsch und Mathematik zum Zeitpunkt der Matura auf die Studienerfolgskriterien etwa 3.5 Jahre später zeigen, wurden zunächst bivariate Korrelationen zwischen den Testleistungen, den kognitiven Fähigkeiten und der Maturanote einerseits und den Studienerfolgsindikatoren andererseits berechnet (siehe *Tabelle 4*).

Tab. 4 Bivariate Korrelationen der Leistungstestergebnisse und der kognitiven Fähigkeiten zum 1. Mzp. und der Matura-Durchschnittsnote mit Indikatoren der Studienleistungen (3. Mzp.), Gesamtstichprobe

	Leistung im Vergleich		Note im aktuellen Studium (rec.)		Bachelornote		Anzahl nicht best. Prüfungen (rec.)	
	r	n	r	n	r	n	r	n
Matura-Note	.28***	779	.43***	374	.40***	403	.24***	427
Testleistung Deutsch	.12***	1029	.11**	493	.22***	527	.15**	572
Testleistung Mathematik	.11***	1055	.16***	512	.16**	535	.14***	580
Kognitive Fähigkeiten	.11**	1029	.08	501	.16***	517	.09*	560

Anmerkungen: Alle Studienerfolgskriterien wurden z-standardisiert; *** = $p < .001$, ** = $p < .01$, * = $p < .05$. ©

Insgesamt korrelieren die Testleistungen in der erwarteten Richtung mit den Studienerfolgskriterien. Danach schätzen sich Personen mit besseren Mathematikleistungen und mit besseren Deutschkenntnissen sowie besseren kognitiven Fähigkeiten im Vergleich mit ihren Studienkolleginnen und -kollegen als eher leistungsstark ein, sie erzielen bessere Noten sowohl im aktuellen als auch im abgeschlossenen Studium und fallen weniger häufig durch Prüfungen. Die Zusammenhänge sind eher schwach bis in wenigen Fällen mittel ausgeprägt. Für die Matura-Durchschnittsnote zeigen sich insgesamt die höchsten positiven Korrelationen mit den Studienleistungen, die in dieser Höhe (.24 bis .43) Befunden aus anderen Untersuchungen ähneln (s. Abschnitt 2.3).

Um zu erkennen, ob es sich um kumulative Zusammenhänge handelt und die Testleistungen über die Maturanoten hinaus Varianz der Studienleistungen und Studiennoten aufzuklären vermögen, wurden im nächsten Schritt Strukturgleichungsmodelle für jeden Studienindikator gerechnet. Auf der Kriterienseite standen jeweils die z-standardisierten Studienerfolgsvariablen, als Prädiktoren wurden die Testwerte des Deutschtests, des Mathematikleistungstests und des Tests der kognitiven Fähigkeiten sowie die Matura-Durchschnittsnote in die Modelle aufgenommen. In *Abbildung 1* ist exemplarisch das Strukturgleichungsmodell für die Prädiktion der Bachelorabschlussnote dargestellt. Die Ladungen der jeweils vier Dimensionen des Deutsch- und des Mathematiktests sowie des Tests der kognitiven Fähigkeiten stellen sich in zufriedenstellender Höhe dar.

In *Tabelle 5* sind die Ergebnisse aller Strukturgleichungsmodelle zusammenfassend dargestellt. Unter gegenseitiger Kontrolle aller Prädiktoren erweisen sich die Pfadkoeffizienten des Tests der kognitiven Fähigkeiten sowohl für die Bachelornote (vgl. *Abbildung 1*) als auch für alle weiteren Kriterien der Studienleistungen als nicht signifikant. Im Sinne der Verwendung möglichst sparsamer Modelle wurde dieser Prädiktor, der vor allem der Kontrolle diente, in den hier dargestellten Modellvarianten entfernt. In *Tabelle 5* sind daher die Ergebnisse für die kognitiven Fähigkeiten nicht enthalten. Auch bei den weiteren Analysen wird dieser Prädiktor nicht weiter berücksichtigt. Aufgenommen wurden in *Tabelle 5* die standardisierten Pfadkoeffizienten und der Anteil der aufgeklärten Varianz R^2 sowie die Fit-Indizes zur Beurteilung der Anpassungsgüte der Modelle. Diese weisen darauf hin, dass die Passungen der Modelle akzeptabel sind.

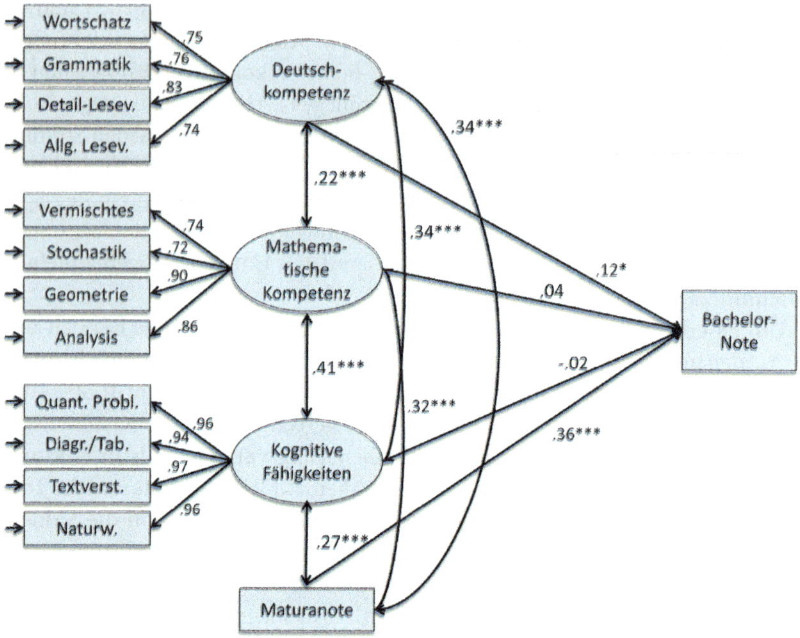

Abb. 1 Strukturgleichungsmodell – Prädiktion der Bachelornote durch Testleistungen und die Matura-Durchschnittsnote

Die Fehlerterme werden der besseren Übersichtlichkeit halber nur durch Pfeile angedeutet; Lesev. = Leseverstehen, Quant. Probl. = Quantitative Probleme, Diagr./Tab. = Diagramme/Tabellen, Textverst. = Textverständnis, Naturw. = Naturwissenschaftliches Grundverständnis; χ^2 (69, N=1607) = 920.694, $p < .001$, CFI = .948; RMSEA = .088, $R^2 = .18$; *** = $p < .001$, * = $p < .05$; CFI = comparative fit index (Bentler 1990), RMSEA = root mean square error of approximation (Browne und Cudeck 1993) ©.

Tab. 5 Pfadkoeffizienten der Leistungstestergebnisse zum 1. Mzp. und der Matura-Durchschnittsnote auf die Indikatoren der Studienleistungen (3. Mzp.), Ergebnisse von Strukturgleichungsmodellen, Gesamtstichprobe

	Leistung im Vergleich[a]	Note im aktuellen Studium (rec.)	Bachelornoten	Anzahl nicht best. Prüfungen (rec.)
Maturanote	.26***	.41***	.36***	.16**
Testleistung Deutsch	.03	-.03	.11*	.11*
Testleistung Mathematik	.04	.06	.03	.10*
R^2	.08	.18	.18	.08
$\chi^2(31;1607)$	227.379***	226.034***	233.609***	230.757***
CFI[b]	.969	.969	.968	.968
RMSEA[c]	.063	.063	.064	.063

Anmerkungen: alle Studienerfolgsindikatoren wurden z-standardisiert; [a]Leistung im Vergleich ging wie die anderen Studienerfolgsindikatoren als manifeste Variable in das Modell ein; [b]CFI = comparative fit index (Bentler 1990); [c]RMSEA = root mean square error of approximation (Browne und Cudeck 1993); *** = $p < .001$, ** = $p < .01$, * = $p < .05$. ©

Insgesamt zeigt sich, dass die Matura-Durchschnittsnote auch bei gegenseitiger Kontrolle der Prädiktoren die beste Vorhersage der Studienleistungen dreieinhalb Jahre später erlaubt. Danach gilt: Je besser die Matura-Durchschnittsnote, umso besser fallen auch die Studienleistungen aus. Darüber hinaus kommt dem Deutschtestergebnis für die Bachelor-Abschlussnote ($\beta = .11$, $p < .05$) und der Anzahl der nicht im ersten Anlauf bestandenen Prüfungen eine bedeutsame Rolle zu ($\beta = .11$, $p < .05$). Des Weiteren erweist sich eine hohe mathematische Kompetenz ebenfalls als förderlich für das Bestehen der Prüfungen auf der Bachelor-Stufe ($\beta = .10$, $p < .05$).

Wie bei der Beantwortung der ersten Fragestellung gesehen, unterscheiden sich die subjektiv wahrgenommenen Bedeutsamkeiten von Wissen aus den Grundlagenfächern Deutsch und Mathematik in den Studienfächern voneinander. Die dritte Fragestellung thematisiert, ob sich die Zusammenhänge zwischen Testleistungen und Studienerfolgskriterien für Studienrichtungen, in denen Deutsch- und Mathematikkenntnissen jeweils eine besonders wichtige Rolle zukommt, anders darstellen als in der Gesamtstichprobe. Zwar handelt es sich bei der Einschätzung der Bedeutsamkeit durch die Studierenden um einen subjektiven, individuell variablen Indikator. Weil aber die Befunde dieser Einschätzungen mit den Ergebnissen einer analogen Befragung von Dozierenden in der EVAMAR-II-Studie (Oepke 2007) und mit den Resultaten der Studie von Konegen-Grenier (2002) in Einklang stehen (s. o.), können die subjektiven Einschätzungen als Indikatoren für die objektive Einstufung der Studienrichtungen dienen. Die Analysen erfolgen dann direkt auf der Ebene der Studienrichtungen. Dadurch wird der Bezug zu den objektiven Anforderungen, die maßgeblich für die Bedeutung der schulischen Kompetenzen sind, hergestellt.

Den Ergebnissen zur ersten Fragestellung zufolge sind aus Sicht der Studierenden Kenntnisse aus dem Grundlagenfach Deutsch für die Studienrichtungen der Rechtswissenschaft, der Geisteswissenschaften und der Lehrerbildung besonders wichtig (vgl. *Tabelle 2*). Für diese drei Studienrichtungen, deren Mittelwerte auf der Skala der subjektiven Bedeutsamkeiten jeweils nahe oder über 3.5 (= *eher wichtige* bis *sehr wichtige* Bedeutung der Deutschkenntnisse) liegen, sind die Ergebnisse der multiplen Gruppenvergleiche für die Gruppen der Studienrichtungen in *Tabelle 6* dargestellt. Getestet wurden jeweils die Studienrichtungen gegenüber der Gesamtgruppe, deren Ergebnisse in *Tabelle 5* dargestellt sind. Durch den Vergleich mit der Gesamtgruppe und der damit verbundenen Gesamtstichprobe lassen sich wiederum Strukturgleichungsmodelle rechnen. Dies wäre bei einem – zudem weniger konservativen – Vergleich mit einer kleineren Teilstichprobe von Studienrichtungen, in denen die Wichtigkeit von Deutschkenntnissen als niedrig eingeschätzt wurde, aufgrund der Anzahl an zu schätzenden Parametern nicht möglich (vgl. Arbuckle 1997). Mittels χ^2-Differenzentest wurde ermittelt, ob sich die Pfadkoeffizienten der Testleistungen auf die Studienerfolgskriterien zwischen den Gruppen signifikant unterscheiden (bei Zutreffen in der Tabelle **fett** markiert). Die Messmodelle konnten über die Gruppen parallelisiert werden (gleiche Faktorladungen) ohne eine Verschlechterung der Modelle in Kauf zu nehmen.

Es zeigt sich, dass für die Studienrichtung der Rechtswissenschaft, in der die Studierenden eine geringe Bedeutsamkeit für mathematische Kenntnisse für ihren Studiengang konstatieren, die Mathematikkompetenz über die Matura-Durchschnittsnote hinaus substantiell zur Vorhersage der Bachelornote ($\beta = .59$, $p < .001$) und des Bestehens der Prüfungen im ersten Anlauf ($\beta = .61$, $p < .001$) beiträgt. Beide Koeffizienten erweisen sich als signifikant höher als in der Gesamtstichprobe. Für die Deutschkenntnisse hingegen lassen sich keine signifikanten Effekte über die anderen Prädiktoren hinaus feststellen.

Tab. 6 Pfadkoeffizienten der Leistungstestergebnisse zum 1. Mzp. und der Matura-Durchschnittsnote auf die Indikatoren der Studienleistungen (3. Mzp.), für ausgewählte Studienrichtungen mit hoher Bedeutung von Deutsch, Ergebnisse multipler Gruppenvergleiche

Studien-richtungen		Leistung im Vergleich	Note im aktuellen Studium (rec.)	Bachelornoten	Anzahl nicht best. Prüfungen (rec.)
Rechtswissenschaft ($N = 104$)	Maturanote	.38**	.27	.48***	.22
	Testleistung Deutsch	.10	.08	-.09	.05
	Testleistung Mathematik	-.02	.03	**.59*** **	**.61*** **
	R^2	.18	.10	.72	.55
	$\chi^2(68;1607)$	277.655***	279.622***	282.770***	286.766***
	CFI[a]	.969	.969	.968	.967
	RMSEA[b]	.042	.043	.043	.043
Geisteswissenschaften ($N = 102$)	Maturanote	.16	.37*	.07	.23
	Testleistung Deutsch	-.01	-.14	.32	-.20
	Testleistung Mathematik	.27*	**.36***	-.14	.05
	R^2	.14	.34	.09	.07
	χ2(68;1607)	308.402***	303.028***	317.935***	305.877***
	CFI[a]	.964	.965	.963	.965
	RMSEA[b]	.046	.045	.046	.045
Lehrerbildung ($N = 130$)	Maturanote	.04	-[c]	.37***	.05
	Testleistung Deutsch	.03	-[c]	.10*	.12
	Testleistung Mathematik	.04	-[c]	.01	.22*
	R^2	.08	-[c]	.17	.10
	$\chi^2(68;1607)$	258.244***	-[c]	266.686***	263.867***
	CFI[a]	.972	-[c]	.971	.971
	RMSEA[b]	.040	-[c]	.041	.041

Anmerkungen: Die fett gedruckten Pfadkoeffizienten unterscheiden sich signifikant von den entsprechenden Koeffizienten in der Gesamtstichprobe (Überprüfung mittels χ^2-Differenzentest); alle Studienerfolgskriterien wurden aufgrund des Gruppenvergleichs mit der Gesamtgruppe z-standardisiert; [a]CFI = comparative fit index (Bentler 1990); [b]RMSEA = root mean square error of approximation (Browne und Cudeck 1993); [c]wegen zu geringer Größe der Teilstichprobe ($n = 8$) kann das Modell nicht gerechnet werden; *** = $p < .001$, ** = $p < .01$, * = $p < .05$. ©

Für die Studierenden der Geisteswissenschaften fällt das Ergebnis ähnlich aus, indem Studierende mit guten mathematischen Leistungstestergebnissen ihre Noten im aktuellen, noch nicht abgeschlossenen Bachelor-Studium als besser einschätzen als solche mit niedrigen mathematischen Kenntnissen ($\beta = .36, p < .05$, Unterschied zur Gesamtgruppe) und solche Studierenden zudem ihre Leistungen im Vergleich zu den Kommilitoninnen und Kommilitonen als besser taxieren ($\beta = .27, p < .05$). Auch die Studierenden der Geisteswissenschaften schätzten die Bedeutung mathematischer Kenntnisse eher als gering ein. Bei der dritten Gruppe der Studierenden der Lehrerbildung, die Deutschkenntnisse ebenfalls als sehr wichtig erachten, tritt ein signifikanter Effekt der Mathematikleistung auf die Anzahl nicht bestandener Prüfungen auf ($\beta = .22, p < .05$) sowie – wie in der Gesamtstichprobe – ein positiver Effekt der Deutschkenntnisse auf die Bachelornote ($\beta = .10, p < .05$). Bei dieser Teilstichprobe war eine Berechnung mit dem Kriterium der Note des aktuellen, noch nicht abgeschlossenen Studiums nicht möglich, weil die Mehrheit das Studium bereits abgeschlossen hatte.

Insgesamt können bei den Studienrichtungen, bei denen Deutschkenntnisse als besonders wichtig eingeschätzt werden, die Leistungen im Deutschtest nur wenig, wohl aber die Leistungen im Mathematiktest zur Varianzaufklärung einiger Indikatoren für Studienerfolg über die Maturadurchschnittsnote hinaus beitragen.

Die Ergebnisse der Strukturgleichungsmodelle für Studienrichtungen, in denen mathematische Kenntnisse als besonders bedeutsam erachtet werden, finden sich in *Tabelle 7*. Es betrifft die Studienrichtungen der Technischen Wissenschaften, der Naturwissenschaften mit Mathematik und Informatik und der Wirtschaftswissenschaften.

Für die Studienrichtungen der Naturwissenschaften mit Mathematik und Informatik zeigt sich für die Variable der Leistung im Deutschtest ein positiver Effekt auf die Bachelornote über die Matur-Durchschnittsnote hinaus ($\beta = .33, p < .01$). Dieser fällt signifikant höher aus als in der Gesamtstichprobe. Ebenfalls für diese Studienrichtungen lassen sich für die mathematischen Kompetenzen positive Effekte einer guten Mathematikleistung zum Zeitpunkt der Matura auf die aktuellen Studienleistungen und auf die Anzahl der nicht bestandenen Prüfungen feststellen. Diese sind deutlich höher ausgeprägt als die überwiegend nicht signifikanten Beziehungen der Mathematikkompetenzen in der Gesamtstichprobe (vgl. *Tabelle 5*), im Fall des Effekts auf die aktuelle Studienleistung sogar signifikant höher.

Tab. 7 Pfadkoeffizienten der Leistungstestergebnisse zum 1. Mzp. und der Matura-Durchschnittsnote auf die Indikatoren der Studienleistungen (3. Mzp.), für ausgewählte Studienrichtungen mit hoher Bedeutung der Mathematik, Ergebnisse multipler Gruppenvergleiche

Studienrichtungen		Leistung im Vergleich	Note im aktuellen Studium (rec.)	Bachelornoten	Anzahl nicht best. Prüfungen (rec.)
Technische Wissenschaften ($N = 96$)	Maturanote	.25*	.32*	.46**	.08
	Testleistung Deutsch	.06	-.09	-.01	-.14
	Testleistung Mathematik	-.09	.08	-.02	.02
	R^2	.07	.18	.21	.03
	$\chi2(68;1607)$	278.666***	274.985***	286.182***	280.649***
	CFI[a]	.968	.969	.967	.968
	RMSEA[b]	.043	.042	.043	.043
Naturwissenschaften mit Mathematik und Informatik ($N = 158$)	Maturanote	.46***	.31*	.29*	.29*
	Testleistung Deutsch	.02	.15	**.33****	.10
	Testleistung Mathematik	.11	**.38****	.19	.35***
	R^2	.27	.39	.35	.32
	$\chi^2(68;1607)$	282.622***	290.823***	296.050***	288.838***
	CFI[a]	.969	.968	.967	.968
	RMSEA[b]	.042	.043	.044	.043
Wirtschaftswissenschaften ($N = 173$)	Maturanote	**.04**	.48***	.22	.16
	Testleistung Deutsch	.12	-.02	.24	.28
	Testleistung Mathematik	.07	.05	.20	.02
	R^2	.03	.24	.24	.15
	$\chi^2(68;1607)$	278.080***	279.588***	289.707***	284.883***
	CFI[a]	.970	.970	.968	.969
	RMSEA[b]	.042	.042	.043	.042

Anmerkungen: Die fett gedruckten Pfadkoeffizienten unterscheiden sich signifikant von den entsprechenden Koeffizienten in der Gesamtstichprobe (Überprüfung mittels χ^2-Differenzentest); alle Studienerfolgskriterien wurden aufgrund des Gruppenvergleichs mit der Gesamtgruppe z-standardisiert; [a]CFI = comparative fit index (Bentler 1990); [b]RMSEA = root mean square error of approximation (Browne und Cudeck 1993); *** = $p < .001$, ** = $p < .01$, * = $p < .05$. ©

Bei den Studienrichtungen, bei denen mathematische Kenntnisse als besonders wichtig eingeschätzt werden, können insgesamt die Leistungen im Mathematiktest nur für den Fachbereich der Naturwissenschaften mit Mathematik und Informatik zur Varianzaufklärung einiger Indikatoren für Studienerfolg über die Maturanote hinaus beitragen, während die Leistungen im Deutschtest neben dem signifikanten Effekt bei den Naturwissenschaften mit Mathematik und Informatik auch bei den Wirtschaftswissenschaften positive Effekte auf die Bachelornote und die Anzahl der nicht bestandenen Prüfungen zeigen, die jedoch – vermutlich aufgrund der geringen Stichprobengrößen – keine Signifikanz aufweisen.

6 Diskussion

Im vorliegenden Beitrag wurde anhand längsschnittlicher Daten untersucht, ob sich unter Kontrolle der Maturadurchschnittsnote Effekte von Deutsch- und Mathematikkompetenzen, die zum Zeitpunkt kurz vor der Matura erfasst wurden, auf verschiedene Indikatoren von Studienerfolg circa 3.5 Jahre später zeigen ließen. Studienerfolg wurde dabei über Indikatoren der Studienleistungen operationalisiert.

Erwartungskonform erwies sich die Maturadurchschnittsnote für alle Dimensionen des Studienerfolgs als der beste Prädiktor mit insgesamt bedeutsamen Vorhersagewerten für die Gesamtstichprobe. Darüber hinaus zeigte sich für die Deutschkompetenz je ein kleiner signifikanter Effekt auf die Bachelornote und auf die Anzahl der nicht bestandenen Prüfungen. Auch hohe mathematische Kompetenz hängt signifikant damit zusammen, dass mehr Prüfungen im ersten Anlauf bestanden werden.

In einem nächsten Schritt wurde der Frage nachgegangen, ob sich die Bedeutung der Deutsch- und Mathematikkompetenzen für Studienrichtungen, in denen diese Kompetenzen als besonders wichtig eingeschätzt werden, anders darstellt als in der Gesamtstichprobe. In der erstens vorgenommenen Analyse der „Wichtigkeit der Kenntnisse aus den beiden Schulfächern Deutsch und Mathematik für das Hauptfach" aus Sicht der Studierenden erwiesen sich beide Bereiche als insgesamt wichtig bis sehr wichtig, was ihre Zugehörigkeit zu den basalen Kompetenzen für allgemeine Studierfähigkeit unterstreicht. Allerdings existieren für beide Fachkompetenzbereiche auch Studiengänge, in denen diese Kompetenzen von den Studierenden als wenig wichtig eingeschätzt werden, dies eher für die Mathematik als für Deutsch.

Auf der Grundlage dieser Ergebnisse wurden zweitens jeweils die drei Studienrichtungen, bei denen die Studierenden Deutsch- bzw. Mathematikkenntnisse mindestens als *eher wichtig* angesehen hatten, was auch aufgrund anderer Studien als der objektiven Realität entsprechend gewertet wurde, nochmals separat auf Zusammenhänge der schulischen Kompetenzen mit den Studienleistungen geprüft. Es ließ sich folgendes Muster erkennen: Bei Studienrichtungen, in denen Deutschkenntnisse als besonders wichtig angesehen werden, konnten die Leistungen im Deutschtest erwartungswidrig nicht, wohl aber die Leistungen im Mathematiktest zur Varianzaufklärung einiger Indikatoren für Studienerfolg beitragen. Ähnlich verhielt es sich mit Studienrichtungen, in denen mathematische Kompetenzen als besonders bedeutsam eingeschätzt werden: Es ließen sich wider Erwarten nur für die naturwissenschaftlich-mathematischen Studienrichtungen Effekte der mathematischen Kenntnisse feststellen, über alle drei Studienrichtungen gesehen aber tendenziell positive Effekte der Deutschkompetenzen.

Diesen zunächst erwartungswidrigen Befunden könnten teilweise Deckeneffekte zugrunde liegen: Im Rahmen anderer Analysen auf Basis der gleichen Daten wurde die Studienwahl von Maturandinnen und Maturanden im Zusammenhang mit den Kompetenzen der Studierenden untersucht (Oepke und Eberle 2014). Es zeigte sich, dass die Studienfachwahl grundsätzlich mit entsprechenden Kompetenzen einhergeht. Eher „mathematiklastige" Studienrichtungen (z. B. Technische Wissenschaften, Naturwissenschaften mit Mathematik und Informatik) werden 3 bis 4 Jahre nach Studienbeginn von Personen mit eher guten Testleistungen in Mathematik studiert, während die „sprachlastigen" Geisteswissenschaften oder Rechtswissenschaften von Personen mit guten bis sehr guten Deutschtestleistungen, insbesondere aber mit schwächeren Mathematikkompetenzen belegt werden. Lediglich die Studiengänge der Lehrerbildung, für die Wissen und Fertigkeiten in Deutsch ebenfalls wichtig sind, werden von Personen studiert, die durchschnittlich ein im Verhältnis zu den anderen Studienrichtungen eher niedriges Ergebnis bei den Deutschleistungstests erzielten. In der *Tabelle 8* und *Tabelle 9* sind die Testleistungsergebnisse in Deutsch und Mathematik für die Studierenden der verschiedenen Studienrichtungen dargestellt.

Angesichts der Unterschiede bei den Deutsch- und Mathematikkompetenzen zwischen den Studienrichtungen könnten sich die Ergebnisse zu den Einflüssen der schulischen Kenntnisse auf die Studienerfolgsindikatoren teilweise erklären lassen. Für Studierende der Rechtswissenschaften zum Teil, sicherlich aber für die Studentinnen und Studenten der Geisteswissenschaften lassen sich Deckeneffekte vermuten: Diese Studierenden verfügen über gute bis überdurchschnittlich hohe Deutschkompetenzen, so dass möglicherweise innerhalb dieser Studienfächer diese Kompetenzen nicht mehr zu differenzieren vermögen. Gleichzeitig weisen beide Studierendengruppen unterdurchschnittlich ausgeprägte mathematische Kompetenzen aus (vgl. *Tabelle 9*). Für beide Studienrichtungen hatten sich positive Zusammenhänge der mathematischen Kenntnisse zum Studienerfolg gezeigt (vgl.

Tab. 8 Testleistungsergebnis Deutsch (1. Mzp.) verschiedener Studienrichtungen (3. Mzp.)

Studienrichtung	N	M	SD	Minimum	Maximum
Geisteswissenschaften	120	530	87	278	780
Interdisziplinäre	30	489	78	341	625
Lehrerbildung	163	489	85	223	758
Medizin und Pharmazie	165	504	83	229	690
Musik und Kunst	51	494	82	263	657
Naturwissenschaften mit Mathematik und Informatik	190	517	77	263	704
Rechtswissenschaften	137	506	81	195	691
Sozialwissenschaften	221	498	81	236	694
Technische Wissenschaften	115	508	85	246	700
Wirtschaftswissenschaften	229	498	81	214	668
Gesamt	1421	504	82	195	780

Anmerkungen: Ergebnisse von Varianzanalysen: Haupteffekt der Studienrichtung: $F = 3.041$ ($p = .001$, $Eta^2 = .02$); Interdisziplinäre = Sportwissenschaft und Ökologie. ©

Tab. 9 Testleistungsergebnis Mathematik (1. Mzp.) verschiedener Studienrichtungen (3. Mzp.)

Studienrichtung	N	M	SD	Minimum	Maximum
Geisteswissenschaften	123	483	77	289	671
Interdisziplinäre	32	510	88	342	717
Lehrerbildung	160	477	71	224	660
Medizin und Pharmazie	165	525	87	303	810
Musik und Kunst	54	463	77	329	669
Naturwissenschaften mit Mathematik und Informatik	200	556	97	293	816
Rechtswissenschaften	140	482	69	315	642
Sozialwissenschaften	226	476	76	274	703
Technische Wissenschaften	118	574	87	373	791
Wirtschaftswissenschaften	235	510	77	348	720
Gesamt	1453	508	88	224	816

Anmerkungen: Ergebnisse von Varianzanalysen: Haupteffekt der Studienrichtung: $F = 19.359$ ($p = .000$, $Eta^2 = .11$); Interdisziplinäre = Sportwissenschaft und Ökologie. ©

Tabelle 6). Für die Studierenden der Lehrerbildung wiederum, die zum Zeitpunkt der Matura sowohl unterdurchschnittliche Deutsch- als auch Mathematikergebnisse erzielten, zeigte sich für beide Größen jeweils ein positiver signifikanter Zusammenhang zu einem Studienerfolgsindikator.

Auch bei den Studiengängen, bei denen Mathematik als besonders bedeutsam angesehen wird, scheint es je nach Kompetenzstand zum Zeitpunkt der Matura unterschiedliche Zusammenhänge zu geben: Studierende der Technischen Wissenschaften erzielten kurz vor der Matura im Durchschnitt sehr gute Ergebnisse im mathematischen Test – zugleich aber auch gute Ergebnisse im Deutschtest (s. *Tabelle 8* und *Tabelle 9*). Für beide Prädiktoren lassen sich im Sinne der Argumentation der Deckeneffekte keine Zusammenhänge zu den Studienerfolgskriterien konstatieren. Etwas anders stellt sich der Befund bei den Studierenden der Naturwissenschaften mit Mathematik und Informatik dar: Auch diese verfügen zwar über überdurchschnittlich hohe mathematische und gute deutschsprachliche Kompetenzen, dennoch zeigen sich für beide schulischen Kompetenzbereiche signifikante positive Effekte in deutlicher Höhe. Möglicherweise ähneln die schulischen Kenntnisse den Inhalten des Studiums in diesen Studienrichtungen stärker als beispielsweise den Inhalten in den Technischen Wissenschaften, so dass es hier zu größeren Vorteilen bei höherem Vorwissen kommen könnte, womit sich auch die tendenziell höheren Pfadkoeffizienten der Matura-Durchschnittsnote erklären ließen. Bei den Wirtschaftswissenschaften schließlich gehen die im Durchschnitt eher gering ausgeprägten Deutschkompetenzen zum Zeitpunkt der Matura wiederum mit positiven Zusammenhängen zu Studienerfolgskriterien einher, wenn auch nicht auf signifikantem Niveau.

Insgesamt lassen sich damit übereinstimmende, zum Teil aber auch unterschiedliche Muster des Zusammenhangs zwischen den fachlichen Kompetenzen und den Studienerfolgskriterien auf Ebene der einzelnen Fachrichtungen erkennen. Dabei werden die Zusammenhänge offensichtlich davon beeinflusst, welche Qualität an Kompetenzen die jeweiligen Studierenden der Fachrichtungen mitbringen. Die Befunde verdeutlichen, dass eine differenzierte Betrachtung der Zusammenhänge der fachlichen Kompetenzen mit den Studienerfolgskriterien auf Ebene der einzelnen Fachrichtungen, wie sie in vorliegendem Beitrag erfolgte, sinnvoll ist. Allerdings sind mit dieser Betrachtungsweise in unserer Studie kleine Teilstichproben verbunden. Eine Replikation der Ergebnisse wäre daher wünschenswert.

Das Ergebnis, wonach sich nur wenige oder in der Gesamtstichprobe eher gering ausgeprägte Effekte der Deutsch- und Mathematikleistungen auf die Studienleistungen zeigten, liegt des Weiteren neben potentiellen Deckeneffekten in Bezug auf die Einzelwissenschaften vermutlich in den Testinstrumenten begründet. Wie beschrieben, wurden der Deutsch- und der Mathematikleistungstest auf Basis der

Analyse und von Materialien verschiedener Studienrichtungen entwickelt, um Teile der *allgemeinen* Studierfähigkeit so zu erfassen, dass darin die Anforderungen ganz verschiedener Studiengänge abgebildet sind. In Bezug gesetzt wurden diese Tests jedoch zu Erfolgsgrößen für die *studienfachspezifische* Studierfähigkeit. Die allgemeine Studierfähigkeit als Kompetenzpotenzial für alle Studienfächer stimmt jedoch nur zum Teil mit der studienfachspezifischen Studierfähigkeit überein.

In Anbetracht dieser nur teilweisen Übereinstimmung sind die gefundenen Zusammenhänge wiederum erstaunlich deutlich ausgeprägt. So tragen die Tests über die Matura-Durchschnittsnote hinaus, die bereits für ein breites Repertoire an schulischem Wissen steht, signifikant zur Varianzaufklärung einiger Studienerfolgskriterien bei. Dies unterstreicht die Ergebnisse von Formazin et al. (2011), dass voruniversitäres Wissen bzw. voruniversitäre Kompetenzen, die in der gymnasialen Oberstufe erworben werden, in der Tat eine erhebliche Vorhersagekraft für Studienleistungen haben. Unsere Studie stellt dabei eine Erweiterung der Ergebnisse der Studie von Formazin et al. (2011) dar, da nicht nur studienfachspezifisches schulisches Wissen bezogen auf nur eine Studienrichtung betrachtet wurde. Vielmehr wurde mit den Deutsch- und den mathematischen Kompetenzen die Bedeutung von gymnasialem Wissen analysiert, das für viele verschiedene Studienrichtungen als wichtig gilt. Darüber hinaus wurde das gesamte Spektrum von Studienrichtungen in die Analysen einbezogen.

Ein wichtiges Ergebnis der Studie stellt dar, dass sich das gymnasiale Wissen selbst nach drei- bis vierjährigem Studium noch als relevant erweist. Weiterführend wirft dies die Frage auf, welche Bedeutung diesem Wissen zu Beginn eines Studiums zukommt und insbesondere, welche Rolle zum Teil schwach ausgeprägte Deutsch- und Mathematikkompetenzen in den ersten Semestern spielen. Diese offenen Fragen können mit dem vorliegenden Datensatz aufgrund der Erhebungszeitpunkte erst 3.5 bis 4 Jahre nach Studienbeginn nicht beantwortet werden.

Es lässt sich jedoch vermuten, dass es auch aufgrund entsprechender Leistungsdefiziten zu Abbrüchen gekommen ist. Denn ein mutmaßlich großer Teil der rund 28 % Studienabbrecherinnen und -abbrecher (vgl. Wolter et al. 2013) gehört zu jener Gruppe, die sich einerseits an der Follow-up-Studie nicht beteiligt hat und andererseits in den EVAMAR-II-Tests durchschnittlich schlechter abgeschnitten hatte. Wolter u. a. (2013, S. 18) konnten denn auch in einer Untersuchung zu Studienabbrüchen an Schweizer Universitäten zeigen, dass gute Deutsch- und Mathematikkompetenzen am Ende des Gymnasiums sowohl mit einer erhöhten Chance auf einen erfolgreichen Abschluss nach sieben Semestern, als auch mit einem geringeren Risiko eines Studienabbruchs verbunden war. Dabei erklärte die Deutschleistung bei den Geistes- und Sozialwissenschaften den Abbruch statistisch signifikant, während bei der Mathematik statistisch signifikante Effekte in den Wirtschaftswissenschaften und den Technischen Wissenschaften auftraten (Wolter et al. 2013, S. 18).

Ähnliche Befunde berichten Larsen et al. (2013) in ihrem Systematic Review zu Studien zu Abbrüchen an Universitäten bezüglich der negativen Folgen schlechter voruniversitärer Mathematikleistungen. Auch Heublein et al. (2009) stellen in ihrer Abbruchstudie fest, dass sich mangelnde Vorkenntnisse in Mathematik (und naturwissenschaftlichen Fächern) als besonders problematisch erweisen. Danach wirkten sich solche Defizite vor allem in den Fächergruppen Mathematik/Naturwissenschaften sowie Ingenieurwissenschaften abbruchfördernd aus.

Auch Studienfachwechsel zufolge von Leistungsdiskrepanzen lassen sich in unserer Stichprobe nur vermuten, weil zum Zeitpunkt der Erhebungen die meisten Wechsel bereits vollzogen waren. Eventuelle Diskrepanzen zwischen fachlichen Kompetenzen und den Anforderungen, die vor dem Wechsel bestanden hatten, sind unter Umständen nicht mehr relevant, da in der (erhobenen) neuen Studienrichtung eine bessere Übereinstimmung herrschen sollte.

Die vorliegenden Befunde deuten darauf hin, dass mangelnder Studienerfolg jedoch nicht nur als eine Folge mangelnder Kompetenzen, sondern auch als eine Folge falscher Einschätzungen bezüglich der Bedeutsamkeit schulischer Kompetenzen gesehen werden könnte. So wurden von den Studierenden die Mathematik- oder Deutschkenntnisse in einzelnen Fächern als wenig wichtig beurteilt, diese wiesen aber durchaus Zusammenhänge mit der Studienleistung auf. Zu berücksichtigen ist dabei jedoch, dass die Studierenden bei der Einschätzung der Wichtigkeit der beiden Kompetenzbereiche diese jeweils nur innerhalb ihres Faches und damit vermutlich vor allem im Vergleich zueinander beurteilten. Die Einschätzungen stimmten zwar mit Dozierendeneinschätzungen anderer Untersuchungen überein, doch auch bei diesen handelt es sich jeweils um subjektive Wertungen, die nur innerhalb ihres Fachbereiches erfolgten. Die Analysen des vorliegenden Beitrages zur Bedeutsamkeit der Deutsch- und Mathematikkenntnisse für den Studienerfolg unterschiedlicher Studienrichtungen (Fragestellung 3) wurden dagegen auf der Ebene des Vergleichs über unterschiedliche Fächer hinweg durchgeführt. Sie nehmen damit implizit Bezug auf die tatsächlichen Bedeutsamkeiten der beiden Kompetenzbereiche pro ausgewählte Studienrichtung, ohne diese zusätzlich unabhängig zu überprüfen. Wie wichtig (gute) Deutsch- und Mathematikkenntnisse für einzelne Studienrichtungen im Vergleich zwischen verschiedenen Fachbereichen tatsächlich sind, müssen daher weitere, objektive Analysen wie etwa die bei EVAMAR II (und einem weiteren Folgeprojekt, vgl. Eberle et al. in Druck) erfolgten Untersuchungen von Lehrmitteln und Lehrveranstaltungen über verschiedene Fachbereiche hinweg zeigen.

Die Frage schließlich, ob Deutsch- und Mathematikkompetenzen wichtig für die (allgemeine) Studierfähigkeit sind, lässt sich mit der vorliegenden Studie mit „Ja" beantworten. Die Befunde rechtfertigen die aktuell in der Schweiz auf bildungspolitischer Ebene unternommenen Anstrengungen zur noch besseren Förderung der Erstsprache und der Mathematik im Gymnasium. Diese soll nicht zulasten anderer Fachinhalte gehen, sondern mittels rechtzeitiger, ergänzender und individueller Förderung der in diesen Bereichen schlechten Schülerinnen und Schüler (Eberle et al. in Druck.).

Literatur

Amelang, M. (1997). Differenzielle Aspekte der Hochschulzulassung: Probleme, Befunde, Lösungen. In T. Hermann (Hrsg.), *Hochschulentwicklung – Aufgaben und Chancen* (S. 88-105). Heidelberg: Asanger.

Arbuckle, J. L. (1996). Full information estimation in the presence of incomplete data. In G. A. Marcoulides & R. E. Schumacker (Hrsg.), *Advanced structural equation modeling* (S. 243-277). Mahwah: Lawrence Erlbaum Publishers.

Arbuckle, J. L. (1997). *Amos Users' Guide.* Hilldale: Erlbaum.

Baron-Boldt, J., Schuler, H. & Funke, U. (1988). Prädiktive Validität von Schulabschlussnoten: Eine Metaanalyse. *Zeitschrift für Pädagogische Psychologie, 2*, 79-90.

Bentler, P. M. (1990). Comparative fit indexes in structural models. *Psychological Bulletin, 107*, 238-246.

Browne, M. W. & Cudeck, R. (1993). Alternative ways of assessing model fit. In K. A. Bollen & J.S. Long (Hrsg.), *Testing structural equation models* (S. 136-162). Newbury Park, CA: Sage Publications.

Burton, N. W. & Ramist, L. (2001). *Predicting success in college: SAT studies of classes graduating since 1980. The College Board Research Report, 2001-2.* New York City, NY: College Entrance Examination Board.

Cohen, J. (1988). *Statistical power analysis for the behavioural sciences.* Hillsdale: Erlbaum.

Criblez, L. (2011). Kann das Gymnasium heute noch allgemein bilden? *Gymnasium Helveticum, 1*, 8-16.

Deidesheimer Kreis (1997). *Hochschulzulassung und Studieneignungstests. Studienfeldbezogene Verfahren zur Feststellung der Eignung für Numerus-clausus- und andere Studiengänge.* Göttingen: Vandenhoeck & Ruprecht.

Eberle, F. (2013). Das Schweizer Gymnasium zwischen Heterogenität und Standardisierungsansprüchen. In D. Bosse, F. Eberle & B. Schneider-Taylor (Hrsg.), *Standardisierung in der gymnasialen Oberstufe* (S. 51-65). Wiesbaden: Springer VS.

Eberle, F. (2014). Aktuelle Herausforderungen an das Gymnasium. Grundsätzliche Überlegungen vor dem Hintergrund des neuhumanistischen Bildungsideals. *AMV, Sonderheft Humanistische Bildung? Auslaufmodell oder wieder zu entdeckendes Orientierungssystem für das Gymnasium? 1*, 9-13.

Eberle, F. & Brüggenbrock, Ch. (2013). Bildung am Gymnasium. *EDK-Schriftenreihe Studien + Berichte.* Bern: Schweizerische Konferenz der kantonalen Erziehungsdirektoren.

Eberle, F., Gehrer, K., Jaggi, B., Kottonau, J., Oepke, M. & Pflüger, M. (2008). *Evaluation der Maturitätsreform 1995.* Schlussbericht zur Phase II. Bern: Staatssekretariat für Bildung und Forschung SBF.

Eberle, F, Brüggenbrock, Ch., Rüede, C., Weber, C. & Albrecht, U. (in Druck). *Basale fachliche Kompetenzen für allgemeine Studierfähigkeit in Mathematik und Erstsprache.* Schlussbericht zuhanden der EDK.

Formazin, M., Schroeders, U., Köller, O., Wilhelm, O. & Westmeyer, H. (2011). Studierendenauswahl im Fach Psychologie: Testentwicklung und Validitätsbefunde. *Psychologische Rundschau, 62,* 221-236.

Gnos, C. & Ramseier, E. (2008). *Maturitätsausbildung und Studienbeginn. Ergebnisse aus dem Projekt Evaluation der Maturitätsreform im Kanton Bern.* Bern: Bildungsplanung und Evaluation. Erziehungsdirektion des Kantons Bern.

Gold, A. & Souvignier, E. (2005). Prognose der Studierfähigkeit. Ergebnisse aus Längsschnittanalysen. *Zeitschrift für Entwicklungspsychologie und Pädagogische Psychologie, 37,* 214-222.

Graham, J. W., Cumsille, P. E. & Elek-Fisk, E. (2003). Methods for handling missing data. In J. A. Schinka & W. F. Velicer (Hrsg.), *Handbook of psychology: Research methods in psychology Vol. 2* (S. 87-114). Hoboken: John Wiley & Sons.

Hänsgen, K.-D. & Spicher, B. (2007). *EMS Eignungstest für das Medizinstudium 2007. Bericht 13 über die Durchführung und Ergebnisse 2007.* Freiburg: Zentrum für Testentwicklung und Diagnostik der Universität Freiburg.

Heldmann, W. (1984). *Studierfähigkeit.* Göttingen: Schwartz.

Hell, B., Trapmann, S. & Schuler, H. (2007). Eine Metaanalyse der Prognosekraft von Studierfähigkeitstests. *Empirische Pädagogik, 21,* 251-270.

Heublein, U., Hutzsch, C., Schreiber, J., Sommer, D. & Besuch, G. (2009). *Ursachen des Studienabbruchs in Bachelor- und in herkömmlichen Studiengängen. Ergebnisse einer bundesweiten Befragung von Exmatrikulierten des Studienjahres 2007/08* (HIS-Projektbericht). HIS & Bundesministerium für Bildung und Forschung.

Huber, L. (1997). Fähigkeit zum Studieren – Bildung durch Wissenschaft. Zum Problem der Passung zwischen Gymnasialer Oberstufe und Hochschule. In E. Liebau, W. Mack & C. T. Scheilke (Hrsg.), *Das Gymnasium. Alltag, Reform, Geschichte, Theorie* (S. 333-351). Weinheim: Juventa.

Huber, L. (2009). Von basalen Fähigkeiten bis vertiefte Allgemeinbildung: Was sollen Abiturientinnen und Abiturienten für das Studium mitbringen? In D. Bosse (Hrsg.), *Gymnasiale Bildung zwischen Kompetenzorientierung und Kulturarbeit* (S. 107-124). Wiesbaden: VS Verlag für Sozialwissenschaften.

Huber, L. (2013). Zur Studierfähigkeit gehört auch Interesse. In J. Asdonk, S. U. Kuhnen & Ph. Bornkessel (Hrsg.), *Von der Schule zur Hochschule: Analysen, Konzeptionen und Gestaltungsperspektiven des Übergangs* (S. 147-163). Münster: Waxmann.

Jäger, A. O., Süss, H.-M. & Beauducel, A. (1997). *Berliner Intelligenzstruktur-Test (BIS-T4).* Göttingen: Hogrefe.

Kazemzadeh, F., Minks, K. & Nigmann, R. (1987). *„Studierfähigkeit" – eine Untersuchung des Übergangs vom Gymnasium zur Universität.* Hannover: Hochschul-Informations-System.

KMK = Konferenz der Kultusminister (1977/1978). Empfehlungen zur Arbeit in der gymnasialen Oberstufe. *Bildung und Erziehung, 31,* 561-574.

KMK = Konferenz der Kultusminister (1995). *Weiterentwicklung der Prinzipien der gymnasialen Oberstufe und des Abiturs.* Bonn: Konferenz der Kultusminister.

KMK = Konferenz der Kultusminister (2002). *Vereinbarung über Einheitliche Prüfungsanforderungen in der Abiturprüfung.* (Beschluss der Kultusministerkonferenz vom 01.06.1979 i.d.F. vom 24.05.2002). Bonn: Sekretariat der Ständigen Konferenz der Kultusminister der Länder in der Bundesrepublik Deutschland.

Köller, O. (2004). Schulische Leistungen am Ende der gymnasialen Oberstufe: Wichtige Ressourcen für den Übergang ins Studium und eine erfolgreiche Berufskarriere? *Zeitschrift für Erziehungswissenschaft, 7,* 185-199.

Köller, O. (2013). Abitur und Studierfähigkeit. In J. Asonk, S. U. Kuhnen & Ph. Bornkessel (Hrsg.), *Von der Schule zur Hochschule: Analysen, Konzeptionen und Gestaltungsperspektiven des Übergangs* (S. 25-49). Münster: Waxmann.

Köller, O., Baumert, J. & Schnabel, K. (1999). Wege zur Hochschulreife: Offenheit des Systems und Sicherung vergleichbarer Standards. Analysen am Beispiel der Mathematikleistungen von Oberstufenschülern an integrierten Gesamtschulen und Gymnasien in Nordrhein-Westfalen. *Zeitschrift für Erziehungswissenschaft, 3,* 370-405.

Köller, O., Baumert, J., Cortina, K. S., Trautwein, U. & Watermann, R. (2004). Öffnung von Bildungswegen in der Sekundarstufe II und die Wahrung von Standards: Analysen am Beispiel der Englischleistungen von Oberstufenschülern an integrierten Gesamtschulen, beruflichen und allgemein bildenden Gymnasien. *Zeitschrift für Pädagogik, 50,* 679-700.

Konegen-Grenier, C. (2002). *Studierfähigkeit und Hochschulzugang.* Köln: Deutscher Instituts-Verlag.

Kuncel., N. R. & Hezlett, S. A. (2007). Standardized tests predict graduate students' success. *Science, 315,* 1080-1081.

Larsen, M. R.; Sommersel, H. B. & Larsen, M. S. (2013). *Evidence on Drop-out Phenomena at Universities. Systematic Review.* Copenhagen: Danish Clearinghouse for Educational Research; Aarhus University.

Linn, R. L. & Hastings, C. N. (1984). A meta analysis of the validity of predictor of performance in law school. *Journal of Educational Measurement, 21,* 245-259.

Little, R. J. & Rubin, D. B. (2002). *Statistical analysis with missing data.* Hoboken: John Wiley & Sons.

Lüdtke, O., Robitzsch, A., Trautwein, U. & Köller, O. (2007). Umgang mit fehlenden Werten in der psychologischen Forschung: Probleme und Lösungen. *Psychologische Rundschau, 58,* 103-117.

Maier, M. & Hatzinger, R. (2010). *IRT Software: Überblick und Anwendungen.* Research Report Series, Report 103. WU Wirtschaftsuniversität Wien: Institute for Statistics and Mathematics.

Masters, G. N. (1982). A Rasch model for partial credit scoring. *Psychometrika, 47,* 149-174.

MAR (1995). *Verordnung des Bundesrates/Reglement der EDK über die Anerkennung von gymnasialen Maturitätsausweisen (MAR) vom 16. Januar/15. Februar 1995.* Abgerufen von: http://edudoc.ch/record/38112/files/VO_MAR_ d.pdf. Zugegriffen: 01.09.2014.

Nagy, G. (2005). *Berufliche Interessen, kognitive und fachgebundene Kompetenzen: Ihre Bedeutung für die Studienfachwahl und die Bewährung im Studium.* Dissertation, Universität Berlin, Berlin.

Neumann, M., Nagy, G., Trautwein, U. & Lütdke, O. (2009). Vergleichbarkeit von Abiturleistungen: Leistungs- und Bewertungsunterschiede zwischen Hamburger und Baden-

Württemberger Abiturienten und die Rolle zentraler Abiturprüfungen. *Zeitschrift für Erziehungswissenschaften, 12*, 691-714.

Notter, P. & Arnold, C. (2003). *Der Übergang ins Studium. Bericht zu einem Projekt der Konferenz der Schweizerischen Gymnasialrektoren (KSGR) und der Rektorenkonferenz der Schweizer Universitäten (CRUS)*. Bern: Bundesamt für Bildung und Wissenschaft.

Notter, P. & Arnold, C. (2006). *Der Übergang ins Studium II, Bericht zu einem Projekt der Konferenz der Schweizerischen Gymnasialrektoren (KSGR) und der Rektorenkonferenz der Schweizer Universitäten (CRUS)*. Bern: Staatssekretariat für Bildung und Forschung, Schriftenreihe SBF.

Oelkers, J. (2008). *Die Qualität der Schweizer Gymnasien*. Bern: h.e.p

Oepke, M. (2007). *Erwartungen Dozierender an Wissen und Können zu Beginn des Studiums*. Vortrag auf der 70. Tagung der AEPF in Lüneburg, 10.-12.09.2007.

Oepke, M. & Eberle, F. (2010). *Studierfähigkeit von Maturandinnen und Maturanden. Eine Follow-up-Studie zur EVAMAR-II-Untersuchung*. Antrag an den SNF vom 01.10.2010, Universität Zürich: Institut für Erziehungswissenschaft.

Oepke, M. & Eberle, F. (2014). Studierfähigkeit und Studienfachwahl von Maturandinnen und Maturanden. In F. Eberle, B. Schneider-Taylor & D. Bosse (Hrsg.), *Abitur und Matura zwischen Hochschulvorbereitung und Berufsorientierung* (S. 185-214). Wiesbaden: Springer.

Ramist, L., Lewis, C. & McCamley-Jenkins, L. (2001). *Using achievement tests/SAT II: Subject Tests to demonstrate achievement and predict college grades: Sex, language, ethnic, and parental education groups* (College Board Research Report No. 2001-5). New York: College Entrance Examination Board.

Rindermann, H. & Oubaid, V. (1999). Auswahl von Studienanfängern durch Universitäten – Kriterien, Verfahren und Prognostizierbarkeit des Studienerfolgs. *Zeitschrift für Differentielle und Diagnostische Psychologie, 20*, 172-191.

Robbins, S. B., Lauver, K., Le, H., Davis, D., Langley, R. & Carlstrom, A. (2004). Do psychosocial and study skill factors predict college outcomes? A meta-analysis. *Psychological Bulletin, 130*, 261-288.

Schiefele, U., Streblow, L., Ermgassen, U. & Moschner, B. (2003). Lernmotivation und Lernstrategien als Bedingungen der Studienleistung: Ergebnisse einer Längsschnittstudie. *Zeitschrift für Pädagogische Psychologie, 17*, 185-198.

Schreiber, J. & Sommer, D. (2005). *Schulische Vorbereitung auf das Studium*. Hisbus Kurzbericht, 11. Hannover: HIS.

SKBF = Schweizerische Koordinationsstelle für Bildungsforschung (2010). *Bildungsbericht Schweiz 2010*. Aarau: SKBF.

Trapmann, S. (2008). *Mehrdimensionale Studienerfolgsprognose: Die Bedeutung kognitiver, temperamentsbedingter und motivationaler Prädiktoren für verschiedene Kriterien des Studienerfolgs*. Dissertation, Universität Hohenheim. Stuttgart: Katalog.

Trapmann, S., Hell, B., Hirn, J. O. W. & Schuler, H. (2007). Meta-analysis of the relationship between the Big Five and academic success at university. *Zeitschrift für Psychologie, 215*, 132-151.

Trautwein, U., Husemann, N., Lüdtke, O., Köller, O., Watermann, R., Maaz, K., Nagy, G., Baumert, J. et al. (2006). *Transformation des Sekundarschulsystems und akademische Karrieren (TOSCA)*. Dokumentation der eingesetzten Items und Skalen. Welle 2. Berlin: Max-Planck-Institut für Bildungsforschung.

Trautwein, U., Köller, O., Lehmann, R. H. & Lüdtke, O. (2007). *Schulleistungen von Abiturienten: Regionale, schulformbezogene und soziale Disparitäten*. Münster: Waxmann.

Trost, G. (2003). *Deutsche und internationale Studierfähigkeitstests: Arten, Brauchbarkeit, Handhabung.* Bonn: Deutscher Akademischer Austauschdienst.

Trost, G. & Haase, K. (2005). *Hochschulzulassung: Auswahlmodelle für die Zukunft. Eine Entscheidungshilfe für die Hochschulen,* Band 6. Essen: Schriftenreihe für die Deutsche Wissenschaft und Landesstiftung Baden-Württemberg.

Uthmann, C. (2008). *Studierendenauswahl – Erprobung und Evaluation eines multidimensionalen testdiagnostischen Verfahrens zur Studienerfolgsprognose an der Fachhochschule Heidelberg.* Dissertation, Fakultät für Verhaltens- und Empirische Kulturwissenschaften der Ruprecht-Karls-Universität Heidelberg.

Wissenschaftsrat (2004). *Empfehlungen zur Reform des Hochschulzugangs.* Köln: Wissenschaftsrat.

Wolter, S. C., Diem, A. & Messer, D. (2013). *Studienabbrüche an Schweizer Universitäten.* SKBF Staff Paper 11. Aarau: Schweizerische Koordinationsstelle für Bildungsforschung (SKBF).

Wright, B.D. & Stone, M.H. (1979). *Best Test Design. Rasch Measurement.* University of Chicago: Mesa Press.

Wu, M., Adams, R.J. & Wilson, M.R. (1998). *ACER ConQuest. Generalised Item Response Modelling Software.* Melbourne: Acer Press.

Wu, M. L., Adams, R. J., Wilson, M. & Haldane, S. (2007). *ACER Conquest 2.0: Generalized item response modeling software* (computer program). Hawthorn, Australia: ACER.

Zimmerhofer, A. (2008). *Studienberatung im Deutschen Hochschulsystem auf der Basis psychologischer Tests: Studienfachprofile, Vorhersagevalidität und Akzeptanz.* Dissertation, Technische Hochschule Aachen.

Die Matura als der Weg zum beruflichen Erfolg: Ein Vergleich mit der Berufsausbildung

Claudia Schellenberg, Achim Hättich, Nicolas Schmaeh und Kurt Häfeli

Zusammenfassung

Nach der obligatorischen Schulzeit besteht in der Schweiz die Möglichkeit, zwischen allgemeinbildender und berufsbildender Ausbildungsform zu wählen. Es interessiert die Frage, ob bei vergleichbarer Intelligenz, Herkunftsschicht und unabhängig vom Geschlecht Unterschiede zwischen Lernenden verschiedener Bildungsformen bezüglich späterem Berufserfolg bestehen. Datenbasis bildet die Zürcher Längsschnittstudie „Von der Schulzeit bis ins mittlere Erwachsenenalter". Maturandinnen und Maturanden unterscheiden sich gegenüber ehemaligen Berufslernenden durch einen höheren Berufsstatus und weniger Unterbrüche in der Berufslaufbahn, jedoch nicht bezüglich Einkommen, Führungsposition oder Zufriedenheit. Persönlichkeitsmerkmale wie Intelligenz oder Extraversion sind bessere Prädiktoren für Berufserfolg als die absolvierte Bildungsform.

1 Einleitung

Jugendliche stehen nach dem Abschliessen der obligatorischen Schulzeit vor der Entscheidung, zwischen verschiedenen Ausbildungsgängen zu wählen. Verglichen mit anderen Ländern besteht in der Schweiz, sowie auch in Deutschland und Österreich die Besonderheit, dass Schulabgängerinnen und Schulabgänger nach der obligatorischen Schulzeit entsprechend ihren Fähigkeiten zwischen verschiedenen Arten von Bildungsformen (allgemeinbildende oder berufsbildende) wählen können.

Das Image der Berufsausbildung ist in der Gesellschaft allerdings oft nicht ebenbürtig mit demjenigen einer allgemeinbildenden Ausbildung (mit Abschluss Matura). So wird teilweise vermutet, dass die Chancen für späteren beruflichen Erfolg besser sind, wenn ein Maturaabschluss erreicht wurde (Strahm 2014); demgegenüber werden weniger Aufstiegsmöglichkeiten nach Abschluss einer Berufsausbildung gesehen. Die Frage, wie effektiv die berufliche Grundbildung ist, ist nicht einfach zu beantworten (SKBF 2014): Es erzielen jene Systeme die beste Effektivität, welche sowohl die Neigungen und Bedürfnisse der Einzelnen wie auch diejenigen der Wirtschaft und der einzelnen Firmen optimal abzudecken vermögen. Zentral ist auch, ob das Gelernte optimal verwertet werden kann, d.h. ob gute Chancen bestehen, eine passende Arbeit zu finden, einen angemessenen Lohn zu erzielen und beruflich zufrieden zu sein. Der Lernerfolg verschiedener Bildungsgänge kann somit über den Erfolg auf dem Arbeitsmarkt gemessen werden. Um den Arbeitsmarkterfolg nach der Berufsausbildung oder dem Gymnasium zu beurteilen, ist es wichtig, die gesamte berufliche Karriere nach dem Bildungsabschluss zu berücksichtigen. Dazu braucht es Längsschnittdaten, welche solche Entwicklungen aufzeigen können. Zudem ist zu beachten, dass sich Personen mit unterschiedlichen Talenten und Fähigkeiten in verschiedene Ausbildungsgänge selektionieren und dadurch Vergleiche ohne Korrektur dieser Selektion wenig aussagen. Dies sind die Hauptgründe dafür, dass zu der Thematik wenige Studien vorliegen (Wolter und Ryan 2011).

Anhand der Daten der Zürcher Längsschnittstudie „Von der Schulzeit bis ins mittlere Erwachsenenalter" (ZLSE), welche die persönliche und berufliche Entwicklung vom 15. bis zum 49. Lebensjahr verfolgt, können Karrieren unterschiedlicher Bildungsabschlüsse miteinander verglichen werden. Dank der differenzierten Erfassung des Jugendalters in Bezug auf Persönlichkeit, Fähigkeiten und Interessen sowie des soziodemographischen Hintergrundes können Selektionseffekte kontrolliert werden. In diesem Beitrag werden Maturandinnen und Maturanden mit Absolventinnen und Absolventen einer Berufsausbildung verglichen. Im Zentrum steht die Frage, ob sich die beiden Gruppen in Bezug auf den später erreichten beruflichen Erfolg, der im Sinne von objektiven (wie Berufsstatus oder Einkommen) oder subjektiven Merkmalen (Zufriedenheit) gemessen wird, unterscheiden. Beruflicher Erfolg ist von verschiedenen Einflussfaktoren abhängig, welche soziologischen oder psychologischen Modellen zugeordnet werden können.

2 Theoretische Modelle und Längsschnittstudien zur Vorhersage von Berufserfolg

Theorien, welche sich mit der Vorhersage von beruflichem Erfolg befassen, können in zwei Gruppen mit a) soziologischen und b) psychologischen Erklärungsansätzen eingeteilt werden. Bei den soziologischen Theorien liegt der Hauptfokus auf dem Einfluss der Herkunftsschicht auf den Berufsstatus (Boudon 1974). Blau und Ducan (1967) zeigen, dass unter Kontrolle der sozialen Herkunft Faktoren wie erreichtes Ausbildungsniveau und Status des Ausbildungsberufes für den Berufserfolg bedeutsam sind. Psychologische Theorien berücksichtigen zusätzlich interindividuelle Unterschiede in persönlichen Merkmalen wie Intelligenz, Persönlichkeit und Motivation. Es gibt Modelle, welche Merkmale aus beiden theoretischen Erklärungsansätzen verbinden (z. B. Eccles et al. 1998): Für den späteren Berufserfolg sind hier Erwartungen und Überzeugungen (psychologische Faktoren) wie auch Merkmale der Eltern, Lehrpersonen, Peers und Herkunftsschicht (soziologische Faktoren) bedeutsam. In einem anderen Modell, dem Wisconsin Modell (Sewell et al. 1969) wird betont, dass der Einfluss der Herkunftsschicht auf den späteren Berufsstatus durch andere Faktoren wie erreichtes Ausbildungsniveau und Intelligenz vermittelt wird. Credé und Kuncel (2008) weisen darauf hin, dass die absolvierte Ausbildung einer der stärksten Prädiktoren für den Berufserfolg ist. John L. Hollands Theorie zur Passung von Persönlichkeit und Berufstätigkeit zeigt, dass Berufsinteressen aus der Jugendzeit Prädiktoren für die Berufswahl sind. Eine hohe Passung wirkt sich insbesondere auf den subjektiven Berufserfolg (Zufriedenheit) aus (Holland 1997). Die meisten Modelle beziehen sich auf den erreichten Berufsstatus in der späteren Jugendzeit oder im frühen Erwachsenenalter. Über die Langzeitwirkungen verschiedener Merkmale auf den späteren Berufserfolg – und wie diese untereinander zusammenhängen – ist weniger bekannt.

Im Folgenden wird über Längsschnittstudien berichtet, welche sich mit den Langzeitauswirkungen verschiedener Prädiktoren auf den beruflichen Erfolg befassen. In der Literatur zur beruflichen Entwicklung und zu Berufs- und Laufbahnerfolg („career success") findet man häufig die Unterscheidung von *objektiven* (z. B. Berufsstatus, Lohn) und *subjektiven* Indikatoren (wie Zufriedenheit, Motivation; Judge et al. 1999; Ng et al. 2005). Obwohl sich die Forschung sowohl mit subjektivem wie auch mit objektivem Laufbahnerfolg beschäftigt, befassten sich deutlich mehr empirische Studien mit objektiven Kriterien (Ng et al. 2005). Ng et al. (2005) zeigen in ihrer Metaanalyse, dass sich beim objektiven Indikator „Salär" vor allem das Humankapital (korrigierte Korrelation [r_c] = .21) und sozio-demographische Variablen (r_c = .20) auswirken; beim subjektiven Indikator „career satisfaction" sind es vor allem Variablen des „Organizational sponsorship" (r_c = .31) und stabile Persönlichkeitsmerkmale (r_c = .24), welche höher korrelieren.

Studien, welche sich mit der Vorhersage von *objektiv* messbarem Berufserfolg befassen, betonen oft die Rolle der Intelligenz (Gottfredson 2002; Heckman 2006; Schmidt und Hunter 2004). Weitere Studien fanden Prädiktoren wie Herkunftsschicht und Prestige des Ausbildungsberufes als zentral für den späteren Berufsstatus (Bradley und Corwyn 2002; Caro et al. subm.). Weiter erweist sich die absolvierte Ausbildung als Prädiktor für den Berufserfolg (Heckman 2006). Auch in der Schweiz sind diese Einflüsse vor allem für den Start der Berufslaufbahn immer wieder bestätigt worden (Becker 2013): Jugendliche mit Schultyp „Grundansprüche" haben beispielsweise mehr Mühe, einen Ausbildungsplatz zu finden, als Jugendliche aus Schultypen mit „erweitertem Anforderungsprofil".

Judge et al. (1999) untersuchten den Zusammenhang zwischen Persönlichkeit gemessen in der Jugendzeit und Karriereerfolg im mittleren Erwachsenenalter. Neurotizismus erwies sich als negativer und Extraversion als positiver Prädiktor für den extrinsischen Karriereerfolg (Berufsstatus und Einkommen). Roberts et al. (2007) fanden zusätzlich Gewissenhaftigkeit als relevanten Einflussfaktor für späteren objektiven Berufserfolg. Nach Soldz und Vaillant (1999) waren Gewissenhaftigkeit und Extraversion relevante Prädiktoren für das spätere Einkommen. Nach Howard und Bray (1994) hatten Durchsetzungsfähigkeit, Leistungsmotivation und Kreativität einen prognostischen Wert zum Erlangen einer späteren Führungsposition.

Lleras (2008) untersuchte Einflussgrössen, welche das Einkommen 10 Jahre später vorhersagen. Sie fanden, dass unter Kontrolle von Intelligenz Verhaltensweisen am Arbeitsplatz und „social skills" einen Einfluss auf den erreichten Berufsstatus haben. Spiess Huldi (2009) zeigt in der vorliegenden Längsschnittstudie, dass das psychosoziale Umfeld und Persönlichkeitsmerkmale aus dem Jugendalter relevante Prädiktoren für die Vorhersage des Berufserfolges (gemessen am Berufsstatus mit 36 Jahren) sind. Obwohl die meisten Faktoren für beide Geschlechter ähnlich wirken, zeigen sich auch geschlechtstypische Effekte des Herkunftsumfeldes oder der Geschlechtsrolleneinstellungen.

Zusammenfassend kann festgehalten werden, dass Merkmale gemessen in der Jugendzeit einen Einfluss auf den späteren Berufserfolg haben. Längsschnittstudien zum systematischen Vergleich der Berufslaufbahnen von Personen verschiedener Bildungsabschlüsse – *Berufsausbildung vs. Matura* – in Bezug auf den späteren Berufserfolg gibt es kaum. Die Zürcher-Längsschnittstudie ermöglicht es, verschiedene Einflussgrössen auf den Berufserfolg über einen langen Zeitraum bis zum 49. Altersjahr zu untersuchen.

3 Ausbildungswege im Schweizer Bildungssystem

In der Schweiz befindet sich die deutliche Mehrheit der Jugendlichen (knapp 60 % im Jahre 2011) im ersten Jahr nach der obligatorischen Schule in einer betrieblichen, dualen Ausbildung mit zwei Lernorten: Betrieb und Berufsfachschule. Sie bietet Lernenden eine 2- bis 4-jährige Ausbildung in über 250 Berufen an und führt zu einem qualifizierten Abschluss, welcher die Absolventinnen und Absolventen für den Arbeitsmarkt attraktiv macht und ihnen gute Aufstiegschancen gewährleistet (Strahm 2014). Die durchschnittliche gymnasiale Maturitätsquote beträgt 20 Prozent (SKBF 2014).

In den letzten Jahren ist eine Bildungsexpansion zu beobachten, d. h. der Anteil an Tertiärgebildeten nimmt stark zu. Die Hochschulquote ist bei der jüngeren Generation (25- bis 34-Jährige) fast ein Drittel höher als in der Gesamtbevölkerung (SKBF 2014). Nach Abschluss einer allgemeinbildenden Schule (oder auch Berufsausbildung mit weiterführender Berufsmatura) können weitere Ausbildungsgänge im Tertiärsystem absolviert werden. Das Tertiärsystem gliedert sich in den Tertiärsektor A (universitäre Hochschulen, Fachhochschulen, pädagogische Hochschulen), und in einen Tertiärsektor B (höhere Berufsbildung). Die Schweiz liegt mit einer Hochschulquote (Tertiär A) von 24 % im europäischen Mittelfeld. Zählt man die Abschlüsse Tertiär B dazu, so verfügt in der Schweiz gut jede dritte Person über einen Tertiärabschluss. Die Entscheidung für eine Ausbildung an einer Hochschule ist sicher neben persönlichen Neigungen und Vorlieben auch massgeblich von den dadurch erhofften Vorteilen auf dem Arbeitsmarkt beeinflusst. Die Arbeitsmarktchancen unterscheiden sich je nach erfolgter Ausbildung auf Tertiärstufe A (SKBF 2014): Während Absolventinnen und Absolventen einer pädagogischen Ausbildung ein Jahr nach Abschluss die höchste Erwerbstätigenquote aufweisen, haben Abgängerinnen und Abgänger der universitären Ausbildung die tiefste. Was die Erwerbslosenquote betrifft, sind fünf Jahre nach Studienabschluss jedoch keine Unterschiede mehr festzustellen (Bundesamt für Statistik 2013). In vorliegender Studie werden die Bildungsverläufe von Maturandinnen und Maturanden sowie Berufslernenden insbesondere auch diesbezüglich untersucht, ob weiterführende Ausbildungen auf der Tertiärstufe erfolgten.

4 Fragestellungen und Hypothesen der aktuellen Studie

Die Berufslehre stellt ein wichtiges Ausbildungsgefäss dar und gilt als günstiger Startpunkt in die berufliche Laufbahn. Der langfristige Erfolg der Berufsausbildung hängt davon ab, ob sie auch auf hoch qualifizierte Absolventinnen und Absolventen der obligatorischen Schule eine Anziehungskraft ausübt. Die hohe Prozentzahl von Lernenden der Berufsausbildung in der Schweiz zeigt, dass im Hinblick auf die Quantität keine Mangelsituation besteht. Es gibt jedoch wenig Studien, welche anhand von guten Längsschnittdaten aufzeigen, welche Charakteristika Personen unterschiedlicher Bildungsformen (Berufsausbildung vs. Matura) haben und wie sich Bildungsabschlüsse neben anderen Merkmalen (v.a. der Persönlichkeit) auf den längerfristigen beruflichen Erfolg auswirken.

Die vorliegende Studie befasst sich darum mit der Frage, inwieweit es Unterschiede bezüglich Laufbahnverläufen und Persönlichkeitsmerkmalen zwischen Personen gibt, welche eine Matura oder aber eine Berufsausbildung absolviert haben. Dabei werden die Karriereverläufe von Maturandinnen und Maturanden differenziert beachtet und die verschiedenen Ausbildungstypen auf Tertiärstufe miteinander verglichen. Es wird untersucht, ob sich der spätere Berufserfolg je nach absolviertem Ausbildungstyp (Berufsausbildung, höhere Berufsbildung, Universitätsabschluss, Fachhochschule oder pädagogische Hochschule) unterscheidet.

Unser Interesse gilt folgenden Bereichen:

a. Wir verfolgen *Laufbahnmuster* über den zeitlichen Verlauf und vergleichen Absolventinnen und Absolventen der Matura und der Berufsausbildung bezüglich Veränderungen im Berufsstatus oder Anzahl Unterbrüche in der Berufstätigkeit (durch Mutterschaft, Krankheit, Arbeitslosigkeit). Wir vermuten, dass Abschluss Matura mit mehr beruflichen Aufstiegen (Richtung höheren Status) und mehr Unterbrüchen wegen Aus- und Weiterbildung verbunden ist.
b. Der nächste Schritt befasst sich mit dem *Vergleich verschiedener Merkmale* bei Personen aus unterschiedlichen Ausbildungsgängen. Beim Vergleich der Gruppen werden die Faktoren Intelligenz, Geschlecht und Herkunftsschicht jeweils kontrolliert und die Absolventinnen und Absolventen in Bezug auf die interessierenden Merkmale Persönlichkeit und beruflicher Erfolg verglichen. Zum einen vermuten wir, dass es bei den *Berufsinteressen* Unterschiede gibt. Berufliche Interessen haben nach Holland (1997) eine besonders starke prädiktive Kraft für die spätere Studienwahl. Bei Absolventinnen und Absolventen des Lehrerseminars prüfen wir die Hypothese, dass sich diese durch eine besonders soziale Orientierung verglichen mit den anderen Gruppen auszeich-

nen. Lernende der Universität und Fachhochschulen könnten dafür vermehrt ein praktisch-technisches Interessensprofil aufweisen (Klusmann et al. 2009; Zabeck und Zimmermann 1995). Weiter vergleichen wir Absolventinnen und Absolventen verschiedener Ausbildungsgänge in Bezug auf ihre *Geschlechtsrolleneinstellung* (traditionelles vs. egalitäres Rollenverständnis), sowie auf die *Big-Five* Persönlichkeitsskalen. Wir vermuten, dass Offenheit für Erfahrung mit mehr wissenschaftsorientierten Bildungsgängen (wie Universität) und Extraversion und Verträglichkeit mit sozialen Tätigkeiten (wie Lehrerseminar) oder wirtschaftsorientierten Bildungsgängen (wie Fachhochschulen) verbunden ist (vgl. Barrick et al. 2003; Klusmann et al. 2009). Weiter vermuten wir, dass sich Absolventinnen und Absolventen verschiedener Ausbildungsgänge in Bezug auf den *späteren Berufserfolg* unterscheiden. Personen mit Abschlüssen auf Tertiär A (Universität, Fachhochschule) erreichen einen höheren Berufsstatus (ISEI, Ganzeboom 2010), was sich auch positiv auf ein höheres Einkommen und die Übernahme von Führungsverantwortung auswirken könnte.

c. Die letzte Fragestellung befasst sich mit der *relativen Bedeutung der absolvierten Ausbildungsform* (Matura vs. Berufsausbildung) neben anderen bedeutsamen Faktoren auf den späteren *objektiv* messbaren Berufserfolg wie Einkommen und Erreichen einer Führungsposition. Wir vermuten, dass Prädiktoren wie absolvierte Ausbildung, Intelligenz und Herkunftsschicht zentrale Prädiktoren für den späteren Berufserfolg sind (z. B. Caro et al. subm, Heckman 2006). Weiter spielen Persönlichkeitsmerkmale für den Berufserfolg eine Rolle: Offenheit, Gewissenhaftigkeit, Extraversion, Neurotizismus (mit negativem Vorzeichen) und egalitäre Geschlechtsrolleneinstellung gehen später mit höherem beruflichem Erfolg einher (vgl. Ng et al. 2005). Wir prüfen auch die Hypothese, ob sich berufliche Interessen aus der Jugendzeit auf den späteren Berufserfolg auswirken: Beispielsweise könnte hohes Interesse an sozialen Berufen (S-Typ nach Holland 1997) später mit tieferem Einkommen verbunden sein, da im sozialen Bereich oftmals weniger Karrieremöglichkeiten als beispielsweise im unternehmerischen E-Bereich bestehen (Hirschi 2009; Hupka-Brunner et al. 2012). Weiter gilt das Interesse Unterbrüchen in der Berufslaufbahn. Wir vermuten, dass sich weniger Karriereknicks (im Sinne von Unterbrüchen) für das Einkommen und das Ausüben einer späteren Führungsposition als relevant erweisen.

5 Methode

5.1 Untersuchungsteilnehmende

Die Zürcher-Längsschnittstudie umfasst bisher zehn Erhebungen (B1 bis B10) und das 15. bis 49. Lebensjahr (Schallberger und Spiess Huldi 2001; Schmaeh et al. 2015). Die ersten vier Erhebungen stammen aus dem Projekt „Berufswahl von künftigen Lehrlingen", das in der zweiten Hälfte der siebziger Jahre durchgeführt wurde (vgl. Phase 1 in *Abbildung 1*). Für die Basiserhebung wurden zufällig Klassen ausgewählt, deren Personen sich bei der Erstmessung 1978 im letzten Schuljahr befanden. Dementsprechend sind die meisten im Jahr 1963 geboren. Bei der Erstbefragung wurden 2357 Untersuchungspersonen befragt. Aus ökonomischen Gründen wurden für die weiteren Untersuchungsphasen (mit Ausnahme von Phase 3) nur noch die Teilnehmenden aus der deutschsprachigen Schweiz kontaktiert. Die Erhebungen B5 bis B7 wurden im Projekt „Berufsausbildung und Persönlichkeitsentwicklung" anfangs der achtziger Jahre durchgeführt. Da die Befragung zum Zeitpunkt B6 auch Tests mit standardisierten Durchführungsbedingungen umfasste, konnte sie nicht postalisch abgewickelt werden, was aus ökonomischen Gründen eine Reduktion der Stichprobengrösse auf rund 500 Personen erforderte. In der Erhebung B7 beurteilten 28 berufskundliche Experten die in der Stichprobe vertretenen Lehrberufe und Schulen. Bei der Erhebung B8 („Adaptation professionnelle") konnte wieder die gesamte Stichprobe der Erhebung B1 einbezogen werden. Der Rücklauf betrug 61 %, was 1428 Personen entspricht. Die Befragung B9 („Beruflicher Werdegang und Familie") hatte zum Ziel, die Personen der Stichprobe B6 nach 16 Jahren Unterbruch wieder aufzufinden. 394 Personen nahmen teil. Bei der zehnten Erhebung (B10) im Jahr 2012 wurde die Stichprobe von B9 erneut angeschrieben. Außerdem wurden unterrepräsentierte Gruppen (Frauen, geringes Bildungsniveau) durch „Nachsampling" aus der Stichprobe B1 hinzugezogen. Somit ergab sich eine Stichprobe von 485 Personen. Durchgeführt wurde die aktuelle Studie von der Hochschule für Heilpädagogik (HfH) und der Universität Basel, mit finanzieller Unterstützung vom Staatssekretariat für Bildung, Forschung und Innovation (SBFI).

Die 485 Teilnehmenden sind für die Gruppe der 1963 Geborenen (Deutschschweiz) in Bezug auf das Geschlecht, die soziale Herkunft und den absolvierten Schultyp mit 15 Jahren repräsentativ. Die Stichprobe umfasst aktuell 51 % Männer; damit sind die Geschlechtsverhältnisse ausgeglichen. Mit 36 Jahren standen 76 % der Personen im Arbeitsleben, mit 49 Jahren sind es nun 92 %. 91 % der Männer und 26 % der Frauen arbeiten Vollzeit.

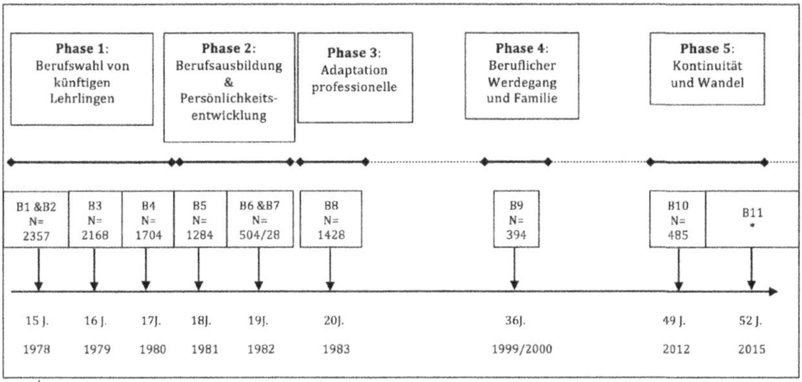

Abb. 1 Studiendesign der Zürcher-Längsschnittstudie. ©

Basis für die vorliegenden Analysen bilden 440 Personen, welche in der letzten Erhebung B10 im Alter von 49 Jahren teilgenommen hatten (45 Personen wurden ausgeschlossen wegen anderen Ausbildungsabschlüssen oder fehlenden Daten). *Tabelle 1* zeigt die Verteilungen der fünf gebildeten Gruppen zur Ausbildungsform in Bezug auf Geschlecht und Herkunftsschicht.

Tab. 1 Häufigkeitsverteilungen der Absolventinnen und Absolventen verschiedener Ausbildungsgänge nach Geschlecht und Herkunftsschicht

	Uni (n = 21)	Lehrerseminar (n = 28)	Fachhochschule (n = 35)	Höhere Berufs-bildung (n = 69)	Berufslehre (n = 287)
Geschlecht (weibl.)	38 %	79 %	14 %	20 %	54 %
Herkunftsschicht:					
Oberschicht	29 %	11 %	27 %	8 %	7 %
Mittelschicht	67 %	67 %	68 %	78 %	66 %
Unterschicht	5 %	22 %	6 %	14 %	27 %

Anmerkungen: Tests zu den Mittelwertsvergleichen zwischen den Gruppen: a) Schicht: χ^2 = 33.05, df = 8, p = .000; b) Geschlecht: χ^2 = 51.77, df = 4, p = .000. N = 440. ©

Bezogen auf die Geschlechterverteilung kann festgehalten werden, dass ein Grossteil der Absolventinnen und Absolventen des Lehrerseminars weiblich waren (79 %). Hingegen schlossen bedeutet mehr Männer (86 %) als Frauen ein Fachhochschulstudium ab in unserer Stichprobe. Auch bei der höheren Berufsbildung sind die Frauen unterrepräsentiert (20 %). Die Häufigkeitsverteilung der Herkunftsschicht zeigt, dass Personen aus der Oberschicht bei den Universitäts- und Fachhochschulabschlüssen übervertreten sind (29 %, resp. 27 %). In der Mittelschicht verteilen sich die Ausbildungsformen Universität, Fachhochschule und Berufslehre nahezu gleichmässig (alle um 67 %). Personen der Stichprobe, die der Unterschicht entstammten, sind bei den Berufslehren (27 %) und den Lehrerseminaren (22 %) häufiger vertreten.

5.2 Instrumente

Ausbildungsform: Die Angaben zur Ausbildungsform wurden weitgehend dem Fragebogen zum beruflichen Werdegang aus dem letzten Messzeitpunkt (mit 49 Jahren) entnommen. Das höchste Ausbildungsniveau wurde nicht explizit erhoben, sondern es wurde aufgrund der detaillierten Angaben zum beruflichen Werdegang der höchste Ausbildungsstand ermittelt. Für die vorliegende Untersuchung wurden zwei Hauptgruppen gebildet: Zur Bildung der ersten Gruppe *Maturandinnen und Maturanden* wurden jene ausgewählt, die eine Matura machten. Dazu gehört in der Schweiz ebenfalls das Lehrerseminar (heute: Pädagogische Hochschule), welches einer Matura gleichgestellt war und eine eingeschränkte Studienberechtigung beinhaltete. Zusätzlich wurde der Universitätsabschluss berücksichtigt, der eine Matura voraussetzt. Sechs Personen, welche nach der Matura keine weiterführende Ausbildung absolvierten, wurden wegen der kleinen Gruppengrösse nicht als separate Gruppe untersucht und aus der Analyse ausgeschlossen. Die zweite Gruppe *Lernende einer Berufsausbildung* beinhaltet Personen, welche als höchsten Bildungsabschluss entweder eine Berufsausbildung, eine höhere Berufsausbildung (Tertiär B) oder eine Fachhochschule (Tertiär A) absolvierten.

In der vorliegenden Untersuchung wird der *Berufserfolg* auf vier verschiedene Arten gemessen, a) durch den erreichten Berufsstatus, b) das Einkommen, c) das Erlangen einer Führungsposition und d) durch die Zufriedenheit.

Berufsstatus: In der Welle B10 wurde die berufliche Tätigkeit mittels eines „Life-Graphs“ erfasst, bei welchem die Art der Tätigkeit, Position, Anstellungsgrad und Beginn sowie Ende beruflicher Tätigkeiten mittels Textvariablen erhoben wurden. Diese wurden anschließend in ISEI08 umgerechnet, der den beruflichen Status abbildet, indem er Einkommen und Bildung verbindet (Ganzeboom 2010). Der niedrigste Wert des Index beträgt 11.01 (z. B. Farmer, Fischer oder Jäger), der höchste 88.96 (Richter). Zum genaueren Vorgehen siehe Hättich et al. (2014). Es wurden Gruppen mit tiefem (10.00 bis 40.14), mittlerem (40.15 bis 59.10, Zusammenfassung der beiden mittleren Quartile) und hohem Berufsstatus (59.11 bis 89.00) ermittelt. Da der ISEI Personen mit universitärer Ausbildung automatisch einen hohen Status zuweist, ist der Berufsstatus als Kriterium für den beruflichen Erfolg nur teilweise aussagekräftig. Darum werden weitere Erfolgskriterien wie das Einkommen und das Erlangen einer Führungsposition verwendet.

Einkommen/Lohn: Als weiteres Kriterium für späteren Berufserfolg wurde das Einkommen einbezogen, welches im Alter von 49 Jahren erfragt wurde. Um die Löhne zwischen Teilzeit und Vollzeit (nicht alle antworteten entsprechend der Vorgaben oder gaben nur den Lohn der Teilzeitstelle an) vergleichbar zu machen, wurde eine Standardisierung durchgeführt. Dafür wurde der angegebene Lohn mit den aktuellen Stellenprozenten hochgerechnet; damit resultierte der auf 100 % standardisierte Bruttolohn. Bei 43 Personen lagen keine Prozentangaben vor.

Führungsposition: Als weiteres „Erfolgskriterium" wurde untersucht, ob jemand im 49. Lebensjahr angibt, eine vorgesetzte oder führende Position zu haben (1 = *ohne Vorgesetztenfunktion*, 2 = *mit Vorgesetztenfunktion*).

Zufriedenheit: Ausgewählt wurden verschiedene Aspekte der Zufriedenheit mit verschiedenen Lebensbereichen: Beruf, finanzielle Situation, Familie, Gesundheit, Leben insgesamt. Die Zufriedenheiten wurden auf einer 10-stufigen Skala (von 1 = *sehr unzufrieden* bis 10 = *sehr zufrieden*) beantwortet.

Herkunftsschicht: Die Schicht wurde im Alter von 15 Jahren durch den kombinierten dreistufigen Indikator „höchste abgeschlossene Ausbildung" und berufliche Position des Vaters (oder der alleinerziehenden Mutter) operationalisiert (1 = *Unterschicht*, 2 = *Mittelschicht*, 3 = *Oberschicht*).

Persönlichkeit: Zur Messung der Persönlichkeit wurde zum ersten und sechsten Messzeitpunkt (bei den 15 und 19 Jährigen) die Kurzversion mit 155 Adjektiven der Adjective Check List (ACL) von Gough und Heilbrun (1980) verwendet, aus welchen die Probanden die für sie Zutreffenden ankreuzen können. Als wichtigste Grundlage für die Adjektivauswahl diente die Untersuchung von John (1990), in der die Items der Original-ACL den Dimensionen des Fünf-Faktoren Modells (FFM) zugeordnet worden sind. Zusätzliche Informationsquellen bildeten Ostendorf (1990), der für die deutsche Sprache Markieritems für das Fünf-Faktoren Modells vorschlug und die Faktorskalen der französischen Version der ACL aus der Studie von Gendre und Ogay (1973). Mit den ausgewählten Adjektiven wurde die Itemanalyse durchgeführt und die Skalen nach dem Kriterium der internen Konsistenz optimiert. *Extraversion*: 15 Items (Beispiel-Adjektive sind: gesellig, impulsiv), *Gewissenhaftigkeit:* 11 Items (z. B. ablenkbar, fleissig), *Neurotizismus:* 10 Items (z. B. ängstlich, empfindlich), *Verträglichkeit*: 22 Items (z. B. aufrichtig, hilfsbereit), *Offenheit*: 5 Items (z.B. geistreich, künstlerisch). Die internen Konsistenzen erwiesen sich als befriedigend bis gut (zwischen .67 und .79).

Intelligenz: Im Rahmen der *Intelligenzmessung* wurden im Alter von 15 Jahren verbale Intelligenz, logisches Denkvermögen und figurale Intelligenz erfasst (Schmale und Schmidtke 1966; Amthauer 1970). Die Subtests weisen mit Conbachs α von .79. und .90 hohe Reliabilitäten auf.

Bezüglich *verbaler Intelligenz* gab es Unterschiede zwischen den Gruppen unterschiedlicher Bildungsformen ($F = 15.31$, $df = 4$, $p = .000$, $\eta = .12$): Berufslehre ($M = 15.70$, $SD = 5.26$), Höhere Berufsbildung ($M = 16.95$, $SD = 5.19$), Lehrerseminar ($M = 19.68$, $SD = 3.44$), Fachhochschule ($M = 19.63$, $SD = 6.64$), Universität ($M = 23.14$, $SD = 5.32$). Bezüglich *räumlich-visueller Intelligenz* bestanden ebenfalls Unterschiede zwischen den Absolventinnen und Absolventen verschiedener Bildungsgänge ($F = 6.8$, $df = 4$, $p = .000$, $\eta = .06$): Berufslehre ($M = 18.00$, $SD = 5.09$), Höhere Berufsbildung ($M = 19.44$, $SD = 4.62$), Lehrerseminar ($M = 17.93$, $SD = 2.83$), Fachhochschule ($M = 21.86$, $SD = 5.05$), Universität ($M = 20.86$, $SD = 4.23$). Bezüglich *logischem Denken* existieren ebenfalls Unterschiede ($F = 8.86$, $df = 4$, $p = .000$, $\eta = .08$): Berufslehre ($M = 10.16$, $SD = 5.06$), Höhere Berufsbildung ($M = 11.20$, $SD = 4.77$), Lehrerseminar ($M = 13.79$, $SD = 4.14$), Fachhochschule ($M = 13.31$, $SD = 5.05$) und Universität ($M = 14.47$, $SD = 4.49$).

Geschlechtsrolleneinstellung: Die Skala Geschlechtsrolleneinstellung von Häfeli (1983) wurde in Anlehnung an bestehende Instrumente (Reitz 1974; Rosenmayr und Kreutz 1973) entwickelt und erfasste zum Messzeitpunkt B1 20 Items. Die Teilnehmenden gaben auf einer fünfstufigen Likert-Skala an, inwieweit sie den entsprechenden Aussagen zustimmen. Hohe Werte stehen dabei für ein egalitäres Rollenverständnis und für Gleichberechtigung zwischen den Geschlechtern. Beispiel-Items sind: „Für eine Ehefrau ist es wichtiger, in einem interessanten Beruf zu arbeiten als eine perfekte Hausfrau zu sein" oder „Ein Mädchen sollte einen typisch weiblichen Beruf erlernen" (interne Konsistenz = .84).

Berufliche Interessen: Diese Skala wurde auf von Gamper (1977) entwickelt. Dort muss das Interesse für 120 Berufe angegeben werden. Die so bei den 15 Jährigen ermittelten Interessen für Berufe wurden anschließend nach der Berufssystematik nach Holland (1997) klassifiziert. Mit den ausgewählten Angaben wurde eine Itemanalyse durchgeführt und die Skalen nach dem Kriterium der internen Konsistenz optimiert. Die Skalen A (künstlerisch), und I (intellektuell) haben dem Kriterium für ein genügendes Cronbachs α >.50 nicht standgehalten. Für vier der Holland-Interessentypen konnten jedoch Skalen mit guten internen Konsistenzen (zwischen .59 und .92) gebildet werden: *R* = *realistische Orientierung*: 67 Items (z.B. Interessen für Schlosser, Zimmerleute), *S* = *soziale Berufsinteressen*: 13 Items (z.B. Lehrpersonen, Krankenpflegerinnen/Krankenpfleger), *E* = *unternehmerische*

Orientierung: 7 Items (z. B. Gastwirt, Verkäuferinnen/Verkäufer, Managerinnen/Manager), *C = Konventionelle Interessen*: 17 Items (z. B. Büroangestellte, Zeichnerinnen/Zeichner).

Unterbrüche: Aufgrund des Life Graph (erhoben im Alter von 49 Jahren) erfolgte die Bildung der Variable „Unterbruch" für jede Episode, wenn es einen Unterbruch der beruflichen Tätigkeit gab. Die hier verwendeten Kategorien lauten wie folgt: *Unterbrechung Hausarbeit/Familie*: berücksichtigt, wenn jemand ausschließlich und explizit Hausarbeit/Familie angab. *Unterbrechung Aus- und Weiterbildung*: Grundsätzlich wurde eine Aus- und Weiterbildung nur gezählt, wenn sie annähernd einen Monat dauerte oder grösseren Umfanges war und diese zeitlich nicht anschließend (rund eine Dekade nach Schulabschluss) oder in einem ganz anderen Bereich stattfand, ohne direkten Bezug zu vorheriger Tätigkeit. Sprachkurse oder-aufenthalte im Ausland ohne direkten Bezug zu Berufstätigkeit wurden nicht gezählt, genauso wenn die Aus- und Weiterbildung berufsbegleitend erfolgte.

6 Ergebnisse

Die Befunde werden entsprechend den Fragestellungen (vgl. 4, a-c) in drei Schritten berichtet. Im ersten Teil werden Karrieremuster von Maturandinnen und Maturanden sowie von Absolventinnen und Absolventen einer Berufsausbildung bis zum 49. Lebensjahr beschrieben. Im zweiten Teil werden Absolventinnen und Absolventen verschiedener Ausbildungsgefässe in Bezug auf verschiedene Merkmale untereinander verglichen. Es interessiert die Frage, ob bei vergleichbaren Leistungsvoraussetzungen (Intelligenz), vergleichbarer Herkunftsschicht und unabhängig vom Geschlecht Unterschiede bei Interessens- und Persönlichkeitsmerkmalen, sowie Merkmalen des beruflichen Erfolges bestehen. Der dritte Teil befasst sich mit Modellen, welche die relative Bedeutung der Ausbildungsform neben anderen Variablen (wie Persönlichkeit und Herkunftsschicht) auf den Berufserfolg untersucht.

6.1 Entwicklungsverläufe von Maturandinnen, Maturanden und Berufslernenden

In einem ersten Analyseschritt werden verschiedene Aspekte der beruflichen Laufbahn (wie Berufsstatus und Arten von Unterbrüchen) im 5-Jahres-Abstand verglichen. *Abbildung 2* zeigt die Verlaufsmuster jener Gruppe von Personen mit *Matura*. Im 19. Altersjahr (1982) befinden sich fast alle in einer Ausbildung. 10 % haben bereits im Arbeitsleben Fuß gefasst. Mit durchschnittlich 24 Jahren (1987) arbeiten 2 % in einem Beruf mit tiefem sozialen Status nach ISEI, 6 % in einer Tätigkeit mit mittlerem Berufsstatus und 51 % üben einen Beruf mit hohem Sozialprestige aus. Die Kategorie „hoher Berufsstatus" nimmt über den weiteren Laufbahnverlauf kontinuierlich zu. Der Anteil jener Personen, die zu Beginn der Laufbahnen einen Beruf mit tiefem Berufsstatus ausüben, verbleibt über die Laufbahn meist unverändert. Berufliche Ausbildungen erfolgen meist bis zum 30. Lebensjahr (1992). Danach werden Aus- und Weiterbildungen seltener. Arbeitslosigkeit ist sehr selten. Die häufigsten Unterbrüche erfolgen aufgrund Mutterschaft und insbesondere zwischen dem 27. und 35. Lebensjahr; danach nehmen Unterbrüche in der beruflichen Laufbahn wieder ab.

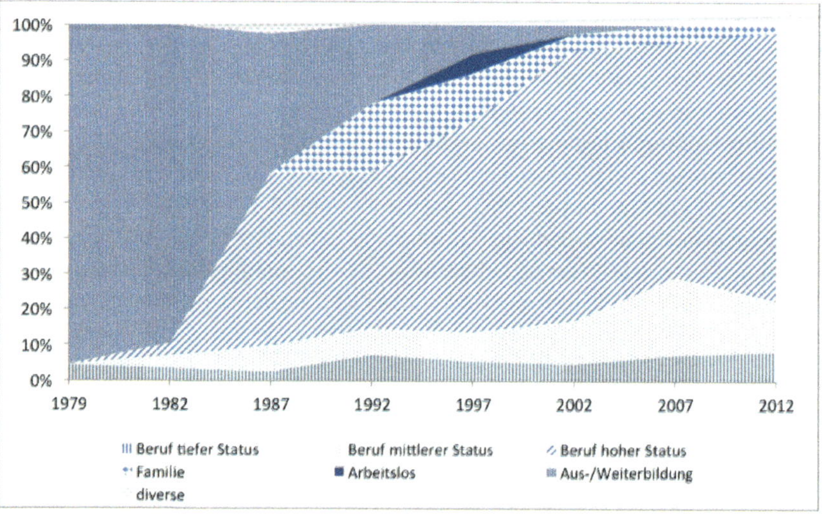

Abb. 2 Entwicklungsverlauf von 1979 bis 2012 für Maturandinnen und Maturanden ©

Die Entwicklungsverläufe jener Personen mit *Berufsausbildung* sehen, wie in *Abbildung 3* deutlich wird, ganz anders aus. Jobs mit hohem Status sind bis zum Alter von 29 Jahren (1992) eher selten, nehmen dann jedoch kontinuierlich zu. Mit rund 24 Jahren (1987) sieht die Verteilung wie folgt aus: 35 % in Berufen mit tiefem, 34 % mittleren und 12 % hohem Berufsstatus. Mit 49 Jahren teilen sich die drei Statusgruppen annähernd gleichmäßig auf: 29 % in Berufe mit tiefem, 29 % mittlerem und 36 % hohem Berufsstatus.

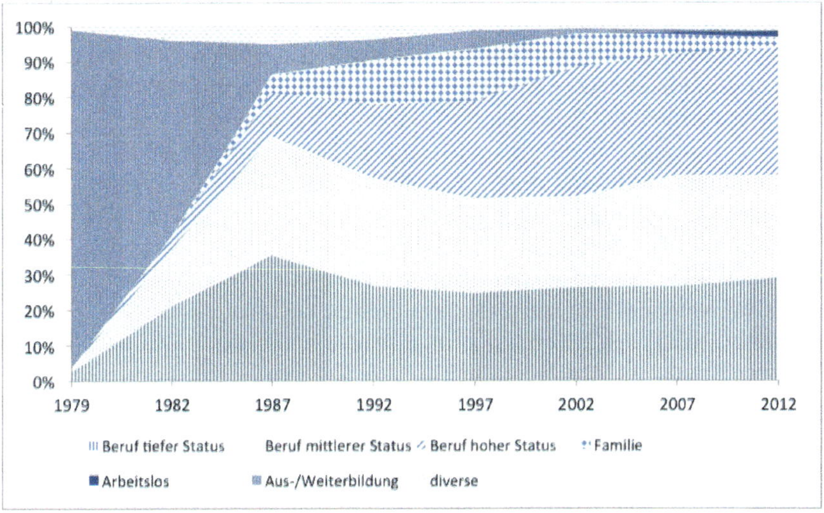

Abb. 3 Entwicklungsverlauf von 1979 bis 2012 für Personen mit absolvierter Berufsausbildung ©

Unterbrüche wegen Haushalt und Familie treten bei Personen mit Berufsausbildung früher auf als bei Maturandinnen und Maturanden: Zwischen dem 24. und 44. Altersjahr unterbrechen durchschnittlich 9 % dieser Gruppe wegen Haushalt und Familie, am meisten mit 34 Jahren (15 %). Bei den Unterbrechenden handelt es sich mit einer Ausnahme ausschließlich um Frauen. Verglichen mit der Gruppe der Maturandinnen und Maturanden kommen Unterbrüche wegen Aus- und Weiterbildung seltener vor. Nach dem 24. Altersjahr (1987) gibt es nur noch wenig entsprechende Unterbrüche.

6.2 Merkmale von Personen unterschiedlicher Ausbildungsgänge: Ergebnisse der Mittelwertsvergleiche

In einem weiteren Schritt werden verschiedene Merkmale von ehemaligen Maturandinnen und Maturanden sowie Berufslernenden untersucht. Hier erfolgte eine differenzierte Analyse der absolvierten Bildungsformen, indem Absolventinnen und Absolventen von Fachhochschulen, Universität, Lehrerseminar, Höhere Berufsbildung und Berufslehre als Subgruppen verglichen werden.

Es wurden verschiedene Gruppenvergleiche gerechnet und dazu für die Merkmalsbereiche Persönlichkeit, berufliche Interessen, Unterbrüche in der Berufslaufbahn und die verschiedenen Erfolgsmerkmale (erreichter Berufsstatus, Einkommen, Führungsposition und Zufriedenheit) getrennte Varianzanalysen durchgeführt. Um zu untersuchen, ob die genannten Faktoren unabhängig von der Intelligenz, der Herkunftsschicht und des Geschlechts einen Einfluss haben, wurden diese Variablen kontrolliert.

Ein Blick auf die *beruflichen Interessen* nach Holland (1997) zeigt, dass es zwischen den Bildungsformen einige Unterschiede gibt (*Tabelle 2*). Absolventinnen und Absolventen des Lehrerseminars erreichen die höchsten Werte bei der sozialen Interessensskala nach Holland und unterscheiden sich dabei von allen anderen Gruppen signifikant. Absolventinnen und Absolventen der Fachhochschulen und der höheren Berufsbildung haben stärkere Interessen an realistischen Tätigkeiten gegenüber anderen Gruppen. Bei den Interessensdimensionen „unternehmerisch" schneiden die Absolventinnen und Absolventen des Lehrerseminars und der Berufsbildung am höchsten ab. Bei der Dimension „konventionell" gibt es zwischen den Gruppen keine Unterschiede. Das trifft auch genauso für die Dimensionen der *Big Five* zu, die Vergleichsgruppen unterscheiden sich hinsichtlich ihrer Persönlichkeit nicht voneinander. Bei der Dimension *Geschlechtsrollen* schneiden Absolventinnen und Absolventen der Universität und des Lehrerseminars mit höheren Werten (in egalitärem Rollenverständnis) ab als Lernende einer höheren Berufsbildung.

Tab. 2 Mittelwerte und Standardabweichungen der beruflichen Interessen, Persönlichkeitsmerkmale und Geschlechtsrolleneinstellung getrennt nach Ausbildungsform sowie Ergebnisse der Varianz- und Kovarianzanalysen

	Maturandinnen und Maturanden		Berufslernende			ANOVA		ANCOVA	
	Universität	Lehrer-seminar	Fachhoch-schule	Höhere Berufsbildung	Berufslehre	F	η^2	F	η^2
	(UNI)	(LS)	(FH)	(BB)	(BL)				
Berufsinteressen									
realistisch (R)	6.3 (0.8)	5.8 (0.7)$_{FH, BB, BL}$	6.8 (0.8)$_{LS}$	6.8 (0.8)$_{LS, BB}$	6.5 (0.9)$_{LS, BB}$	9.49*	0.81	1.98	.200
sozial (S)	6.1 (2.9)$_{LS}$	8.5 (2.3)$_{UNI, FH, BB, BL}$	5.1 (2.6)$_{LS}$	5.0 (2.6)$_{LS, BL}$	6.5 (2.8)$_{LS, BB}$	11.76*	0.99	3.53	.035
unternehmerisch (E)	7.1 (1.9)	8.0 (1.2)$_{BB, FH}$	6.2 (1.5)$_{BL, LS}$	6.7 (1.5)$_{LS}$	7.2 (1.7)$_{FH}$	6.43*	.057	0.95	.010
konventionell (C)	6.8 (1.4)	6.8 (1.5)	6.2 (1.3)	6.3 (1.5)	6.3 (1.4)	1.39	.013	0.33	.003
Big Five									
Extraversion	2.0 (3.0)	2.8 (2.7)	2.4 (2.8)	2.4 (2.5)	2.4 82.6)	0.42	.004	0.35	.004
Neurotizismus	-0.3 (1.6)	0.4 (1.4)	-0.8 (2.1)	-0.5 (1.9)	-0.1 (1.7)	1.98	.018	0.56	.006
Verträglichkeit	2.9 (4.1)	3.2 (2.5)	3.8 (3.4)	3.5 (3.1)	4.0 (2.9)	1.25	.011	1.25	.011
Gewissenhaftigkeit	0.9 (2.2)	0.6 (1.7)	1.2 (2.2)	0.9 (2.0)	0.3 (1.8)	2.79	.025	0.49	.005
Offenheit	0.6 (1.3)	0.0 (1.3)	0.3 (1.3)	0.1 (0.9)	-0.0 (1.1)	1.27	.013	2.30	.021
Geschlechtsrollen	72.8 (9.4)$_{BB}$	71.9 (6.6)$_{BB}$	65.9 (9.8)	65.3 (9.5)$_{LS, UNI}$	67.4 (10.3)	4.25*	.038	1.22	.012

Anmerkung: Die Subskripte in derselben Zeile geben jeweils an, von welchen Gruppen sich die Mittelwerte der jeweiligen Ausbildungsform in der ANOVA mit Post-Hoc-Test statistisch signifikant unterscheiden (Varianzgleichheit: Bonferroni post-hoc Tests, Varianzungleichheit: Dunnett-T3). $^*p < .05$. Als Kovariaten wurden Geschlecht, Herkunftsschicht und Intelligenz (drei Komponenten: verbale Intelligenz, logisches Denken und figurale Intelligenz) aufgenommen. ©

Zur Absicherung der Befunde wurden im nächsten Schritt die Variablen Intelligenz, Geschlecht und Herkunftsschicht als Kontrollvariablen aufgenommen. Wie in *Tabelle 2* ersichtlich blieben die berichteten Unterschiede zwischen den Absolventinnen und Absolventen verschiedener Ausbildungsgänge bezüglich berufliche Interessen, Persönlichkeit und Geschlechtsrolleneinstellungen *nicht* bestehen. Die oben beschriebenen Unterschiede gelten also nicht unabhängig von Leistungsvoraussetzungen, sozialer Herkunft und Geschlecht.

In einem weiteren Schritt wurden verschiedene Merkmale des beruflichen Erfolges mit 49 Jahren bei den Absolventinnen und Absolventen unterschiedlicher Ausbildungsformen verglichen (*Tabelle 3*). Beim *Berufsstatus* zeigen sich statistisch bedeutsame Unterschiede zwischen den untersuchten Gruppen. Der Berufsstatus ist bei Abgängerinnen und Abgängern der Universität und der Fachhochschulen deutlich höher als bei den Abgängerinnen und Abgängern der Berufsauslehre und der höheren Berufsbildung. Der jährliche *Bruttolohn* liegt bei Personen mit höheren absolvierter Berufsbildung allerdings signifikant höher als bei Personen mit absolvierter Berufslehre. Das Einkommen ist bei Absolventinnen und Absolventen einer höheren Berufsbildung ähnlich hoch wie dasjenige von Personen mit Universitätsabschluss. In Bezug auf das Erreichen einer Führungsposition gab es keine statistisch bedeutsamen Unterschiede zwischen den Gruppen.

Bei dem Indikator für subjektiven Berufserfolg, den verschiedenen *Zufriedenheitsindikatoren*, können einzig Unterschiede zwischen den Berufslernenden sowie Absolventinnen und Absolventen der höheren Berufsbildung festgestellt werden: Personen mit einem höheren Berufsbildungsabschluss sind mit ihrer finanziellen Situation zufriedener. Weiter wurden die beruflichen *Unterbrüche* in der Laufbahn untersucht. Jene Personen mit absolvierter Berufslehre haben einen signifikant längeren Unterbruch wegen Kindern/Familie als Fachhochschulabsolventinnen und -absolventen oder Abgängerinnen und Abgänger der höheren Berufsbildung. Beim Lehrerseminar ist der Wert ähnlich hoch, aber dieser Unterschied wird nicht signifikant. Umgekehrt verhält es sich mit Unterbrüchen wegen Ausbildung: Universitäts- und Fachhochschulabgängerinnen und-abgänger setzen trotz ihrer längeren Ausbildungszeit mehr Zeit für zusätzliche Aus- und Weiterbildungen ein als Lernende des Lehrerseminars oder Berufslernende.

Auch hier wurden in einem zweiten Schritt die Variablen Intelligenz, Geschlecht und Herkunftsschicht in die Varianzanalyse aufgenommen. Die zuvor berichteten Ergebnisse bleiben – mit Ausnahme der gefundenen Unterschiede bei der Zufriedenheit und beim familienbedingten Unterbruch – stabil. Werden Absolventinnen und Absolventen verschiedener Ausbildungsgänge also auf Faktoren des späteren Berufserfolges miteinander verglichen, ergeben sich unabhängig von Geschlecht, Intelligenz und sozialer Herkunft Unterschiede.

Tab. 3 Mittelwerte und Standardabweichungen des beruflichen Erfolges und von Unterbrüchen in der Berufslaufbahn getrennt nach Ausbildungsform sowie Ergebnisse der Varianz- und Kovarianzanalysen

	Maturandinnen und Maturanden		Berufslernende			ANOVA		ANCOVA	
	Universität	Lehrer-seminar	Fachhoch-schule	Höhere Berufsbildung	Berufslehre	F	η^2	F	η^2
	(UNI)	(LS)	(FH)	(BB)	(BL)				
Bruttolohn (Sfr.)	117 069 (56 601)	103 630 (22 625)	130 325 (44 743) BL	118 056 (39 353) BL	89 056 (39 579) FH,BB	11.60*	.141	3.81*	.056
Vorgesetzt (1 = nein, 2 = ja)	0.6 (0.5)	0.4 (0.5)	0.6 (0.5)	0.6 (0.5)	0.4 (0.5)	4.95	.047	1.08	.012
Berufsstatus	77.9 (7.5) BL, BB	66.8 (18.1) BL	72.1 (7.7) BL, BB	55.6 (16.0) FH, BL, UNI	44.7 (17.3) BB,LS, FH, UNI	46.8*	.309	27.04*	.221
Zufriedenheit insgesamt	7.9 (1.6)	8.2 (1.7)	8.2 (1.9)	8.6 (1.1)	8.1 (1.8)	0.95	.009	1.43	.014
Zufriedenheit: Beruf	7.7 (1.4)	7.9 (1.9)	7.5 (2.1)	8.4 (1.2)	7.9 (2.2)	1.35	.013	1.64	.017
Zufriedenheit: Finanzen	8.1 (1.5)	7.8 (2.1)	7.7 (2.3)	7.8 (1.7) BL	7.1 (2.5) BB	2.91*	.026	1.35	.014
Zufriedenheit: Familie	8.3 (2.5)	8.8. (1.9)	8.4 (1.7)	8.6 (1.8)	8.5 (1.8)	0.37	.004	0.55	.006
Zufriedenheit: Gesundheit	7.1 (2.7)	8.2 (1.8)	7.5 (2.4)	7.8 (2.0)	7.4 (2.4)	1.12	.019	1.14	.011
Unterbrüche:									
Familie	10.0 (31.7)	29.0 (58.7)	3.7 (15.0) BL	8.3 (26.4) BL	31.4 (63.0) BB, FH	4.42*	.043	1.62	.018
Ausbildung	56.2 (35.3) BL, BB, LS	14.4 (25.6) FH, UNI	39.2 (30.7) BL, BB, LS	13.6 (21.6) FH, UNI	7.5 (15.1) FH, UNI	29.22*	.229	33.49*	.273

Anmerkung: Die Subskripte in derselben Zeile geben jeweils an, von welchen Gruppen sich die Mittelwerte der jeweiligen Ausbildungsform in der ANOVA mit Post-HocTest statistisch signifikant unterscheiden (Varianzgleichheit: Bonferroni post-hoc Test, Varianzungleichheit: Dunnett-T3). $^*p < .05$. Als Kovariaten wurden Geschlecht, Herkunftsschicht (3-Stufig) und Intelligenz (drei Komponenten: verbale Intelligenz, logisches Denken und figurale Intelligenz) aufgenommen. ©

6.3 Relative Bedeutung der Ausbildungsform neben anderen Merkmalen auf den Berufserfolg: Ergebnisse der logistischen und der linearen Regression

Der dritte Untersuchungsteil befasste sich mit der relativen Bedeutung, die dem absolvierten Ausbildungsgang neben anderen Merkmalen wie Intelligenz, Persönlichkeit und soziale Herkunft zur Vorhersage des beruflichen Erfolges zukommt. Als Kriterium für beruflichen Erfolg wird hier nur noch der objektive Berufserfolg betrachtet, da die vorgängigen Analysen zeigten, dass sich die interessierenden Bildungsgruppen bezüglich dem subjektivem Erfolgskriterium (Zufriedenheit) nicht unterscheiden. Ebenso wird das objektive Kriterium „Berufsstatus" nicht weiter untersucht, da dieser stark von der Ausbildungsform abhängt (vgl. Ganzeboom 2010).

Es wurden zwei Regressionsmodelle für zwei Merkmale von objektivem beruflichem Erfolg gerechnet. Für die Vorhersage des Merkmals „Führungsposition" wurde eine logistische Regression, für die Vorhersage des Merkmals „Einkommen" eine lineare Regression gerechnet. Die Merkmale Intelligenz, Persönlichkeit, Interessen und Dauer der Unterbrüche wurden *z*-standardisiert. Fehlende Werte wurden mit der MLR-Methode (maximum likelihood estimation with standard errors) ersetzt.

Bei der logistischen Regression wurden die Variablen abgeschlossene Ausbildung, Persönlichkeit (Big Five), Berufsinteressen (Holland), Fähigkeiten, Geschlechtsrolleneinstellung, Geschlecht, Unterbrüche und Herkunftsschicht gleichzeitig ins Regressionsmodell eingeführt. Das Kriterium bildet das Erreichen einer Führungsposition mit 49 Jahren mit den Kategorien ja (2) und nein (1).

Das Modell erweist sich insgesamt als gut (Maß zur Modellgüte: $\chi^2 = 53.15$, $df = 22$, $p = .000$; Nagelkerke $R^2 = 20\,\%$). In der logistischen Regression stechen vier signifikante Effekte hervor (Tabelle 4). Eine höhere Wahrscheinlichkeit, im mittleren Erwachsenenalter in eine Führungsposition zu gelangen, haben Männer (*odds ratio* = 3.02), Personen mit höheren verbalen Fähigkeiten (*odds ratio* = 1.42). Eine geringere Wahrscheinlichkeit in eine Führungsposition zu gelangen, haben Personen aus der Unterschicht (*odds ratio* = 0.35) und Mittelschicht (*odds ratio* = 0.33) und einem traditionellen Rollenverständnis (*odds ratio* = 0.76).

Tab. 4 Führungsposition mit 49 Jahren in Abhängigkeit von Ausbildungsform, sozialer Herkunft, Intelligenz, Persönlichkeit und Unterbrüchen in der Laufbahn: Ergebnisse der logistischen Regression

	b	OR	Konfidenzintervall für Odds Ratio (95 %)	
			unterer Wert	oberer Wert
Ausbildungsform				
Berufslehre (vs. Universität)	-0.22	0.80	0.23	2.77
Höhere Berufsbildung (vs. Uni)	0.37	1.45	0.40	5.25
Lehrerseminar (vs. Uni)	-0.57	0.57	0.13	2.41
Fachhochschule (vs. Uni)	-0.23	0.80	0.21	2.98
Geschlecht, männlich	1.10*	3.02	1.20	7.61
Herkunftsschicht				
Unterschicht (vs. Oberschicht)	-1.05*	0.35	0.13	0.98
Mittelschicht (vs. Oberschicht)	-1.11*	0.33	0.14	0.80
Intelligenz				
Verbale Fähigkeiten	0.35*	1.42	1.04	1.92
Räumlich-visuelle Fähigkeiten	0.05	1.05	0.80	1.38
Logisches Denken	-0.16	0.85	0.64	1.13
Geschlechtsrolleneinstellung	-0.28*	0.76	0.58	1.00
Persönlichkeit				
Verträglichkeit	-0.24	0.79	0.60	1.04
Neurotizismus	0.23	1.26	0.93	1.72
Offenheit	0.05	1.05	0.82	1.35
Gewissenhaftigkeit	0.03	1.03	0.76	1.39
Extraversion	0.29	1.34	1.00	1.80
Interessen				
Realistisch (R)	0.13	1.14	0.42	3.13
Sozial (S)	0.33	1.40	0.63	3.09
Unternehmerisch (E)	-0.06	0.94	0.67	1.31
Konventionell (C)	0.24	1.27	0.78	2.07
Unterbrüche				
Unterbruch Haushalt/Familie	-0.03	0.97	0.70	1.35
Unterbruch Aus-Weiterbildung	0.19	1.21	0.94	1.57

Anmerkungen: Referenzkategorie = keine Führungsposition. $N = 332$. $^*p < .05$. ©

Tab. 5 Einkommen mit 49 Jahren in Abhängigkeit von Ausbildungsform, soziale Herkunft, Intelligenz, Persönlichkeit und Unterbrüchen in der Laufbahn: Ergebnisse der linearen Regression

	b	SE (*b*)	β
Ausbildungsform			
Berufslehre	7 162.29	10 534.04	.08
Höhere Berufsbildung	26 328.41	11 482.01	.25*
Lehrerseminar	9 816.58	13 201.37	.06
Fachhochschule	22 597.80	13 218.66	.15
Universität	6 496.85	14 978.73	.03
Geschlecht, weiblich	-5 536.67	8 268.68	-.06
Herkunftsschicht			
Unterschicht	6 299.92	9 295.87	.06
Mittelschicht	12 033.46	8 254.36	.14
Oberschicht	36 836.52	10 833.49	.26*
Intelligenz			
Verbale Fähigkeiten	2 323.11	2 681.42	.05
Räumlich-visuelle Fähigkeiten	2 211.41	2 594.24	.05
Logisches Denken	5 802.70	2 472.01	.14*
Geschlechtsrolleneinstellung	451.84	2 458.78	.01
Persönlichkeit			
Verträglichkeit	-814.82	2 304.79	-.02
Neurotizismus mit	-581.96	2 686.48	-.01
Offenheit	318.03	2 212.97	.01
Gewissenhaftigkeit	3 309.75	2 570.48	.08
Extraversion	5 707.84	2 566.17	.13*
Interessen			
Realistisch (R)	-8 902.04	9 039.92	-.21
Sozial (S)	-9 476.02	7 076.50	-.22
Unternehmerisch (E)	2 048.41	3 029.08	.05
Konventionell (C)	-45.35	4 335.84	.00
Unterbrüche			
Unterbruch Haushalt/Familie	-10 457.82	2 689.87	-.23*
Unterbruch Aus-/Weiterbildung	3 001.92	2 255.77	.08

Anmerkungen: $n = 294$. $^*p < .05$. ©

Im nächsten Schritt wurde die Vorhersage des Einkommens mit 49 Jahren untersucht und dazu eine lineare Regression mit denselben unabhängigen Variablen wie bei der vorherigen Analyse gerechnet. Die abhängige Variable bildet das Einkommen mit 49 Jahren. Das Modell erweist sich insgesamt als gut (Maß zur Modellgüte: $F = 6.49$, $df = 24$, $p = .000$, $R^2 = .37$). Die Ergebnisse der Analyse sind in *Tabelle* 5 aufgeführt. Es zeigt sich, dass Abgängerinnen und Abgänger der höheren Berufsbildung später ein höheres Einkommen erzielen ($\beta = .25$). Bei allen anderen Ausbildungsformen ergaben sich keine statistisch bedeutsamen Werte. Außerdem sagen Persönlichkeitsmerkmale wie Extraversion ($\beta = .13$) und hohe Intelligenz (im Bereich logisches Denken, $\beta = .14$) beruflichen Erfolg voraus. Ferner zeigen die Zugehörigkeit zur Oberschicht ($\beta = .26$) und der Unterbruch wegen Haushalt/Familie ($\beta = -.23$) einen signifikanten Effekt, die Zugehörigkeit zur Oberschicht ist positiv, der Unterbruch negativ mit dem beruflichen Erfolg korreliert.

Die Ergebnisse zeigen, dass es – wenn andere Faktoren kontrolliert werden – für eine spätere Führungsposition keine Rolle spielt, ob jemand eine Berufsausbildung abgeschlossen hat, die Matura absolvierte oder gar studiert hat. Beim Modell der Vorhersage des späteren Einkommens ist die absolvierte Bildungsform – bei der höheren Berufsbildung – ein signifikanter Prädiktor. Ebenfalls fällt (nur beim Modell des Einkommens) ins Gewicht, ob jemand seine berufliche Karriere wegen der Familie unterbricht oder nicht, während für die Vorhersage von späterem Berufserfolg Unterbrüche wegen Aus-/Weiterbildung nicht von Bedeutung sind.

7 Diskussion

Der Übergang von der Schule in eine berufliche oder weiterführende allgemeine Ausbildung spielt eine Schlüsselrolle im Leben von Jugendlichen und jungen Erwachsenen: Die Wahl der Ausbildungsform hat Konsequenzen auf den weiteren Karriereverlauf. Ob nun allerdings ein allgemeinbildender oder berufsbildender Bildungsweg eingeschlagen wird, ist für den späteren Karriereerfolg und berufliche Entwicklungsmöglichkeiten alleine nicht entscheidend. Vielmehr stellt sich die Frage, ob nach Abschluss der Bildungsgänge eine optimale Verwertung des Gelernten in Form von Arbeit, Lohn und Zufriedenheit garantiert werden kann. Die Berufsausbildung gilt in der Schweiz unter Experten als wichtiges Ausbildungsgefäß, welches die Absolventinnen und Absolventen für den Arbeitsmarkt attraktiv macht und ihnen hohe Aufstiegschancen gewährleistet. Die vorliegende Studie hatte zum Ziel, Absolventinnen und Absolventen verschiedener Bildungsgänge miteinander zu vergleichen und dabei insbesondere die Laufbahnen ehemaliger Maturandinnen und Maturanden den Laufbahnen ehemaliger Berufslernender gegenüberzustellen.

7.1 Unterscheiden sich ehemalige Maturandinnen und Maturanden von Berufslernenden in Bezug auf persönliche Merkmale und den späteren Berufserfolg?

In einem ersten Analyseschritt werden verschiedene Aspekte der beruflichen Laufbahn (wie Berufsstatus und Arten von Unterbrüchen) im 5-Jahres-Abstand verglichen. Die Verlaufsmuster der Gruppe der Maturandinnen und Maturanden sowie der Berufslernenden sehen ganz anders aus: Maturandinnen und Maturanden absolvieren eine längere Ausbildungszeit als ehemalige Berufslernende. Sie erreichen anschließend an die Ausbildung Berufe mit höherem Berufsstatus als ehemalige Berufslernende. Berufslernende unterbrechen häufiger und länger wegen Mutterschaft ihre Ausbildung. Die Hypothese, dass Maturandinnen und Maturanden - verglichen mit Berufslernenden - über den Laufbahnverlauf in Berufe mit höherem Berufsstatus gelangen, kann hier bestätigt werden (Ganzeboom 2010; Spiess Huldi 2009).

Das zweite Forschungsanliegen galt den persönlichen Voraussetzungen der Lernenden in verschiedenen Bildungsgängen. Hier werden die Verläufe von Maturandinnen und Maturanden sowie Berufslernenden auch auf der Tertiärstufe genauer analysiert. Deskriptive Analysen zeigen, dass Absolventinnen und Absolventen einer Ausbildung auf Stufe Tertiär A eher aus oberen Schichten stammen, sowie der Anteil an Männern erhöht ist (auch bei der höheren Berufsbildung, Tertiär B). Frauen sind dagegen bei der Ausbildung „Lehrerseminar" deutlich übervertreten. Die Ausbildungsgänge unterscheiden sich auch in Bezug auf kognitive Leistungsmerkmale voneinander: Ehemalige Maturandinnen und Maturanden haben durchschnittlich höhere Werte in Leistungsindikatoren (z. B. verbale Intelligenz, logisches Denken) als ehemalige Berufslernende. Um die Ausbildungsgänge von Maturandinnen/Maturanden und Berufslernenden besser vergleichen zu können, werden in Bezug auf die eben erwähnten Voraussetzungen (Leistung und Herkunft) vergleichbare Absolventinnen und Absolventen untersucht: Dazu wurden kognitive Voraussetzungen, soziale Herkunft und Geschlecht in den Analysen statistisch kontrolliert. Die Analysen zeigen, dass bei den Berufsinteressen, der Persönlichkeit und den Geschlechtsrolleneinstellungen Unterschiede zwischen den Lernenden verschiedener Ausbildungsgänge bestehen. Damit können Erkenntnisse aus anderen Studien, welche höhere soziale Berufsinteressen beim Lehrerseminar oder höhere realistische Interessen bei Fachhochschulen fanden (Zabeck und Zimmermann

1995; Klusmann et al. 2009), bestätigt werden. Werden allerdings Geschlecht, soziale Herkunft und kognitive Fähigkeiten kontrolliert, verschwinden die Zusammenhänge: Erklärungen dafür könnten sein, dass Frauen stärkere Interessen an sozialen und Männer an realistischen Berufsfeldern haben und das Geschlecht hier der dominante Faktor ist (und nicht die Ausbildungsform). In vorliegender Untersuchung konnten die Zusammenhänge zwischen Persönlichkeitsmerkmalen und Ausbildungsformen nicht bestätigt werden: Es wurden keine höheren Werte bei Extraversion (wirtschaftsorientierte Ausbildungsgänge) und Verträglichkeit (Lehrerberufe) gefunden (Barrick et al. 2003; Trautwein et al. 2006). Es ist denkbar, dass die Untersuchung von Ausbildungsformen wie „Fachhochschule" und „Universität" zu allgemein ist und sich hinter den Fachrichtungen unterschiedliche Persönlichkeits- und Interessensmerkmale verbergen können (Klusmann et al. 2009).

Werden Absolventinnen und Absolventen verschiedener Ausbildungsgänge jedoch in Bezug auf Faktoren des späteren Berufserfolges miteinander verglichen, ergeben sich unabhängig von Geschlecht, Intelligenz und sozialer Herkunft interessante Unterschiede: Ehemalige Maturandinnen und Maturanden (mit Ausbildung an Universität) haben zwar einen höheren Berufsstatus (nach ISEI) als Lernende der Berufsbildung. In Bezug auf das spätere Einkommen oder das Erlangen einer Führungsposition zeigen sich diese Unterschiede jedoch nicht: Ehemalige Berufslernende, können nach unseren Ergebnissen durch das Absolvieren einer weiterführenden Ausbildung auf Tertiärstufe (Fachhochschule oder höhere Berufsbildung) das gleiche Einkommen erreichen wie Maturandinnen und Maturanden mit Universitätsabschluss. Das Erlangen einer Führungsposition ist bei allen Bildungsgängen gleich wahrscheinlich und die Matura bietet keine Vorteile. Bezüglich subjektivem Berufserfolg (Zufriedenheit) konnten keine überzufälligen Unterschiede zwischen den Gruppen verschiedener Bildungsabschlüsse festgestellt werden.

Zusammenfassend kann festgehalten werden, dass der Arbeitsmarkterfolg verschiedener Bildungsgänge unterschiedlich ist, auch wenn sich die Ausgebildeten in Bezug auf Fähigkeiten und Talente nicht voneinander unterscheiden (es liegt kein „Selektionseffekt" vor). Es gibt jedoch weniger Unterschiede als angenommen und die Matura bietet nicht bezüglich aller Erfolgskriterien (z. B. Führungsposition) einen Vorteil gegenüber der Berufsausbildung.

7.2 Welche Bedeutung hat die absolvierte Ausbildung neben anderen Faktoren aus der Jugendzeit auf den Berufserfolg in der Lebensmitte?

Als letzter Untersuchungsschritt wurden multivariate Modelle dazu gerechnet, welche relative Bedeutung der absolvierten Ausbildung neben anderen Merkmalen zur Vorhersage des beruflichen Erfolges mit 49 Jahren zukommt. Die Hypothese, dass der Bildungsabschluss Matura vs. Berufsausbildung einen prognostischen Wert für den späteren Berufserfolg hat, kann nur in einem Modell bestätigt werden. Allerdings in anderer Richtung als vermutet: Das Absolvieren einer höheren Berufsbildung (bei ehemaligen Berufslernenden) ist ein Prädiktor für das Erfolgskriterium „Einkommen". Bei der Vorhersage von beruflichem Erfolg – gemessen an Führungsfunktion – spielt die *absolvierte Ausbildungsform* keine statistisch bedeutsame Rolle. Merkmale aus soziologischen Erklärungsansätzen (vgl. Blau und Duncan 1967) sind für den späteren Berufserfolg hingegen bedeutsam: Personen aus der *Oberschicht* verfügen später über einen höheren objektiven Berufserfolg gemessen am Einkommen und dem Ausüben einer Führungsposition. Das *Geschlecht* erweist sich beim Modell der Führungsposition als Prädiktor: Männer haben eine größere Chance auf eine spätere Führungsposition.

Der spätere Berufserfolg lässt sich auch aus psychologischen Merkmalen vorhersagen. Die *kognitiven Voraussetzungen* sind bei beiden Modellen Prädiktoren für den späteren Berufserfolg. Bei den Führungseigenschaften spielen verbale Fähigkeiten, beim Einkommen das logische Denken eine prädiktive Rolle. Bei der Persönlichkeit wurde nur bei *Extraversion* ein Effekt auf das spätere Einkommen gefunden. Der bisherige Laufbahnverlauf gemessen an der Anzahl Unterbrüche wegen Mutterschaft wirkt sich ebenfalls nur negativ auf das spätere Einkommen aus und nicht auf das Erreichen einer Führungsposition. In unserem Datensatz unterbrechen praktisch ausschließlich Frauen ihre Berufstätigkeit wegen Kindern und Familie. Bei den Frauen der hier untersuchten Generation haben sich rund 60 % während einer Mutterschaftsphase vollständig aus der Berufstätigkeit zurückgezogen. Der Unterbruch dauerte durchschnittlich 8 Jahre. Mit 49 Jahren sind dann wieder 90 % der Frauen erwerbstätig. Zur Vorhersage des späteren Einkommens ist die Tatsache, ob die Laufbahn wegen Kindern länger unterbrochen wird, von größerer Bedeutung als das Geschlecht.

Zusammenfassend kann festgehalten werden, dass die absolvierte Ausbildungsform einen weniger starken Einfluss auf den späteren Berufserfolg hat, als vermutet. Gibt es nun eine Erklärung für diesen doch überraschenden Befund? Die Berufsausbildung hat in der Schweiz einen hohen Stellenwert: 2014 gab es in der Schweiz politische Vorstöße von rechts als auch von links, der Berufsausbildung gegenüber der Universität mehr Priorität einzuräumen. Insbesondere die Höhere Berufsbildung und die Fachhochschulen ermöglichen den Berufslernenden ein hohes Qualifikationsniveau und führen nach unseren Befunden zu vergleichbaren Erfolgsaussichten, wie bei den Absolventinnen und Absolventen einer Universität. Die Bildungsform wirkt sich nur dann auf den späteren Berufserfolg aus, wenn dieser über den Berufsstatus (operationalisiert nach ISEI) gemessen wird. Dies ist ein Hinweis dafür, dass Bildungsgänge unterschiedliches Ansehen in der Gesellschaft genießen. Das Statusniveau ist also über die ganze untersuchte Laufbahn vom Ausbildungsniveau beeinflusst, was in der Literatur mehrfach bestätigt werden konnte (vgl. Ng et al. 2005; Becker 2013).

Aufgrund der verfügbaren repräsentativen Schweizer Stichprobe mit Daten von der Jugendzeit bis zum 49. Lebensjahr war es möglich, die Beziehung zwischen verschiedenen Faktoren aus der Jugendzeit und Erfolgsfaktoren in der Lebensmitte zu untersuchen. Verschiedene psychologische und soziale Einflüsse aus der Jugendzeit prägen den späteren beruflichen Erfolg stärker als die Ausbildungsform bzw. das Ausbildungsniveau. In der Luxemburger Längsschnittstudie (Spengler et al. subm.) hatten Persönlichkeitseigenschaften und Verhaltensweisen in der Jugendzeit auch einen nachweisbaren Effekt auf objektive Merkmale des beruflichen Erfolges (z. B. Einkommen). Bei unserem Modell zur Vorhersage von Berufserfolg hat sich gezeigt, dass verschiedene soziale und psychologische Merkmale aus der Jugendzeit bedeutsam sind. Zum einen spielt die Herkunftsschicht eine wichtige Rolle. Es ist erstaunlich, wie prägend die Herkunftsschicht aus der Jugendzeit über eine so lange Zeitspanne von über 30 Jahren ist. Savage et al. (2013) berichten vom Great British Class Survey (GBCS), dass von der Eliteklasse selbst 51 % aus der Elite kommen.

Die vorliegende Studie gibt Hinweise darauf, dass Leistungs- und Persönlichkeitsmerkmale bessere Prädiktoren für späteren Berufserfolg sein können als die absolvierte Bildungsform. Die Rolle der Intelligenz auf den objektiven Berufserfolg konnte bereits verschiedentlich bestätigt werden (Heckman 2006; Judge et al. 2009; Roberts et al. 2007; Schmidt und Hunter 2004). Hohe Werte in Extraversion begünstigen nach den Ergebnissen der vorliegenden Studie die Höhe des späteren Einkommens, allerdings nicht die Tatsache, ob jemand eine Führungsaufgabe übernimmt oder nicht. Auch in anderen Studien wurden Belege für den Einfluss von Extraversion auf den späteren Berufserfolg gefunden (Judge et al. 1999). In der Literatur zu „Leadership" ist eine der zahlreichen Theorien der Traitansatz, der neben der Intelligenz häufig über die Big Five operationalisiert wird. Verschiedene Studien (Judge et al. 2002; Taggar et al. 1999; Colbert et al. 2012) ermittelten, dass das Ausüben einer Führungsposition am stärksten assoziiert war mit Extraversion, ein Zusammenhang, der hier nicht gefunden wurde. Weiter zeigte sich bei vorliegender Studie, dass die Geschlechtsrolleneinstellungen aus der Jugendzeit auf das Ausüben einer späteren Führungsposition einen Einfluss hat (vgl. auch Spiess Huldi 2009): Personen mit egalitären Vorstellungen über die Geschlechtsrollen übernehmen später eher eine Führungsposition. Unsere Ergebnisse geben weiter Hinweise darauf, dass Interessen an bestimmten Tätigkeiten nicht mit späterem Berufserfolg verknüpft sind. Einige Studien berichten über Zusammenhänge zwischen sozial-pflegenden Berufen/Interessen und weniger Einkommen, da sich typischerweise die von Frauen gewählten Berufsfelder durch weniger Aufstiegsmöglichkeiten auszeichnen (Leemann und Keck 2005).

Die Ergebnisse der vorliegenden Studie zeigen, dass neben Merkmalen der Persönlichkeit auch Verhaltensweisen während der Berufslaufbahn wie Kontinuität und Diskontinuität (Unterbrüche in der Berufslaufbahn) für den späteren Berufserfolg eine prägende Rolle spielen. Unsere Ergebnisse weisen darauf hin, dass Absolventinnen und Absolventen einer Berufsausbildung deutlich mehr und länger als ehemalige Maturandinnen und Maturanden wegen Haushalt und Familie unterbrechen. Unterbrüche im Sinne von prozentualem Engagement für Hausarbeit und Familie (und nicht wegen beruflicher Ausbildung) stehen mit dem Berufserfolg in einem negativen Zusammenhang. Dies kann wohl als zentraler Grund dafür angesehen werden, dass Frauen weniger zu den beruflichen „Aufsteigern“ gehören, da sie in Familien- und Hausarbeit mehr Zeit investieren (Buchmann et al. 2002). Unterbrüche können wohl einen Indikator für berufliche Ambitionen sein: Je mehr und je länger die Karriere wegen Familie und Kinder unterbrochen wird, desto eher besteht das Risiko, dass der Unterbruch der Karriere schadet. Umgekehrt verhält es sich bei den Unterbrüchen für die Ausbildung: Hier geht es um eine Investition in die Karriere. Im Sinne der Bekämpfung des Fachkräftemangels sollten insbesondere Frauen, welche eine Berufsausbildung absolviert haben, bei ihrer Karriereplanung gut beraten werden.

Bezüglich subjektivem Berufserfolg sind die Absolventinnen und Absolventen einer Matura oder Berufsausbildung mit verschiedenen Lebensbereichen vergleichbar zufrieden; dies, obschon Unterschiede in der Höhe des Berufsstatus und des Einkommens bestehen. Die Zufriedenheit mit dem Einkommen ist stärker abhängig von der Vergleichsgruppe (Personen in ähnlicher beruflichen Situation) als mit dem absoluten Lohn (Brown et al. 2008).

7.3 Stärken und Einschränkungen der Studie, sowie Implikationen für weitere Forschung

Die Stärke der vorliegenden Arbeit liegt im längsschnittlichen Design und der Möglichkeit, verschiedene Prädiktoren aus der Jugendzeit bezüglich ihres Einflusses auf den Laufbahnverlauf zu untersuchen. Damit können berufliche Entwicklungsprozesse von der ersten beruflichen Entscheidung bis in die Lebensmitte verfolgt werden. Zum heutigen Zeitpunkt sind bei der Zürcher-Längsschnittstudie Daten von 485 Teilnehmern vorhanden, welche den Geburtsjahrgang 1963 (Deutsche Schweiz) bezüglich Geschlecht, sozialer Herkunft und Schultyp gut repräsentieren (Schmaeh et al. 2015).

Die vorgestellte Untersuchung beinhaltet eine spezifische Kohorte in einem spezifischen wirtschaftlichen und sozio-historischen Kontext. Um festzustellen, ob die gefundenen Zusammenhänge auch bei anderen Kohorten Gültigkeit haben, müssten Vergleiche mit anderen Kohorten (jüngere oder ältere Gruppe) durchgeführt werden. So könnten Perioden-, Kohorten- und Lebenslaufeffekte unterschieden werden (Blossfeld 1987; Schoon et al. 2009). Es wäre interessant zu überprüfen, wie sich Bildungsreformen auf der Tertiärstufe (beispielsweise Pädagogische Hochschulen als Reform des ehemaligen Lehrerseminars), der weiter erhöhte Ausbildungsstand der Bevölkerung und die Zunahme der Erwerbstätigkeit von Frauen auf die Karrieren jüngerer Kohorten auswirken. Zudem haben bei der Schweizer Bevölkerung in den letzten Jahren Abschlüsse auf der Tertiärstufe zugenommen, was sich sicher auch auf Bildungsverläufe auswirkt. Andere Schweizer Längsschnittstudien, welche ähnliche Merkmale, aber eine andere Stichprobe mit anderen Altersgruppen umfassen, welche geeignet für einen Vergleich wären, sind die TREE und COCON-Studie (Bergman et al. 2011; Buchmann und Kriesi 2009). Vergleiche von Personen verschiedener Fachrichtungen könnten die Erkenntnisse über Karriereverläufe ebenfalls weiter vertiefen (vgl. Klusmann et al. 2009).

Als Einschränkung in der Studie ist die Tatsache zu erwähnen, dass die damals vor über 30 Jahren verwendeten Instrumente – bspw. zur Erfassung der Big Five – heute kaum mehr eingesetzt werden. Aktuellere Instrumente führen vermutlich zu verbesserten Skalen-Gütekriterien. Bei der Bildung der Interessenskalen war es mit dem bestehenden Interessensfragebogen nicht möglich, alle Holland-Interessenskalen zu bilden. Leider musste in der vorliegenden Analyse wegen ungenügender Reliabilitäten auf die künstlerische und intellektuelle Interessensdimension verzichtet werden.

Die Studie hat gezeigt, dass sich Bildungsverläufe von Absolventinnen und Absolventen der Matura und der Berufsausbildung mit vergleichbaren Leistungen und aus vergleichbarem sozialen Milieu zwar unterscheiden, jedoch dabei ausschlaggebend ist, welches Erfolgskriterium beachtet wird. Zur Untersuchung der subjektiven Seite von Berufserfolg (Arbeitszufriedenheit) müssten noch weitere Einflussfaktoren wie organisationale und betriebliche Aspekte, Work-Life Balance (Heslin 2005), initiative Persönlichkeiten („Proactivity", vgl. Seibert et al. 1999) oder Unterstützung durch den Vorgesetzten (Ng. et al. 2005) einbezogen werden.

Die höhere Berufsbildung hat eine wichtige Funktion: Sie vermittelt gleiche Chancen für alle (vgl. Wirtschaftszeitung Bilanz, 13.2.2015): Top-Positionen im Management und die höchsten Löhne sind nicht nur Hochschulabsolventen zugänglich. Große Karrieren stehen auch Berufsleuten offen, die sich kontinuierlich weiterbilden. Laufbahnmuster von Absolventinnen und Absolventen der höheren Berufsausbildung sollten weiter in längsschnittlich angelegten Studien untersucht werden.

Literatur

Amthauer, R. (1973). *Intelligenz-Struktur-Test (IST-70).* Göttingen: Hogrefe.

Barrick, M. R., Mount, M. K. & Gupta, R. (2003). Meta-analysis of the relationship between the five-factor model of personality and Holland's occupational types. *Personnel Psychology, 56*, 45-74.

Becker, R. (2013). Editorial: Bildungsungleichheit und Gerechtigkeit in der Schweiz. *Schweizerische Zeitschrift für Bildungswissenschaften, 35*, 405-413.

Bergman, M. M., Hupka-Brunner, S., Keller, A., Meyer, T., & Stalder, B. E. (Hrsg.). (2011). *Transitionen im Jugendalter. Ergebnisse der Schweizer Längsschnittstudie TREE.* Zürich: Seismo.

Blau, P.M. & Duncan O.D. (1967). *The American Occupational Structure.* New York: Wiley.

Blossfeld, H.-P. (1987). Karriereprozesse im Wandel der Arbeitsmarktstruktur – Ein dynamischer Ansatz zur Erklärung intragenerationaler Mobilität. *Mitteilungen aus der Arbeitsmarkt- und Berufsforschung, 20*, 74-88.

Boudon, R. (1974). *Education, Opportunity, and Social Inequality: Changing Prospects in Western Society.* New York: Wiley.

Bradley, R.H. & Corwyn, R.F. (2002). Socioeconomic status and child development. *Annual review of psychology, 53*, 371-399.

Brown, G.D.A , Gardner, J., Oswald, A. J., & Qian, J. (2008). Does Wage Rank Affect Employees' Well-being? *Industrial Relations: A Journal of Economy and Society, 47*, 355-389.

Buchmann, M., & Kriesi, I. (2009). Escaping the gender trap: young women's transition into non-traditional occupations. In I. Schoon & R. K. Silbereisen (Hrsg.), *Transition from School to Work* (S. 193-215). Cambridge/New York: Cambridge University Press.

Buchmann, M., Kriesi, I., Pfeifer, A. & Sacchi, S. (2002). *halb drinnen – halb draussen. Zur Arbeitsmarktintegration von Frauen in der Schweiz.* Zürich & Chur: Rüegger Verlag.

Bundesamt für Statistik (2013). Hochschulabsolventinnen und Hochschulabsolventen auf dem *Arbeitsmarkt. Erste Ergebnisse der Längsschnittbefragung 2011.* Neuenburg: Bundesamt für Statistik.

Caro, D. h., Cortina, K.S. & Eccles, J.S. (subm.). Socioeconomic Background, Education and Labor Force Outcomes: Evidence from a Regional U.S. Sample.

Colbert, A. E., Judge, T. A., Choi, D. & Gang, W. (2012). Assessing the trait theory of leadership using self and observer ratings of personality: The mediating role of contributions to group success. *Leadership Quarterly, 23*, 670-685.

Credé, M. & Kuncel, N.R. (2008). Study habits, skills, and attitudes: The third pillar supporting collegiate academic performance. *Perspectives on Psychological Science, 3*, 425-453.

Eccles, J.S., Wigfield, A. & Schiefele, U. (1998). Motivation to succeed. In W. Damon & N. Eisenberg (Hrsg.), *Handbook of child development (Vol. 3*, 5th Aufl., S. 1017-1095). New York: John Wiley.

Ganzeboom, H.B.G. (2010). Questions and answers about ISEI-08. *http://www.harryganzeboom.nl/ISCO08/qa-isei-08.htm.* Zugriff 22.7.2014.

Gamper, M. (1977). *Notes pour la mesure des valeurs professionnelles.* Lausanne: IPAUL.

Gendre, F. & Ogay, C. (1973). L'évaluation de la personnalité a l'aide de l'Adjective Check List (ACL) de H. Gough. *Schweizerische Zeitschrift für Psychologie, 32*, 332-347.

Gottfredson, L.S. (2002). Where and why g matters: not a mystery. *Human Performance, 15*, 25-46.

Gough, H. C. & Heilbrun, A. B. (1980). *The Adjective Check List (ACL) Manual.* Palo Alto: Consulting Psychologists Press.

Häfeli, K. (1983). *Die Berufsfindung von Mädchen: Zwischen Familie und Beruf.* Bern: Lang.

Hättich, A., Häfeli, K., Schellenberg, C. & Schmaeh, N. (2014). *Bildung der Ausbildungs- und Tätigkeitsvariablen, Bericht Nr. 3: „Kontinuität und Wandel: Determinanten der beruflichen und persönlichen Entwicklung".* Zürich: Interkantonale Hochschule für Heilpädagogik.

Heckman, J.J. (2006). Skill formation and the economics of investing in disadvantaged children. *Science, 312*, 1900-1902.

Heslin, P. A. (2005). Conceptualizing and evaluating career success. *Journal of Organizational Behavior, 26*, 113-126.

Hirschi, A. (2009). Eine typologische Analyse des Schweizerischen Lehrstellenmarktes: Strukturelle Benachteiligung von jungen Frauen. *Schweizerische Zeitschrift für Bildungswissenschaften*, 31, 1-18.

Holland, J. L. (1997). *Making vocational choices: A theory of vocational personalities and work environments* (3rd ed.) Odessa, FL: Psychological Assessment Resources.

Howard, A. & Bray, D.W. (1994). Predictions of managerial success over time: Lessons from the management progress study. In: K.E. Clark & M.B. Clark (Hrsg.), *Measures of leadership* (S. 113-130). West Orange, N.Y. Leadership Library of America.

Hupka-Brunner, S., Kanji, S., Bergman, M. M., & Meyer, T. (2012). *Gender differences in the transition from secondary to post-secondary education in Switzerland.* Basel: University of Basel.

John, O. P. (1990). The Big Five factor taxonomy : Dimensions of personality in the natural language and in questionnaires. In: L. A. Pervin (Hrsg.), Handbook of Personality – Theory and Research, (S. 66-100). New York: Guilford.

Judge, T. A., Higgins, C. A., Thoresen, C. J., & Barrick, M. R. (1999). The Big Five personality traits, general mental ability, and career success across the life span. *Personnel Psychology, 52*, 621-652.

Judge, T. A., Bono, J. E., Ilies, R., & Gerhardt, M. W. (2002). Personality and leadership: A qualitative and quantitative review. *Journal of Applied Psychology, 87*, 765–780.

Judge, T. A., Hurst, C., & Simon, L. N. (2009). Does it pay to be smart, attractive, or confident (or all three)?: Relationships among general mental ability, physical attractiveness, core self-evaluations, and income. *Journal of Applied Psychology, 94*, 742-755.

Klusmann, U., Trautwein, U., Lüdtke, O., Kunter, M. & Baumert, J. (2009). Eingangsvoraussetzungen beim Studienbeginn. Werden Lehramtskandidaten unterschätzt? *Zeitschrift für Pädagogische Psychologie, 23*, 265-278.

Leemann, R. J. & Keck, A. (2005). *Der Übergang von der Ausbildung in den Beruf. Die Bedeutung von Qualifikation, Generation und Geschlecht.* Neuchâtel: Bundesamt für Statistik.

Lleras, C. (2008). Do skills and behaviors in high school matter? The contribution of noncognitive factors in explaining differences in educational attainment and earnings. *Social Science Research, 3*, 888-902.

Ng, T. W. H., Eby, L. T., Sorensen, K. L. & Feldman, D. C. (2005). Predictors of objective and subjective career success: A meta-analysis. *Personnel Psychology, 58*, 367-408.

Ostendorf, F. (1990). *Sprache und Persönlichkeitsstruktur. Zur Validität des Fünf-Faktoren-Modells der Persönlichkeit.* Regensburg: Roderer.

Reitz, G. (1974). *Die Rolle der Frau und die Lebensplanung der Mädchen.* München: Juventa.

Roberts, B. W., Kuncel, N., Shiner, R., Caspi, A., & Goldberg, L. (2007). The Power of Personality. The Comparitive Validity of Personality Traits, Socioeconomic Status, and Cognitive Ability for Predicting Important Life Outcomes. *Perspectives in Psychological Science, 2*, 313-345.

Rosenmayr, L. & Kreutz, H. (1973). *Rollenerwartungen der weiblichen Jugend.* Wien: Österreichischer Bundesverlag.

Savage, M., Devine, F., Cunningham, N., Taylor, M., Li, Y., Hjellbrekke, J., Le Roux, B., Friedman, S. & Miles, A. (2013). A New Model of Social Class: Findings from the BBC's Great British Class Survey Experiment. *Sociology, 47*, 219-250.

Schallberger, U. & Spiess Huldi, C. (2001). Die Zürcher Längsschnittstudie „Von der Schulzeit bis zum mittleren Erwachsenenalter". *Zeitschrift für Soziologie der Erziehung und Sozialisation, 21*, 80-89.

Schmaeh, N., Häfeli, K., Schellenberg, C. & Hättich, A. (2015). Study Profile: Zurich Longitudinal Study „From School to Middle Adulthood". *Longitudinal and Life Course Studies* 6, 435-446.

Schmale, H. & Schmidtke, H. (1966). *BET. Handanweisung für den Berufseignungstest.* Bern: Huber.

Schmidt, F. & Hunter, J. (2004). General mental ability in the world of work. *Journal of Personality and Social Psychology, 86*, 162-173.

Schoon, I., Salmela-Aro, K., Silbereisen, R. K., Eccles, J., Schneider, B., Trautwein, U. & Bergman, L. (2009). *Pathways to adulthood: Towards a unifying framework.* London: Institute of Education, University of London.

Seibert, S.E., Crant, J.M. & Kraimer, M.L. (1999). Proactive Personality and career success. *Journal of Applied Psychology, 81*, 416-427.

Sewell, W.H., Haller, A.O. & Portes, A. (1969). The Educational and Early Occupational Attainment Process. *American Sociological Review, 34*, 82-92.

Soldz, S & Vaillant, G.E. (1999). The Big Five Personality Traits and the Life Course: A 45-Year Longitudinal Study. *Journal of Research in Personality, 33*, 208-232.

Spengler, M., Brunner, M., Damian, R.I., Roberts, B.W., Lüdtke, O. & Martin, R. (subm.). Does it help tob e a responsible student? Student characteristics and behaviors a tage 12 predict occupational success 40 Years later over and above childhood IQ and parental SES. *Develpmental Psychology.*

Spiess Huldi, C. (2009). *Erfolg im Beruf. Zum Einfluss von Persönlichkeit und psychosozialem Umfeld auf die berufliche Entwicklung Jugendlicher.* Zürich/Chur: Rüegger Verlag.

SKBF = Schweizerische Koordinationsstelle für Bildungsforschung (2014). *Bildungsbericht Schweiz 2014.* Aarau: Schweizerische Koordinationsstelle für Bildungsforschung.

Strahm, R. (2014). *Die Akademisierungsfalle.* Bern: hep.

Taggar, S., Hackett, R. & Saha, S. (1999). Leadership emergence in autonomous work teams: Antecedents and outcomes. *Personnel Psychology, 52*, 899–926.

Trautwein, U., Maaz K., Lüdtke O., Nagy, G., Husemann, N., Watermann, R. & Köller, O. (2006). Studieren an der Berufsakademie oder an der Universität, Fachhochschule oder Pädagogische Hochschule? *Zeitschrift für Erziehungswissenschaft, 3*, 393-412.

Wolter, S.C. & Ryan, P. (2011). Apprenticeship. In: E. A. Hanushek, S. J. Machin & L. Wössmann (Hrsg.). *Handbook of Economics of Education* (Bd. 3, S. 521-576). Amsterdam: Elsevier.

Zabeck, J. & Zimmermann, M. (Hrsg.). (1995) *Anspruch und Wirklichkeit der Berufsakademie in Baden-Württemberg. Eine Evaluationsstudie.* Weinheim: Deutscher Studien-Verlag

Made in the USA
Las Vegas, NV
11 November 2024

11563034R00167